Günther Färber, Julia Kirchner

mySAP Technology

Einführung in die neue Technologie-Plattform der SAP

Galileo Press

Die Deutsche Bibliothek – CIP-Einheitsaufnahme
Ein Titeldatensatz für diese Publikation
ist bei der Deutschen Bibliothek erhältlich

ISBN 3-89842-266-6

1. Auflage 2002

Der Name Galileo Press geht auf den italienischen Mathematiker und Philosophen Galileo Galilei (1564–1642) zurück. Er gilt als Gründungsfigur der neuzeitlichen Wissenschaft und wurde berühmt als Verfechter des modernen, heliozentrischen Weltbilds. Legendär ist sein Ausspruch Eppur se muove (Und sie bewegt sich doch). Das Emblem von Galileo Press ist der Jupiter, umkreist von den vier Galileischen Monden. Galilei entdeckte die nach ihm benannten Monde 1610.

Lektorat Florian Zimniak **Korrektorat** Alexandra Müller, Oer-Erkenschwick **Einbandgestaltung** department, Köln **Herstellung** Sandra Gottmann **Satz** reemers publishing services gmbh, Krefeld **Druck und Bindung** Bercker Graphischer Betrieb, Kevelaer

Inhalt

Vorwort

»mySAP Technology: SAP startet als Integrator«, »Plattner: ABAP und Java sind zukünftig gleichberechtigt«, »SAP Web Application Server zieht mehr als 1 Mio. Entwickler an«, »SAP fordert Integration-Middleware-Anbieter heraus« und »SAP stürmt den Enterprise-Portal-Markt« – so lauteten einige der Schlagzeilen seit der erstmaligen Ankündigung von mySAP Technology im November 2001. Unterstützt von den positiven Äußerungen und Berichten anerkannter Analysten, unabhängiger Experten und sogar der Wettbewerber sind mySAP Technology und seine Auswirkungen auf alle Softwarelösungen der SAP zum wichtigsten Thema für SAP-Kunden und -Partner geworden, ganz abgesehen von dem enormen Interesse tausender Fach-, Branchen- und IT-Experten, das die SAP-Mitarbeiter auf Messen, Kongressen und Informationsveranstaltungen in Atem hält. Keine Frage, auch für SAP selbst ist mySAP Technology enorm wichtig, denn dahinter verbirgt sich das Technologie-, Integrations- und Plattformkonzept für die nächsten zehn Jahre und alle vorhandenen und neuen betriebswirtschaftlichen Lösungen der SAP setzen darauf auf und profitieren davon.

Wenn wir mit einem Wort beschreiben sollen, was mySAP Technology leistet, dann wählen wir den Begriff »Offenheit«: Von der gleichberechtigten Einbeziehung der offenen Java-Plattform in den Kern von mySAP Technology über die offenen XML-, Webservice- und Verzeichnisstandards zur Anwendungsintegration bis hin zu den offenen CIM- und WBEM-Protokollen für die Administration und Überwachung von IT-Systemlandschaften – die Offenheit zieht sich wie ein roter Faden quer durch alle Bereiche von mySAP Technology und wird somit zur essenziellen Grundlage aller SAP-Produkte.

Wenn wir ein zweites Wort zur Beschreibung von mySAP Technology nennen dürfen, dann wählen wir den Begriff »Sicherheit«: Mit der Offenheit und Integration von Geschäftsprozessen weit über die Unternehmensgrenzen hinaus in einem globalen wirtschaftlichen Umfeld wächst das Sicherheitsbedürfnis der Unternehmen überproportional an. Es bleibt nicht länger auf Firewalls, Virtual Private Networks und Netzwerktechnik beschränkt und dringt stattdessen bis in den letzten Winkel und in jeden Funktionsaufruf einer offenen Geschäftsapplikation vor. SAP will führender Anbieter der weltweit sichersten Unternehmenssoftware sein und schafft deshalb schon jetzt mit mySAP Technology die Voraussetzungen für den Global Collaborational Commerce der Zukunft.

Wenn wir schließlich ein drittes Wort zur Beschreibung von mySAP Technology gebrauchen können, dann wählen wir den Begriff »Infrastruktur«: Die Vergangenheit hat gezeigt, dass ein Betriebssystem – und sei es auch noch so weit entwickelt – keine ausreichende Infrastruktur für die Entwicklung von geschäftskritischen E-Business-Applikationen bereitstellen kann. Themen wie beispielsweise Mandantenfähigkeit, Berechtigungskonzepte, Parallelisierung, Internationalisierung, Workflow und Investitionsschutz lassen sich so nicht gemäß den Bedürfnissen der Kunden realisieren. SAP-Lösungen setzen deshalb seit 1991 auf einer eigenen Laufzeitplattform auf, die die notwendige Infrastruktur zur Verfügung stellt. Der seit 1996 andauernde Erfolg der Java-Plattform in Unternehmen lässt sich ebenfalls zu einem Großteil auf die Erfüllung wesentlicher Anforderungen an die Infrastruktur zurückführen. Seit Februar 2002 bietet schließlich auch Microsoft mit der .NET-Plattform eine spezielle Infrastruktur an, in der E-Business-Applikationen ablaufen können. SAP hat mit der gleichberechtigten Einbeziehung der Java-Plattform in den Kern von mySAP Technology und den Schnittstellen zu Microsoft .NET einen wichtigen Schritt getan, um die Infrastruktur für SAP-Lösungen auch in Zukunft zu vervollkommnen und seinen Kunden das Beste aus allen Welten anbieten zu können.

Wir freuen uns sehr, dass wir Ihnen die neuen Komponenten, Konzepte und Ideen rund um die offene, sichere Infrastruktur der SAP präsentieren können und mit Ihnen gemeinsam einen Blick tief »unter die Haube« werfen – auf dass Sie im Detail erkennen können, wie ernst es SAP mit den drei genannten Begriffen meint. Für die Leserinnen und Leser bringt dieses Buch den entscheidenden Vorteil, dass sie sowohl über die strategischen und betriebswirtschaftlichen Hintergründe zu mySAP Technology umfassend informiert werden – wichtig für Manager und Fachspezialisten –, als auch einen technischen Einblick erhalten – wichtig für IT-Entscheider, Administratoren und Entwickler.

Dieses Buch ist auf der Grundlage langjähriger Entwicklungs-, Beratungs- und Schulungserfahrungen entstanden. Im Rahmen dieser Tätigkeiten standen Themen auf der Basis neuester Internetstandards und SAP-Technologien im Vordergrund, die heute von mySAP Technology gebündelt werden. Stichworte sind hier z.B. »Internet Business Development«, »Enterprise Portals« und »Application Integration«. Eine permanente intensive Zusammenarbeit mit den diesbezüglichen Entwicklungs-, Produktmanagement- und Marketingabteilungen bei der SAP in Walldorf hat es möglich gemacht, ein detailliertes und vollständiges Bild von mySAP

Technology im technischen, fachlichen und strategischen Sinne aufzuzeigen und auch die gerade erst entstehenden Teile der Technologie-Plattform mit einzubeziehen.

Das auf diese Weise entstandene Werk stellt für die SAP selbst, uns und alle Leser das notwendige Know-how und den Leitfaden zur Verfügung, um eine produktive Erstellung und Erweiterung von Software auf der Basis von mySAP Technology zu gewährleisten. Der Inhalt des Buches ist bewusst praxisorientiert und wird von betriebswirtschaftlichen Szenarien und Anwendungsbeispielen gestützt, die die modernsten SAP-Technologien nutzen. Es eignet sich deshalb sowohl zum Selbststudium wie auch als Basis für Gruppenschulungen.

Allen Leserinnen und Lesern wünschen wir, dass das vorliegende Buch ihnen dabei helfen möge, mySAP Technology zu verstehen und den maximalen Nutzen daraus für ihr Unternehmen zu ziehen.

Düsseldorf, im August 2002

Julia Kirchner und **Günther Färber**
NEXONTIS IT GmbH

Einleitung

Mit der rasanten Verbreitung neuer Technologien rund um das Internet hat sich die Wettbewerbslandschaft für Ihr Unternehmen grundlegend verändert. Sie stehen nun vor der Herausforderung, die Geschäftsprozesse innerhalb und außerhalb des Unternehmens sowie die Beziehungen zu Ihren Kunden, Lieferanten und Partnern zu optimieren und zu integrieren. Zur Bewältigung dieser Herausforderungen steht Ihnen mit mySAP Technology eine State-of-the-Art-Entwicklungs- und Laufzeitplattform zur Verfügung, mit der Sie auf der Basis offener Standards wie Java, HTML, XML und Webservices zuverlässige und erfolgreiche E-Business-Lösungen erstellen können, die von einigen Anwendern bis zu hunderttausenden in einem globalen Umfeld skalieren.[1] Damit stellt SAP die bislang ausschließlich als Grundlage für alle neuen mySAP.com-Lösungen eingesetzte Technologie als Standalone-Produkt auch Unternehmen und Drittherstellern zur Verfügung und avanciert auf einen Schlag zu einem der weltweit größten Technologieanbieter.

Dieses Buch führt Sie schrittweise in mySAP Technology und seine Bestandteile ein. Dabei wird streng darauf geachtet, einer sehr breiten Leserschicht von Managern über Spezialisten aus den Fachabteilungen bis hin zu IT-Verantwortlichen und Programmierern einen Mehrwert zu bieten. Alle Kapitel folgen deshalb demselben Aufbau: Zunächst wird in grundlegende betriebswirtschaftliche und strategische Problemhintergründe eingeführt, die dann über den von SAP gewählten Lösungsansatz und die Softwarearchitektur zu den konkreten Applikationen, deren Customizing und schließlich zu Programmierbeispielen führen. So können Sie jeweils für sich entscheiden, wie tief Sie in jedes Thema einsteigen möchten.

Ein weiteres Buch, das auf den hier vermittelten Kenntnissen zu mySAP Technology aufbaut, sich jedoch ausschließlich an Entwickler wenden wird, erscheint voraussichtlich im Frühjahr 2003.

Was enthält dieses Buch?

Dieses Buch enthält umfangreiche Informationen über mySAP Technology und die betriebswirtschaftlichen sowie technischen Hintergründe seiner Bestandteile:

---

1 Neue Lösungen wie das *Electronic Bill Presentment and Payment* (EBPP) für mySAP SRM gehen sogar von Millionen von Anwendern aus.

- das *SAP Enterprise Portal und SAP Business Information Warehouse*, die für eine benutzerorientierte Integration und Zusammenarbeit auf allen Informationsebenen sorgen und den einzelnen Mitarbeiter in die Prozesse einbinden
- der *SAP Web Application Server*, der Webapplikationen und Webservices auf der Basis offener Standards bereitstellen kann
- die *SAP Exchange Infrastructure*, die eine prozessorientierte Integration und durchgängige Geschäftsprozesse gewährleistet
- die *Infrastruktur-Services*, die u.a. die Aspekte *Sicherheit*, *Globalisierung* und *Verwaltung der IT-Landschaft* abdecken

Anhand konkreter Anwendungsszenarien wird der Nutzen jedes Bestandteils für ein Unternehmen erläutert sowie ein Leitfaden für die typische Vorgehensweise bei der Einführung und Nutzung vermittelt.

Einführung und Grundlagen

Kapitel 1 erläutert die wichtigsten Konzepte von mySAP Technology im Überblick und ordnet die einzelnen Bestandteile in Märkte und Themen ein. Neben einer ersten Beschreibung der Fähigkeiten von mySAP Technology enthält es auch Informationen zur Wettbewerbssituation und zu Produktstrategien der SAP.

mySAP Technology im Detail

Der Hauptteil des Buches befasst sich mit der Vermittlung von fundiertem Know-how über den betriebswirtschaftlichen Nutzen und die Lösungsarchitektur der einzelnen mySAP Technology-Bestandteile. Zu jedem Bereich gibt es zudem ein oder mehrere Beispiele, die die Handhabung der jeweiligen Komponente im Detail demonstrieren, einen Einblick in das Customizing gewähren sowie die Konfiguration respektive Programmierung erläutern. **Kapitel 2** und **3** erläutern die einzelnen Bestandteile des SAP Web Application Server, **Kapitel 4** beschäftigt sich mit der Exchange Infrastructure, **Kapitel 5** beschreibt die Komponenten SAP Enterprise Portal und SAP Business Information Warehouse.

Anhang mit Glossar und Index

Im **Anhang** finden Sie eine Kurzbeschreibung wichtiger technologischer Konzepte und Standards, die in mySAP Technology eine Rolle spielen. Ferner enthält er ein umfassendes **Glossar** mit allen Fachbegriffen, die in diesem Buch verwendet werden, ein **Quellenverzeichnis** für weiterführende Informationen sowie einen **Index**, mit dessen Hilfe Sie den Inhalt des Buches beim späteren Nachschlagen schnell nach Stichwörtern durchsuchen können.

Systemvoraussetzungen

Die in diesem Buch beschriebenen Applikationen, Customizing-Oberflächen und Quelltexte beziehen sich auf die folgenden SAP-Releases:

- SAP Web Application Server, Release 6.20
- SAP Exchange Infrastructure 1.0
- SAP Enterprise Portal 5.0
- SAP Business Information Warehouse 3.0A

Für die Programmbeispiele wird darüber hinaus eine funktionsfähige Netzwerkanbindung an das Internet vorausgesetzt.

Diejenigen Kapitel, die sich mit den Problemhintergründen und der Lösungsarchitektur der einzelnen mySAP Technology-Bestandteile beschäftigen, geben darüber hinaus einen Ausblick auf die kommenden SAP-Releases, um den Leser mit der langfristigen Produktstrategie und dem geplanten Funktionsumfang von mySAP Technology vertraut zu machen. Im Einzelnen geht das Buch hierbei auf mögliche Inhalte der folgenden Releases ein:

- SAP Web Application Server, Release 6.30
- SAP Exchange Infrastructure 2.0
- SAP Enterprise Portal 6.0
- SAP Business Information Warehouse 3.0B

Vorsicht, Software-Vorabversionen

An diesem Buch wurde bis einschließlich Juli 2002 geschrieben. Als technische Grundlage dienten das Release 6.20 des SAP-Systems, die Version 1.0 der SAP Exchange Infrastructure und ferner SAP Enterprise Portal, Release 5.0 Support Package.

Ein großer Teil von mySAP Technology ist zum aktuellen Zeitpunkt bereits realisiert. Wo immer wir uns auf Funktionalitäten, Applikationen oder gar Customizing und Programmiermöglichkeiten beziehen, die erst in zukünftigen Releases zur allgemeinen Benutzung freigegeben werden, ist dies im Text explizit erwähnt. So behalten Sie (und wir) stets den Überblick, was standardmäßig verwendet werden kann und wo man sich mit einer Entwicklungspartnerschaft an SAP wenden bzw. noch etwas in Geduld üben muss.

1 mySAP Technology im Überblick

Hardware

Die Art und Weise der Nutzung von Computern hat sich im Lauf der Zeit mehrfach und in teils drastischer Weise geändert. Überwog anfänglich der Einsatz im wissenschaftlichen und militärischen Bereich (z.B. 1950 »Whirlwind I« im amerikanischen Forschungslaboratorium MIT), folgten bald Behörden und Unternehmen – zunächst in Kernprozessen wie etwa Volkszählung und Buchhaltung, später bis in alle Unternehmensbereiche wie Vertrieb, Produktion, Einkauf, Personal etc. hinein.[1] Heute stehen zwar weiterhin die teuersten und größten Computer in wissenschaftlichen und militärischen Diensten[2], die große Masse findet sich jedoch längst in Form von Servern, PCs, Industrierechnern, PDAs und intelligenten Mobiltelefonen in den Unternehmen.

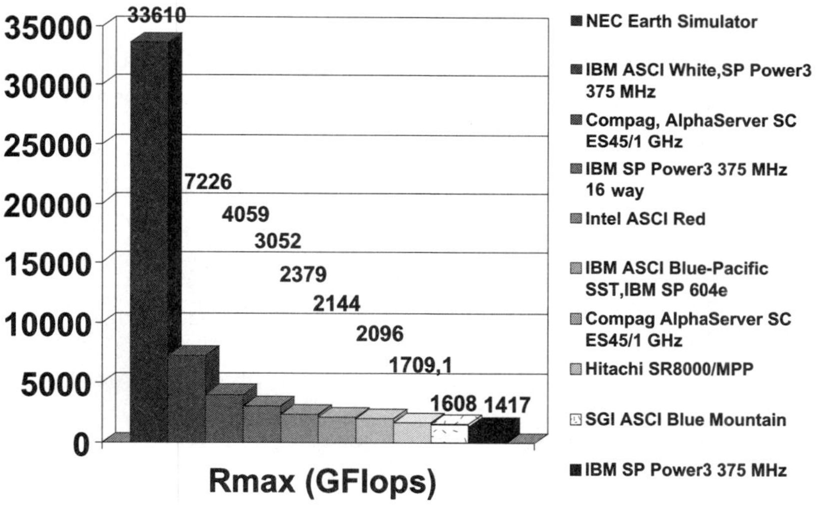

Abbildung 1.1 Die Top Ten der weltweit schnellsten Computer

Software

Softwareprogramme, zunächst nicht größer als ein paar Textseiten auf Lochkarten gestanzt, wurden mit steigender Leistungsfähigkeit der Hardware immer umfangreicher und erreichen mittlerweile in großen Projekten durchaus mehrere Millionen Codezeilen (z.B. der *SAP Bank Analyzer* aus mySAP Banking). Natürlich haben sich auch die Programmiersprachen

1 Zum Beispiel führte die US-Volkszählungsbehörde bereits 1951 eine rechnergestützte Zählung auf einer UNIVAC I durch.

2 Vgl. *http://www.top500.org/*. Der NEC »Earth Simulator« auf Platz 1 der Weltrangliste steht im Yokohama-Institut in Japan, leistet 35,61 TeraFlops und wird in der globalen Umweltforschung eingesetzt. Die IBM-Maschine »ASCI White« auf Platz 2 steht im kalifornischen Lawrence Livermore National Laboratory, leistet 12,3 TeraFlops und wird in der geheimen militärischen Atomforschung der USA eingesetzt.

selbst verändert, mit denen Softwareprogramme erstellt werden. Die ursprünglich häufig anzutreffende Programmierung in Maschinensprache – also einer direkt vom Computer verständlichen Sprache – ist bis auf ganz wenige Ausnahmen im Bereich der Prozessor- und hardwarenahen Entwicklung (z. B. der Microcode in aktuellen Highend-Grafikkarten oder bei der Programmierung von Microcontrollern) nicht mehr anzutreffen. An deren Stelle ist die Programmierung in Hochsprachen getreten, wo eine Anweisung bis zu mehreren hundert Zeilen Maschinensprache entspricht und komfortable Entwicklungsumgebungen den Programmierern bei der Erstellung und Verwaltung ihrer Programme helfen.

Es gibt zwei gängige Arten, um die Relevanz von Programmiersprachen zu messen: die Verkaufszahlen für Entwicklungsumgebungen und die Nachfrage innerhalb von Stellenausschreibungen. Während die erste Möglichkeit gerne von den Herstellern selbst zwecks Promoting ihrer Software eingesetzt wird und dementsprechend schöngerechnet und ungenau ist, erweisen sich bereits seit mehreren Jahren die jährlich von den führenden Zeitungen und Stellenbörsen veröffentlichten Hitlisten als sicheres Trendbarometer.

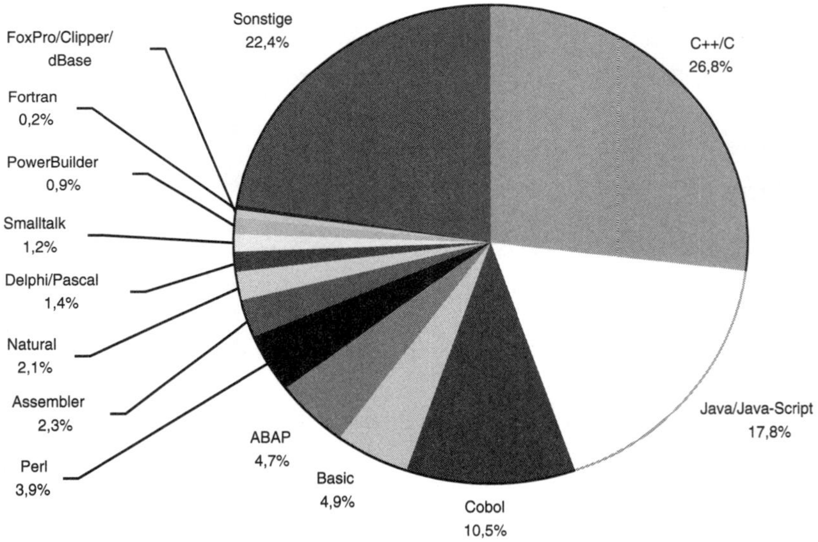

Abbildung 1.2 Die Top Ten der meistbenutzten Programmiersprachen

Netzwerk Am auffälligsten ist jedoch der Wandel im Bereich der Vernetzung. Anfänglich als Standalone-Lösungen in gekühlten Räumen und über »verlängerte« Bildschirm- und Tastaturkabel betrieben, wurden Computer in Unternehmen schon bald über *Local Area Networks* (LAN) verbunden und es bildeten sich Spezialisierungen in Form von Dienstanbietern, Servern, Dienstnutzern und Clients für die Endanwender heraus. Es folgten die *Wide Area Networks* (WAN) zur Verbindung von Unternehmensstandorten und schließlich das Internet mit seinen weltweiten Zugriffsmöglichkeiten für Clients auf Serverdienste.

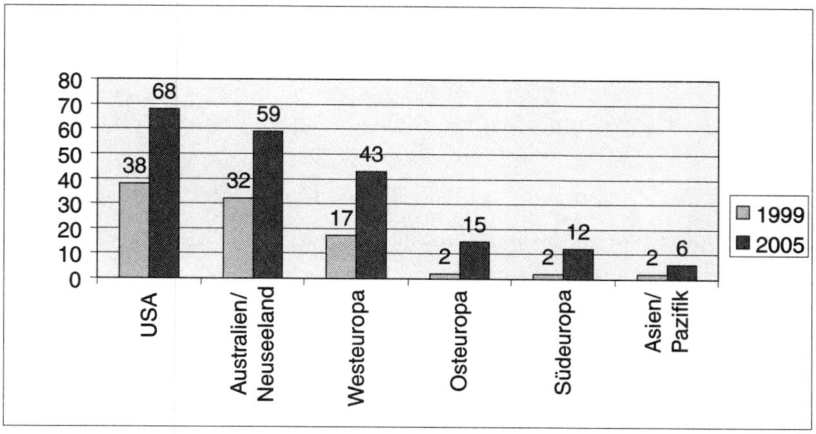

Abbildung 1.3 Anstieg des weltweiten Internet-Verkehrsaufkommens

Aktuell befinden wir uns auf dem Weg in die alle elektronischen Geräte umfassende, weltweite Vernetzung, in der die Grenzen zwischen mobilem und ortsgebundenem Zugriff auf Informationen verschwinden, sowie eine alle Server-Applikationen betreffende, unternehmensübergreifende elektronische Zusammenarbeit. Schon jetzt werden 80% des weltweiten Internetverkehrs durch Unternehmen erzeugt. Auf der einen Seite kommunizieren selbst sehr weit auseinander stehende Server und ihre Applikationen untereinander über Highspeed-Strecken mit 1 GBit/s und mehr per Festnetzanbindung, auf der anderen Seite sorgen Funktechniken wie Wireless LAN und UMTS für eine komfortable mobile Anbindung von Mitarbeitern und Maschinen weltweit mit Geschwindigkeiten von aktuell 2 MBit/s bis 100 MBit/s. Dies alles nur aus einem Grund: Um eine optimale Ausgestaltung der Kommunikation und Informationsverarbeitung zwischen Mitarbeitern, Partnern, Kunden und Lieferanten sicherzustellen. Informationen und Applikationen sollen immer und überall, wann und wo sie auch immer benötigt werden, zur Verfügung stehen und damit die Geschäftsprozesse eines Unternehmens in idealer Weise unterstützen.

1.1 Problemhintergrund

Kernthema Infrastruktur

Diese allumfassende Vernetzung und Zusammenarbeit auf der Grundlage des Internets zum Zweck der optimalen Informationsverarbeitung bringt eine Fülle neuer Möglichkeiten, jedoch mindestens ebenso viele Probleme und auch erhebliche Risiken mit sich. Diese können unter dem Schlagwort *Infrastruktur* zusammengefasst werden. An eine derartige Infrastruktur und die auf ihr basierende Informationsverarbeitung stellen Unternehmen überaus hohe Anforderungen:

1. Die Infrastruktur muss applikations- und unternehmensübergreifend einheitliche, offene Standards bieten, stabil und von wenigen bis hunderttausenden von gleichzeitigen Anwendern skalierbar sein.
2. Die Infrastruktur und die darauf ablaufende Informationsverarbeitung müssen für Menschen einfach und überall nutzbar sein.
3. Die Infrastruktur und die darauf ablaufende Informationsverarbeitung müssen für Applikationen selbst einfach und überall nutzbar sein.
4. Die Infrastruktur muss für den Anwender Informationen aus unterschiedlichsten Quellen integriert anbieten können.
5. Die Infrastruktur muss in ihrer Gesamtheit einheitlich und einfach verwaltbar sein.
6. Die Infrastruktur muss sehr hohen Sicherheitsanforderungen genügen.

Hohe Anforderungen an die Infrastruktur

Vergleichen Sie diese Anforderungen nun mit Ihren E-Business-Projekten, die Sie aktuell oder in nächster Zeit in Ihrem Unternehmen und vielleicht sogar zusammen mit anderen Unternehmen durchführen wollen. Sie werden sehr schnell feststellen, dass Sie im Rahmen des Projekts neben der ohnehin immer komplexeren und umfassenderen Geschäftslogik kaum auch für alle oben genannten Punkte selbst und in ausreichendem Maße Eigenentwicklungen leisten können. Sowohl Zeitplan als auch Kosten würden sich vervielfachen und das Projektziel gefährden. Allerdings: Wenn Sie es nicht können und wollen, wer tut es dann?

Nun, SAP tut es, und zwar aus folgendem Grund: Mögen sich die Anforderungen an Ihr E-Business-Projekt noch so sehr von anderen unterscheiden, die Anforderungen an die Infrastruktur sind immer die gleichen.

mySAP Technology: Definition

mySAP Technology ist eine vorgefertigte Infrastruktur für die Lösung von wesentlichen, grundlegenden Problemen internetbasierter Geschäftsanwendungen, so genannter E-Business-Applikationen. Als Entwicklungsplattform adressiert mySAP Technology exakt die oben genannten Punkte und stellt Lösungen, Werkzeuge und Dienste bereit, um die Erstellung von E-Business-Applikationen in diesen Bereichen zu unterstützen.

Zu Punkt 1: SAP Web Application Server

mySAP Technology nutzt weltweit etablierte Standards wie HTTP, HTML, XML und SOAP, um Informationen und Applikationen für Mensch und Maschine zur Verfügung zu stellen. Es ist eine Laufzeitumgebung, die es Entwicklern erleichtert, guten und stabilen Code zu schreiben, zu verwalten, einzusetzen und zu überarbeiten. In dieser Laufzeitumgebung werden alle Applikationen abgesichert ausgeführt, so dass sie sich nicht gegenseitig beeinträchtigen können. Umfangreiche Features für die Vermeidung von Fehlern und Engpässen, wie eine automatische Speicherbereinigung, leichter Zugriff auf Datenbanken und die Kommunikation mit anderen Softwaresystemen, Sperrmechanismen zur Verwaltung des Mehrbenutzerbetriebs, Benutzerverwaltung und Kontrolle von Benutzerrechten, Datenpufferung zum schnellen Zugriff sowie Loadbalancing über viele Applikationsserver hinweg sorgen für eine hoch verfügbare und performante Nutzbarkeit selbst bei sehr vielen parallel arbeitenden Anwendern. Auf der Basis von mySAP Technology realisierte Applikationen können auf allen namhaften Betriebs- und Hardwaresystemen ausgeführt werden und sind daher plattformunabhängig.

Zu Punkt 2: SAP Web Dynpro

Der meiste Internetverkehr und ein beachtlicher Teil des unternehmensinternen Netzwerkverkehrs wird heute mit Applikationen erzeugt, die einen Webbrowser als Frontend verwenden. Dies bedingt, dass die Applikation HTML-Seiten erstellen muss, weil Webbrowser diese Beschreibungssprache verstehen und dem Benutzer anzeigen können. Hinzu kommt die Verwaltung des Sitzungsstatus, d.h., wann ein Benutzer sich an welcher Stelle und auf welcher HTML-Seite einer Applikation befindet. Beispielsweise befindet sich ein Anwender gerade im Hauptmenü einer Applikation, während sich ein anderer gerade per **Zurück**-Button in einen Auswahldialog manövriert hat. Web Dynpro auf Basis des SAP Web Application Server ist eine Umgebung, die einen Großteil der hierbei anfallenden Aufgaben übernimmt und es für Programmierer sehr einfach macht, HTML-basierte Anwendungen für die Nutzung durch stationäre (z. B. auf PCs) und mobile Webbrowser (z. B. auf PDAs und Mobiltelefonen) zu erstellen.

Zu Punkt 3: SAP Exchange Infrastructure

Während Webbrowser auch weiterhin wichtig bleiben, wird die Zukunft des internet- und unternehmensinternen Netzwerkverkehrs von den Applikationen selbst und deren Zusammenarbeit getrieben. Das Internet wird immer mehr zu einem Ort, an dem nicht bloß Daten in einem Browser wiedergegeben werden. Stattdessen werden Applikationen selbst Funktionsaufrufe quer durch das Internet durchführen und Informationen empfangen, die anschließend weiterverarbeitet werden. Ein Server muss seine Funktionen für jede Applikation, auf einem beliebigen Rechner mit einem beliebigen Betriebssystem bereitstellen. So kann eine Applikation auf einem Server einen Aufruf an die Applikation auf einem anderen Server starten, wobei immer häufiger die Internetstandards HTTP, XML und SOAP verwendet werden; daraufhin werden die gewünschten Daten in einer für die Applikation lesbaren Form übermittelt. Dies bezeichnet man als *Webservice*. Beispielsweise kann sich auf diese Weise die Supply-Chain-Management-Applikation eines Unternehmensverbunds stets die aktuellen Umrechnungskurse für Fremdwährungen von der Devisen-Applikation einer Bank besorgen. Die SAP Exchange Infrastructure ermöglicht es, solche Funktionsaufrufe sowohl selbst durchzuführen als auch auf die Funktionsaufrufe anderer Applikationen zu reagieren und angefragte Ergebnisse zu liefern.

Zu Punkt 4: SAP Enterprise Portal und SAP Business Information Warehouse

Die Vielfalt von Informationen und Applikationen, die ein Benutzer täglich benötigt, macht eine Aufbereitung und Zusammenstellung für die Anwender notwendig, die exakt auf deren Bedürfnisse zugeschnitten sind – unabhängig von der Quelle der Informationen. Man unterscheidet in diesem Zusammenhang zwischen *strukturierten* Informationen (z. B. aus einer Datenbank) und *unstrukturierten* Informationen (z. B. aus einem Textdokument). Dieser Bereich, der auch als *Knowledge Management* bezeichnet wird, sorgt dafür, dass Anwender keine Zeit mit der Suche nach Informationen verschwenden, indem automatisch für die Bereitstellung relevanter unternehmensinterner und -übergreifender Informationen gesorgt wird. So sollte ein Vertriebsmitarbeiter beispielsweise in seiner Customer-Relationship-Management-Applikation die Umsätze der Top-Ten-Kunden des letzten Monats idealerweise direkt neben den Pressemitteilungen und Schlagzeilen finden, die die jüngsten Aktivitäten genau dieser Kunden zum Inhalt haben. SAP Enterprise Portal und SAP Business Information Warehouse leisten diese Suche, Aufbereitung und Zusammenstellung von Geschäftsdaten und Text-Informationen.

Zu Punkt 5: IT Life-cycle Management

Eine IT-Landschaft, die eine Vielzahl von unternehmensinternen, unternehmensübergreifenden und Internetapplikationen auf die oben beschriebene Weise nutzt und integriert, ist zwangsläufig heterogen, d.h., es kommen unterschiedlichste Hardware, Betriebssysteme, Applikationen und Schnittstellen zum Einsatz. Heterogenität und Verwaltungsaufwand werden durch die geforderte, immer engere Zusammenarbeit und Vernetzung der Applikationen und Systeme untereinander in Zukunft weiter zunehmen. Zur Administration derartig komplexer IT-Landschaften sind Standards wie das *Common Information Model* (CIM), *Web Based Enterprise Management*, *Windows Management Instrumentation* (WMI) und *Java Management Extensions* (JMX) entwickelt worden. Sie ermöglichen es, zentral von einem Arbeitsplatz aus Hardware, Software und Schnittstellen zu konfigurieren und zu überwachen. mySAP Technology unterstützt diese Standards und liefert gleichzeitig eine Reihe von Werkzeugen, um den kompletten Lebenszyklus einer IT-Landschaft von der Planung über den Test bis hin zum Betrieb und der Anpassung zu managen.

Zu Punkt 6: Security

All diese Systeme benötigen vor allen Dingen eines: Sicherheit, und zwar auf verschiedenen Ebenen. Während die unteren Ebenen bis hin zur Netzwerkprotokollebene wirksam durch bauliche Maßnahmen, Gebäudesicherheitssysteme, Firewalls und Virtual Private Networks (VPN) geschützt werden können, gilt dies nicht für die Applikationen selbst, deren Schnittstellen untereinander und die Anwender. Auf dieser Ebene muss eine zweifelsfreie Authentifizierung des Gegenübers stattfinden sowie eine wirksame Verschlüsselung aller übertragenen Informationen, um die Vertraulichkeit zu wahren. Dies nach modernen Sicherheitsstandards und gleichzeitig mit erträglichem Verwaltungsaufwand zu bewerkstelligen, ist ein überaus komplexes Unterfangen. Zentraler Dreh- und Angelpunkt ist stets ein Verzeichnisdienst, der über das *Lightweight Directory Access Protocol* (LDAP) von allen Applikationen angesprochen wird und Benutzer sowie deren Rollen und Zugriffsrechte verwaltet. Als Verschlüsselungsverfahren zwischen Applikation und anonymem Anwender hat sich das Protokoll *Secure Socket Layer* (SSL) etabliert und von Applikation zu Applikation bzw. zu Mitarbeiter neben SSL auch *Virtual Private Networks* auf Basis von RSA[3] und anderen Algorithmen. Im Zuge der Etablierung des neuen Webservice-Standards sowie der damit einher-

3 Die Abkürzung steht für Ronald L. Rivest, Adi Shamir und Leonard Adleman, die 1977 diesen Algorithmus erfanden.

gehenden fortschreitenden Integration unternehmensübergreifender Geschäftsprozesse wird die Granularität von Sicherheitsanforderungen sogar noch feiner, nämlich pro einzelnem Webservice, einstellbar sein. Den Schlüssel stellen auf dieser Ebene so genannte *Security Tokens* dar, die von *Policy Engines* verwaltet werden.

mySAP Technology implementiert eine eigene zentrale Benutzer- und Rechteverwaltung, kann aber auch bereits existierende Verzeichnisse über den LDAP-Standard mitnutzen. Das SSL-Protokoll sowie eine Verwaltung für digitale Signaturen ist direkt in das System integriert und beliebige weitere Security-Dienste lassen sich über das *Generic Security Services API* (GSS-API) einbinden.

1.2 Lösungsarchitektur

Die Vollversion des aktuellen SAP-Systems mySAP.com wird auf mehr als 50 CDs voll mit Daten, Anwendungen und Online-Handbüchern ausgeliefert. Das sind installiert über 30 GB an belegter Festplattenkapazität, die sich auf über 40 Business-Module für die Unterstützung verschiedenster Bereiche eines Unternehmens – angefangen bei der Personalverwaltung über das Projektmanagement bis hin zur Konzernkonsolidierung – und mehr als zehn branchenübergreifende Lösungen, wie mySAP Customer Relationship Management, mySAP Supply Chain Management oder mySAP Product Lifecycle Management verteilen. Hinzu kommen mehr als 20 Branchenlösungen wie mySAP Chemicals, mySAP Automotive oder mySAP Banking. Das System unterstützt Benutzerzahlen zwischen einem (z.B. durch Anmietung bei einem der zahlreichen Application Service Provider und Nutzung über das Internet) und hunderttausenden (z.B. in Großkonzernen) und ermöglicht die 100%ige Anpassungen an die Bedürfnisse des Kunden durch Customizing und sogar Programmerweiterungen und -modifikationen.

Ein derartiges System braucht Infrastruktur – und die liefert mySAP Technology. Die von SAP heute genutzte Architektur wurde Anfang der neunziger Jahre mit der Software SAP R/3 auf dem Markt eingeführt. Es handelt sich um eine dreistufige Client/Server-Architektur, wie sie spätestens seit der Internetrevolution im Jahr 1996 den Standard für Mehrbenutzersysteme beliebiger Art darstellt.

Dreistufige Client/Server-Architektur

Diese Architektur besteht aus einer Dreiteilung der Software in Schichten, wobei diesen Schichten innerhalb der Software jeweils spezielle Aufgaben zukommen. Im Einzelnen sind dies die Präsentation der Anwendungsoberfläche und Interaktion mit dem Benutzer (*Präsentationsschicht*, auch *GUI* genannt – *Graphical User Interface*), die Ausführung und Abarbeitung der Anwendungslogik auf Basis einer gemeinsamen Infrastruktur (*Applikationsschicht*, wo die Applikationen ausgeführt werden) sowie das Speichern, Lesen und Verwalten von Daten mithilfe einer Datenbank (*Datenbankschicht*, Datenbanksystem eines Fremdherstellers wie z.B. Oracle, Microsoft oder in seltenen Fällen auch die SAP-eigene und inzwischen als Open-Source-Projekt veröffentlichte Datenbank SAP DB).

Diese klare Trennung ermöglicht einerseits die Verteilung der Schichten auf verschiedene Rechner (vertikale Verteilung) und andererseits die Ausführbarkeit einer Schicht auf verschiedenen Rechnern gleichzeitig (horizontale Verteilung). Alle Rechner sind dabei über ein Netzwerk miteinander verbunden. Sie teilen die anfallende Arbeit, wie z.B. die Reaktion auf Benutzeraktivitäten und die Kommunikation mit anderen Systemen, untereinander auf und erreichen auf diese Weise eine bedeutend höhere Gesamtleistung.

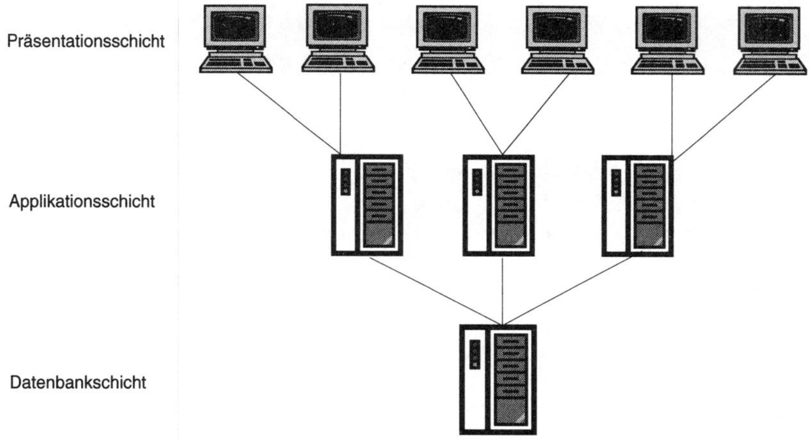

Abbildung 1.4 Vertikale und horizontale Verteilung der dreistufigen Client/Server-Architektur

Die Anwender benötigen lediglich die Präsentationsschicht auf ihrem Rechner, während die Applikations- und die Datenbankschicht auf separaten Servern installiert und ausgeführt werden.

Eine Datenbank pro SAP-System

Der Genauigkeit halber sei an dieser Stelle hinzugefügt, dass die Applikationsschicht nur mit einer zentralen Instanz einer Datenbank zurechtkommt; gleichwohl gibt es seit längerem mit dem Oracle Parallel Server, IBM DB2 und neuerdings dem Microsoft SQL Server Enterprise für SAP zertifizierte Datenbanksysteme von Fremdherstellern, die ihrerseits und für die Applikationsschicht nicht merklich eine horizontale Verteilung auf mehrere Rechner unterstützen (*Datenbank-Cluster*).

Enorme Skalierbarkeit

Die kleinste SAP-Installation könnte damit alle Schichten auf einem einzigen Rechner ablaufen lassen, während die größte auf mehreren hunderttausend Benutzer-Rechnern, mehreren hundert Anwendungsservern und auf einem Datenbank-Cluster mit nach aktuellem Stand 32 Einzelservern ausführbar ist.

Plattformunterstützung

SAP unterstützt mit ihrer Systemarchitektur eine ganze Reihe von Betriebssystem- und Hardwareplattformen. Dabei hat sich natürlich innerhalb der letzten zehn Jahre aufgrund der Marktveränderungen und der Dominanz einzelner Unternehmen einiges verändert.

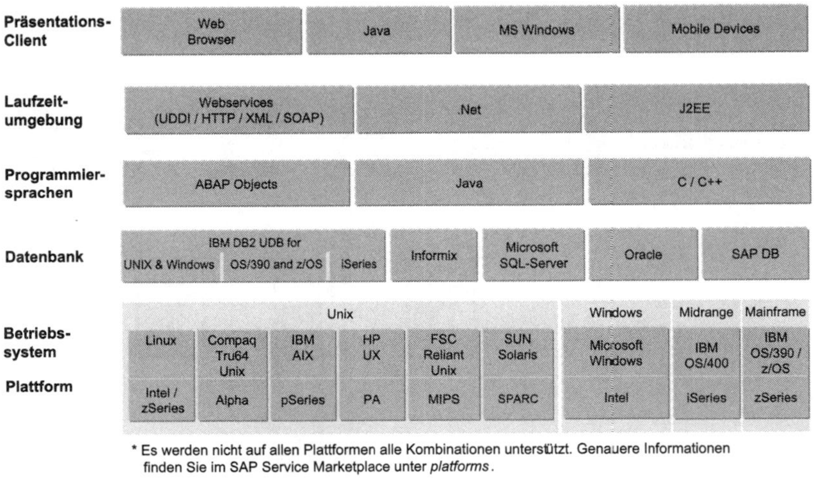

Abbildung 1.5 Unterstützte Betriebssystem- und Hardwareplattformen der SAP-Software

So wurde in Bezug auf die Präsentationsschicht die Unterstützung für alle Betriebssysteme bis auf Microsoft Windows (16- und 32-Bit) aufgegeben, dafür aber ein in Java geschriebenes SAP GUI veröffentlicht, das dank Java Virtual Machine auf fast allen Betriebssystemen läuft. Schließlich gibt es eine DHTML-Version des SAP GUI, die auf modernen Webbrowsern wie dem Microsoft Internet Explorer ab Version 4.0 und dem Netscape Navigator ab Version 6.0 genutzt werden kann, ganz ohne spezifische Client-Software auskommt und vom sprichwörtlichen Internetcafé in New York aus nutzbar ist. Neueste Applikationen sollen denn auch vornehmlich für die Nutzung durch Webbrowser ausgelegt sein und verwenden dafür mit Web Dynpro eine neue SAP-Oberflächentechnik. Eine weit reichende

Integration mit den Microsoft Office-Produkten auf dem Rechner des Benutzers (*SAP Office Integration*) beherrschen freilich nur das SAP GUI for Windows und das SAP GUI for HTML, sofern es auf einem Webbrowser unter Windows abläuft.

Die Applikationsschicht hingegen hat unterm Strich mit dem 64-Bit-Betriebssystem Compaq Unix Tru64, den 32-Bit-Betriebssystemen Windows NT/2000 Server und seit dem Jahr 2000 mit Linux (beides ausschließlich auf Intel-basierten Servern) drei zusätzliche Plattformen hinzugewonnen.

Bei so vielen unterschiedlichen Betriebssystem- und Hardwareplattformen ist natürlich eine SAP-eigene Systemumgebung notwendig, um eine Anwendung von den Entwicklern nicht auf jede dieser Plattformen einzeln portieren lassen zu müssen. Diese Systemumgebung hat mittlerweile selbst die Ausmaße eines größeren Betriebssystems erreicht, hört auf den Namen *SAP Web Application Server* und ist der zentrale Bestandteil von mySAP Technology. In und um den SAP Web Application Server gruppieren sich nun die einzelnen mySAP Technology-Dienste und erweitern ihn zu einer umfassenden Entwicklungs- und Laufzeitplattform für E-Business-Anwendungen.

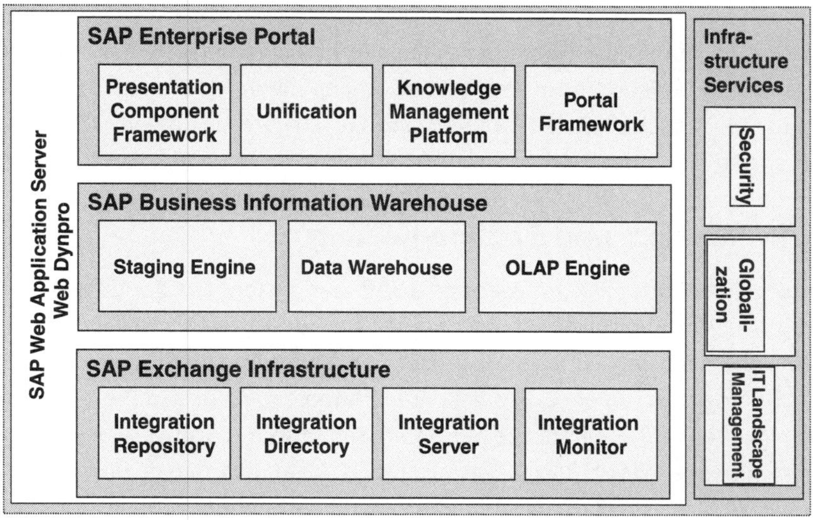

Abbildung 1.6 Überblick über die mySAP Technology-Architektur

Verfügbarkeit

Wie sich leicht erkennen lässt, deckt SAP alle sechs weiter oben genannten Hauptanforderungen durch entsprechende Produkte und Softwaredienste, die in der Applikationsschicht liegen, ab. Dass es sich dabei nicht um »Vaporware«, sondern um real verfügbare und teilweise sogar schon seit längerem in Projekten eingesetzte Software handelt, belegt die aktuelle Liste der Referenzkunden und Success Stories der SAP unter *http://www.sap.com.* Lediglich punktuell befinden sich noch Module im Entwicklungs- oder Betastadium, darunter die für Anfang 2003 angekündigte grafische Entwicklungsoberfläche für Web-Dynpro-Applikationen des SAP Web Application Server oder eine als separates Produkt verfügbare Version der SAP Exchange Infrastructure.

Demonstrationen

Um die Lauffähigkeit von mySAP Technology zu demonstrieren, unterhält SAP natürlich auch eine Reihe von Websites. Der SAP Web Application Server zeigt sein Können unter *http://ides.sap.com*, wo er als Basis für eine ganze Reihe von mySAP.com-Lösungen genutzt wird. SAP Enterprise Portal und das SAP Business Information Warehouse laden unter *demo.sap.com* zumindest alle SAP-Kunden und registrierten Partner zum Beschnuppern der damit erstellten Demos ein. Und schließlich sollen die Fähigkeiten der SAP Exchange Infrastructure zukünftig unter *ifr.sap.com* zum Einsatz kommen, einem öffentlichen Verzeichnis für Schnittstellenbeschreibungen im WSDL-Format. Zu den ersten SAP-eigenen Lösungen, die von den neuesten mySAP Technology-Funktionen gezielt Gebrauch machen, zählen das *SAP Supplier Relationship Management* sowie das *SAP Customer Relationship Management*.

Bevor wir nun in die Tiefen der einzelnen Bereiche hinabsteigen, nutzen wir den bisherigen Informationsstand, stellen ihn in Relation zu den strategischen Geschäftszielen der SAP und verschaffen uns einen Überblick über den Gesamtmarkt der Software-Infrastrukturlösungen.

1.3 Markt und Positionierung

Am 6. November 2001 präsentierte SAP zum ersten Mal der Öffentlichkeit ihre Vision von mySAP Technology und dessen geplanter Evolution über die nächsten Jahre hinweg. Der von SAP benutzte Slogan »mySAP Technology for Open E-Business Integration« fokussiert dabei auf die Fähigkeiten zur Integration einer heterogen, also mit Softwareprodukten verschiedener Hersteller ausgestatteten IT-Systemlandschaft von Unternehmen. Im Detail zielt SAP mit mySAP Technology jedoch auf drei Märkte, die sich in unterschiedlichen Reifestadien befinden:

1. **Enterprise Application Integration (EAI)** und
   Collaborational Commerce (CC)
   unternehmensinterne und -übergreifende Zusammenarbeit von vorhandenen Geschäftsapplikationen, gleich von welchem Hersteller, für

welches Betriebssystem und mit welcher zugrunde liegenden Hardware, mittels standardisierter Internettechnologien (SAP Exchange Infrastructure)

2. **Enterprise Portals**
   webbasierte Benutzeroberfläche, die alle vom jeweiligen Mitarbeiter benötigten Anwendungsoberflächen unter einem gemeinsamen Dach und mit komfortablen Möglichkeiten zum Datenaustausch und zur Analyse zur Verfügung stellt (SAP Enterprise Portal und SAP Business Information Warehouse)
3. **E-Business Development Platforms**
   Entwicklungsplattformen zur Erstellung neuer, von vorneherein auf die optimale Ausnutzung moderner Internettechnologien, neuartiger Geräte und Kommunikationsformen ausgelegter Geschäftsanwendungen (SAP Web Application Server)

Die Reihenfolge ist hierbei bedeutsam, denn während der Markt für Enterprise Application Integration bereits seit mehreren Jahren stark wächst und sich auch der Markt für Unternehmensportale bereits zu etablieren beginnt, geht es bei den aktuellen E-Business Development Platforms noch um die erfolgreiche Startaufstellung der Softwarehersteller für einen signifikanten Anteil an einem der größten Software- und Dienstleistungsmärkte der nächsten zehn Jahre.

Zur Realisierung der grundlegenden Infrastrukturtechnologien in den oben genannten Märkten streift SAP weitere übergreifende Themen, denen im Zuge der fortschreitenden globalen Öffnung der Unternehmens-IT zentrale Rollen zuteil werden:

1. **E-Business Security**
   grundlegende Sicherheitsmechanismen und deren Verwaltung auf Softwarebasis, die anders als Firewalls und VPNs die Sicherheit bis hinunter auf eine extrem feine Granularität, nämlich pro einzelner Funktion (Webservice), sicherstellen sollen
2. **IT-Landscape Management**
   Überwachung und Wartung global verteilter IT-Systeme, die teils Bestandteil der eigenen Unternehmens-IT und teils als Fremdsysteme an die eigene Unternehmens-IT angekoppelt werden

Die übergreifenden Themen Security und IT-Management sind in jedem Teil des Produktumfangs wiederzufinden. Lieblingskinder der Unternehmensberater werden zweifellos die Enterprise Application Integration und der Collaborational Commerce sein, denn hier stehen die grafisch geführte Modellierung wesentlicher Geschäftsprozesse und eine betriebswirtschaftliche Optimierung im Vordergrund. Projekte im Enterprise-Portals-Segment werden da schon techniklastiger, beinhalten sie doch neben den statisch definierbaren Strukturen für die einzelnen Abteilungen und Anwender meist individuell gefertigte Informationsaufbereitungen für und Verknüpfungsmöglichkeiten über die Benutzeroberfläche, wo meist (noch) Programmierarbeit angesagt ist. Die Entwicklung von E-Business-Applikationen und die Bereitstellung von Webservices werden dann endgültig zum Fall für die IT-Berater; sieht man nämlich einmal von den Konvertierungsmöglichkeiten bereits vorhandener Funktionen in einen Webservice durch die SAP Exchange Infrastructure ab, muss bei eigenen Webservices in jedem Fall ein Programmierteam hinzugezogen werden.

1.3.1 Enterprise Application Integration und Collaborational Commerce

Beinahe alle großen Softwarehersteller bieten inzwischen Produkte an, die das Wort »Integration« im Titel führen. Auslöser dafür war wie so oft der Medienrummel, verursacht durch Analysten, Journalisten und Softwareexperten, die dem Markt der Enterprise Application Integration und dem Collaborational Commerce seit Jahren eine große Zukunft voraussagen. Alle diese Produkte hatten jedoch mit den mannigfaltigen, proprietären Schnittstellen der Applikationen zu kämpfen und dementsprechend kostenaufwändig und durch einen hohen Entwicklungsanteil geprägt gestalteten sich die Projekte – und waren daher nur für Großunternehmen finanzierbar. Dort wurde der überwiegende Teil des Projektbudgets auf die Entwicklung von Schnittstellen und Punkt-zu-Punkt-Verbindungen zwischen Applikationen verwendet. Seit es Webservices und die damit zusammenhängenden, weltweit anerkannten Standards wie XML, WSDL, SOAP und UDDI gibt, sieht es anders aus. Kaum ein Softwarehersteller wird es auf lange Sicht vermeiden können, seine Applikationen und die darin für die Nutzung durch die Außenwelt vorgesehenen Funktionen mit einer Webservice-Schnittstelle auszustatten. Ein zentraler Informationsvermittler, eben die besagte Enterprise-Application-Integration- oder Collaborational-Software, sammelt das Wissen um die angebotenen Webservices aller Applikationen einer IT-Systemlandschaft in einem zentralen Directory und gestattet dann durch Konfiguration, die Funktionsaufrufe und Informationsflüsse zwischen Applikationen von zentraler Stelle aus zu steuern und zu automatisieren. Medienbrüche, manuelle Pflegedienste oder der nächtliche Batch-Betrieb gehören der Vergangenheit an, ab jetzt erfolgt die Verarbeitung in Echtzeit.

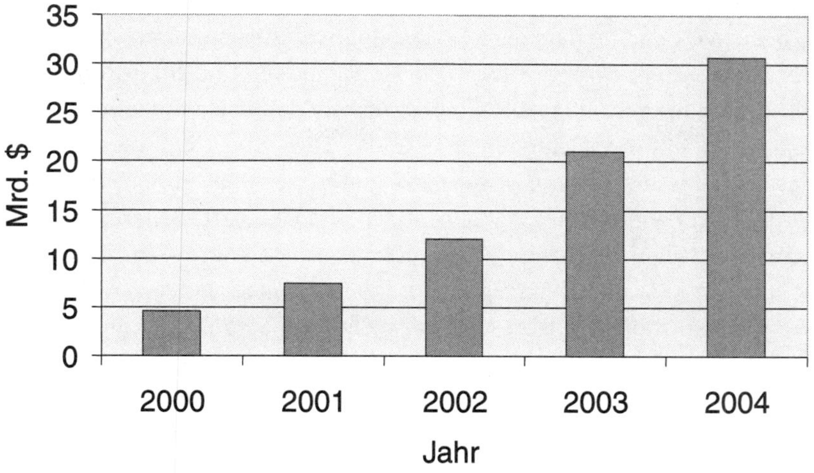

Abbildung 1.7 Entwicklung des weltweiten EAI-Marktes

Marktsituation

Zu den Early Players und jetzt bereits etablierten Spezialisten im Enterprise-Application-Integration- und Collaborational-Markt gehören Tibco, Vitria, Webmethods, Mercator und Seebeyond. Sie werden nun, wegen der guten Aussichten auf ein lohnendes Massengeschäft, von den Großen der IT-Branche attackiert:

- IBM ist mit der bewährten, aber nicht auf Webservices spezialisierten Messaging-Middleware MQ Series einer der dominierenden Anbieter im klassischen EAI-Bereich. Mit der Übernahme des EAI-Spezialisten Crossworlds Anfang 2001 für 129 Millionen Dollar rundete IBM sein Portfolio um die modernen Technologien und mit zusätzlicher Beratungskapazität ab.
- Der Konkurrent Bea Systems, Marktführer im Bereich der Application-Server, positioniert sich mit dem im Jahr 2000 vorgestellten Modul Weblogic Integration ebenfalls als Komplettanbieter für die Applikationsintegration mit Software und Dienstleistungen.
- Recht neu auf dem Markt ist auch Microsoft, das mit dem Biztalk Server ein leistungsfähiges und komfortables Produkt herausgebracht hat. Wie immer hält sich Microsoft bei den Dienstleistungen stark zurück und überlässt seinen zahlreichen kleinen und großen Partnern diese Aufgabe.
- Oracle hat diesbezüglich kein eigenes Produkt im Portfolio, verweist aber im Rahmen seiner E-Developer-Suite auf Java, das von sich aus alle neuen Internetstandards unterstützt.

SAP und EAI

Und was ist mit SAP und der SAP Exchange Infrastructure? Nun, SAP legt großen Wert darauf, dass die SAP Exchange Infrastructure mehr ist als ein zentrales System zur Integration von Applikationen und zur Koordination von Datenübermittlungen. SAP nutzt deshalb neben einer neuen Technologie sein mit Applikationen wie CRM, SCM und PLM massenweise gesammeltes Integrationswissen und bietet dieses in Form von vorgefertigten integrierten Geschäftsprozessen und Geschäftsszenarien als Vorlagen in der SAP Exchange Infrastructure mit an. Mittel- und langfristig sollen viele weitere Vorlagen für die Integration von SAP- und Fremdapplikationen folgen, wie beispielsweise Siebel CRM mit Anbindung an mySAP Financials, Siemens WinBDE, integriert in mySAP PLM, oder JDEdwards mit Buchungskonsolidierung SAP Financials. In Anlehnung an das mit dieser Taktik sehr erfolgreiche SAP Business Information Warehouse (mit seinen vorgefertigten Vorlagen für die Extraktion betriebswirtschaftlicher Informationen aus diversen operationalen Systemen und Homogenisierung in einem einheitlichen betriebswirtschaftlichen Datenmodell) werden die Vorlagen auch als *Business Content* bezeichnet. Diese Kombination aus Technik und vorgefertigtem betriebswirtschaftlichem Integrationswissen ist bislang weltweit konkurrenzlos und wird zahlreichen Unternehmen die Durchführung ansonsten nicht finanzierbarer Integrationsprojekte erst ermöglichen. Die SAP Exchange Infrastructure hat somit laut Einschätzung zahlreicher Analysten das Potenzial zur Killer-Applikation in diesem Marktsegment.

Preisgestaltung und Projektgrößen

Die SAP Exchange Infrastructure steht jedem mySAP.com-Kunden im Rahmen vorgefertigter Lösungen wie SRM oder CRM ohne weitere Kosten zur Verfügung. Eine thematisch darüber hinausgehende Anbindung fremder (nicht SAP-eigener Systeme) wird jedoch separate Lizenzen erfordern. Dies ist natürlich in gewisser Weise eine Kampfansage an alle Konkurrenten, die sich bislang ihre Software konsequent bezahlen lassen. So erhofft sich SAP, dass alle ihre Kunden, die bislang noch kein umfassendes, erfolgreiches EAI- oder CC-Projekt mit einem Konkurrenten durchgeführt haben, nicht zuletzt aus Kostengründen auf die von SAP vorgefertigte und vertriebene Lösung setzen werden. Die Projektbudgets bei größeren Integrationsvorhaben können so deutlich kleiner angesetzt werden und liegen in der Regel zwischen 300000 € bis 3000000 €, je nachdem, wie viele der vorgefertigten Konfigurationen zum Einsatz kommen können.

Dienstleistungen rund um SAP Exchange Infrastructure

SAP bietet zusammen mit ihren Implementationspartnern ein ganzes Bündel vorgefertigter Dienstleistungen und Produkterweiterungen an, die die Beratung und den Service bei der Durchführung unterschiedlichster EAI- und CC-Projekte abdecken. Hinzu kommt die Unternehmenspartnerschaft mit Commerce One, über die Dienstleistungen rund um die Anbindung an öffentliche und private Marktplätze offeriert werden.

SAP-Strategie

Langfristig wird SAP die mySAP.com-Lösungen noch wertvoller für ihre Kunden machen können und erschließt sich gleichzeitig ein größeres neues Marktsegment – eine für ihre Offenheit und Vollständigkeit im globalen Collaborational Commerce bekannte SAP-Software verkauft sich besser als eine, die nur für ihre Vollständigkeit bekannt ist. Und an einer Dienstleistung, die auf SAP-Software beruht, verdient SAP potenziell auf direktem Wege durch Beratung und Service oder indirektem Wege durch Schulung und Zertifizierung mehr, als wenn eine Fremdsoftware zum Einsatz kommt.

1.3.2 Enterprise Portals

Der Enterprise-Portals-Markt ist sehr zersplittert. So nutzen Softwarehersteller aus den Bereichen Knowledge Management, Dokumentenmanagment, Internet-Portale, Groupware, Data Warehousing, Data Mining und sogar Archivierungssoftware den Begriff »Portal« als bekannte und werbeträchtige Grundlage für die Vermarktung. Fest steht indes, dass langfristig nur diejenigen Anbieter übrig bleiben werden, die in allen genannten Bereichen überzeugende Lösungen entweder aus eigener Herstellung oder über Kooperationen mit Partnern anbieten können. Und so ist es nicht verwunderlich, dass im letzten Jahr kaum ein Monat ohne die Ankündigung einer neuen Produktpartnerschaft oder Geschäftskooperation verging. Der mit großen Wachstumschancen bewertete Markt kränkelte dennoch; nicht an der Umfassendheit des Softwareangebots, sondern an der mangelnden Akzeptanz der Anwender. Waren diese doch den Komfort moderner Windows-Applikationen mit Drag-and-Drop, interaktiven Hilfe-Assistenten und weit reichender Verknüpfbarkeit von Dokumenten, Tabellen und anderen Informationen gewohnt – ein paar Links zur Navigation zwischen den Weboberflächen der einzelnen Applikationen konnten da nicht mithalten. Mit Einführung der Webservice-Technologie zur Realisierung einer weit reichenden Zusammenarbeit und Integration der Applikationen »behind the scenes« sowie durch den deutlichen Komfortgewinn durch die Nutzung von DHTML und XML in Weboberflächen gewinnt der Markt nun aber an Schwung. Applikationen verschiedenster Hersteller und Informationen aus unterschiedlichsten Quellen können sich dem Anwender im Rahmen einer Portalseite wie aus einem Guss präsentieren. Redundante Dateneingaben, unterschiedliche

Bedienkonzepte und nicht auf die Arbeit des einzelnen Anwenders zugeschnittene Bedienoberflächen sollen damit endgültig der Vergangenheit angehören.

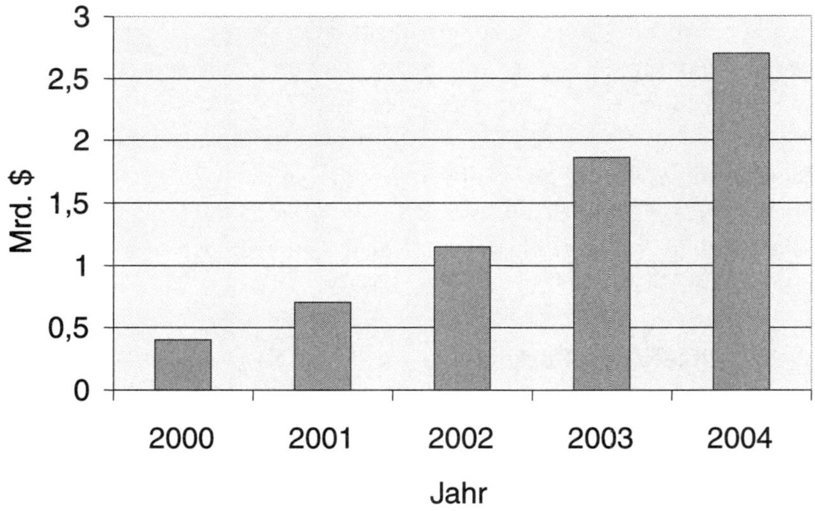

Abbildung 1.8 Entwicklung des weltweiten EP-Marktes

Marktsituation

Zu den frühen Marktteilnehmern gehören Broadvision, Documentum, Easy Software, Hyperwave, Infopark, Verity und Vignette. Zwangsläufig vollzieht sich mit der Etablierung des Marktes in diesem Bereich eine Entwicklung, wie sie auch in anderen IT-Segmenten anzutreffen ist: Die Großen der IT-Branche erkennen Webservices und DHTML-Unterstützung als Signal und stecken ihre Claims im massengeschäft-tauglichen Enterprise-Portal-Markt ab:

- IBM kann mit seinem Messaging- und Groupware-Flagschiff Lotus Notes auf eine beeindruckende Kundenliste verweisen und macht keinen Hehl daraus, auch die Dokumentenmanagement- und neuen Knowledge-Management-Funktionen des Produkts dort an den Mann bringen zu wollen. Mit IBM DB2 steht eine leistungsfähige, moderne Datenbank mit mächtigen Data-Warehouse-Funktionen zur Verfügung und ein ganzes Portfolio an Content-Management-Produkten deckt die Integration von verschiedensten Informationstypen ab. Die Consulting-Sparte des Konzerns kümmert sich bei Bedarf um sämtliche Dienstleistungen rund um diese Produktpalette.
- Microsoft hat mit dem Sharepoint Portal Server ein ganz neues Produkt für den Aufbau von Portalen und das Handling von unstrukturierten Informationen wie Dokumenten, Dateien und HTML-Inhalten im Pro-

gramm. Der Microsoft SQL Server wurde hingegen schon mit der 2000er-Version um Data-Warehouse- und OLAP-Features erweitert und der Microsoft Exchange Server liefert sich im Bereich Groupware schon seit Jahren ein hartes Kopf-an-Kopf-Rennen mit Lotus Notes. Alles zusammen und noch einige Server-Produkte mehr, die den Aufbau eines Portals direkt oder indirekt unterstützen sollen, gibt es als Bundle im Microsoft BackOffice Server. Consulting und Service übernehmen weltweit wie gewohnt vor allem die Microsoft-Partner.

- Oracle befindet sich als Weltmarktführer bei relationalen Datenbanken in einer sehr guten Ausgangsposition und bietet mit Oracle Express ausgereifte Data-Warehouse-Funktionen an. Mit Oracle Application Server Portal können Kunden auf der bewährten Application-Server-Plattform von Oracle maßgeschneiderte Webseiten für Mitarbeiter und Geschäftspartner entwickeln. Nicht zuletzt aufgrund von Marketing-Problemen kann Oracle jedoch mit dem Erfolg der Konkurrenten bislang nicht mithalten.

SAP und Portale

SAP ist bereits 1999 eine Entwicklungspartnerschaft mit einem der Pioniere im Portal-Markt eingegangen, dem 1996 gegründeten, amerikanischen Unternehmen TopTier Inc., das nicht nur über eine Portal-Software, sondern auch über ein patentiertes Konzept zur Einbindung von Geschäftsapplikationen in eine Weboberfläche und deren Zusammenarbeit verfügte (Drag-and-Relate). Unter Mitworkung der SAP-Teams rund um die SAP-Lösungen Workplace, Business Information Warehouse und Knowledge Management wurde ein Entwicklungswettlauf gestartet, der aktuell bereits die Version 5 des Produkts SAP Enterprise Portal vorweisen kann und für Anfang 2003 schon die Version 6.0 in Aussicht stellt; TopTier ist inzwischen in der SAP aufgegangen. SAP unternimmt die gewaltigen Entwicklungsanstrengungen für eine derart breit aufgestellte Portal- und Data-Warehouse-Lösung, um auch hier durch einzigartigen Business Content – in diesem Zusammenhang Vorlagen zur benutzerorientierten Integration von Geschäftsanwendungen unterschiedlicher Hersteller und beliebiger Informationsquellen – den übrigen Marktteilnehmern enteilen zu können. Schon jetzt wirbt SAP mit der Erstellung einheitlicher, personalisierter Weboberflächen, hinter denen sich quasi unbemerkt vom Endanwender Siebel-, Oracle- und SAP-Systeme zusammen mit unternehmenseigenen und Internetinformationsquellen bedienen lassen und die unter anderem Annehmlichkeiten wie eine »Suche über alles«-Funktion über alle Geschäftsdaten, Dokumente und Websites eines Unternehmens ermöglichen.

Auch wenn der Weg aufgrund des breiten Produktansatzes noch weiter sein mag als für die Exchange Infrastructure, wird die Kombination aus Technik und vorgefertigtem betriebswirtschaftlichen Integrationswissen auch weltweit konkurrenzlos sein und – konsequent zu Ende geführt – sicherlich einen ähnlichen Erfolg auf dem Markt haben, wie die SAP Exchange Infrastructure.

Preisgestaltung und Projektgrößen

SAP verkauft die Komponenten für dieses Marktsegment separat in den Einheiten SAP Business Information Warehouse sowie SAP Enterprise Portal, wobei beide auch Bestandteil einiger anderer SAP-Lösungen wie dem Strategic Enterprise Management (SEM) oder Customer Relationship Management sind; in diesen Fällen muss nur für eine über diese Lösungen hinausgehende Nutzung bezahlt werden. So erhofft sich SAP, dass alle Kunden, die bislang noch kein umfassendes, erfolgreiches Portal-Projekt mit einem Konkurrenten durchgeführt haben, aufgrund des budgetschonenden vorgefertigten Business Content auf die von SAP vertriebene Lösung setzen werden.

Typische Projektbudgets für die Einführung eines Portals mit all seinen Komponenten liegen in der Regel zwischen 200000 € bis 5000000 €, je nachdem, wie viele Applikationen und Systeme eingebunden werden sollen.

Dienstleistungen rund um SAP Enterprise Portal und BW

SAP bietet neben den üblichen Beratungs- und Servicedienstleistungen die Belieferung mit zusätzlichen Inhalten, wie Hintergrundinformationen und Neuigkeiten auf der Basis einer Partnerschaft mit dem Unternehmen Yahoo! an.

SAP-Strategie

Der klassische ERP-Markt existiert für sich allein genommen nicht mehr. Stattdessen geht es um integrierte Lösungen und die optimale Wissensverteilung innerhalb eines Unternehmens und über Unternehmensgrenzen hinweg. Die effektive Zusammenarbeit von Anwendern in einem derartigen Umfeld lässt sich nur mit Lösungen erreichen, die eine Vielzahl von Applikationen, Dokumenten und Websites so zur Verfügung stellen, als wären sie Teil einer einzigen großen, virtuellen Applikation. Wer also beim Collaborational Commerce die Richtung mitbestimmen möchte (und das ist das Ziel von SAP), muss alle proprietären Standards aufgeben und ihren Kunden eine offene und leistungsfähige Infrastruktur bieten. Auf die Überschneidung von SAP Exchange Infrastructure und SAP Enterprise Portal im Bereich der Webservice-Technologie und Adapter an Geschäftsapplikationen hat SAP im April 2002 mit der Verschmelzung ihrer Tochterfirmen SAP Markets und SAPPortals und der Eingliederung als neuen Geschäftsbereich Collaborative Applications in die SAP AG reagiert.

1.3.3 E-Business Development Platforms

Der Markt für E-Business Development Platforms befindet sich in einer Umbruchphase. Viele Softwarehersteller haben deutlich an Marktrelevanz verloren oder ihr Produkt gänzlich eingestellt. »Schuld« daran ist der Erfolg von Suns Java, das mit der Kombination einer Vielzahl erfolgversprechender und teils neuer Konzepte wie Unabhängigkeit vom Betriebssystem, modernem objektorientierten Sprachumfang, kostenloser Verfügbarkeit, geschickter Mobilisierung von fleißigen Open-Source-Entwicklern und konsequenter Zusammenarbeit in Gremien mit einer Vielzahl von Softwareherstellern bei der Spezifikation von Java-Erweiterungen den Markt innerhalb von fünf Jahren völlig umgekrempelt hat. Die Unabhängigkeit von Microsoft-Betriebssystemen hat darüber hinaus speziell auf die Großen der Branche stimulierend gewirkt.

Anstatt Programmquelltexte direkt in Maschinensprache für ein System zu kompilieren, wird aus dem Java-Code zunächst ein plattformunabhängiger Bytecode erzeugt. Dieser kann in einer speziellen, in sich abgeschlossenen Laufzeitumgebung, der *Java Virtual Machine*, unabhängig vom tatsächlichen Betriebssystem und der Hardware ausgeführt werden. Mit dem Erfolg von Java vollzog sich ein tief greifender Wandel. Integrierte Entwicklungsumgebungen für eine Programmiersprache und ein Betriebssystem wurden uninteressant. Die Zukunft gehört nun den Entwicklungsplattformen, die ihre Laufzeitumgebung für eine Vielzahl von Betriebssystemen direkt mitbringen.

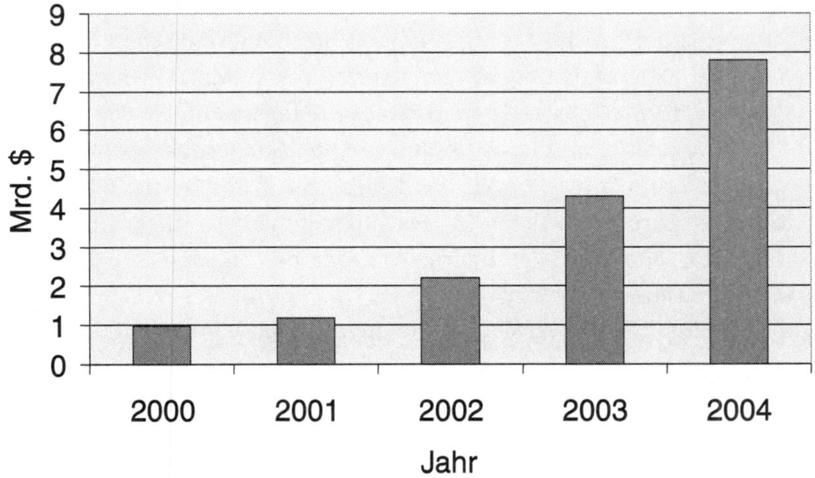

Abbildung 1.9 Entwicklung des weltweiten Development-Platform-Marktes

Marktsituation Anders als in den Marktsegmenten Enterprise Application Integration und Enterprise Portals geben bei den E-Business Development Plattforms ausschließlich die Großen der Softwareentwicklungsbranche den Ton an. Zu aufwändig, zu komplex und damit vor allem viel zu teuer ist die Entwicklung und erfolgreiche Markteinführung einer Entwicklungsplattform. Erschwerend kommt hinzu, dass E-Business Development Platforms als Commodity-Produkt gelten, d.h. grundsätzlich kostenloses Erzeugnis für jeden Nutzer, bei dem sich – wenn überhaupt – allenfalls für besonders komfortable Entwicklungsumgebungen und andere Zusatzleistungen Geld verlangen lässt. Der Markt spaltet sich – bis auf eine Ausnahme im Industriebereich – in zwei Lager um die Entwicklungsplattformen Java (alle großen Softwarehersteller) und Microsoft .NET (Microsoft allein):

- Als serviceorientiertes Unternehmen unterstützt IBM natürlich beide Plattformen. Eigene Entwicklungen und Produkte werden jedoch meist für und/oder mit Java realisiert. So wird IBM nicht müde zu betonen, dass bereits mehr als 1 Milliarde Dollar in die Entwicklung rund um Java geflossen ist und man an der Realisierung einer Vielzahl von Frameworks mitgewirkt hat. Die langsam zusammenwachsenden Entwicklungs- und Laufzeitplattformen IBM Websphere und Lotus Notes/Domino nutzen schon seit geraumer Zeit Java als gemeinsamen Nenner.
- Bea Systems, im Application-Server-Segment Marktführer, versucht es statt durch Eigenentwicklungen verstärkt mit Partnerschaften, um die eigene Laufzeitplattform um Modellierungs-, Entwicklungs- und Integrationswerkzeuge zu erweitern.
- Oracle, laut offizieller Aussagen des Managements ein schon fast neurotischer Microsoft-Gegner, unterstützt selbstredend ebenfalls die Java-Plattform und ist zu diesem Zweck Bündnisse mit Sun (für die Java Virtual Machine) und Borland (für die Entwicklungsoberfläche) eingegangen. Seine Entwicklungs- und Laufzeitplattform Oracle 9i Application/Database Server kann in Java programmiert werden und Oracle setzt Java auch für viele interne Projekte der eigenen ERP-Software Oracle Business Suite ein.
- Borland ist mit seinem marktführenden Produkt JBuilder neben Sun einer der großen Gewinner auf dem Java-Markt. Aufgenommen in diesen Marktüberblick ist das Unternehmen jedoch wegen eines anderen Produktgespanns: Mit seinem Produkten Delphi und Kylix bietet Borland besonders im Industrieumfeld sehr erfolgreiche Entwicklungsplattformen für Windows und Linux an. Der Clou dabei ist, dass Bor-

land statt einer eigenen Laufzeitumgebung die Unabhängigkeit vom Betriebssystem mithilfe einer umfassenden, für beide Systeme identisch nutzbaren Komponentenbibliothek mit Namen *Cross-Plattform Library* (CLX) erreicht. Die kompilierten Applikationen laufen dann nativ, d.h. direkt und ohne weitere Zwischenschichten, in hoch optimierter Maschinensprache ab. Entsprechend schnell sind die Applikationen.

- Microsoft kann ob dieses Java-Trends natürlich nicht tatenlos zusehen und hält seit dem 14. Februar 2002 offiziell mit dem eigenen Microsoft .NET dagegen. Es handelt sich dabei um eine Entwicklungs- und Laufzeitplattform, die zusätzlich zu einem der Microsoft-Betriebssysteme Windows CE, Windows 2000 oder Windows XP installiert werden kann und die Erstellung von Windows- und Webanwendungen sowie der neuen Webservices erleichtert. Als Programmiersprachen favorisiert Microsoft das hauseigene C# (eine in vielen Dingen identisch zu Java entworfenen Sprache) und Visual Basic .NET.

SAP und Entwicklungsplattformen

SAP ist mit ihrem SAP R/3-Basis-System und der eigenen Programmiersprache ABAP bereits 1991 an den Start gegangen. Technisch gesehen sind die Erfolgsfaktoren durchaus mit denen von Java vergleichbar: So legte SAP großen Wert auf die Unabhängigkeit vom zugrunde liegenden Betriebssystem, die Verfügbarkeit auf einer Vielzahl von Plattformen vom PC über UNIX bis hin zu Großrechnern sowie die Kompilierung in Zwischencode und anschließende Ausführung in einer in sich abgeschlossenen Laufzeitumgebung für ABAP-Programme, der *ABAP Virtual Machine*. Was indes lange Zeit fehlte, waren die objektorientierten Spracherweiterungen in Form von ABAP Objects und die systemseitige Unterstützung einer Vielzahl offener Internetformate wie z.B. HTML, XML und Internetprotokolle wie HTTP und SMTP. Dieses Manko wurde jedoch 1999 beseitigt und führte unter kontinuierlichem Ausbau letztlich zum neuen Produkt SAP Web Application Server im Jahr 2001. SAP betreibt bereits seit einigen Jahren auch Java-Entwicklung, hat sich im Mai 2001 offiziell dem Java Community Process angeschlossen und kurz darauf die Java Virtual Machine als gleichberechtigte Laufzeitumgebung in den SAP Web Application Server einbezogen. Seitdem können neben ABAP- auch Java-Programme ausgeführt und administriert werden. SAP bedient sich der Partnerschaft mit Sun, um deren Kompetenz und Technologie für diese deutliche Erweiterung der Entwicklungs- und Laufzeitplattform einzusetzen, ergänzt um die inzwischen komplett in SAP eingegliederte Firma In-Q-My. Zusammengenommen mit den einzigartigen, auf Geschäftsapplikationen zugeschnittenen Annehmlichkeiten wie Transportwesen,

Parallelisierung, Mandantenfähigkeit und den einfachen Zugriff auf vorhandene SAP-Applikationen, braucht man kein Analyst zu sein, um SAP einen sehr erfolgreichen Einstieg in den Markt für E-Business Development Platforms zu prophezeien.

Preisgestaltung und Projektgrößen

Der SAP Web Application Server steht jedem mySAP.com-Kunden inklusive der notwendigen Entwicklungsoberflächen ohne weitere Kosten zur Verfügung. Dieses Angebot ist einzigartig, denn alle Mitbewerber verlangen zumindest für die Entwicklungsumgebung zusätzliche Gebühren. So erhofft sich SAP, dass alle ihre Kunden, die spezielle Webservices oder ganze webbasierte Applikationen entwickeln wollen, aus Kostengründen auf die SAP-Lösung zurückgreifen. Die Projektbudgets bei typischen Entwicklungsvorhaben mit Anbindung an SAP-Komponenten können so deutlich kleiner angesetzt werden und liegen in der Regel zwischen 50000 € und 2000000 €.

Dienstleistungen rund um den SAP Web AS

SAP und ihre Beratungspartner bieten die üblichen Dienstleistungen wie Entwicklung, Beratung und Service bei der Durchführung von E-Business-Projekten an.

SAP-Strategie

SAP hat bereits den nächsten großen Herausforderer im Bereich Unternehmenssoftware ausgemacht. Damals war es Oracle, das mit seiner E-Business Suite in das Stammgeschäft von SAP eingedrungen ist. Die logische Konsequenz: SAP suchte die Distanz zu Oracle und riet fortan ihren Neukunden von der Oracle-Datenbank ab und stattdessen zum Microsoft-Konkurrenzprodukt SQL Server. Nun ist es Microsoft, das im Jahr 2000 respektive 2002 mit Great Plains und Navision zwei Anbieter von Unternehmenssoftware für den Mittelstand aufgekauft hat und in den Mittelstandsmarkt eindringen will. Wieder kontert SAP mit Distanzierung, diesmal durch Integration von Java als gleichberechtigter Programmiersprache zur Entwicklung von E-Business-Applikationen und der Positionierung als Technologieanbieter mit mySAP Technology, einer State-of-the-Art-Integrations- und Entwicklungsplattform für die E-Business-Applikationen der Zukunft. Eine sinnvolle und Erfolg versprechende Strategie, wenn man bedenkt, dass Java schon jetzt die weltweit meistgenutzte Entwicklungsplattform für Neuentwicklungen ist. Zweifelsohne wird mySAP Technology einen großen Sog auch auf einzelne Entwickler und kleine Softwarefirmen ausüben, die wiederum den Mittelstand bedienen und in Zukunft eine Vielzahl von Webservices, Applikationen und anderen Diensten dafür entwickeln werden. Deshalb gibt es den SAP Web Application Server zu Test-Zwecken für den persönlichen Gebrauch kostenlos in einer Linux- und einer Windows-Version.

1.3.4 E-Business-Security

Den Markt für E-Business-Security teilen sich seit Jahren einige wenige Spezialanbieter, die allesamt mit respektablen jährlichen Wachstumsraten aufwarten können. Die einen haben Vorteile in der SSL-Verschlüsselung zwischen Webbrowser und Webserver, andere bei der Durchtunnelung des Internets von einem Unternehmensstandort zum nächsten mit VPNs und einige weitere bei den Public Key Infrastructures für die Authentifizierung und Verschlüsselung von Nachrichten und Dokumenten. Doch unter der Oberfläche rumort es gewaltig, denn im Zuge der fortschreitenden Integration unternehmensübergreifender Geschäftsprozesse im Rahmen des Collaborational Commerce und durch den Siegeszug der Webservice-Technologie taucht ein neues und großes Wachstumsfeld am Horizont auf, das alle anderen in den Schatten stellen könnte: Die Rede ist von der Ausstattung aller Geschäftsapplikationen mit feingranularer Sicherheitstechnologie, angefangen bei der Bürosoftware über die Standardsoftware bis hin zu selbst erstellten Geschäftsapplikationen.

Diese Sicherheit auf der Ebene einer einzelnen Funktion wird nötig, da sich eine Applikation in Zukunft sowohl aus eigenen als auch einer Vielzahl fremder Webservices zusammensetzen wird, wobei Letztere über das Internet genutzt und teilweise gegeneinander ausgetauscht werden können. Für derartige Geschäftsapplikationen verschwindet die Trennung zwischen interner und externer IT, zwischen sicherer und unsicherer Umgebung und zwischen vertrauenswürdigen und zweifelhaften Informationsquellen und es muss für jede einzelne Funktion sichergestellt werden können, dass sie authentisch ist (z. B. dass es sich auch wirklich um die Funktion zur Lieferung aktueller Marktdaten der Deutschen Bank handelt). Es muss außerdem sichergestellt sein, dass die übertragenen Daten nicht verfälscht wurden (z. B. dass die Marktdaten unterwegs nicht durch andere Werte ersetzt wurden) und dass geheime Informationen verschlüsselt übertragen werden (z. B. dass Marktdaten für ein Unternehmen in der IPO-Phase nur von den Konsortialfirmen entschlüsselt werden können). Letztlich wird alles darauf hinauslaufen, dass in einem Unternehmen oder einem Unternehmensverbund so genannte *Policy Engines* installiert werden, die die Sicherheitsrichtlinien verwalten und den einzelnen Applikationen zur Verfügung stellen. Die Applikationen werden dann vor dem Ausführen eines Webservice die eingestellte Sicherheitsrichtlinie erfragen und gemäß dieser entweder selbst oder über ihre Laufzeitplattform für eine entsprechende Umsetzung sorgen. Zentrales technisches Element wird in Zukunft ein so genanntes *Token* sein, ein Software-Ticket, das bei jedem Funktionsaufruf mit übergeben werden muss und für Entwickler allgegenwärtig sein wird. Kurz und gut: Die Applikationen und Laufzeitumgebungen sind auf lange Sicht die treibende Kraft im Security-Markt und deshalb werden die Applikationshersteller indirekt über das Wohl und Wehe der Marktteilnehmer entscheiden. Diejenigen Software-Security-Anbieter, die sich mit möglichst vielen und erfolgreichen Applikationsherstellern verbünden, werden auf lange Sicht am erfolgreichsten sein.

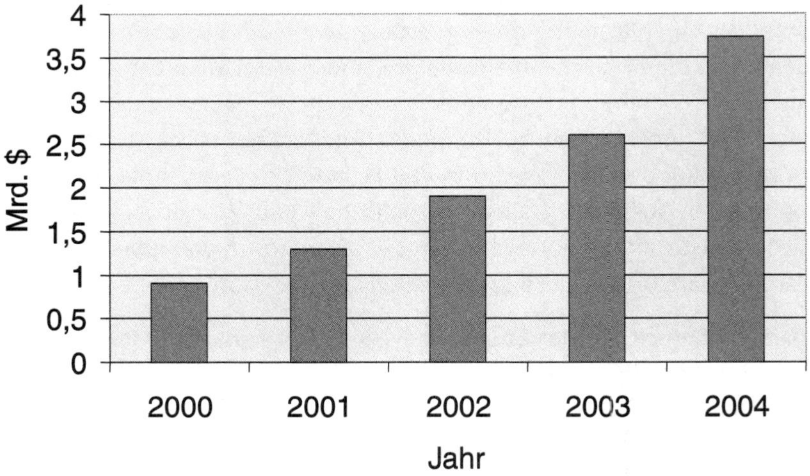

Abbildung 1.10 Entwicklung des weltweiten Software-Security-Marktes

Marktsituation

Zu den etablierten Spezialisten im Software-Security-Umfeld gehören RSA-Security, Symantec, CA und BMC. Sie werden nun, wegen der guten Aussichten auf ein lohnendes Massengeschäft, von den Großen der IT-Branche attackiert, die eigentlich aus dem Bereich Anwendungssoftware kommen.

Wieder sind es IBM (mit Tivoli) und Microsoft (mit TrustBridge), die immer mehr Sicherheitsfunktionen in ihre Produkte einbauen oder zumindest Schnittstellen zur Anbindung verschiedenster Security-Lösungen schaffen. Sie bestimmen damit indirekt, wer Erfolg im Security-Markt haben wird und wer nicht.

SAP und Security

SAP sieht sich nicht als direkter Konkurrent der Security-Unternehmen, hat das Thema jedoch vor geraumer Zeit zur Chefsache erklärt. mySAP Technology enthält deshalb gerade für Entwickler viele Neuerungen in Sachen Benutzer- und Rollenverwaltung (diese werden im SAP Enterprise Portal zentralisiert), Berechtigungen und Profile sowie Authentifizierung und Verschlüsselung (diese werden in der SAP Exchange Infrastructure und den Policy Engines zentralisiert), die aus Java- und ABAP-Anwendungen heraus genutzt werden. Gerade diese einheitliche Verfügbarkeit für die Java- und ABAP-Welt werden laut Analysteneinschätzung mySAP Technology zu einer herausragenden Position im Markt verhelfen.

Preisgestaltung und Projektgrößen

Die Security-Funktionalität ist fester Bestandteil der einzelnen mySAP Technology-Dienste, steht jedem SAP-Kunden ohne weitere Kosten zur Verfügung und stellt eine offene Schnittstelle für den Anschluss beliebiger Sicherheitsalgorithmen und Trust Center bereit. Je nach verwendetem Algorithmus können Zusatzkosten auf ein Unternehmen zukommen, denn SAP liefert zwar die wichtigsten, aber nicht alle Algorithmen mit. Sicherheitsprojekte werden durch den umfassenden technischen Beitrag von mySAP Technology primär auf organisatorische und fachliche Spezifizierungen und Umsetzungen beschränkt bleiben und können nach Bedarf ausgebaut werden. Die Projektbudgets bei größeren Sicherheitsrenovierungen liegen in der Regel zwischen 30000 € bis 500000 €, je nachdem, wie viele verschiedene Sicherheitsalgorithmen und Trust Center zum Einsatz kommen sollen.

Dienstleistungen rund um Software-Security

SAP bietet zusammen mit ihren Beratungspartnern Dienstleistungen rund um das Thema Software-Security an. Die wichtigsten sind Beratung und Service bei der Durchführung unternehmensinterner und -übergreifender Sicherheitsprojekte sowie die Anbindung an öffentliche und private Marktplätze.

SAP-Strategie

SAP hat es sich zum Ziel gesetzt, weltweit die sicherste E-Business-Infrastruktur und die sichersten E-Business-Applikationen anzubieten, und sieht die Sicherheit als integralen Bestandteil jeder einzelnen Applikation. Eine unternehmensinterne Global-Security-Initiative sorgt dafür, dass zunächst bei allen Erweiterungen und Neuentwicklungen sowie später auch bei allen Altanwendungen die Sicherheitstechnologien in mySAP Technology vollständig ausgenutzt werden. SAP ist überzeugt, dass Sicherheit innerhalb der kommenden fünf Jahre zu einem der wichtigsten Verkaufsargumente werden wird.

2 mySAP Technology – SAP Web Application Server (Teil 1)

Aufgrund des großen Funktionsumfangs beschreiben wir den SAP Web Application Server in zwei Kapiteln. In diesem Kapitel geht es um grundlegende Dienste, die sowohl von R/3- als auch mySAP.com-Lösungen gemeinsam genutzt werden. Die neuen Internetfunktionalitäten und standardisierten Protokolle, die den SAP Web Application Server als Entwicklungsplattform speziell für Internetapplikationen auszeichnen, werden im nächsten Kapitel beschrieben.

2.1 Problemhintergrund

Eine gute Geschäftsapplikation ist schwer zu programmieren. Einfach war es noch nie, den hohen Anforderungen eines Unternehmens gerecht zu werden. Doch die Probleme, die die Entwickler von Unternehmenssoftware heutzutage lösen müssen, werden in unserer heterogenen Welt mit international verteilten Unternehmensstandorten und Geschäftsbeziehungen sowie der Kollaboration von Kunden, Partnern und Lieferanten über das Internet zunehmend komplexer.

Evolution der Unternehmenssoftware

Anfang der 80er Jahre, als der Markt für Unternehmenssoftware sich zu etablieren begann, waren die Problemfelder noch relativ klar umrissen: Es gab diese speziell ausgebildeten Mitarbeiter im Unternehmen, die ein Terminal auf dem Tisch stehen hatten mit Anschluss an einen sündhaft teuren Großrechner von IBM. Sie waren für die Eingabe und Auswertung von Daten aus der Buchhaltung, der Materialverwaltung oder später auch aus Vertrieb und Produktion zuständig. Die Unternehmenssoftware konnte von diesen Mitarbeitern parallel genutzt werden, sie achtete auf fehlerfreie Eingaben, stellte mittels Sperrmechanismen sicher, dass nicht mehrere Anwender gleichzeitig einen Datensatz ändern konnten, und gewährleistete durch diese Maßnahmen die Datenkonsistenz. Jeder Mitarbeiter hatte bereits, geschützt durch Benutzername und Passwort, Zugriff auf einen bestimmten Satz an lesenden und schreibenden Funktionen.

90er Jahre

Anfang der 90er Jahre breitete sich die Unternehmenssoftware in immer mehr Bereiche des Tagesgeschäfts aus und die Zahl der gleichzeitig arbeitenden Anwender wuchs sprunghaft. Ob Projektmanagement, Controlling, Personalverwaltung oder Qualitätssicherung: stets verlangten die Unternehmen mehr Funktionalität. Der zwischenzeitlich einsetzende Siegeszug der Billig-Computer, namentlich PCs und Server unter UNIX, DOS und Windows, sorgte für eine weitreichende Ausstattung der Mitarbeiter mit Computertechnik und Software. Kleinere Netzwerke entstanden, die den Austausch von Daten ermöglichten, ohne dass man seinen Schreibtisch noch verlassen musste. Natürlich verlangten die Unternehmen, die Unternehmenssoftware möge diese günstige Hardware und die billigen Betriebssysteme unterstützen, denn viele wollten aus Kostengründen ihren Großrechner abschalten oder erst gar keinen anschaffen. Meist hatte man schon eine der inzwischen zahlreich angebotenen relationalen Datenbanken für diese Server gekauft, die auf jeden Fall zur Datenablage der Unternehmenssoftware mitgenutzt werden sollte.

Jahrtausendwechsel

Gegen Ende der 90er Jahre schließlich durchzog die Unternehmenssoftware alle Bereiche eines Unternehmens. Speziell zugeschnittene Branchenlösungen für alle nur denkbaren Industrie-, Dienstleistungs- oder Handelsunternehmen sorgten für eine Durchdringung bis in die letzten Zipfel des Marktes. Ja, mehr noch, international zusammengesetzte Teams arbeiteten in mehreren Sprachen gleichzeitig mit einer Applikation und Konzerne konsolidierten und konzentrierten die Daten aller Tochtergesellschaften. Schließlich wurden sogar Kunden, Partner und Lieferanten in die Prozesse der Unternehmenssoftware einbezogen und mit spezieller Funktionalität bedacht.

Anforderungen an Unternehmenssoftware

Diese Evolution der Unternehmenssoftware und ihrer zahlreichen Module hat den Nutzen für ein Unternehmen über die Zeit vervielfacht, zieht jedoch extrem hohe Anforderungen an die einzelnen Module einer Software nach sich. Diese Anforderungen können von einem Softwarehersteller heutzutage nur noch wirtschaftlich sinnvoll erfüllt werden, indem die meisten durch eine umfassende und hoch entwickelte E-Business-Plattform abgedeckt werden, die für alle Module gleichermaßen als Grundlage eingesetzt wird; quasi eine übergreifend genutzte Entwicklungs- und Laufzeitplattform speziell für betriebswirtschaftliche Anwendungen. So können sich die Entwickler auf die Realisierung der eigentlichen Geschäftslogik konzentrieren. Wesentliche Anforderungen an eine solche E-Business-Software-Plattform sind:

1. Die Plattform muss die Ablauffähigkeit der Unternehmenssoftware auf einer Vielzahl verschiedener Hardware- und Betriebssystemplattformen sicherstellen. Sie muss die in Unternehmen vorhandenen Datenbanksysteme unterstützen und die Einschränkung auf spezielle Systeme vermeiden.

2. Die Plattform muss die simultane Nutzung durch mehrere hunderttausend Anwender in einem internationalen Umfeld, verschiedenen Landessprachen und über schnelle wie langsame Netzwerkverbindungen ermöglichen.
3. Die Plattform muss jeden Anwender authentifizieren und individuelle Zugriffsberechtigungen auf die verschiedenen Module und deren Funktionen verwalten können. Einzelne Anwendersitzungen müssen komplett voneinander abgeschottet sein, der ausgeführte Programmcode und die Datenbankzugriffe müssen zum Schutz der Datenkonsistenz permanent überwacht werden und ein 24x7-Betrieb ohne jegliche Unterbrechung muss möglich sein.
4. Die Plattform muss die Entwicklung in großen Teams und die Verwaltung verschiedener Versionen eines Softwarepakets unterstützen.
5. Systemseitige wie eigene Programmelemente müssen aus Produktivitätsgründen für andere Entwickler – auch auf Fremdsystemen – wiederverwendbar sein.
6. Die zweifellos zahllosen technischen und betriebswirtschaftlichen Basisdienste und Funktionen der Plattform sowie selbst geschriebene Anwendungen müssen nach Bereichen und Themen strukturiert werden können, um für die Entwickler überhaupt noch überschaubar und verwaltbar zu sein.

Zu Punkt 1: Plattformunabhängigkeit

Die Entscheidung über eine Investition für eine Hardware- und Softwareplattform in einem Unternehmen hängt von vielen spezifischen Faktoren ab und ist eine hoch komplexe Angelegenheit. Je nach Alter des Unternehmens gilt es, bereits vorhandene Systeme unter dem Gesichtspunkt der Investitionssicherung so lange als möglich zu nutzen, in neue Systeme zu integrieren und die geforderte Verfügbarkeit sicherzustellen. Vor diesem Hintergrund ist es für einen Softwarehersteller von Geschäftsapplikationen heutzutage überaus schädlich, wenn er auf eine Hardware oder ein Betriebssystem festgelegt ist. Stattdessen muss die Software der Strategie des Unternehmens in Bezug auf Hardware- und Betriebssystemplattformen folgen können und sogar größere Änderungen – z.B. den Umstieg von einem Großrechner auf Midrange-Server, von Windows auf Linux, von einem Oracle-Datenbankserver auf IBM oder den gleichzeitigen Betrieb auf mehreren Plattformen – ohne oder mit minimalen Betriebsunterbrechungen verkraften. Im Zuge der Kollaboration von

Geschäftsapplikationen über Intranets, Extranets und das Internet wird diese Heterogenität und damit die Flexibilität der Systeme sogar weiter zunehmen müssen.

Der SAP Web Application Server ist unter seiner alten Bezeichnung »SAP-Basis« seit mehr als einem Jahrzent plattformunabhängig verfügbar und heute vom Großrechner bis zum PC-Server, von OS/400 über diverse UNIX-Derivate und Linux bis hin zu Windows-Serverbetriebssystemen sowie im Zusammenspiel mit allen marktrelevanten Datenbanken ablauffähig und wird dies auch die nächsten zwanzig Jahre sein. Damit besitzen die dafür entwickelten Geschäftsapplikationen eine Investitionssicherheit, die weltweit als einmalig zu bezeichnen ist. Die Vielfalt der unterstützten Plattformen ist darüber hinaus mit der von gängigen Java-Application-Servern in der Enterprise Edition vergleichbar. Der SAP Web Application Server besitzt mit Java und ABAP gleich zwei leistungsfähige Programmiersprachen, die beide über eine Entwicklergemeinde in Millionenstärke verfügen, die jetzt und in Zukunft die Unterstützung der E-Business-Plattform sicherstellen.

Zu Punkt 2: Skalierbarkeit und Internationalisierung

Die nach Anwenderzahlen größten Installationen von Unternehmenssoftware liegen aktuell bei ca. 250000 Anwendern. Die meisten Installationen sind indes wesentlich kleiner, doch wollen Unternehmen in jedem Fall mit minimalen Hardwareinvestitionen einen performanten Betrieb sicherstellen. Eine derartige Skalierbarkeit der Leistung von wenigen Anwendern bis zu einigen hunderttausend erreicht man nur mit einer dreistufigen Client/Server-Architektur, bei der die Last der Programmausführung und Datenoperationen auf beliebig viele Server verteilt werden kann und der Anwender nur noch über ein Rahmenprogramm zur Darstellung und Interaktion, z.B. einen Webbrowser, verfügen muss. Die Anwender werden beim Login dynamisch und möglichst gleichmäßig mit einem der Server verbunden und teilen sich die dort zur Verfügung stehende Leistung. Sollten einmal ein oder mehrere Server ausfallen, dürfen natürlich keine gespeicherten Daten verloren gehen und die Anwender müssen sofort und automatisch auf einen der funktionierenden Server umgeleitet werden.

Es kann auch vorkommen, dass Anwender das System in unterschiedlichen Landessprachen nutzen, z.B. die französische Niederlassung in französischer Sprache und die japanische Holding in Japanisch. Die vollständige Separation von Programmcode und Texten sowie die komfortable

Verwaltung aller existierenden Übersetzungen sind grundsätzliche Voraussetzungen an eine global einsetzbare Software. Hinzu kommen an die Schreibrichtung angepasste, alternative Benutzeroberflächen, die landestypisch korrekte Darstellung von Datum, Zeit und Ziffern, Zeitzonenberücksichtigung, lokale Rechnungs- und Revisionsvorschriften sowie eine zuverlässige Mehrwährungsfähigkeit.

Der SAP Web Application Server besitzt eine dreistufige, beliebig skalierbare sowie redundant auslegbare Client/Server-Architektur und unterstützt die komplette Internationalisierung und Lokalisierung von Applikationen durch komfortable Verwaltungswerkzeuge.

Zu Punkt 3: Benutzer/Rechteverwaltung, Controlled Execution

Es ist klar, dass die Verwaltung von bis zu mehreren hunderttausend Softwareanwendern und deren Zugriff auf die einzelnen Applikationsfunktionen viel Planung und auch Administrationszeit kostet. Die Aufgabe einer E-Business-Plattform muss es sein, die Benutzer- und Rechteverwaltung so leistungsfähig und doch so einfach wie möglich zu gestalten. State-of-the-art ist die Implementierung einer rollenbasierten Organisation für Benutzer, in dem die Mitarbeiter frei definierbaren Rollen wie z. B. »Buchhalter NRW«, »Konstrukteur Antriebe« oder »IT-Administrator Controlling« zugeordnet werden und davon alle Zugriffsrechte erben.

Einer der Hauptgründe für Programmabstürze, insbesondere bei permanent laufenden Applikationen, sind Speicherlecks. Ein Programm reserviert sich einen Hauptspeicherbereich in der Absicht, diesen später wieder freizugeben. Eine versehentlich unsaubere Programmierung vereitelt dies jedoch und stattdessen reserviert das Programm einen weiteren Bereich. Dieses Verhalten kann nur sporadisch auftreten und erst nach einer gewissen Zeit ist der Speicher verbraucht. Bei PC-Programmen wie Excel ist das kein großes Problem, denn sie werden nur einige Stunden verwendet und dann in der Regel wieder geschlossen. Bei Server-Applikationen hingegen, die Monate oder gar Jahre ununterbrochen laufen sollen, ist das fatal und bei entsprechend komplexer Programmlogik ist ein solcher Fehler nur sehr schwer aufzuspüren. Es sollte also einen Sicherheitsmechanismus geben, der alle Hauptspeicherreservierungen überwacht und diese wieder freigibt, sobald sie nicht mehr benötigt werden.

Ein anderer kritischer Bereich für Programme ist die Transaktionsverwaltung. Jeder kennt das Beispiel von der Überweisung zwischen zwei Konten, bei der das Geld auf dem Zielkonto nur gutgeschrieben werden darf, wenn es vom Quellkonto erfolgreich abgehoben worden ist und umgekehrt. Eine Transaktionsverwaltung ist sehr schwierig zu implementieren. Sie sollte deshalb in einfach nutzbarer Form für alle schreibenden Datenzugriffe zur Verfügung stehen.

Der SAP Web Application Server besitzt eine leistungsfähige, rollenbasierte Benutzer- und Rechteverwaltung. Sie stellt den Programmierern einheitliche Funktionen für die Abfrage von Benutzerrechten zur Verfügung, die sie in ihren Programmen verwenden können, sowie komfortable Werkzeuge zur Verwaltung für IT-Administratoren. Der SAP Web Application Server verfügt über ein Laufzeitsystem, das die ausgeführten Programme in ABAP und Java in Virtual Machines separiert und permanent überwacht. Zu seinen Aufgaben gehört auch die Erkennung und Behebung von Speicherlecks, die so genannte *Garbage Collection*, sowie die Transaktionsverwaltung über alle eingesetzten Server hinweg.

Zu Punkt 4: Teamunterstützung und Versionierung

Die Komplexität heutiger Geschäftsapplikationen erfordert den Einsatz großer Projektteams für die Softwareentwicklung mit Softwarearchitekten, Softwaredesignern, Programmierern, Produktmanagern, Qualitätssicherern, Dokumentatoren, IT-Administratoren und Projektleitern. Mehrere hundert, manchmal sogar mehrere tausend interne und externe Mitarbeiter arbeiten für ein Projekt – beinahe wie in einem eigenen Unternehmen. So ist es nicht verwunderlich, dass die Anforderungen an eine Entwicklungsumgebung mit denen an eine Geschäftsapplikation vergleichbar sind: Skalierbarkeit, Internationalisierung, Benutzer- und Rechteverwaltung, Controlled Execution – alle oben genannten Basisanforderungen finden sich hier wieder. Hinzu kommen die Versionierbarkeit von Entwicklungsdokumenten und Quelltexten, weitgehend automatisierbare Qualitätstests sowie Transportmechanismen, um die Geschäftsapplikation oder einzelne Teile daraus zwischen den Entwicklungs-, Test- und Produktivsystemen kopieren zu können.

Der SAP Web Application Server nutzt in seinen Applikationen exakt die gleichen Mechanismen, wie sie auch den Entwicklern für eigene Applikationen zur Verfügung stehen, und stellt leistungsfähige Entwicklungs-, Versionierungs-, Qualitätssicherungs- und Transportmechanismen zur Verfügung.

Zu Punkt 5: Wiederverwendbarkeit von Programmcode

Natürlich muss die E-Business-Plattform Dienste anbieten, um alle eigenen und applikationsspezifischen Programmelemente – gleich ob prozedural oder in objektorientierter Weise implementiert – zu verwalten.

Generische und damit wiederverwendbare Programmelemente müssen gekennzeichnet, beschrieben und veröffentlicht werden können, um auf diese Weise anderen Entwicklern die Nutzung zu ermöglichen, Redundanz zu vermeiden und Kompatibilität zu ermöglichen. Damit dies bei vielen Applikationen mit jeweils mehreren Millionen Zeilen Programmcode überhaupt funktionieren kann, muss ein zentrales Verzeichnis geschaffen werden, das ausführliche Informationen über sämtliche globalen Programmelemente enthält und Namenskonflikte bei der Benennung verhindert. Ferner müssen eine ganze Reihe von Programmierschnittstellen, so genannte *Konnektoren*, zur Verfügung gestellt werden, um die Programmelemente auch von außerhalb, z.B. aus Windows- oder Java-Programmen heraus, ansprechen zu können. Umgekehrt sollten aus der E-Business-Plattform heraus Programmelemente, wie beispielsweise COM-Objekte unter Windows oder CORBA-Objekte unter UNIX, aufrufbar sein.

Der SAP Web Application Server verwaltet alle globalen Daten- und Programmelemente in einem zentralen Repository. Alle globalen Funktionen und Methoden lassen sich neben anderen Protokollen auch als Webservice aufrufen.

Zu Punkt 6: Namensräume und Paketierung

Eine E-Business-Plattform, die den oben beschriebenen gemeinschaftlichen Anforderungen an Geschäftsapplikationen und deren Entwicklung gerecht werden will, ist zweifellos sehr komplex und umfangreich. Sie besteht selbst aus mehreren Dutzend Applikationen, hunderten Diensten und vielen tausend vorgefertigten Funktionen, zu denen sich das Vielfache in Form betriebswirtschaftlicher Anwendungen hinzugesellt. Aus einer solchen Masse an Funktionen lässt sich eine bestimmte nur finden, wenn sie in logischen Objekten organisiert ist. Die Hierarchisierung in so genannte *Namensräume* hat sich in diesem Zusammenhang nicht zuletzt dank Java als gängige Lösung durchgesetzt. So kann es z.B. einen Namensraum geben, in dem sich ausschließlich Funktionen zur Benutzer- und Rechteverwaltung befinden, einen selbst definierten Namensraum, in dem die Entwickler ihre CRM-Applikation verwalten usw. Unterhalb dieser Ebene kann es weitere organisatorische Unterteilungen in Form von Paketen geben, die auch ineinander verschachtelt werden wie beispielsweise ein Paket mit Funktionen zur Geschäftspartnerverwaltung, das wiederum Pakete zur Addressverwaltung und zur Verwaltung der Relationen zwischen Geschäftspartnern enthält.

Der SAP Web Application Server setzt sowohl Namensräume als auch eine Strukturierung in Pakethierarchien ein, um Programmelemente zu organisieren und zu strukturieren. Die diesbezüglichen Werkzeuge stehen allen Entwicklern zur Organisation ihrer eigenen Entwicklungsprojekte zur Verfügung.

2.2 Lösungsarchitektur

Der SAP Web Application Server stellt eine Laufzeitumgebung dar, in der alle Anwendungen abgeschottet von den Besonderheiten des zugrunde liegenden Betriebssystems entwickelt, verwaltet und ausgeführt werden. Man bezeichnet ihn deshalb auch als Entwicklungs- und Laufzeitplattform. Er ist Bestandteil jeder SAP-Installation, umfasst die zwei Schichten Präsentation und Applikation und definiert eine einheitliche Sichtweise auf die Datenschicht unabhängig vom verwendeten Datenbanksystem (SAP Open SQL). Auf diese Laufzeitumgebung kann sich ein Programmierer immer verlassen, d.h., selbst wenn er ein ganz neues Programm entwirft, das sich nicht auf eine der vorhandenen SAP-Lösungen stützt, steht ihm der dort enthaltene Umfang an Werkzeugen und Funktionen für die Erstellung und den Ablauf von datenbankorientierten Geschäftsanwendungen, deren Wartung und Pflege zur Verfügung.

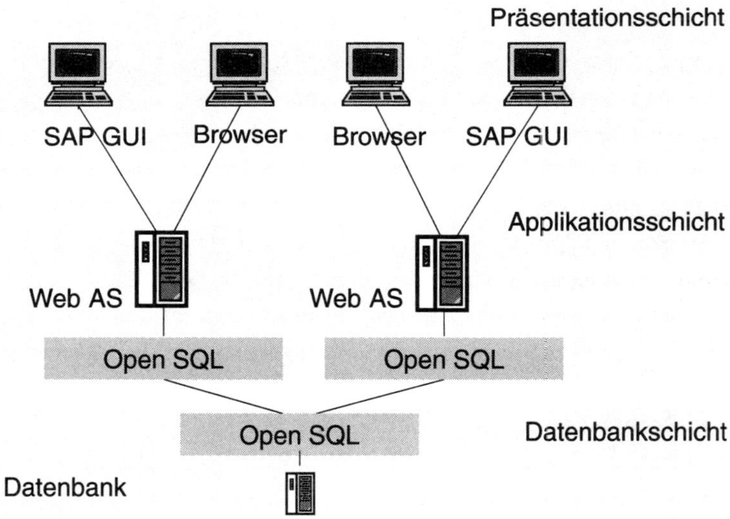

Abbildung 2.1 Der SAP Web Application Server in der Systemlandschaft

Früher trug der SAP Web Application Server den Namen *SAP-Basis-System*, er wurde jedoch aufgrund der immer stärkeren Ausrichtung auf Internetstandards Ende 2001 umbenannt. Seit 2001 kann er neben ABAP- auch Java-Programme in seiner Applikationsschicht ausführen und seit Juli 2002 besitzt er offiziell die Unterstützung für den Webservice-Standard.

Ab Release 6.20 ist der SAP Web Application Server Java-fähig. Er beinhaltet standardmäßig einen zu Java 2 Enterprise Edition 1.2 kompatiblen Application-Server und ermöglicht so die Ausführung von Java-Applikationen. SAP selbst spricht in diesem Zusammenhang von einer *Java Personality*, die zusammen mit der *ABAP Personality* den Kern des Web Application Server bildet. Eine beinahe vollständige Integration mit den übrigen Komponenten des Web Application Server ist bereits erreicht. So »kennt« der Internet Communication Manager (SAP-eigener Webserver) beide Personalities und unterscheidet die per HTTPS eintreffenden Daten. Je nach übermittelter URL wird dann die Java- oder ABAP Personality für die dynamische Verarbeitung der Daten und die Generierung einer neuen Webseite angesprochen.

Verbindung von ABAP und Java

Was bleibt, ist die Verbindung der beiden Personalities untereinander. Dafür hat SAP den *Java Connector* (JCo) entwickelt, der das StandardSAP-Protokoll *Remote Function Call* (RFC) auch für Java verfügbar macht und so eine hoch performante Kommunikation in beide Richtungen ermöglicht: So können aus Java heraus alle als remote ausführbar gekennzeichneten Funktionsbausteine sowie *Business Application Programming Interfaces* (BAPIs) aufgerufen werden. Umgekehrt kann aus einem ABAP-Programm heraus die Methode einer Enterprise-JavaBean-Komponente (EJB) gestartet werden. Das Know-how dazu hat sich SAP unter anderem aus der im Juli 2001 übernommenen Firma In-Q-My beschafft, die für die Integration der Java Personality verantwortlich zeichnet.

Der SAP Web Application Server lässt sich in mehrere logische Bereiche unterteilen, die unterschiedliche Teilaufgaben übernehmen.

Präsentationsschicht

Die *Präsentationsschicht* übernimmt die Anzeige von Benutzeroberflächen sowie die Interaktion mit dem Anwender. Während die HTML-Version lediglich für Endanwender geeignet ist, umfassen das SAP GUI for Windows und das SAP GUI for Java auch sämtliche Entwicklungsumgebungen:

- Die *SAP GUI Basis* enthält die Funktionalitäten zur Anzeige von Benutzeroberflächen sowie zur Entgegennahme von Benutzerbefehlen für Endanwender. Es setzt eine laufende Kommunikation mit den Komponenten der Applikationsschicht voraus, von der alle Oberflächeninformationen kommen und an die alle Eingabedaten über das Netzwerk wieder zurückgeliefert werden müssen.

- Der *SAP Screen Painter* erlaubt zusammen mit dem Modul *Menu Painter* die Erstellung von Benutzeroberflächen und wird ausschließlich im Bereich der Applikationsentwicklung eingesetzt. Er steht nur für die Windows- und Java-Variante zur Verfügung.

Das SAP GUI for HTML läuft ausschließlich auf dem Server ab und lässt sich auf der Client-Seite mit modernen Webbrowsern plattformunabhängig bedienen; offiziell von SAP freigegeben sind der Internet Explorer ab Version 4.0 sowie der Netscape Navigator 6.2 unter Windows und Mac OS X. Die neue Web-Dynpro-Technik verzichtet hingegen ganz auf ein SAP GUI (auch auf ein auf der Serverseite angesiedeltes SAP GUI for HTML, sofern keine Dynpro-Oberflächen dargestellt werden müssen) und ist auf die Zusammenarbeit mit Webbrowsern auf Desktop- und Mobilgeräten zugeschnitten. Gleichwohl können Applikationen mit Web-Dynpro-Oberfläche wie jede andere webbasierte Applikation auch aus einem SAP GUI heraus gestartet werden, die Abwärtskompatibilität ist in vollem Umfang gegeben. Zieht man die weite Verbreitung von R/3 und mySAP.com in Betracht, wird dies der favorisierte Weg über die nächsten drei bis fünf Jahre sein. Erst danach werden die rein auf Web Dynpro gestützten Installationen überwiegen. Wir werden auf Web Dynpro in einem separaten Kapitel ausführlich eingehen (siehe Kapitel 3.2.4). Während ABAP-Programmen sowohl die Dynpro- als auch Web-Dynpro-Technik zur Erstellung von Benutzeroberflächen zur Verfügung stehen, haben Java-Programme generell die Auswahl zwischen den eigenen Oberflächen-Technologien und der Web-Dynpro-Technik. Es ist unschwer zu erkennen, dass für SAP die Web-Dynpro-Technik den gemeinsamen Nenner beider Welten darstellt.

Applikationsschicht

Die *Applikationsschicht* besteht im Wesentlichen aus den folgenden logischen Komponenten:

- Die *SAP Workbench* (Transaktion SE80) fasst alle Werkzeuge zusammen, mit deren Hilfe Anwendungen erstellt, getestet, dokumentiert und gewartet werden können.
- Unter dem *Transportwesen* (ebenfalls Transaktion SE80) findet man Anwendungen zum Kopieren, Importieren und Exportieren von Entwicklungselementen. Die Granularität reicht dabei von einzelnen Programm- oder Datenelementen bis hin zu ganzen Paketen.

- In der *Reuse Library* (Transaktion SE83) stehen vielfältige Funktions- und Programmsammlungen zur freien Verwendung durch den Entwickler zur Verfügung, wie z. B. ein Ableitungstool, ein Formelinterpreter oder Funktionen zum Erzeugen von Grafiken.
- Die so genannten *Basis-Dienste* verwalten Benutzer und Prozesse, umfassen die Administrationsanwendungen des SAP-Systems und stellen Kommunikationsschnittstellen mit den Dateidiensten des Betriebssystems und anderen SAP-Systemen her.
- Der *Kernel* ist für die eigentliche Hardware-, Betriebsystem- und Datenbankunabhängigkeit des SAP Web Application Server verantwortlich. Er führt alle in ABAP respektive Java geschriebenen Anwendungen auf so genannten *Virtual Machines* (VM, auch als *Softwareprozessoren* bezeichnet) aus.

Der Kernel selbst ist in C/C++ und teilweise in Java (z. B. Java Connector) geschrieben und wird von SAP für jede unterstützte Plattform angepasst. Alle anderen Bestandteile sind je nach betriebswirtschaftlichem oder technischem Schwerpunkt in ABAP oder Java entwickelt und plattformunabhängig lauffähig.

Datenschicht

Die *Datenschicht* des SAP Web Application Server nimmt sich demgegenüber bescheiden aus und nur wenige wissen, dass es überhaupt eine gibt, denn einige Experten zählen die Datenbankschnittstelle Open SQL der Einfachheit halber ausschließlich zur Applikationsschicht. Die Datenbank selbst wird typischerweise von einem der bekannten Datenbankhersteller geliefert. Auch der Einsatz der SAP-eigenen Datenbank SAP DB als führendes Datenbanksystem auf Produktivsystemen ist möglich. Die SAP DB wurde Anfang 2000 als Open-Source-Projekt veröffentlicht und erlebt seit Mitte 2000 einen Aufschwung als Datenbank für die kostenlosen Linux- und Windows-Testversionen des SAP Web Application Server. Weitere Einsatzgebiete sind der Live-Cache des Internet Communication Manager sowie das Knowledge Warehouse.

Ein Teil der Funktionalität von Open SQL wird mithilfe von *Stored Procedures* bereitgestellt, die bei der Installation eines SAP-Systems in der jeweils verwendeten Datenbank verankert werden. Sie stellen zum Kernel hin eine einheitliche Schnittstelle zur Verfügung, nutzen intern jedoch oftmals proprietäre SQL-Erweiterungen des Datenbanksystems, um eine möglichst performante Abarbeitung zu erzielen.

Somit setzt sich der weitaus größte Teil des SAP Web Application Server genauso wie die dafür in ABAP und Java erstellten Anwendungen aus plattformunabhängigen Elementen zusammen. Letztlich ist nur ein kleiner Bereich, namentlich das SAP GUI for Windows, der Kernel sowie ein Teil der Open-SQL-Schicht, plattformabhängig.

Change & Transport Management bis auf Quelltextebene

In ABAP geschriebene Anwendungen werden seit jeher im Quelltext zur Verfügung gestellt. Ein vollständig installiertes SAP-System beinhaltet die Quelltexte jedes Business-Moduls (z. B. SAP Bank Analyzer), jeder branchenübergreifenden (z. B. mySAP CRM) und branchenspezifischen (mySAP Banking) Lösung – lediglich der teils in C/C++ und teils in Java geschriebene Kernel bildet eine Ausnahme, um die Plattformunabhängigkeit nicht zu gefährden. Der Kunde kann mit den Entwicklungswerkzeugen des SAP Web Application Server die Quelltexte einsehen und gegebenenfalls sogar Anpassungen oder Erweiterungen vornehmen. Kleinste Änderungen werden protokolliert und bleiben nachvollziehbar. Bei der erstmaligen Benutzung einer Anwendung wird der Quelltext automatisch kompiliert und liegt fortan parallel zum Quelltext als Bytecode in der Datenbank vor, der von der Laufzeitumgebung interpretiert und ausgeführt werden kann. Diese Vorgehensweise ergibt sich aufgrund einer technischen Notwendigkeit: In der SAP-eigenen Programmiersprache ABAP geschriebene Applikationen sind quellcode-kompatibel, d. h. auf allen vom Web Application Server unterstützten Hardware-, Betriebssystem- und Datenbankplattformen identisch, die kompilierte Applikation und noch mehr die Laufzeitumgebung selbst ist es jedoch nicht.

In Java geschriebene Anwendungen sind hingegen bytecode-kompatibel, werden üblicherweise in kompilierter Form und über Archive verteilt. In Einklang mit der ABAP-Variante werden von SAP alle Java-Anwendungen ab Release 6.30 ebenfalls über ein (neu entwickeltes) Transportwesen verwaltet. Diese Vorgehensweise macht die Nutzung einheitlicher Change-Management- und Transportmechanismen möglich, ohne die heute keine SAP-Installation mehr auskommen würde: Die Elemente eines Entwicklungsprojekts werden ausnahmslos in einer Datenbank gesammelt und von einfachen Änderungen an einer Methode bis zum Upgrade ganzer Systemlandschaften sorgt das Change & Transport System (CTS) für den Export und Import von System zu System unter Berücksichtigung aller Abhängigkeiten.

Offenheit und Know-how-Schutz

Diese Quelltext-Offenheit vor allem auf der ABAP-Seite hat zur Folge, dass sich SAP in puncto Know-how-Schutz von den meisten anderen Softwarefirmen unterscheidet, die ihre Applikationen ausschließlich in kompilierter Form – in Maschinensprache oder Bytecode – an die Kunden weitergeben. Der Know-how-Schutz der meisten SAP-Applikationen hingegen liegt – wenn überhaupt – nur in deren Umfang sowie der Deutlichkeit, mit der sich die Entwicklung aufgrund der im letzten Kapitel beschriebenen hohen Anforderungen an Geschäftsapplikationen von der in anderen Entwicklungssystemen unterscheidet.

ABAP für betriebswirtschaftliche Lösungen

Die Programmiersprache ABAP wird von SAP vor allem für die Entwicklung von betriebswirtschaftlichen Anwendungen eingesetzt. Spezielle Sprachelemente unterstützen die Arbeit mit Tabellen im Hauptspeicher, die Berechtigungsprüfung von Anwenderaktionen oder den Zugriff auf Datenbanken durch Open SQL (Embedded SQL). Darüber hinaus beinhaltet ABAP die wohl strengste Typprüfung, die je in einer Programmiersprache realisiert wurde – einer der Hauptgründe für die Stabilität der Anwendungen. ABAP-Applikationen laufen in der ABAP Personality des Web Application Server.

Java für technische Lösungen

Die Programmiersprache Java wird von SAP bisher vor allem für die Entwicklung technischer Anwendungen und Basisdienste eingesetzt. Dies hat einerseits historische Gründe (keiner schreibt aus Spaß ein funktionierendes mySAP PLM von ABAP auf Java um) und andererseits bietet Java dank der riesigen Java-Community (Herstellervereinigung zur Etablierung von Java-Standards) Unterstützung für die neuesten technischen Standards, Protokolle und Formate meist schon, bevor diese offiziell verabschiedet worden sind. Java-Anwendungen laufen in der Java Personality (Java Virtual Machine) des Web Application Server. Langfristig wird sich der Java-Anteil in betriebswirtschaftlichen Anwendungen zweifellos erhöhen.

Abseits der reinen Lehre

So weit die reine Lehre. Im Zuge der Popularisierung des Internets und damit einhergehender Standards wurden von SAP eine Reihe von größeren »Satelliten« und Erweiterungen in und um den Web Application Server geschaffen, die nicht alle auf diesem aufsetzen, sondern teils nebenher und völlig unabhängig spezielle Umgebungen oder Betriebssysteme nutzen. Diese kurzfristigen Reaktionen auf Marktanforderungen, wie beispielsweise der unter Windows laufende Internet Transaction Server, werden alle unter mySAP Technology subsummiert.

Schauen wir uns die einzelnen Bereiche des SAP Web Application Server genauer an.

2.2.1 Plattformunabhängigkeit für Clients – SAP GUIs

Die Plattformunabhängigkeit des SAP-Systems gründet sich auf eine ganze Reihe von Maßnahmen, die sich in den einzelnen Schichten der dreistufigen Client/Server-Architektur widerspiegeln. Ein interessantes

Detail ist die Tatsache, dass es SAP bereits seit Anfang der neunziger Jahre schafft, auf nahezu jeder Betriebssystem- und Hardwareplattform für Unternehmen präsent zu sein – also lange vor dem Beginn von Internet- und Java-Boom.

Für alle Plattformen

Bis einschließlich Release 4.5 existierten eine Vielzahl von SAP GUIs für diverse UNIXe, Mac OS, OS/2 und die verschiedenen Windows-Varianten. Mit der Verbreitung von Java und HTML wuchsen in den letzten fünf Jahren jedoch gleich zwei plattformunabhängige Alternativumgebungen heran und SAP nutzte die Gelegenheit, um zum Release 4.6 das Produktportfolio auf der Client-Seite zu bereinigen. Seither stehen ausschließlich das SAP GUI for Windows (genauer gesagt für die 32-Bit-Betriebssystemversionen wie Windows 95, NT, 2000 oder XP), das SAP GUI for Java (deckt mehrere UNIX-Varianten, Mac OS, OS/2 und andere ab) sowie das SAP GUI for HTML (z. B. zur besonders einfachen Einbeziehung externer Unternehmen in die internen Geschäftsprozesse) zur Verfügung. Letzteres kommt ohne Installation auf dem Rechner des Anwenders aus, benötigt wird lediglich ein moderner Webbrowser. Auf dem Server indes muss das Modul Internet Transaction Server (ITS) entsprechend eingerichtet sein. Dieser nimmt die Umwandlung der Applikationsoberflächen in HTML vor, sendet dieses zum Webbrowser des Anwenders, nimmt umgekehrt die Benutzereingaben vom Webbrowser in Empfang und setzt diese schließlich in ein für den SAP Web Application Server verständliches Format (das SAP-eigene DIAG-Format) um.

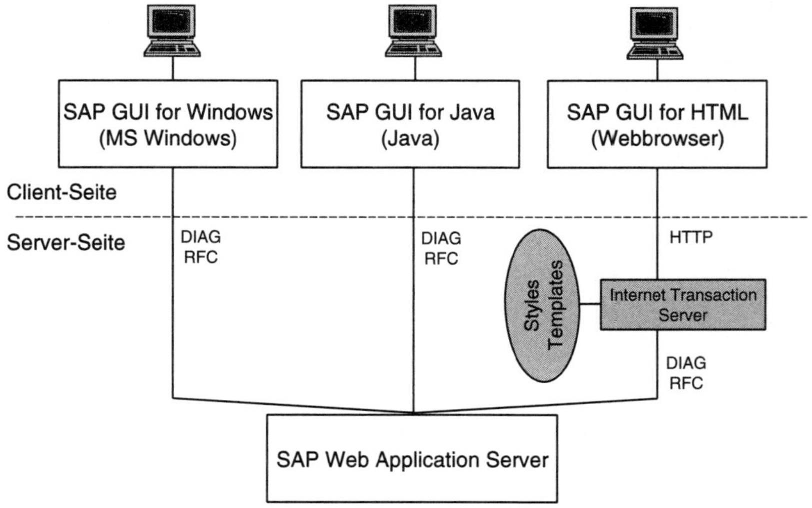

Abbildung 2.2 Die Anbindung der SAP GUIs an den SAP Web Application Server

Ab Release 6.30 wird der ITS in den Internet Communication Manager integriert. In den folgenden Abschnitten befassen wir uns mit der Architektur der SAP GUIs im Einzelnen.

Bei Neuentwicklungen setzt SAP verstärkt auf die neue Web-Dynpro-Technologie zur Erstellung von Programmoberflächen, die die bisherige dynpro-basierte Oberflächentechnik langfristig ablösen soll und für ABAP-, Java- und sogar .NET-Programme gleichermaßen verwendet werden kann. Auf dem Client-Rechner, PDA oder Mobiltelefon reicht dann ein normaler Webbrowser oder WAP-Browser aus. Die Web-Dynpro-Oberflächentechnik wird in Kapitel 3.2.4 erläutert.

SAP GUI for Windows

Einzig das SAP GUI for Windows ist in der Lage, die unter Windows beliebten ActiveX-Controls (z.B. Scanner-Previews oder auch Microsoft Word als eingebetteter Editor) in die Oberfläche einer SAP-Applikation einzubeziehen. Dies führt dazu, dass einige wenige Funktionen bestimmter Programme nicht oder nur eingeschränkt auf den anderen SAP GUIs lauffähig sind. Es handelt sich hierbei insbesondere um Funktionen, die eine enge Integration mit Microsoft-Office-Komponenten voraussetzen, wie z.B. die Editierfähigkeit von Word-Dokumenten direkt im Dokumentenmanagementsystem. Aufgrund des Quasi-Monopols von Windows als Desktop-Betriebssystem im Unternehmen kann sich SAP derlei Anforderungen nicht kategorisch entziehen. Abbildung 2.3 zeigt die Architektur des SAP GUI for Windows einschließlich der Umgebung, mit der es auf der Serverseite interagiert.

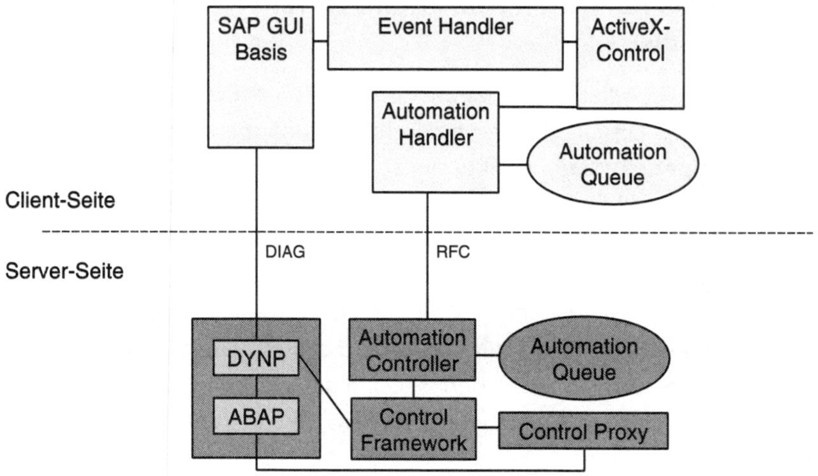

Abbildung 2.3 Die Architektur des SAP GUI for Windows

SAP GUI Basis

Die Komponente SAP GUI Basis ist für das Handling der klassischen Dynpro-Oberflächen zuständig, die zurzeit ca. 90% aller SAP-Programmoberflächen ausmachen. Die restlichen 10% sind Applikationen, die stattdessen direkt auf HTML-Technik setzen, wie z. B. Internetshops, Portale oder die neuen xApps (siehe Kapitel 5.2). »Dynpro« steht für »dynamische Dialogprogrammierung« und bezeichnet die seit Anfang der neunziger Jahre von SAP eingesetzte und ständig weiterentwickelte Technik zur Entwicklung und Darstellung grafischer Benutzeroberflächen. Die Dynpro-Technik steht ausschließlich für in ABAP geschriebene Programme zur Verfügung während Java-Programme auf die Web-Dynpro-Technologie zurückgreifen. Seit Release 4.5 kann das SAP GUI for Windows auch mit ActiveX-Controls umgehen, die ein Entwickler für spezielle Zwecke in die Dynpro-Oberfläche einsetzen kann.

DYNP

Mit der Abkürzung »DYNP« (steht für »dynamischer Prozessor«) wird der Prozess auf der Seite des Servers bezeichnet, der die Ein- und Ausgabeelemente einer Dynpro-Oberfläche mit den vom ABAP-Programm bereitgestellten Daten anreichert und den so erstellen Screen zum SAP GUI sendet. Umgekehrt nimmt es die vom Anwender eingegeben Informationen und Aktionen entgegen und leitet sie zur Weiterverarbeitung an Variablen im ABAP-Programm weiter. Als Übertragungsprotokoll zwischen Client und Server kommt das RFC-Protokoll zum Einsatz, das die Ein- und Ausgabedaten im SAP-eigenen Datenformat DIAG überträgt.

Automation Handler, Automation Controller und Event Handler

Automation Handler, Automation Controller und Event Handler bilden die technische Grundlage für die Kommunikation mit komplexeren Oberflächenelementen (Baumstrukturen, strukturierbaren und farbigen Listen etc.), wie sie seit Release 4.5 zum Standard-Lieferumfang gehören. Im SAP GUI for Windows werden diese Oberflächenelemente über SAP-eigene ActiveX-Controls innerhalb der SAP GUI Basis zur Verfügung gestellt. Für ABAP-Programme steht ein komfortables, objektorientiertes Control-Framework zur Verfügung, über das diese Oberflächenelemente mit Daten versorgt werden können. Sobald ein Control ein Ereignis auslöst, für das das ABAP-Programm auf dem Server Interesse angemeldet hat, erzeugt der Event Handler einen Rückgabe-Code, der die ID des entsprechenden Eingabeelements beinhaltet, sowie eine genaue Beschreibung der Art des Ereignisses. Dieser Rückgabe-Code wird per RFC-Protokoll über den Dispatcher an das ABAP-Programm gesendet und kann dort weiterverarbeitet werden.

Speziell für die Low-Level-Kommunikation mit Microsoft-COM-kompatiblen Komponenten stehen dem ABAP-Entwickler darüber hinaus eine Hand voll Befehle zur Verfügung, die die Erzeugung von Objekten, den Aufruf von Methoden sowie das Lesen und Schreiben von Eigenschaften ermöglichen. Die Übertragung dieser Befehle erfolgt nicht direkt über das COM-Protokoll, sondern der Automation Controller auf der Serverseite sammelt so viele COM-Befehle, wie vom Programmierer gewünscht, und überträgt diese gesammelt mithilfe des SAP-eigenen RFC-Protokolls zum Automation Handler auf der Client-Seite, der sie in COM-kompatible Aufrufe umwandelt und ausführt. Auf diese Weise ist RFC das einzige Protokoll zwischen Automation Handler und Controller, was die Sicherheit des Servers gegen Angriffe von außen erhöht. Als weiterer Vorteil ergibt sich, dass nicht für jeden COM-Aufruf ein kompletter Roundtrip zwischen Client und Server erforderlich ist.

SAP GUI for Java

Das SAP GUI for Java ähnelt in Bezug auf die Architektur seit Release 4.6 dem SAP GUI for Windows. Statt entsprechender Windows- und ActiveX-Controls verwendet es jedoch durchgängig JavaBeans auf Basis der Klassenbibliothek Swing zur Darstellung der Oberflächenelemente. Der Vorteil gegenüber dem Java Abstract Windows Toolkit (AWT) liegt in der »Pluggable-Look-and-Feel«-Technologie von Swing, die es erlaubt, das Erscheinungsbild einer Applikation komplett zu verändern, ohne die Applikationslogik selbst zu berühren. Durch diese Architektur ist eine optische Veränderung des GUI, wie z.B. eine Implementierung des von SAP-Applikationen gewohnten Designs, einfach und elegant zu realisieren. Analog zum SAP GUI for Windows und seinen ActiveX-Controls ist das SAP GUI for Java das einzige, das zusätzliche, unter Java verfügbare JavaBeans in die Oberfläche einer SAP-Applikation einbeziehen kann, die nicht zum Standardlieferumfang gehören. Verwendet ein Entwickler nun ein solches JavaBean, fehlt dafür die Unterstützung in den anderen SAP GUIs und die entsprechende Funktion einer Applikation kann nur unter dem SAP GUI for Java ausgeführt werden. SAP selbst vermeidet solche Entwicklungen, in Einzelfällen machen Kunden und Partner jedoch Gebrauch von dieser Möglichkeit (z.B. bei der Anbindung von CAD-Systemen an die Materialwirtschaft, wo ein JavaBean die Darstellung von CAD-Zeichnungen direkt aus dem CAD-System übernimmt).

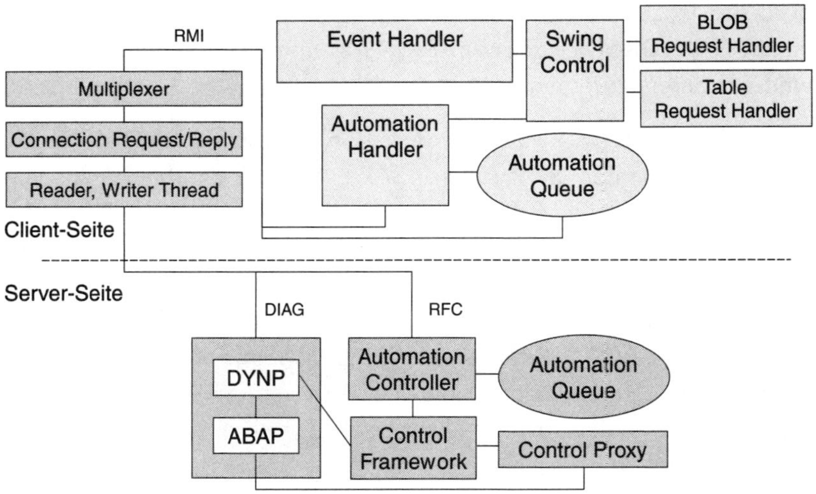

Abbildung 2.4 Die Architektur des SAP GUI for Java

Die Verwendung von JavaBeans, die ausschließlich über den Automation Handler und Controller betrieben werden, und das damit einhergehende Fehlen der SAP-GUI-Basis-Komponente lassen das SAP GUI for Java aus Entwicklersicht zwar eleganter erscheinen, es macht jedoch eine interne Umsetzung des Datenformats auf der Seite des Servers notwendig, wo zwischen klassischen Dynpro-Elementen und neuen, seit Release 4.5 verfügbaren Controls unterschieden wird. Diese Übersetzung zwischen »alter« und »neuer« Welt wird durch einen Parser auf der Serverseite realisiert. Dieser wird durch die Connection angesteuert, die im SAP GUI for Java den Datenfluss zwischen Applikationsserver, Parser und den verschiedenen Sessions regelt.

Statt RFC verwendet das SAP GUI for Java zur Kommunikation zwischen Client und Server das unter Java übliche Übertragungsprotokoll *Remote Method Invocation* (RMI).

SAP GUI for HTML

Das SAP GUI for HTML war 1999 die wohl spektakulärste Neuentwicklung der SAP. Von Wirtschaftsanalysten aufgrund der fehlenden Internetfähigkeiten des R/3-Systems seinerzeit allerorten verspottet und – schlimmer noch – das oft zitierte Ende der gesamten herkömmlichen und nicht internetbasierten ERP-Branche in den Ohren, zog SAP im Jahr 1999 diesen Trumpf aus dem Ärmel der amerikanischen SAP Labs. Mit einem Schlag war SAP der erste und einzige große ERP-Anbieter auf dem Markt, der durch eigene Zusatztechnologie seine ganze Software auf einmal webfähig machte – nicht über eine »Krücke« wie Citrix Metaframe, Windows Terminal Services oder Tarantella, sondern über echtes (D)HTML und ganz ohne zusätzliche Webbrowser-Plug-ins oder Client-Installationen. Beinahe jede bestehende SAP-Anwendung lässt sich dank dieser Software ohne Änderungen über einen Webbrowser bedienen. Anlass genug, den zeitgleich angekündigten Weiterentwicklungen der R/3-Applikationen einen neuen Namen zu geben: mySAP.com. Natürlich gab es zunächst ein paar kleinere Einschränkungen, z.B. dass man aufgrund intensiver Nutzung des DHTML-Standards als Webbrowser zunächst nur den Microsoft Internet Explorer 4.0 oder höher verwenden konnte, der damals als einziger diesen Standard korrekt unterstützte. Heute tut es auch der Netscape Navigator ab Version 6.2, so dass das SAP GUI for HTML von einer Vielzahl von Plattformen aus nutzbar ist.

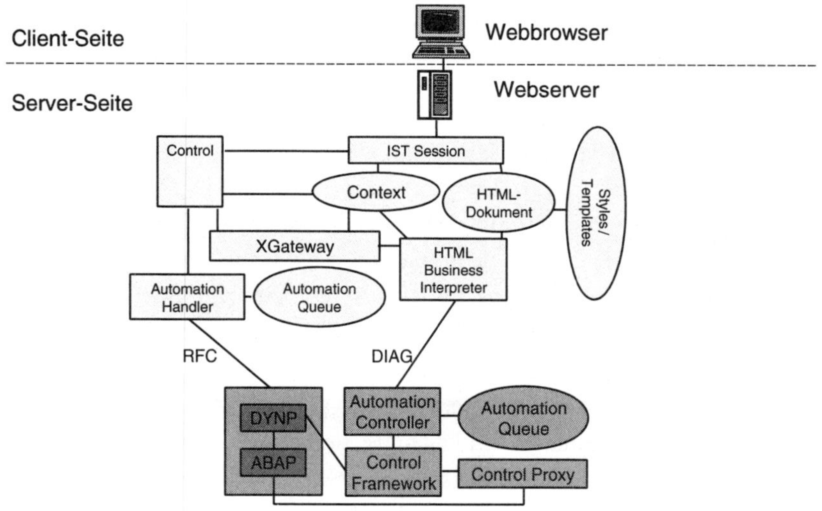

Abbildung 2.5 Die Architektur des SAP GUI for HTML

Die Technik des Internet Transaction Server

Technisch gesehen steckt hinter dem SAP GUI for HTML der Internet Transaction Server (ITS) – ein unter Windows NT 4.0 aufwärts und seit Release 6.20 auch unter Linux lauffähiges Software-Gateway, das sich dem SAP Web Application Server gegenüber als ein oder mehrere SAP GUIs und zum Internet hin als ein Webserver ausgibt, der die Benutzeroberfläche der von den Anwendern genutzten SAP-Applikationen zur Laufzeit Bildschirm für Bildschirm in DHTML umsetzt und über einen beliebigen Webserver zum Webbrowser weiterleitet. Umgekehrt werden die Eingaben der Benutzer im Webbrowser ganz normal über HTTP an den Internet Transaction Server weitergeleitet, der sie in das SAP-GUI-Format umsetzt und erst dann zum SAP Web Application Server zur Verarbeitung weiterleitet. Das erklärt, warum keinerlei Änderungen an den SAP-Anwendungen nötig waren: Sie »wissen« nichts davon, dass die Interaktion über einen Webbrowser läuft, aus ihrer Sicht kommunizieren sie nach wie vor mit einem normalen SAP GUI.

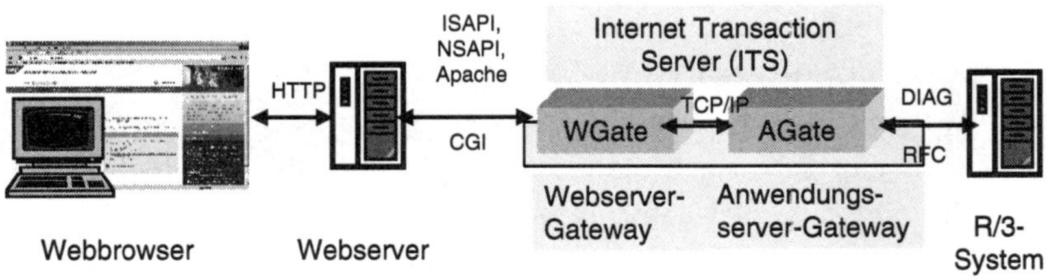

Abbildung 2.6 Die prinzipielle Arbeitsweise des ITS

WGate und AGate

Der Internet Transaction Server besteht aus zwei Modulen, dem *WGate* und dem *AGate*. Während das WGate die Schnittstelle zum Webserver realisiert und die übrigen Komponenten von den Unterschieden der Kommunikation mit den unterstützten Webservern Microsoft Internet Information Server (ISAPI-Schnittstelle), Netscape Enterprise Server (NSAPI-Schnittstelle) und Apache Web Server (Apache-Web-Server-API-Schnittstelle) abschirmt, übernimmt das AGate die restlichen Aufgaben wie das Rendering der HTML-Oberfläche und die Kommunikation zum SAP-Basis-System. Auf der Serverseite ist die ansonsten von SAP gewohnte Plattformunabhängigkeit stark eingeschränkt. Bis einschließlich Release 6.20 ist das WGate ausschließlich unter Windows NT/2000 als Service oder unter Linux lauffähig. Die Entwicklung des AGate basierte ursprünglich auf dem SAP GUI für Windows, das um Multiuser-Fähigkeiten ergänzt und den jeweils fortschreitenden Releases angepasst wurde. Mittlerweile handelt es sich um eine eigenständige Entwicklung mit separaten Release-Zyklen. Bislang festgeschrieben ist die Plattformverfügbarkeit unter Windows NT 4.0 aufwärts und unter Linux.

Die Skalierbarkeit des Internet Transaction Server als Ganzes wird indes nicht beeinträchtigt und durch eine 1:1-Relation mit der Applikationsschicht und deren horizontaler Verteilung sichergestellt, d.h., jedem SAP Web Application Server kann aus Performancegründen sein eigenes A- und WGate zugewiesen werden.

In der Abbildung gut zu erkennen ist die Ähnlichkeit der Architektur von WGate und SAP GUI for Windows, wo letztlich die Komponente SAP GUI Basis durch eine Reihe von anderen Komponenten ersetzt wurde.

XGateway, HTML Business Interpreter und Session Manager

Das XGateway übernimmt die Kommunikation mit dem Web Application Server, d.h., es nimmt die Informationen über den Aufbau einer Bildschirmseite in Empfang, legt diese Daten im Kontext-Speicher ab und ruft anschließend den HTML Business Interpreter auf, der die Webseite unter Rückgriff auf HTML-Vorlagen und Stylesheets sowie die dynamischen Anwendungsdaten zusammenstellt. Umgekehrt extrahiert es die Benutzereingaben aus dem HTML-Formular, wandelt sie unter Rückgriff auf die Kontext-Informationen in das SAP-eigene DIAG-Format um und sendet sie an den Web Application Server. Der Internet Session Handler am anderen Ende des AGate verwaltet die einzelnen Sessions, die den Benutzersitzungen entsprechen. Eine Session wird durch den so genannten *Session State* repräsentiert, der Informationen zum aktuellen Dynpro Screen einer Applikation sowie die aktuelle Verbindung zum SAP Web Application Server enthält.

Aufwärtskompatibilität

Aus Kompatibilitätsgründen wird der ITS auch in Release 6.30 als separates Produkt weiter gepflegt werden. SAP möchte vorhandene Kunden nicht zum Umstieg zwingen, da es aus Administrationssicht durchaus einen Unterschied macht, ob man beispielsweise auf die Verwaltung eines Microsoft Internet Information Server oder eines SAP Internet Communication Manager geschult ist.

2.2.2 Plattformunabhängigkeit für Server – Personalities

Während das Ziel der client-seitigen Plattformunabhängigkeit nur durch eine separate Entwicklung der einzelnen SAP GUIs zu erreichen ist, genügt für die Applikationsschicht schon die separate Pflege eines kleinen Kerns, namentlich der ABAP Personality und des Internet Communication Managers. Die Portierung der Java Personality (Java Virtual Machine) wird von Sun und vielen weiteren Partnern implizit für alle von SAP unterstützten Betriebssysteme übernommen und so muss sich SAP selbst nur um die darauf aufbauenden Dienste sowie um die ABAP Personality kümmern.

Beide Personalities sind in die umgebende Architektur des Web Application Server eingebunden, d.h., sie besitzen mit dem Internet Communication Manager das gleiche Vorsystem für webbasierte Anwendungen und können mit jeweils eigenen Standards – Java Database Connectivity (JDBC) bzw. SAP Open SQL und Native SQL – auf die gleichen Datenbanken zugreifen.

Aus der Sicht des Anwenders ist beim Zugriff über einen Webbrowser nicht unterscheidbar, ob er auf eine in Java oder ABAP Objects geschriebene Applikation des Web Application Server zugreift. Gleich, ob es sich um eine Online-Banking-Anwendung, eine alte R/3-Anwendung oder einen Webshop handelt. Der ICMan verzweigt automatisch in die Applikation der jeweiligen Virtual Machine, wo der Dialogschritt abgearbeitet und danach eine neue HTML-Seite als Antwort zurückgeliefert wird. Ob dabei Web Dynpro, Java Server Pages, Business Server Pages oder der Internet Transaction Server zum Einsatz kommen, liegt einzig und allein in den Händen des Oberflächen-Designers – technisch gesehen nutzen alle den HTML-Standard und können über Cascading Style Sheets das Look and Feel einheitlich halten.

Benutzt der Anwender hingegen das SAP GUI für Windows, fallen diverse Unterschiede sofort ins Auge. Die SAP-Desktop-Integration, z.B. für eine Listendarstellung im Excel-Sheet, sowie die Fernsteuerung von Microsoft-Office-Komponenten fehlt bei Java-Applikationen, genauso wie die praktische Tastenkombination [Strg]+[Y] für die Markierung ganzer Oberflächenbereiche. Allesamt Fähigkeiten, die das Dynpro-Konzept mitbringt.

Benutzt der Anwender das SAP GUI für Java, stellt sich eine interessante Situation ein. Während das Java GUI die per Dynpro erzeugten Oberflächen der ABAP-Programme auf die übliche Weise darstellt, können Java-Applikationen selbst wie gesagt das Dynpro-Konzept nicht nutzen und darüber hinaus nur in ein Webbrowser-Fenster eingebettet ablaufen. Damit reagiert die Applikation aber nicht mehr auf die Menübefehle des SAP GUI for Java und auch die Oberfläche selbst erinnert eher an Windows als an die typischen SAP-Oberflächen. Eine Desktop-Integration fällt hier natürlich sowohl für die in Java als auch die in ABAP geschriebenen Applikationen weg. Weiterhin kann sich negativ bemerkbar machen, dass das SAP GUI selbst zwar von den Load-Balancing-Fähigkeiten des SAP Web Application Server profitiert, reine Java-Applikationen mit Java-Frontend jedoch über Remote Method Invocation kommunizieren, wofür der SAP Web Application Server kein Load Balancing unterstützt. Ist das gewünscht, muss der Java-Entwickler selbst Hand anlegen.

Diese Nachteile in Bezug auf die besonderen Features sind im Release 6.30 behoben, denn ab dann steht Web Dynpro zur Verfügung, und zwar für ABAP- und Java-Applikationen gleichermaßen. D.h., Java- und ABAP-Applikationen nutzen das gleiche Oberflächenkonzept.

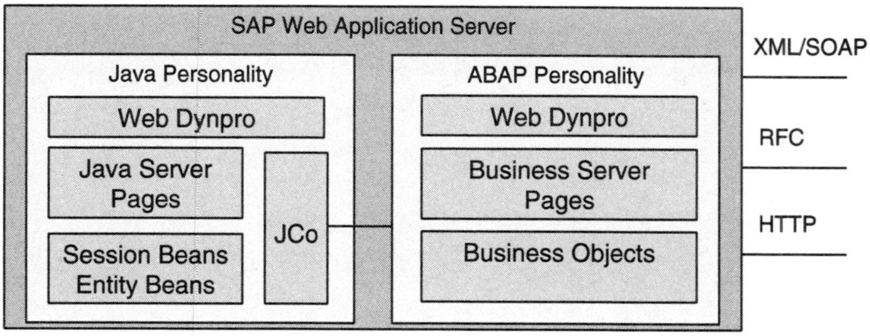

Abbildung 2.7 Architektur von Java Personality und ABAP Personality in Release 6.30

ABAP Personality

Mit ABAP Personality wird der Teil des SAP Web Application Server bezeichnet, der für die Ausführung von ABAP-Objects-Programmen auf dem Server benötigt wird. Demgegenüber steht die Java Personality, die im nächsten Hauptkapitel detailliert erläutert wird. ABAP Objects gehört zur Kategorie der Interpretersprachen, d.h., anders als etwa C++ oder Delphi wird der Quelltext nicht in eine für den Hauptprozessor ausführbare Folge von Maschinenbefehlen umgewandelt, sondern in eine Zwischensprache, die so genannte *Intermediate Language* (IL). Der Grund hierfür liegt in den hohen Sicherheits- und Stabilitätsanforderungen, die an den Programmcode und das Laufzeitverhalten von geschäftskritischen Applikationen gestellt wird. Es muss mit allen Mitteln verhindert werden, dass ein einzelner Anwender bzw. eine von ihm geschriebene oder ausgeführte Applikation einen ganzen Server mit unter Umständen hunderten von parallelen Anwenderprozessen zum Absturz bringen kann. Andersherum liegt jedem (ehrlichen) Entwickler daran, dass seine Applikationen gerade im heutigen Internetumfeld mit modernsten Sicherheitstechniken vor lauernden Gefahren und Angriffen geschützt sind.

Der Schlüssel zur Einlösung all dieser Anforderungen ist *verwalteter Code* (*managed code*). Verwalteter Code erhält niemals die direkte Kontrolle über den oder die Hauptprozessoren eines Rechners und seine Peripherie, noch kann er parallel laufende Prozesse anderer Anwender stören, sondern er arbeitet in einem abgeschotteten Bereich – im Fall von ABAP-Programmen in besagter ABAP Virtual Machine. Sie bildet den Kern der

ABAP Personality und überwacht die Ausführung jedes IL-Befehls einer laufenden Applikation. Alle IL-Befehle einer Applikation zusammen genommen bezeichnet SAP auch als *ABAP Load*.

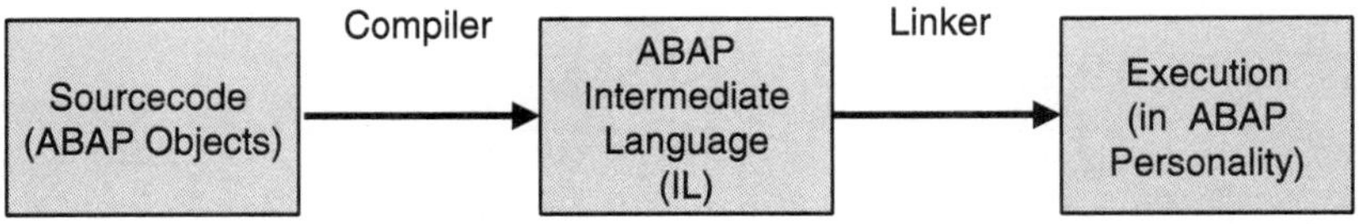

Abbildung 2.8 Der Weg des Quelltexts zur Ausführung

Angenehmer Nebeneffekt dieser Vorgehensweise ist, dass die einzelnen ABAP-Programme nicht von ihren Entwicklern von einem Betriebssystem auf das nächste portiert werden müssen. Stattdessen übernimmt SAP diese Arbeit implizit, indem die zur Ausführung benötigte ABAP Virtual Machine einmalig auf andere Betriebssysteme portiert wird. SAP hat damit ein Konzept gewählt, das sich in ähnlicher Weise mit Java (Java Virtual Machine) und neuerdings Microsoft .NET (Common Language Runtime) weltweit manifestiert.

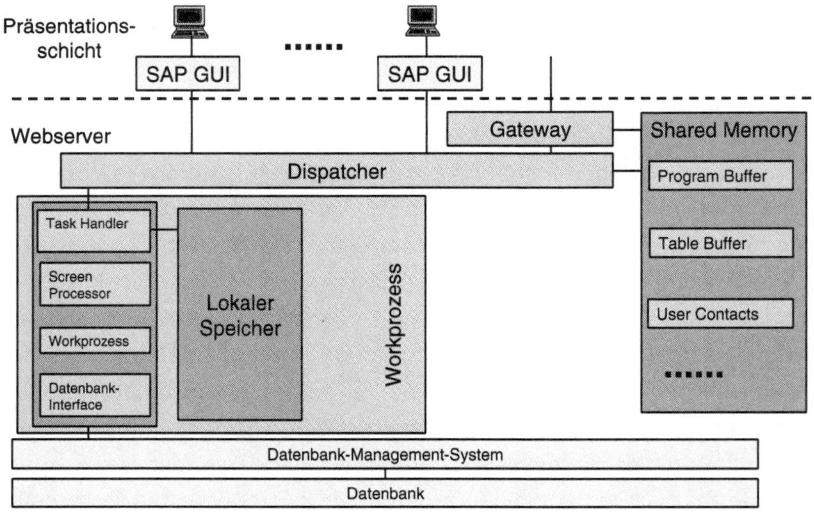

Abbildung 2.9 Die Architektur der ABAP Personality

Schauen wir uns nun die Architektur der ABAP Personality etwas genauer an. Jede ABAP Personality verfügt über ein Gateway, das ein Interface für die Kommunikation mit ABAP Personalities auf anderen Rechnern zur Verfügung stellt. Verbindet sich nun ein Anwender über ein SAP GUI mit dem SAP Web Application Server, erzeugt der Dispatcher eine neue Instanz der ABAP Virtual Machine, in der die gewünschte Applikation für den Anwender abläuft. Diese Kombination aus SAP GUI und zugehöriger ABAP Virtual Machine bezeichnet man auch als *Session*. Natürlich kann ein Anwender mehrere Instanzen des SAP GUI gleichzeitig benutzen – in jedem Fall ist einem SAP GUI genau eine Instanz in der ABAP Personality zugeordnet. Beendet der Anwender eine SAP-GUI-Verbindung, so wird die zugehörige Instanz der ABAP Virtual Machine zerstört.

Prozesstypen

Aber nicht nur ein SAP GUI kann eine Instanz der ABAP Virtual Machine initiieren. Daneben gibt es noch Background- (automatisch ablaufende, z.B. zeitgesteuerte Prozesse), Update- (schreibende Zugriffe auf die Datenbank) sowie Enqueue- (Sperrobjektverwaltung bei verteilten Systemen) und Spool-Prozesse (z.B. für das Ausdrucken einer Bestellung), die ebenfalls in der ABAP Virtual Machine ablaufen. Die Aufteilung dient der internen Organisation durch Administratoren, die Art und Spezialisierung einer jeden ABAP Personality einstellen können.

ABAP Virtual Machine

Ein Dialog-Prozess nutzt alle Komponenten der ABAP Personality und eignet sich deshalb stellvertretend für alle Prozesstypen als Erläuterungsgrundlage der ABAP Virtual Machine. Alle Anfragen an eine Applikation in der ABAP Virtual Machine landen zuerst beim Task Handler, der die Anfrage weiter klassifiziert und verteilt. Sofern es sich um eine Anfrage zur Abarbeitung eines Dialogschrittes handelt, wird dieser Befehl an den Screen-Prozessor weitergegeben. Dieser führt die vom Entwickler definierte Screen Flow Logic (Auswahl des nächsten Bildschirms) aus und ruft dann den dazugehörigen Verarbeitungsblock des ABAP Loads auf. Der IL-Code im ABAP Load kann nun wiederum mit der Datenbankschnittstelle Open SQL kommunizieren, um permanente Daten zu lesen oder zu schreiben. Auf diese Weise bleibt die Kontrolle über die Applikation jederzeit in der Hand der ABAP Virtual Machine.

Entwicklersicht

Aus Entwicklersicht stellt sich die ABAP Virtual Machine als Framework aufeinander aufbauender Dienste dar, das sich in ein Grundgerüst und eine Art Aufbaurahmen unterteilen lässt.

Das Grundgerüst setzt sich aus der ABAP Virtual Machine und darauf aufbauend aus vielfältigen Systemfunktionen sowie objektorientierten Klassen zum Zugriff auf die Dienste der ABAP Virtual Machine zusammen (z.B. Dateizugriff, XSLT-Parser, Verwaltung von Datenbanktransaktionen, Zugriff auf Datendefinitionen etc.). Open-SQL-Befehle und das Handling interner Tabellen sind sogar direkt in den Sprachumfang von ABAP Objects eingebaut. Darauf setzen hoch entwickelte Basisdienste in Form von ABAP-Funktionen oder objektorientierter Frameworks auf, die Sperrkonzepte in Clusterumgebungen, Workflow-Engine, Regelableitungen, Formelinterpreter und vieles mehr zur Verfügung stellen.

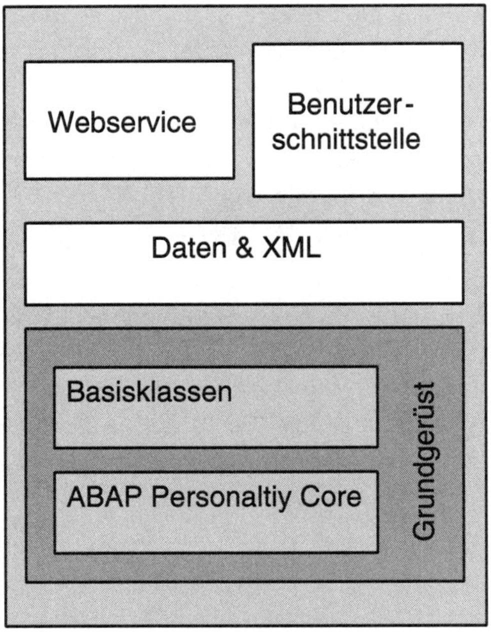

Abbildung 2.10 Die ABAP Personality aus Entwicklersicht

Am oberen Ende schließlich befinden sich die Dienste, die die Benutzung der Applikationen ermöglichen, wie Oberflächen- und Geschäftsgrafik-Frameworks, aber auch die im folgenden Hauptkapitel erläuterte Webservice-Schnittstelle.

Entwicklungsumgebung

Als Entwicklungsumgebung stellt SAP bereits seit mehreren Jahren den *Object Navigator* zur Verfügung (Transaktion SE80), der unter einer einheitlichen Oberfläche alle wichtigen Funktionen zur Verfügung stellt. Begleitet wird der Object Navigator von der ABAP Workbench, einem Bereich im SAP-Menü, in dem über hundert Tools für spezielle Aufgaben zur Verfügung stehen.

Java Personality

Schauen wir uns nun etwas genauer an, wie sich die strategische Ausrichtung der SAP auf Java als gleichberechtigte Programmiersprache neben ABAP Objects in der Architektur des SAP Web Application Server in der Version 6.20 widerspiegelt. SAP spricht in diesem Zusammenhang vom Begriff der Personalities, denn es handelt sich um mehr als die jeweiligen Virtual Machines. Hinzu kommen hauptsächlich von SAP entwickelte Komponenten, wie z.B. der SAP Java Connector (JCo) zur Kommunikation zwischen ABAP- und Java-Programmen, die Web-Dynpro-Entwicklungsoberfläche und natürlich die Unterstützung für J2EE auf der Java-Seite.

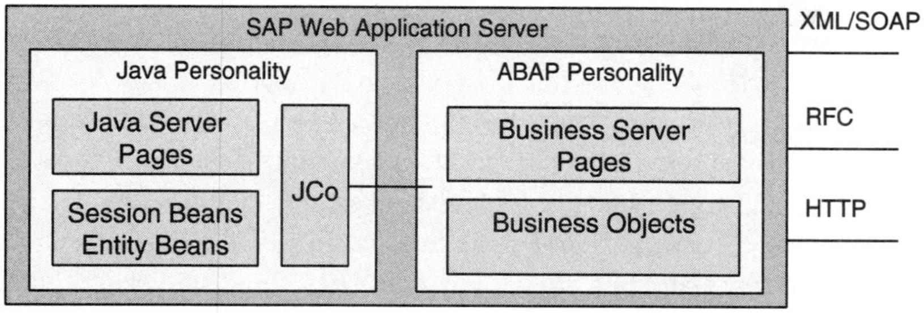

Abbildung 2.11 Java Personality und ABAP Personality in Release 6.20

Java Connector

SAP hat für die Integration der Java Virtual Machine in den Kern des SAP Web Application Server einen Ansatz gewählt, der auf einer losen Kopplung der Sprachen ABAP und Java basiert – zwei völlig getrennte Laufzeitumgebungen, die über den Java Connector miteinander verbunden werden können. Der Java Connector ist ein Framework auf Basis des Java Native Interface (JNI), das teils in Java und teils in C realisiert ist. Er macht das SAP-eigene RFC-Protokoll auch für Java verfügbar. So können von einer in Java geschriebenen Methode über den Java Connector jede als remote gekennzeichnete Funktion und alle im ABAP Repository verzeichneten Methoden der ABAP-Seite aufgerufen werden. Der Aufruf von Java-Methoden aus ABAP-Programmen gestaltet sich etwas komplizierter, denn hier muss in Java ein spezielles Interface implementiert werden, dessen Methoden anschließend für die ABAP-Seite als RFC-Destinationen registriert werden können. Die registrierten Methoden können dann von der ABAP-Seite aus per Remote Function Call aufgerufen werden.

Einheitliche Konfiguration

Seit Release 6.20 findet die Administration der Java Personality über die ganz normalen »Bordmittel« statt, d.h., das Einstellen von Parametern sowie das Starten und Stoppen der Java Personality geschieht wie gewohnt über die Transaktionen SMICM und SICF.

Entwicklungsumgebung

Bis einschließlich Release 6.20 bot sich besonders der um ein SAP-Plug-in ergänzte Borland JBuilder als Entwicklungsumgebung an. Zum Release 6.30 wird dieser ersetzt durch eine SAP-eigene Umgebung, die auf Basis des Open Source Eclipse Java Framework von IBM entstanden ist und auch für die grafische Erstellung von Web-Dynpro-Oberflächen ausgelegt ist.

Open SQL und Native SQL

Was die ABAP- und Java Virtual Machine in puncto Plattformunabhängigkeit für die Applikationsschicht leistet, das leistet Open SQL für die Datenbankschicht. Technisch gesprochen handelt es sich bei Open SQL um eine Verschalung der Datenbankschnittstellen unterschiedlicher Datenbankhersteller (namentlich Oracle, IBM, Microsoft, Informix und SAP selbst), um die Programme und Systemdienste der Applikationsschicht gegen Unterschiede in den Datenbankschnittstellen und der SQL-Syntax abzuschirmen und die Ablauffähigkeit mit jedem dieser Datenbanksysteme sicherzustellen. Ein weiteres wichtiges Merkmal von Open SQL ist die automatische Erweiterung jedes Lese- und Schreibzugriffs um eine *Mandantenzuordnung* (auch *Firmenzuordnung* genannt). So muss der Entwickler sich nicht selbst darum kümmern, dass die Datenbanktabellen von mehreren (Tochter-)Firmen gleichermaßen genutzt werden können, jedoch der Zugriff auf Daten eines anderen Mandanten unterbunden wird. Auch kann Open SQL auf Wunsch bestimmte Datenbanktabellen im globalen Hauptspeicher puffern, um häufige lesende Zugriffe auf Daten zu beschleunigen und den Datenbankserver zu entlasten.

Der zweifelsohne wichtigste Punkt ist jedoch die Unterstützung des Transaktionskonzepts der jeweiligen Datenbank, das den Entwickler von allen Aspekten des Fehlerfalls (*failure transparency*) und Nebenläufigkeit (*concurrency transparency*) insbesondere bei schreibenden Datenbankzugriffen befreit. Es ermöglicht den Applikationen eine logische »Alles-oder-Nichts«-Sicht auf die Datenbank, wie sie durch das berühmte ACID-Akronym ausgedrückt wird:

- Atomicity
  »Alles-oder-Nichts«-Eigenschaft (Fehlerisolierung).
- Consistency
  Eine erfolgreiche Transaktion erhält die Datenbank-Konsistenz (Menge der definierten Integritätsbedingungen).
- Isolation
  Alle Aktionen innerhalb einer Transaktion müssen vor parallel ablaufenden Transaktionen verborgen werden.
- Durability
  Sobald eine Transaktion ihre Änderungen freigegeben hat, muß das System das Überleben dieser Änderungen trotz beliebiger Fehler garantieren (Persistenz).

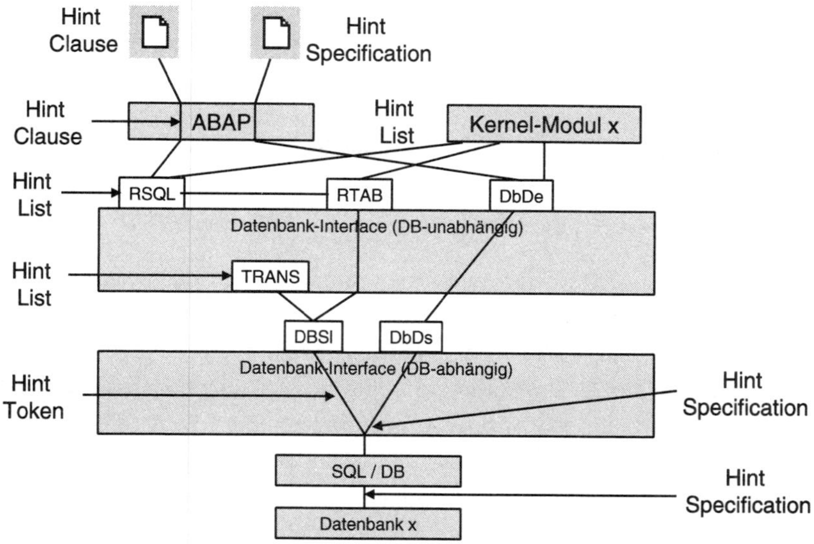

Abbildung 2.12 Überblick über die Open-SQL-Architektur

Naturgemäß besitzt Open SQL einige Limitierungen in Bezug auf die Komplexität der SQL Statements, denn es wird letztlich ein gemeinsamer Nenner der SQL-Fähigkeiten aller unterstützen Datenbanken realisiert.

Dem gegenüber steht Native SQL, das die Applikation zwar von der Herstellerabhängigkeit des Datenbanktreibers abschirmt, ansonsten jedoch jeden SQL-Befehl ohne Anpassung, d.h. native, weiterreicht; die Syntax muss damit exakt den Gepflogenheiten des angesprochenen Datenbanksystems entsprechen, die automatische Mandantenzuordnung unterbleibt und auch die Pufferung von Datenbanktabellen im Hauptspeicher wird ignoriert. Native SQL kommt aufgrund seiner Einschränkungen in Bezug auf Plattformunabhängigkeit nur sehr selten in SAP-Applikationen zum Einsatz. Wenn doch, handelt es sich meist um das einmalige Einlesen von vorhandenen Datenbeständen, die ohne ein SAP-System entstanden sind. Weitere Anwendungsfelder ergeben sich, wenn ein Programm mehrere voneinander unabhängige Datenbanktransaktionen gleichzeitig benötigt.

ABAP

In ABAP wird der Open-SQL-Zugriff vom Sprachumfang unterstützt und über die üblichen Befehle wie `SELECT`, `UPDATE`, `INSERT` und `DELETE` direkt im Quelltext platziert. Wie aus anderen Embedded-SQL-Erweiterungen (beispielsweise für C oder Pascal) bekannt, können Variablen direkt zur Angabe von Einschränkungen und zur Entgegennahme von Ergebnissen verwendet werden. Leider hat Open SQL auch die üblichen Restriktionen übernommen: Aus einem ABAP-Programm heraus können nicht mehrere voneinander unabhängige Datenbanktransaktionen verwaltet werden, d.h., ein `COMMIT TRANSACTION` gilt ausnahmslos für alle schreibenden Tabellenzugriffe. Native SQL besitzt diese Einschränkung nicht, sondern hier können in einem `EXEC SQL-ENDEXEC`-Statement eine einzelne SQL-Anweisung wie auch ganze Transaktionen geklammert werden.

Java

Zum Release 6.20 steht für Java-Programme lediglich der Datenbankzugriff per JDBC (vom Effekt her vergleichbar mit Native SQL) zur Verfügung. Über normale JDBC-Treiber können Tabellen angelegt, gelesen und geschrieben werden. Das Handling mehrerer voneinander unabhängiger Datenbanktransaktionen ist problemlos möglich. Zum Release 6.30 plant SAP eine eigene Verschalung der JDBC-Schnittstelle, die die Datenbankunabhängigkeit für Java-Programme sicherstellt, dafür jedoch die maximale Komplexität der SQL-Statements ein wenig beschränkt. Im Gegensatz zur ABAP Personality wird auch dann noch die parallele Verwaltung unabhängiger Transaktionen möglich sein.

Verteilte DB-Transaktionen

Noch offen ist hingegen, ob Open SQL mittelfristig auch Datenbanktransaktionen unterstützt, die teils in Java und teils in ABAP ablaufen. Technologisch sicherlich interessant, ist die praktische Relevanz des Features eher gering, denn kein Projektleiter wird ohne Zwang seine Teilprojekte derart zuschneiden, dass einzelne Datenbanktransaktionen zwischen Java- und ABAP-Code aufgeteilt werden müssen. Wahrscheinlicher ist es da, dass SAP direkt das eigene Logical-Unit-of-Work-Konzept (SAP-LUW) zum Transaktionsmanagement über ein oder mehrere Datenbanktransaktionen hinweg erweitert und zum Transaction Server für Java und ABAP ausbaut, der zudem auch Basis für die Exchange Infrastructure ist.

2.2.3 Skalierbarkeit und Internationalisierung

Der Siegeszug der PC-Technik seit Anfang der 80er Jahre hat die Art der Softwareentwicklung grundlegend verändert. Dominierten früher im betriebswirtschaftlichen Umfeld monolithische Großrechner, die die Last einer Unternehmenssoftware trugen und mit den Anforderungen des Unternehmens mitwachsen mussten, gilt heute die Lastverteilung zwischen mehreren Rechnern, auf denen jeweils eine so genannte *Instanz* der Software installiert ist und die über ein schnelles Netzwerk zusammengeschaltet sind, als Schlüssel für eine optimale Performance. Eine Software, die von einigen wenigen bis zu hunderttausenden gleichzeitiger Anwender genutzt werden können soll, muss eine Skalierbarkeit von einem einzelnen Server bis zu mehreren hundert besitzen, die aus der Sicht der Anwender wie ein einzelner Server erscheinen. Dies gilt für alle Anbieter von Serversoftware, also sowohl für die Applikationssoftware (z. B. ein SAP-System) als auch die Datenbanksoftware. Im Zuge der Globalisierung von Geschäftsprozessen und der damit einhergehenden Internationalisierung der Software werden die Anforderungen weiter steigen.

Skalierbarkeit

SAP bietet neben einer nahezu unbegrenzten Skalierbarkeit weit reichende Fähigkeiten zur Spezialisierung einzelner Server-Installationen, um den Anforderungen an das System in optimaler Weise gerecht zu werden. Die folgende Tabelle zeigt, welche Dienste innerhalb des SAP Web Application Server unterschieden werden.

Dienst	Anzahl an Prozessen pro SAP-System	Anzahl an Prozessen pro SAP-Instanz
Message	1	0 oder 1
Enqueue	>= 1	0 oder >= 1
Dialog	>= 2; >= der Summe der Nicht-Dialog-Prozesse	>= 2
Posting (V1 und V2)	>= 1	>= 0
Batch	>= 1	>= 0
Spool	>= 1	SAP-Basis 4.0 und höher: >= 0
Dispatcher	1 pro SAP-Instanz	1
Gateway	1 pro Web AS	1

Tabelle 2.1 Dienste innerhalb des Web AS

Message Service

Innerhalb eines logischen SAP-Systems gibt es genau einen Message Server, d.h., er wird auf genau einem Rechner aktiviert. Er kontrolliert die Kommunikation zwischen den verschiedenen Instanzen (Installation der SAP-Software auf den einzelnen Rechnern) und verwaltet die freien Prozessressourcen.

Enqueue Service

Der Enqueue Service verwaltet, wie bereits im Zusammenhang mit der ABAP Personality erwähnt, die Datensatzsperren über mehrere Rechner hinweg. Im Gegensatz zu Datensatzsperren direkt durch die Datenbanksoftware belastet diese Technik die Datenbankressourcen nicht, sondern wird innerhalb des SAP-Basis-Systems verwaltet. Auch dieser Dienst wird auf genau einem Rechner innerhalb eines logischen SAP-Systems aktiviert.

Process Services

Die Process Services, namentlich Dialog-, Update-, Background- und Spool-Service, wurden bereits im Zusammenhang mit der ABAP Personality erwähnt. Sie können über mehrere Instanzen eines SAP-Systems verteilt werden und so die Last unter mehreren Rechnern aufteilen.

Dispatcher Service

Welcher der Process Services auf welchem Rechner aktiviert ist, wird durch den Administrator vorgegeben und vom Dispatcher Service des Rechners koordiniert. Jeder Rechner muss einen aktivierten Dispatcher Service besitzen, damit er von den anderen Instanzen gefunden und in die gemeinsame Arbeit einbezogen werden kann. Analog gibt es seit Release 6.10 den Web Dispatcher, der speziell die Internet-relevanten Dienste koordiniert. Er wird im nächsten Kapitel beschrieben.

Internationalisierung

Ab Release 6.10 ist der Web Application Server unicode-fähig, d.h., eine Installation kann die Schriftzeichen aller lebendigen und toten Sprachen der Erde verarbeiten. Zuvor wurde ein von Microsoft DOS und Windows bekanntes Verfahren genutzt, bei dem für jede Instanz eine so genannte *Codepage* angegeben werden musste, die die Zuordnung von einzelnen Zeichen zu Byte-Werten vorgab und für die SAP GUIs verbindlich war. Mit dem Unicode-Standard gehört diese Vorgehensweise der Vergangenheit an, denn bei maximal 4 Byte Speicherplatz pro Zeichen bleibt Platz genug, um die Schriftzeichen aller lebendigen und toten Sprachen unterzubringen. Bei der Umstellung auf Unicode hat sich SAP gegen neue Datentypen und für die interne Umdefinition aller Variablen in unicode-getesteten Applikationen entschieden. D.h., Neuentwicklungen verwenden automatisch Unicode und vorhandene Entwicklungen können auf Unicode-Konformität geprüft und anschließend mit einem Flag versehen werden, dass dieser Quelltext Unicode verwenden soll. Aufgrund der im Zusammenhang mit der ABAP Personality beschriebenen Sicherheitsanforderungen an den Code von Geschäftsapplikationen waren Pointer-Akrobatik und andere Low-Level-Zugriffe auf Zeichenketten ohnehin stark beschränkt und so war für die allermeisten Applikationen nicht mit größeren Problemen zu rechnen. Java verwendet ausschließlich Unicode.

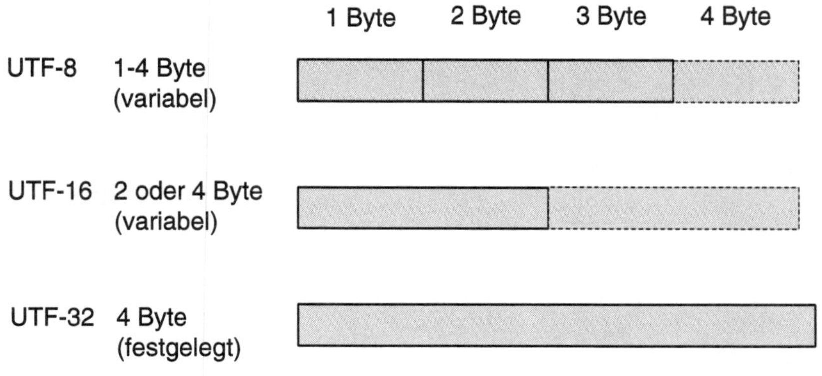

Abbildung 2.13 Unicode-Formate

Unicode Encoding Formats

Der Unicode-Standard sieht drei Formate vor, wie Unicode-Zeichen kodiert werden können:

- Das UTF-8-Format verwendet standardmäßig 1 Byte pro Zeichen analog zum ASCII-Zeichensatz. Steuercodes im Text kennzeichnen Stellen, an denen mehrere Bytes ein Zeichen repräsentieren (z. B. Sonderzeichen oder nicht-lateinische Zeichensätze). Dieses Format wird verwendet, wenn in den allermeisten Fällen der ASCII-konforme Minimalzeichensatz lateinischer Schriftzeichen ausreicht und nur in seltenen Fällen auf andere Zeichen zurückgegriffen werden muss. Er verbraucht in der beschriebenen Konstellation den geringsten Speicherplatz unter den Unicode-Formaten.
- UTF 16 wird von Java, ABAP, XML, Microsoft .NET und den meisten Datenbanken als Unicode-Format verwendet. Jedes Zeichen besitzt standardmäßig eine Größe von 2 Byte, wobei wiederum Steuercodes Zeichen ankündigen, die 3 oder 4 Byte Länge besitzen. Dieses Format benötigt in Ländern mit lateinischen Schriftzeichen zwar doppelt so viel Speicherplatz wie zuvor, deckt jedoch die allermeisten lebendigen Sprachen ab und macht aufgrund der Verwendung durch die meisten Softwarehersteller zeitaufwändige Konvertierungen zwischen den Formaten überflüssig.
- Im UTF-32-Format besitzen alle Zeichen eine Länge von 4 Byte. Der Speicherverbrauch ist damit viermal höher als beim ASCII-Zeichensatz. Steuercodes werden nicht benötigt.

Abbildung 2.14 verdeutlicht die Strukturierung des Unicode-Zeichenraums.

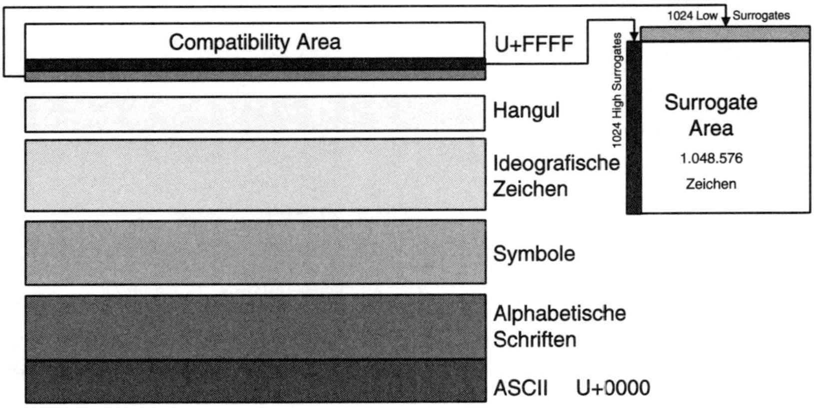

Abbildung 2.14 Unicode-Raum

Im untersten Bereich wurden die Zeichen des ASCII-7-Bit-Codes, d.h. die lateinischen Schriftzeichen, übernommen. Danach beginnen die Zeichensätze von Sprachen, die in einem Alphabet angeordnet sind wie Deutsch, Arabisch, Hebräisch, Hindi usw. Darauf folgt ein großer Bereich mit häufig gebrauchten Symbolen, darunter Mengen- und Währungssymbole. Ideographische Zeichen ohne Alphabet wie Chinesisch, Japanisch etc. veranschlagen den bislang größten Bereich des Unicode-Zeichensatzes. Schließlich kommen noch die koreanischen Hangul-Schriftzeichen hinzu. Der surrogate Bereich wurde eingeplant, um sicherzustellen, dass zukünftige Erweiterungen möglich sind, z.B. zusätzliche Sprachen und Symbole, Zeichen toter Sprachen etc. Die Compatibility Area beinhaltet Zeichen von Nicht-Unicode-Zeichensätzen, die jedoch separat definiert werden müssen, damit Unicode kompatibel zu deren Codepages ist. Einige Zeichen aus der japanischen Codepage SHIFT-JIS (SJIS) befinden sich in diesem Bereich.

So viel zur korrekten Unicode-*Datenverarbeitung*. Problematisch wird es bei der Interaktion mit dem *Menschen*. Bildschirmausgaben und Ausdrucke lassen sich mit heutigen Techniken nicht automatisch an die verschiedenen Schreibstile anpassen. Screen-Layouts und Drucklisten, die unter dem Aspekt optimaler Lesbarkeit für lateinische Schriften entworfen wurden (Leserichtung von links nach rechts und zeilenweise von oben nach unten), sind untauglich bei arabischen Texten (Leserichtung von rechts nach links) oder gar Thai (Leserichtung zwar von links nach rechts, zwischendurch jedoch immer mal wieder einige Zeichen untereinander). SAP wie auch andere Firmen arbeiten an Lösungen für diese Probleme, z.B.

die automatische Verdrehung von Eingabefeldern und deren Legende oder Vergrößerung des vertikalen Abstands zwischen Eingabefeldern. Bis dahin jedoch arbeiten einige Kunden mit englischer Benutzeroberfläche oder richten individuelle Anfragen bezüglich Anpassung der von ihnen benutzten Applikationen an SAP.

2.2.4 Berechtigungen, Benutzer- und Rollenverwaltung

Die Benutzer- und Rollenverwaltung des SAP Web Application Server ist aufgrund der Komplexität der betriebswirtschaftlichen Applikationen sowie der Vielzahl potenzieller gleichzeitiger Anwender vielschichtig angelegt und setzt sich aus verschiedenen Entitäten zusammen, die wie ein Baukastensystem ineinander verschachtelt werden:

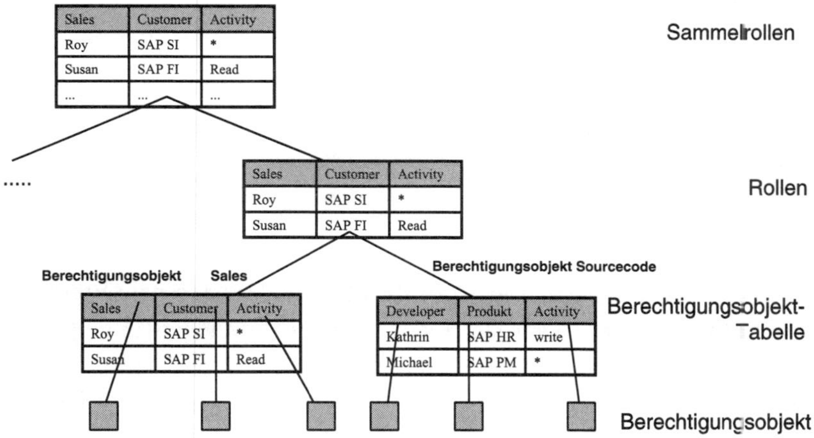

Abbildung 2.15 Berechtigungen, Benutzer- und Rollenverwaltung

Während die Berechtigungsprüfung für betriebswirtschaftliche Applikationen vom Entwickler erdacht und mithilfe des mächtigen SAP-Berechtigungskonzepts durch entsprechendes Coding sicherzustellen ist, werden Benutzer- und Rollenverwaltung sowie die darin getätigten Einstellungen vom SAP-Basis-System automatisch geprüft und umgesetzt. Beispiele für Ersteres sind Berechtigungen, wer in einem Unternehmen welche Buchungen durchführen darf, ein Beispiel für Letzteres wäre die Anzeige ausschließlich der Anwendungen im Workplace, die ein Benutzer auch tatsächlich starten darf.

Berechtigungsfelder

Berechtigungsfelder sind die kleinste Einheit, gegen die geprüft werden kann. Es handelt sich um ein allgemein verwendbares Konstrukt. Man kann sich Berechtigungsfelder auch als Datenelemente vorstellen.

Berechtigungsobjekt

Eine Kombination aus Berechtigungsfeldern wird als *Berechtigungsobjekt* bezeichnet. Diese sind etwa vergleichbar einer leeren Tabelle, die aus bestimmten Datenelementen besteht.

Berechtigung

Eine *Berechtigung* schließlich stellt eine der vielen möglichen Ausprägungen des Berechtigungsobjekts dar, vergleichbar mit jeweils dem Inhalt einer Zeile in einer Tabelle.

Hat ein Entwickler beispielsweise vorgesehen, dass ein Verkäufer nur die Stammdaten der von ihm betreuten Kunden ändern darf, hat er als Felder das Primärschlüsselfeld der Kundentabelle definiert, zusammen mit einem Aktivitätsfeld, das die erlaubten Aktivitäten aufnimmt. Die Berechtigungen könnten dann beispielsweise wie folgt von einem Administrator für einen Anwender gepflegt oder auch vom Programm beim Anlegen des Kunden automatisch erzeugt worden sein:

CustomersID	Activity
Thomson	Read
Siemens	Write
SAP	*

Mittels einer ABAP-Anweisung (`AUTHORITY-CHECK`) kann der Entwickler im Programm gegen derartige Berechtigungen Prüfungen durchführen und je nach Ergebnis die eine oder andere Funktion blockieren oder freischalten.

Bei Neuentwicklungen wird die Berechtigungsprüfung durch ein neues Token-Verfahren in der SAP Exchange Infrastructure zentralisiert und sowohl für ABAP- als auch für Java-Programme zur Verfügung gestellt. Es wird angestrebt, dass für ABAP-Programme der Technologie-Wechsel unmerklich geschieht, d.h., die Syntax von `AUTHORITY-CHECK` bleibt unverändert. Für Java gab es bislang keine standardisierte Berechtigungsverwaltung und SAP wird entsprechende Verwaltungsmethoden ergänzen. Mehr zu diesem Thema erfahren Sie in Kapitel 4.2.

Berechtigungsprofil und Sammelprofil

Das *Berechtigungsprofil* enthält üblicherweise vordefinierte Berechtigungen für eine ganze Anwendung. Für größere Anwendungen (z.B. mySAP CRM) macht darüber hinaus eine weitere Strukturierung in so genannten *Sammelprofilen* Sinn. Die Entwickler definieren für die Applikation meist mehrere Profile vor, die den typischen Aktionsradius möglicher Verwender enthalten.

Benutzerstammsatz

Der *Benutzerstammsatz* dient zur Anmeldung an das SAP-System. Einem Benutzer können mehrere Berechtigungsprofile bzw. Sammelprofile zugeordnet und so ein eingeschränkter Zugriff auf mehrere Anwendungen gewährt werden. Erst an dieser Stelle entscheidet sich also durch die Zuweisung von Profilen, was ein Benutzer in einer Applikation tun darf und was nicht.

Einzelrollen und Sammelrollen

Während ein Berechtigungsprofil oder Sammelprofil die Berechtigungsprüfung innerhalb einer Applikation beeinflusst, handelt es sich bei einer *Rolle* um die Beschreibung einer Gesamttätigkeit in einem Unternehmen aus betriebswirtschaftlicher Sicht und technisch gesehen um Vorlagen, die bereits eine Vielzahl von Profilen für unterschiedliche Applikationen enthalten. Aus einer Rolle geht somit hervor, auf welche Menge von Applikationen, Internetlinks, Berichten, ausführbaren Dateien, MiniApps, Knowledge-Warehouse-Verweisen etc. ein Benutzer zugreifen kann, wenn ihm diese Rolle zugewiesen wird. SAP definiert ganze Hundertschaften von Rollen vor, die jeweils spezifischen Positionen in einem Unternehmen entsprechen, wie z.B. Kreditorenbuchhalter, Debitorenbuchhalter, Hauptbuchhalter etc. Natürlich kann ein Administrator auch ganz eigene Rollen definieren oder eine Sammelrolle aus verschiedenen Einzelrollen, quasi für eine Personalunion, zusammensetzen.

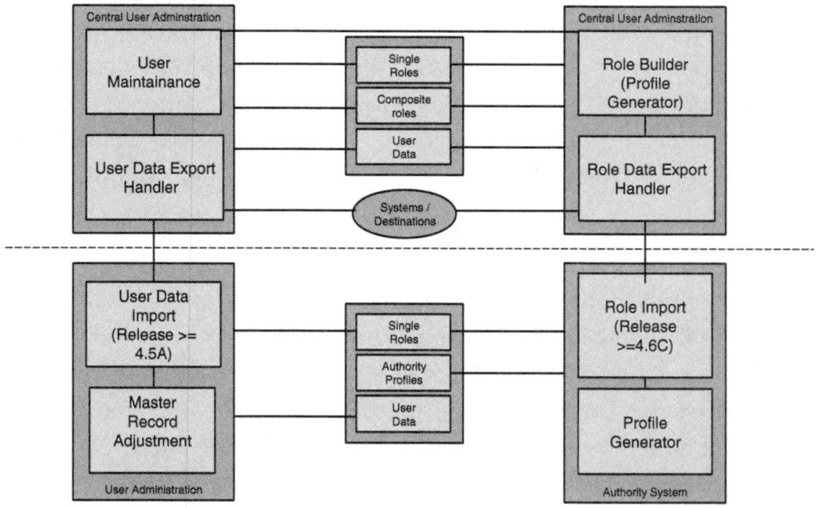

Abbildung 2.16 Architektur der Berechtigungs-, Benutzer- und Rollenverwaltung

In Produktivsystemen wird häufig ein Server speziell für die zentrale Verwaltung und Pflege von Berechtigungen, Benutzern und Rollen vorgesehen. Dort getätigte Einstellungen werden dann per Application Link Enabling, einer auf IDocs aufsetzenden Kommunikation zwischen SAP-Systemen, auf alle anderen Server repliziert. Auch Teilreplizierungen sind möglich und besonders dann sinnvoll, wenn eine Applikation nur auf bestimmten Servern aufgespielt ist, z. B. kann ein Server, auf dem kein mySAP CRM eingerichtet ist, nichts mit den zugehörigen Profilen anfangen.

Aufwärtskompatibilität

SAP wird die eigene Benutzer- und Rollenverwaltung durch einen LDAP-kompatiblen Verzeichnisdienst aus dem SAP Enterprise Portal ergänzen, so dass dieser zentralisiert sowohl für ABAP- und Java-Programme als auch die übrigen mySAP Technology-Komponenten zur Verfügung steht. Es wird angestrebt, dass für die ABAP Personality der Technologiewechsel mittels angepasster Administrationswerkzeuge und neuer Transaktionseinstellungen ohne größeren Umstellungsaufwand vollzogen wird (für Java ist die Zusammenarbeit mit LDAP-kompatiblen Verzeichnisdiensten standardmäßig über Frameworks abgedeckt). Näheres zu diesem Thema erfahren Sie in Kapitel 5.2.

2.2.5 Teamarbeit und Versionierung

Wenn in Teamgrößen von bis zu mehreren hundert Projektmitgliedern eine betriebswirtschaftliche Software entwickelt werden soll, ist eine ausgefeilte und weit reichende Unterstützung des Softwareentwicklungsprozesses durch teamfähige Funktionen unabdingbar. Diese Anforderung zieht sich in unterschiedlichen Ausprägungen quer durch die involvierten Abteilungen Produktmanagement, Entwicklung, Qualitätsmangement, Dokumentation und Übersetzung. Der Web Application Server besitzt für jeden der genannten Bereiche hoch entwickelte Tools, die das gleichzeitige Bearbeiten von Daten ermöglichen – genau so, wie das auch für die erstellten betriebswirtschaftlichen Applikationen selbst der Fall ist.

Ein anderer Aspekt ist die Unterstützung des Datenflusses zwischen den Abteilungen. So können beispielsweise die Entwickler auf die Anforderungen und Spezifikationen im Knowledge Management bzw. Dokumentenmanagement zugreifen. Alle Texte und Beschreibungen eines Programms (Meldungen, Oberflächenelemente, Langtexte) landen automatisch im Arbeitsvorrat der Dokumentation, die diese korrigiert und mithilfe der Knowledge-Warehouse-Funktionen um Online-Hilfen erweitert. Das Qualitätsmanagement kann auf ein leistungsfähiges Transportwesen zurückgreifen, mit dem alle Entwicklungs- und Dokumentationsaufgaben aufgezeichnet und in separate Test- und Konsolidierungssysteme übertragen werden können. Schließlich können alle Texte direkt im SAP-System übersetzt oder über Schnittstellen in externe Programme wie z. B. Trados extrahiert, dort übersetzt und anschließend wieder zurückgespielt werden.

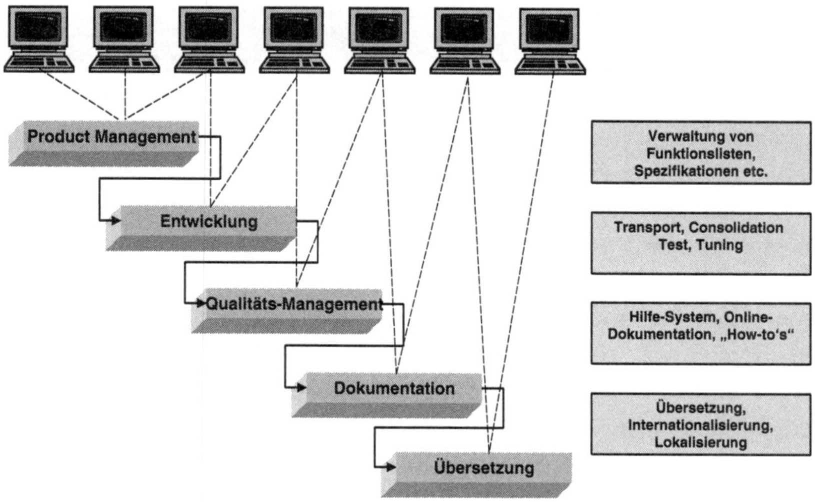

Abbildung 2.17 Multiuser-Entwicklungsumgebung mit Versionierung

Alle Quelltexte, Datenmodelle, Tabellen, Views und Texte unterliegen grundsätzlich und automatisch einer Versionierung; jeweils eine Version kann hierbei als aktiv gekennzeichnet werden. Selbst aus Versehen gelöschte Objekte des obigen Typs bleiben auf diese Weise in der Historie erhalten und können im Bedarfsfall restauriert werden. Neben der automatischen Versionierung können auch jederzeit auf Befehl des Anwenders Versionen erzeugt werden. Dies ist zum Beispiel dann sinnvoll, wenn man einen einmal getesteten und für stabil befundenen Stand fixieren möchte.

Generelles Ziel dieser Maßnahmen ist es, die vollständige Änderungshistorie eines Objekts aufzuzeichnen. Jedes geänderte Objekt wird in einen Änderungsauftrag aufgenommen. Wenn die neueste Version in der Versionsverwaltung nicht der aktiven Version entspricht, wird der Zustand des Objekts vor dem Ändern in der Versionsverwaltung gesichert.

Wenn ein Änderungsauftrag mit den geänderten Objekten freigegeben wird, werden Versionen erzeugt. Aus Laufzeitgründen wird beim Import von Objekten keine Version erzeugt. Dies ist auch nicht notwendig, da die Änderungshistorie des Objekts vollständig im Entwicklungssystem aufgezeichnet wurde. Es wird jedoch ein Vermerk in der Versionsübersicht angebracht, wenn ein Objekt sich durch den Import verändert hat.

Auf Wunsch können jedoch auch beim Import von Objekten Versionen erzeugt werden. Dies ist beispielsweise sinnvoll, wenn das Entwicklungssystem in regelmäßigen Abständen neu installiert wird. Anhand der so erzeugten Versionen kann in einem SAP-System lückenlos nachvollzogen werden, welcher Zustand eines Objekts zu welchem Zeitpunkt aktiv war.

2.2.6 Konnektivität zwischen Applikationen

Der Web Application Server hat in den letzten zehn Jahren eine enorme Anzahl an Schnittstellen hinzugewonnen z.B. SAPPhone, SAPconnect, Application Link Enabling (ALE) oder DCOM Connector, um nur einige zu nennen. Glücklicherweise basieren alle diese Schnittstellen letztlich auf zwei grundlegenden Säulen, dem Protokoll Remote Function Call (RFC) für die entfernte funktionsbasierte Kommunikation sowie dem Format Intermediate Document (IDoc) für die entfernte nachrichtenbasierte Kommunikation. Durch immer neue Verschalungen und Gateways rund um diese zwei Basistechnologien unterstützt der Web Application Server mittlerweile alle gängigen Industriestandards. Eine Ausnahme stellen lediglich die neuen Webservices dar, die von SAP nativ unterstützt und ausführlich im nächsten Hauptkapitel erläutert werden.

RFC

Remote Function Call (RFC) ist ein SAP-eigenes Kommunikationsprotokoll, das den Aufruf von Funktionen über eine Netzwerkverbindung erlaubt und dabei sowohl Übergabeparameter weiterreichen als auch Ergebnisparameter in Empfang nehmen kann. Die Datentypen der Parameter sind frei definierbar, so dass auch komplexe Strukturen und Tabellen in beide Richtungen übertragen werden können. Ein fremdes System kann damit als remote-fähig gekennzeichnete Funktionsbausteine in einem SAP-System aufrufen und mit ihnen Daten austauschen.

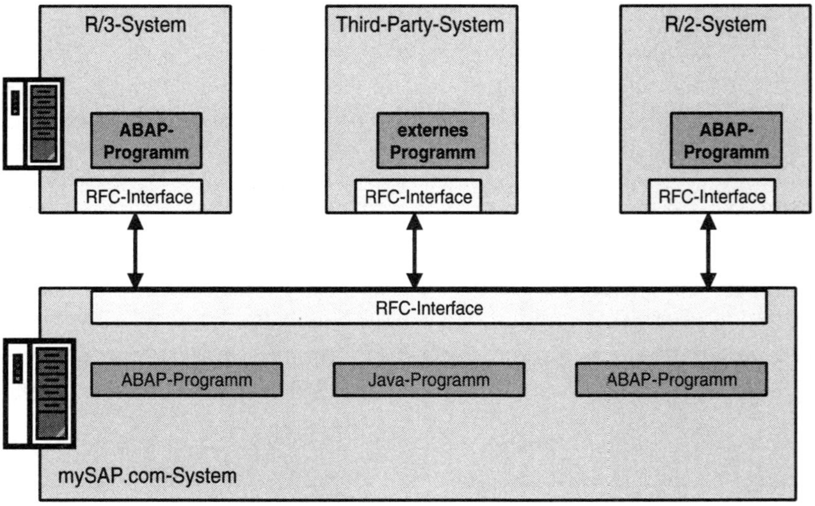

Abbildung 2.18 Kommunikation mit mySAP.com, R/3, R/2 und Fremdsystemen

Umgekehrt können mittels der Transaktion SM59 fremde RFC-fähige Systeme registriert werden, an die aus einem lokalen ABAP-Programm heraus entfernte Funktionsaufrufe gerichtet werden können. Der Object Navigator (Transaktion SE80) bietet dem Anwendungsprogrammierer eine hilfreiche Umgebung, in der sowohl remote aufrufbare Funktionsbausteine realisiert als auch eigene Programme mit entfernten Funktionsaufrufen erstellt werden können. Programmiertechnisch unterscheidet sich der Remote-Aufruf vom Aufruf eines lokalen Funktionsbausteins dadurch, dass ein zusätzlicher Parameter den Zielrechner angibt. Weiterhin stehen prinzipiell drei Möglichkeiten für die Ausführung eines RFC-Aufrufs zur Verfügung:

- **synchroner RFC-Aufruf**
  Das aufrufende Programm wartet so lange mit der Ausführung des nächsten Befehls, bis der im entfernten System aufgerufene Funktionsbaustein vollständig abgearbeitet ist und gegebenenfalls alle Ergebnisparameter an den Aufrufer übergeben worden sind.
- **asynchroner RFC-Aufruf**
  Das aufrufende Programm wartet nach dem Aufruf des Funktionsbausteins im entfernten System nicht, sondern läuft direkt nach Übertragung der Aufrufparameter normal weiter. Das Handling der Ausführungsbestätigung und eventueller Ergebnisparameter obliegt dabei dem Programmierer.
- **transaktionaler RFC-Aufruf**
  Mehrere entfernte Funktionsbausteine können zu einer Transaktion gebündelt werden. Sie werden im Zielsystem in einer LUW nacheinander abgearbeitet. Im Fehlerfall erhält das aufrufende System eine Rückmeldung, die in der Transaktion SM58 (transaktionaler RFC) ausgewertet werden kann. Beim transaktionalen RFC muss das Zielsystem zum Zeitpunkt des RFC-Aufrufs nicht verfügbar sein, d.h., die Transaktion wird vom SAP-Basis-System automatisch zwischengespeichert, bis die Transaktion an das Zielsystem übergeben werden kann. Darüber hinaus können Nachfrageintervall und -häufigkeit zum Zielsystem individuell konfiguriert werden.

Unterstützt wird von Fremdsystemen meist nur der synchrone RFC-Aufruf, während die anderen Möglichkeiten nur zwischen SAP-Systemen zum Einsatz kommen können. RFC ist deshalb das bevorzugte Protokoll für die synchrone Übertragung von Daten.

BAPI

BAPI-Funktionsbausteine (*Business Application Programming Interface*) bilden die Bausteine für die Kommunikation auf hohem und damit anwendungsfreundlichem Niveau. Technisch gesehen handelt es sich zwar immer noch um den lokalen oder entfernten Aufruf von Funktionsbausteinen über das RFC-Protokoll, jedoch ist die Intention der BAPI-Funktionen die Verarbeitung eines betriebswirtschaftlichen Geschäftsvorgangs, der unter Umständen hunderte interner Aufrufe nach sich zieht. Derartige Funktionsbausteine müssen deshalb spezielle Anforderungen bezüglich der Dokumentation und Schnittstellenbeschreibung erfüllen und werden gesondert im *Business Object Repository* (BOR) registriert und verwaltet. Es gibt inzwischen tausende von BAPI-Funktionen für die verschiedensten R/3- und mySAP.com-Produkte und sie besitzen in der Praxis für die Kommunikation mit SAP-Systemen eine enorme Wichtigkeit. BAPIs werden organisatorisch in so genannten *Business Objects* strukturiert und über die Transaktion SWO1 gepflegt.

Business Objects

Wie der Name bereits suggeriert, werden Business Objects ähnlich objektorientierten Klassen verwaltet, d.h., es gibt Objekte wie Kunde, Auftrag oder Mitarbeiter, zu denen es jeweils eine oder mehrere Methoden (die BAPIs) gibt – wie Kunde anlegen, Kunde löschen etc. Ab Release 6.30 wird der RFC-Protokollhandler des SAP Web Application Server voraussichtlich so erweitert, dass ein BAPI auch eine echte Methode einer globalen Klasse sein kann. Beim Aufruf wird dann automatisch ein Objekt der Klasse instanziiert und dann erst die eigentliche Methode ausgeführt. Der Aufrufer merkt von den zusätzlichen Aktionen nichts, denn RFC ist seinerzeit vor dem Hintergrund des prozeduralen Programmiermodells entwickelt worden.

IDoc

IDoc ist das bevorzugte, da standardmäßig im SAP Web Application Server unterstützte Format zur nachrichtenbasierten Übertragung von strukturierten Daten. Es eignet sich besonders für die asynchrone Übertragung von Informationen sowie für die Massendatenübertragung durch nur lose gekoppelte Systeme. Es handelt sich um einen SAP-eigenen Standard, der die Konversion in Dokumentenformate wie beispielsweise EDI/EDIFACT (für den Austausch von Geschäftsdaten) unterstützt und deshalb wie EDI vor allem in großen Unternehmen zum Einsatz kommt.

IDocs werden sowohl auf technischer als auch betriebswirtschaftlicher Ebene definiert, d.h., neben den rein syntaktischen Regeln für ein IDoc-Dokument (erlaubte Datentypen etc.) werden auch semantische Regeln definiert (ein Auftrag darf mehrere Positionen haben).

Die technische Sicht wird durch drei Satzarten der IDoc-Schnittstelle definiert:

- Kontrollsatz
- Datensatz
- Statussatz

Die betriebswirtschaftliche Sicht wird durch Segmente innerhalb eines IDocs definiert, die den Datensatz (aufeinander folgende Zahlen und Zeichen) in geeigneter Weise interpretieren helfen:

- Segmente
- Attribute dieser Segmente

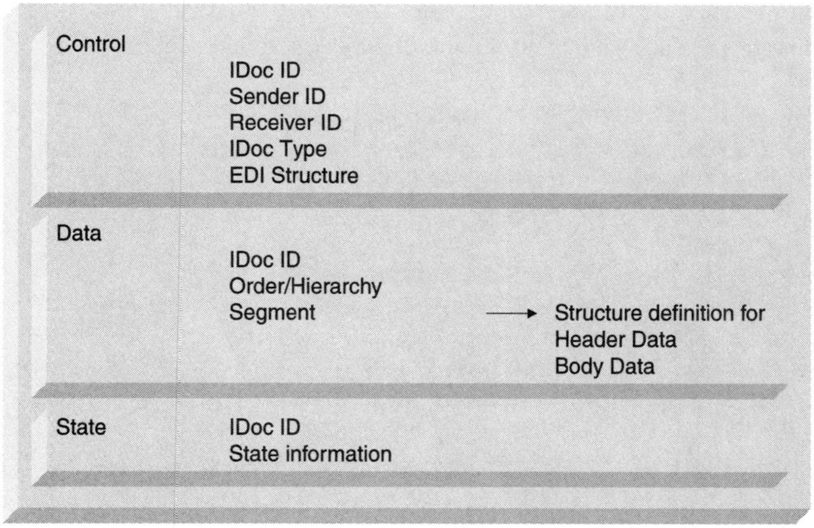

Abbildung 2.19 Die IDoc-Struktur

Anders als bei XML werden Daten und Metadaten im IDoc-Format getrennt voneinander abgelegt, was die Lesbarkeit von IDoc-Dokumenten für Menschen quasi auf null reduziert. SAP bietet deshalb unter dem Pfad **Werkzeuge • Business Communication • IDoc-Basis** eine ganze Reihe von Applikationen an, über die IDocs definiert, geroutet und ein- sowie ausgehende IDoc-Dokumente verwaltet und betrachtet werden können. SAP-intern wird letztlich jedes IDoc-Dokument von einem

ABAP-Programm per Aufruf spezieller Funktionsbausteine verschickt bzw. nach dem Empfang durch den Web Application Server an einen Funktionsbaustein zur Verarbeitung weitergeleitet.

SAP Business Workflow

Der SAP Business Workflow, der aktuell auch als *SAP Webflow* bezeichnet wird, gehört wohl zu den am meisten unterschätzten Technologien des SAP Web Application Server. Dabei handelt es sich um ein Highend-Workflow-Management-System mit grafischem Designwerkzeug für Oberflächen sowie Schnittstellen zu SAP- und Fremd-Applikationen, die auf den weiter oben genannten Protokollen und Formaten aufbauen. Damit konnten bereits unternehmensübergreifende Geschäftsprozesse mit Benutzerinteraktion abgewickelt werden, als das Internet noch in den Kinderschuhen steckte. Doch auch heute, wenn es zusätzlich um die Nutzung neuester Internettechnologien wie z.B. Webservices geht, gehörte der SAP Business Workflow zu den ersten Applikationen, die den Standard nutzten. In der Architektur des Workflow-Systems lassen sich drei Ebenen identifizieren, innerhalb derer sowohl die Definitionskomponenten wie auch die Laufzeitkomponenten zu berücksichtigen sind.

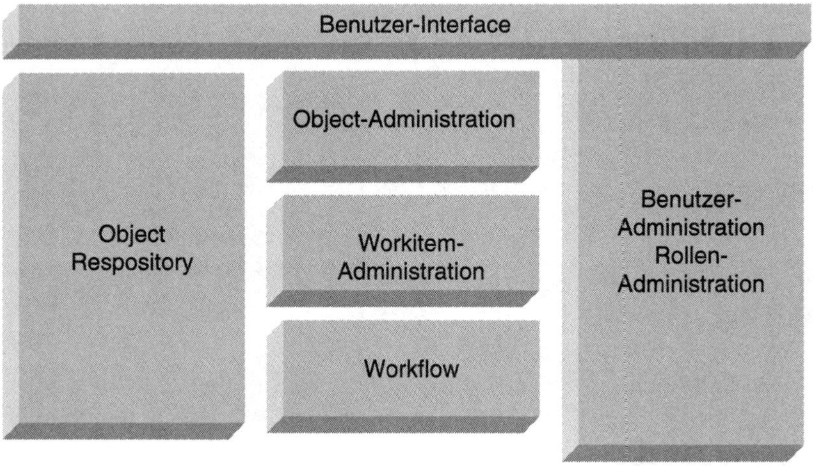

Abbildung 2.20 Überblick über die Architektur des SAP Business Workflow

Objekttypen und Objekte

Der SAP Business Workflow ist auf der Grundlage eines objektorientierten Designs entwickelt worden. Die Objekttypen sind mit ihren Methoden, Attributen und Ereignissen im Business Object Repository definiert. Demzufolge handelt es sich im Business Workflow letztlich um Objekte, die in einem Workflow über mehrere Schritte hinweg von verschiedenen

Mitarbeitern bearbeitet werden. Dieser generische Ansatz ist die Grundlage für die enorme Flexibilität des Business Workflows.

Einzelschrittaufgaben und Workitems

Mit den Einzelschrittaufgaben werden elementare betriebswirtschaftliche Tätigkeiten beschrieben. Einzelschrittaufgaben operieren auf einem Objekt und beziehen sich auf jeweils eine Objektmethode. Sie sind mit ihren möglichen und zulässigen Bearbeitern verknüpft, deren organisatorische Zugehörigkeit in der Aufbauorganisation des Unternehmens beschrieben ist. Einzelschrittaufgaben stehen damit als Bindeglied zwischen Ablauf- und Aufbauorganisation im Business Workflow. SAP liefert einen Katalog mit Standardaufgaben aus, der leicht zu erweitern und an Kundenbedürfnisse anzupassen ist.

Ausführbare Einzelschrittaufgaben werden zur Laufzeit durch Workitems repräsentiert. Die Workitems werden ihren ausgewählten Bearbeitern jeweils in deren integrierten Eingangskörben angezeigt und können von dort aus angenommen (reserviert) und ausgeführt werden.

Workflow-Definition, Mehrschrittaufgaben und Workflows

Eine Workflow-Definition setzt sich bausteinartig aus einzelnen, miteinander vernetzten Schritten zusammen. Die Mehrschrittaufgaben bilden den betriebswirtschaftlichen Rahmen für eine Workflow-Definition und referenzieren jeweils eine Workflow-Definition. Ein Schritt in einer Workflow-Definition kann eine Aktivität sein. Diese bezieht sich immer auf genau eine Aufgabe (Einzelschrittaufgabe oder Mehrschrittaufgabe). Hinzu kommen ergänzende Angaben zur Zuständigkeit und zur Terminierung. SAP liefert als Mehrschrittaufgaben ablauffähige Workflow-Muster aus, die entweder unmittelbar eingesetzt werden können, aber in der Regel eher als Vorlagen für kundeneigene Entwicklungen dienen werden. Zur Laufzeit können sich beliebig viele Workflows als unabhängige Instanzen auf dieselbe Mehrschrittaufgabe beziehen.

Weitergehende Informationen zu SAP Workflows finden Sie in dem Buch »Workflow-Management mit SAP« von Alan Rickayzen u.a., das auch bei SAP PRESS erschienen ist.

2.2.7 Paketkonzept und Namensräume

Paketkonzept

Die Applikationsentwicklung wird in der ABAP Personality über Pakete (früher Entwicklungsklassen) strukturiert, die man durchaus mit den Paketen in Java, Microsoft .NET oder Borland Delphi vergleichen kann. Im Gegensatz zu Letzteren können keine unterschiedlichen Versionen eines Pakets (d. h. gleicher Name) im System vorhanden sein und auch Kompatibilitätsangaben (z. B. Paket A läuft mit den Versionen 1.0 bis 1.3 des Pakets B) werden analog zu Java nicht unterstützt. Innerhalb eines Pakets können beliebige Entwicklungselemente, angefangen bei Datenelementen und Tabellen über Includes und Textlisten bis hin zu globalen Klassen und Programmen zusammengefasst werden, so dass eine sinnvolle thematische Aufteilung einer Applikation in mehrere Pakete realisiert werden kann. So kann man beispielsweise alle Daten und Datenzugriffsfunktionen in einem Paket zusammenfassen, die Anwendungslogik in einem anderen, die Benutzerdialoge in einem weiteren usw. Da in Java alles ein Objekt ist, beschränkt sich hier natürlich das Paket auf Klassen und Interfaces.

Paket-schnittstellen

Das Paket-Konzept von SAP sieht für die ABAP Personality vor, dass für ein Paket beliebig viele Paket-Schnittstellen definiert werden können, und zwar für diejenigen Entwicklungselemente, die nach außen hin für andere Entwickler zur Verfügung gestellt werden sollen (alle anderen sind für die Verwender des Pakets unsichtbar). In der Java Personality müssen hingegen alle öffentlichen Klassen in einer Paketschnittstelle zusammengefasst werden. Die Namen der Paketschnittstellen sind auf der ABAP-Seite unabhängig voneinander, so dass ein Paket »Accounting« durchaus eine Paketschnittstelle »Application« für Entwicklungselemente zur Laufzeitnutzung sowie eine Paketschnittstelle »Configuration« für Entwicklungselemente zum Customizing-Zeitpunkt beinhalten kann. Ein Entwicklungselement kann in beliebig vielen Paketschnittstellen eines Pakets auftauchen, wobei diese Redundanz meist von schlechtem Programmierstil zeugt. Auf der Java-Seite entspricht der Name des Pakets dem Namen der Paketschnittstelle. Eine Unterscheidung wird hier nicht getroffen.

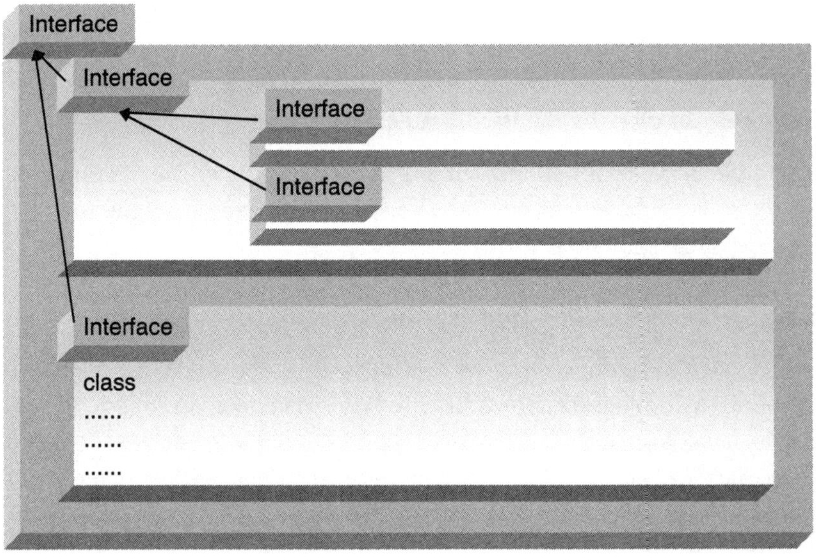

Abbildung 2.21 Verschachtelte Pakete einer Anwendung und Paket-Schnittstellen

Eine beliebig tiefe Verschachtelung der Pakete ineinander ist ebenfalls möglich, wobei man die übergeordneten Pakete als Struktur-Pakete bezeichnet. Diese münden schließlich in einem Hauptpaket, das im Regelfall die gesamte Anwendung umfasst.

Struktur-Pakete

Dabei sollte jedes übergeordnete Paket die Paketschnittstellen seiner eingebetteten Pakete explizit wieder veröffentlichen, möchte es diese Schnittstellen außerhalb bekannt und benutzbar machen. So ergibt sich die Möglichkeit zu einer sehr fein abgestuften Schnittstellenverfügbarkeit, um verschiedenen Entwicklergruppen unterschiedlich tiefen Einblick in das Entwicklungsprojekt zu gewähren. Im Regelfall wird man sich aber darauf beschränken, eine »Zwei-Klassen-Gesellschaft« zu formen, bei der die Team-Kollegen des Entwicklungsprojekts mit ihren Paketen Zugriff auf umfangreiche (meist Low-Level-)Schnittstellen des eigenen Pakets haben und Entwickler außerhalb des Entwicklungsprojekts nur auf einige wenige (meist High-Level-)Schnittstellen.

Java vs. ABAP

Während in Java die Paket-Strukturierung gleichzeitig den vollständigen Aufruf-Namen von Klassen mit ihren Methoden und Attributen definiert, ist dies auf der ABAP-Seite wegen historischer Beschränkungen hinsichtlich der Namenslänge nicht möglich. Stattdessen wird dort mit Namensräumen gearbeitet, die mit »/« beginnen, dann ein Kürzel anführen und wieder mit einem »/« enden. Erst darauf folgt der eigentliche Name, wobei nicht bei SAP registrierte Kundennamensräume ausschließlich mit Namen mit den Anfangsbuchstaben X,Y oder Z arbeiten dürfen und der Rest für SAP reserviert ist.

Paketprüfung innerhalb der ABAP Personality

Speziell auf der ABAP-Seite kann man aus Kompatibilitätsgründen die Paketprüfung, d.h. die Prüfung der Deklaration aller von außen nutzbaren Entwicklungselemente, auch ausschalten. In so einem Fall verhält sich die ABAP Personality wie zu Zeiten von Release 4.6, wo die programmatische Nutzung aller Entwicklungselemente jeder Anwendung eines SAP-Systems ungeachtet sämtlicher Schnittstellen möglich ist. Schaltet man die Paketprüfung hingegen ein, geht in größeren Projekten mit vielen Paketen und Schnittstellen bis zu 10% der Zeit mit dem Abstimmen und Verwalten der eigenen sowie dem Suchen und Einbinden fremder Paketschnittstellen verloren. Einer der Hauptgründe ist, dass es mit der erweiterten Programmprüfung zwar einen Report zur Anzeige der Entwicklungselemente gibt, deren Pakete nicht korrekt eingebunden wurden, ein Lösungshinweis auf die entsprechende Paketschnittstelle (die ja ganz anders heißen kann) oder gar ein automatischer Vorschlag wie z.B. »Soll die Paketschnittstelle xyz in die Verwendungserklärung des Pakets aufgenommen werden?« fehlt jedoch.

Namensräume Namensräume werden in ABAP gebildet, indem sowohl den Paketen als auch allen in ihnen enthaltenen Entwicklungselementen ein Präfix in der Form »/XX/« vorangestellt wird, wobei »XX« für einen beliebigen Bezeichner steht (z. B. /BA1/ für den SAP Bank Analyzer). Ersetzt man den Schrägstrich im Geiste durch einen Punkt, ähnelt dies durchaus den Namensraum-Konzepten anderer Programmiersprachen. Aufgrund der historisch bedingten Längenbeschränkungen von 16 bis 32 Zeichen je nach Entwicklungselement sind die SAP-Namensräume in den wenigsten Fällen sprechend. Ferner trennt SAP scharf zwischen Eigen- und Kundenentwicklungen und legt fest, dass Letztere immer mit Y oder Z beginnen müssen. Schließlich können Namensräume nicht importiert werden, d.h., ein Entwickler muss immer den vollständigen Bezeichner inklusive Namensraum angeben.

Auf der Java-Seite können Namensräume wesentlich ausführlicher und in beliebig tiefen Hierarchieebenen angeordnet werden, weil hier keine harten Beschränkungen bezüglich der Namenslänge existieren.

2.2.8 Change & Transport Management

Eine betriebswirtschaftliche Software muss höchsten Anforderungen an die Verfügbarkeit und Konsistenz genügen. Kernthema ist hier die Erweiterung oder Erneuerung von Software möglichst im laufenden Betrieb oder zumindest mit minimalen Ausfallzeiten. Dies ist mit klassischen Deinstall-Install-Reboot-Vorgehensweisen wie beispielsweise unter Windows nicht zu schaffen und deshalb verfügt der Web Application Server über einen hoch entwickelten Mechanismus, das Transportwesen.

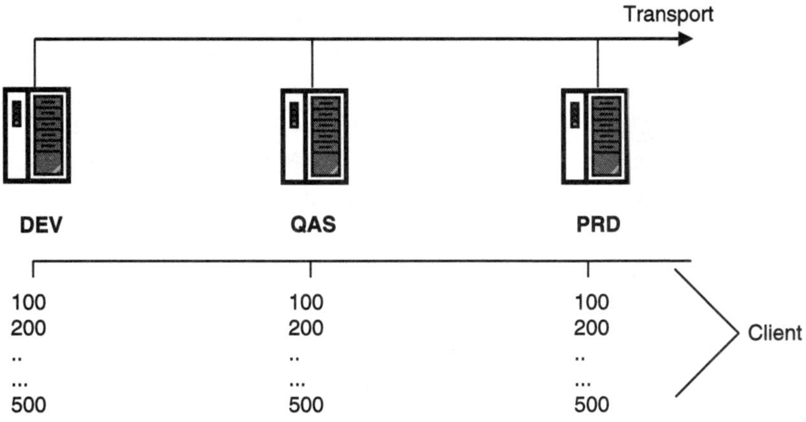

Abbildung 2.22 SAP-Installation, bestehend aus minimal drei Servern

Die Kundeninstallation eines SAP-Systems besteht normalerweise aus mindestens drei Servern:

1. Auf dem *Entwicklungsserver* findet das notwendige Customizing der Programme statt, also das Einstellen auf die konkreten Bedürfnisse des Kunden, sowie bei Bedarf die Entwicklung eigener Erweiterungen oder Anpassungen.
2. Die vorgenommenen Einstellungen des Customizings sowie alle Erweiterungen und Anpassungen werden dann auf den *Qualitätssicherungsserver* weitergereicht und dort getestet.
3. Nach erfolgreichem Test werden die Änderungen schließlich in ein oder mehrere *Produktivsysteme* weitergereicht.

Minimalinvasiver Transport

Den Export und Import von Entwicklungselementen übernimmt dabei das Transportwesen im laufenden Betrieb der Personalities auf eine minimalinvasive Art und Weise und mit einer äußerst feinen Granularität. Stellen Sie sich dazu am besten ein großes Programm vor, das aus vielen einzelnen objektorientierten Klassen mit Methoden und Eigenschaften besteht.

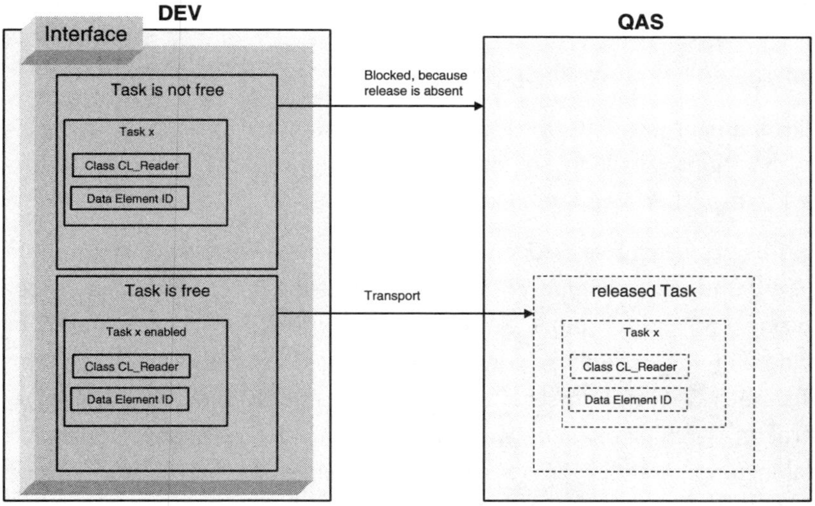

Abbildung 2.23 Aufzeichnung und Transport von Customizing und Entwicklungen

Wird nun auf dem Entwicklungsserver eine einzelne Methode geändert und anschließend positiv auf dem Qualitätssicherungsserver getestet, wird schließlich nur diese einzelne Methode in das Produktivsystem transportiert und ersetzt dort die vorherige Methode. Ausschließlich diese Methode ist damit für die Zeit des Transports nicht nutzbar und ein

Programm, das diese Methode nutzt, würde in diesem Zeitraum mit der alten Methode arbeiten. Andere Programme werden jedoch nicht beeinträchtigt. Sobald die neue Methode vollständig übertragen ist, arbeitet das Programm beim nächsten Aufruf mit der neuen Version.

Beginnt ein Entwicklungsprojekt, legt der Entwicklungsverantwortliche einen Änderungsauftrag an. Dabei ordnet er dem Änderungsauftrag die beteiligten Mitarbeiter zu und der Transport Organizer vergibt dem Auftrag eine eindeutige Nummer nach dem Muster <sid>K9<nnnnn>, also z.B. T70K900050. Ein Auftrag sollte immer Objekte enthalten, die in einem logischen Zusammenhang stehen und nur gemeinsam sinnvoll ausführbar sind. D.h., ein Auftrag erlaubt es, komplette, sinnvolle und abgeschlossene Entwicklungen oder Änderungen zu transportieren und zu verwalten.

Für jeden Mitarbeiter legt der Transport Organizer automatisch eine Aufgabe an, in der die geänderten Entwicklungselemente aufgenommen werden. Ist der Änderungsauftrag aus Sicht des Mitarbeiters beendet, gibt er seine Aufgabe frei. Dadurch werden die Objekte der Aufgabe an den Änderungsauftrag übergeben. Haben alle Mitarbeiter ihre Aufgabe freigegeben, kann der Entwicklungsverantwortliche wiederum den Änderungsauftrag freigeben. Ein Änderungsauftrag fasst damit Elemente zusammen, die innerhalb eines Entwicklungsprojekts angelegt oder verändert werden.

Einstellungen im Customizing einer Anwendung werden auf dem gleichen Weg protokolliert, so dass auch diese von einem System zum nächsten transportiert werden können.

Java-Transportwesen ab Release 6.30

Das ursprünglich für ABAP entwickelte Transportwesen ist über die Jahre gereift und mit seiner lückenlosen Unterstützung für Entwicklung, Customizing und Laufzeitobjekte weltweit als einmalig zu bezeichnen. Für andere Programmiersprachen – auch Java – gibt es so etwas bislang nicht. Hier setzt SAP an und schafft für das Release 6.30 die gewohnte Infrastruktur durch eine Neuentwicklung auch für die Java Personality. Die bis dahin fertig gestellte SAP-eigene Entwicklungsumgebung für Java wird dieses neu entwickelte Transportwesen ebenfalls nutzen.

2.2.9 ... noch mehr Business-Infrastruktur

Neben den gerade ausführlich vorgestellten E-Business-Infrastrukturdiensten und -fähigkeiten besitzt SAP noch eine große Menge an kleinen und großen Lösungen für technische und betriebswirtschaftliche Probleme aller Art – 30 Jahre Großkundenerfahrung bezüglich der Implementierung, Einführung und Wartung geschäftskritischer Softwareanwendungen hinterlassen zwangsläufig ihre Spuren. Exemplarisch seien deshalb an dieser Stelle einige Lösungen aufgezählt, die uns besonders gut gefallen. Nähere Informationen hierzu finden Sie in der SAP-Online-Hilfe unter *http://help.sap.com*.

- **ArchiveLink**
  ArchiveLink ist eine SAP eigene Kommunikationsschnittstelle, die die Anbindung externer Archiv- und Ablagesysteme ermöglicht und von allen namhaften Archiv- und DMS-Herstellern unterstützt wird. Gescannte Dokumente und Druckansichten lassen sich damit an Geschäftsdaten hinterlegen und sind für den Endanwender nur einen Link entfernt.
- **Parallelisierungstool**
  Das Parallelisierungstool ermöglicht die gleichzeitige Ausführung von Prozessen in vielen Threads und auf vielen Rechnern, wobei die Parallelisierung auf sehr feiner Ebene vom Administrator gesteuert werden kann.
- **Advanced List Viewer**
  Der Advanced List Viewer (ALV) ist ein Werkzeug zur Ausgabe und Eingabe von Tabellen und Listen in modernem Design. Die Tabelle wird in einem Control mit Titel und Toolbar versehen. Dem Anwender steht es dabei offen, die generische Funktionalität ohne zusätzlichen Programmieraufwand einzusetzen oder die vorgegebenen Funktionen nach individuellen Bedürfnissen anzupassen oder zu erweitern.
- **Graphics Server**
  Der Graphics Server ist eine äußerst leistungsfähige Engine, mit deren Hilfe Charts, geografische Darstellungen und mathematische Kurven aufbereitet und dargestellt werden können
- **Application Log**
  Mit dem Application Log wird das Sammeln von Meldungen, das Speichern, Lesen und Löschen von Protokollen auf der Datenbank sowie die Anzeige von Protokollen SAP-weit standardisiert und vereinfacht.
- **Schedule Manager**
  Der Schedule Manager ist ein Monitor, über den Hintergrundjobs eingeplant, ausgeführt und überwacht werden können. Er bietet dabei weitreichende Integrationsmöglichkeiten mit den auszuführenden Programmen, die weit über das reine Starten und Stoppen von Prozessen hinausgehen.

- **Archive Development Kit**
  Das Archive Development Kit ist ein SAP-weit standardisiertes Werkzeug mit Programmierschnittstelle, über das sich Geschäftsdaten aus SAP Applikationen archivieren, betrachten und wiederherstellen lassen.
- **SAPconnect**
  E-Mail-, Fax, SMS, X.400 und Telefonunterstützung gehören heute zu den unabdingbaren Voraussetzungen für eine effiziente Arbeitsweise am Computer. SAPconnect leistet diese Unterstützung, ist in einer Vielzahl von SAP Lösungen integriert und kann auch von Entwicklern für die Realisierung eigener Lösungen und die Anbindung zusätzlicher Dienste verwendet werden.
- **SAP Smart Forms**
  Smart Forms ist ein komfortables Tool für die Erstellung von Formularen mit Text-, Grafiken und Tabelleninhalten, die anschließend via Druck, E-Mail oder Web weitergegeben werden können. Die globale Partnerschaft zwischen SAP und Adobe wird PDF als weiteres Ausgabeformat ergänzen.
- **Alert Management**
  Alerts lenken die Aufmerksamkeit des Systemadministrators auf kritische oder potenziell gefährliche Situationen in einem SAP-System. Der CCMS-Alert-Monitor wertet die von den Datensammlungsmethoden gemeldeten Werte aus und vergleicht sie mit den vordefinierten Alert-Schwellenwerten. Wenn die eingehenden Daten gegen einen Schwellenwert verstoßen, löst der Alert-Monitor einen Alert aus. Der Alert-Status jedes Monitorbaumelements (MTE) in einem Monitorbaum wird klar angezeigt und entsprechend der Alert-Schwere farblich gekennzeichnet.

2.3 Customizing und Administration

SAP unterscheidet schon immer zwischen Customizing und Administration. Unter Customizing wird dabei die (meist einmalig bei der Softwareeinführung oder -erweiterung durchgeführte) Einstellung des SAP Web Application Server und der darauf ablaufenden Lösungen auf die konkreten technischen und betriebswirtschaftlichen Anforderungen des Kunden verstanden. Gerade bei neueren Lösungen erfolgt erst hier die Generierung eines Großteils des Datenmodells, das somit komplett auf die Bedürfnisse des Kunden zugeschnitten wird. Das Customizing wird mithilfe eines der zahlreichen lokalen oder globalen SAP-Partner durchgeführt, da Kunden aus Kostengründen das Customizing-Know-how für einen optimalen Zuschnitt der Software auf ihre Geschäftsprozesse nur selten permanent vorhalten.

Die Administration bezieht sich auf die im laufenden Betrieb bei Bedarf oder regelmäßig durchzuführenden Wartungs- und Pflegemaßnahmen und wird in der Regel vom Kunden selbst oder aber einem der zahlreichen Service- oder gar Outsourcing-Partner der SAP übernommen. Typische Aufgaben sind hier die Pflege von Benutzern und Rollen, die Überwachung der Systemleistung und Optimierung der Auslastung sowie die Systemsicherung durch Backups.

Beiden Tätigkeiten vorgeschaltet ist die Installation, die auf unterschiedlichen Betriebssystem- und Hardwareplattformenen durchgeführt werden kann und bei größeren Einführungen bzw. Erweiterungen mithilfe des Werkzeugs *SAP Solution Manager* geplant und begleitet wird, der nicht im Rahmen dieses Kapitels erläutert wird.

Customizing

Die Customizing-Oberfläche ist über die Transaktion SPRO erreichbar (bei entsprechender Berechtigung). Dort kann man ein Customizing-Projekt auswählen, das bei umfangreicheren Einführungsprojekten zur Verteilung der Aufgaben angelegt werden kann.

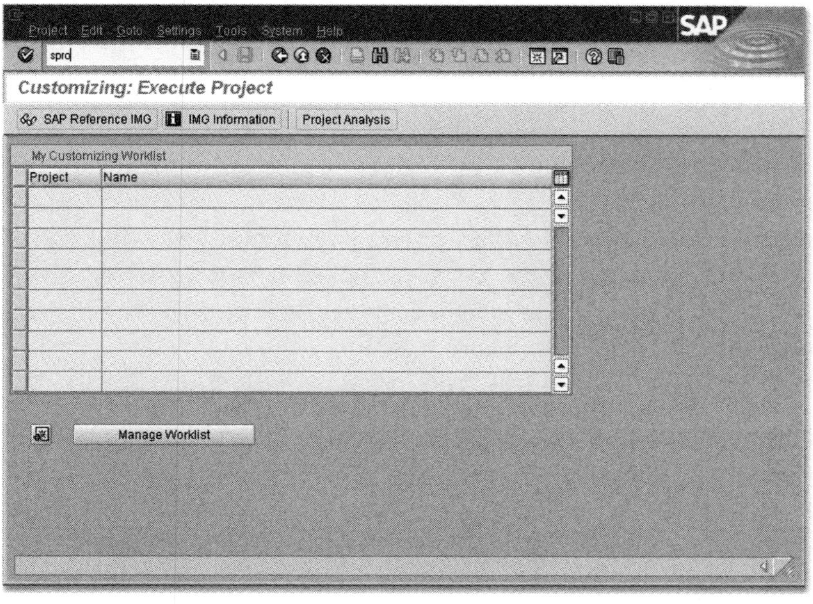

Abbildung 2.24 Customizing Execute Project

Alternativ wählt man den SAP Reference IMG, der alle Einstellungsmöglichkeiten enthält. Je nachdem, welche Lösungen zusätzlich zum SAP Web Application Server installiert sind, enthält das erscheinende Menü zusätzliche Untermenüs, über die die einzelnen Customizing-Punkte ausgewählt, die Dokumentation studiert und natürlich Einstellungen angezeigt bzw. geändert werden können.

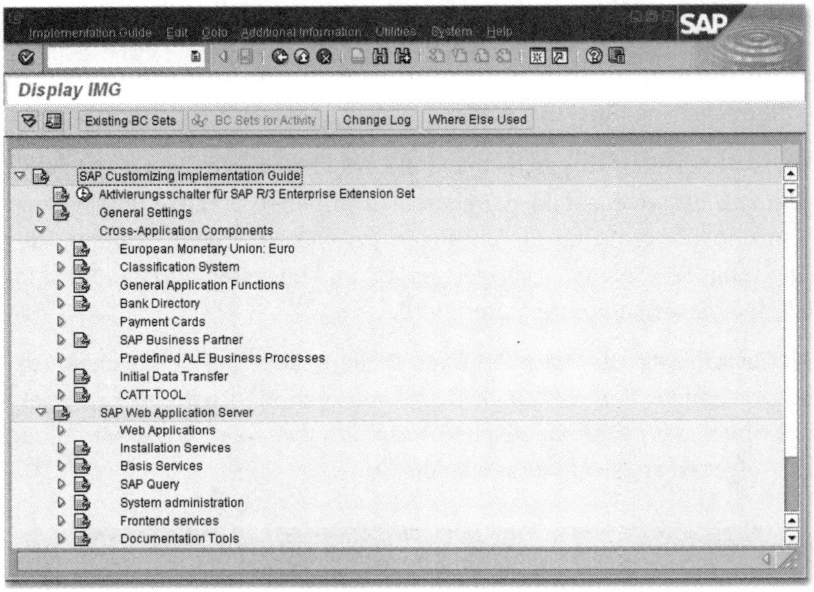

Abbildung 2.25 Customizing-Menü des Web Application Server

SAP-Software ist berühmt für ihre Anpassungsfähigkeit und entsprechend umfangreich sind die gebotenen Einstellungsmöglichkeiten. Ganze Bücher beschäftigen sich mit der optimalen Anpassung einer Installation an die konkreten Kundenbedürfnisse – pro SAP-Lösung versteht sich. Aus diesem Grund beschränken wir uns an dieser Stelle beispielhaft auf einige ausgewählte Punkte, die wir kurz erläutern.

Datenübernahme Bankenverzeichnis

Der Menüpunkt **Cross-Application Components • Bank Directory • Bank Directory Data Transfer** ist ein schönes Beispiel für das Customizing einer anwendungsübergreifenden Komponente, die Auswirkungen auf diverse betriebswirtschaftliche Anwendungen hat. Alle SAP-Lösungen, in denen die Anzeige, Auswahl oder Gegenprüfung nationaler oder internationaler Geldinstitute stattfindet, verwenden diese Komponente (wie z.B. CRM).

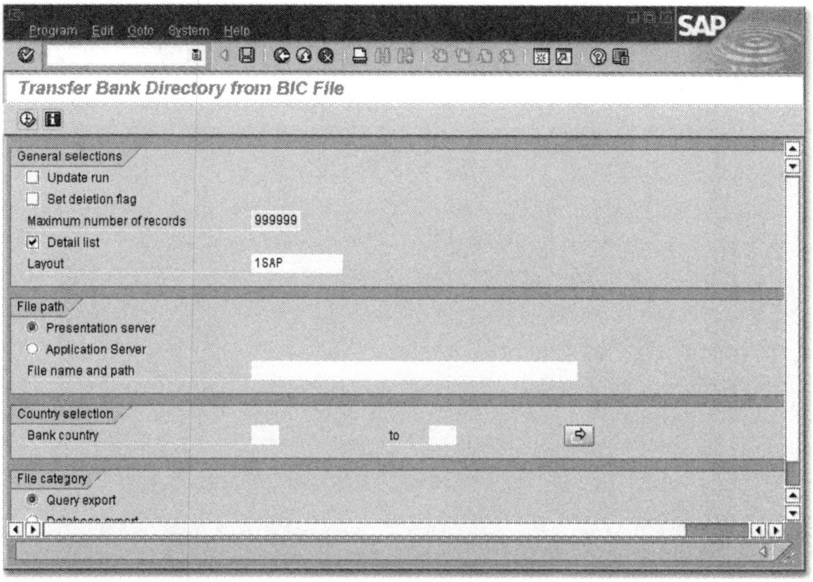

Abbildung 2.26 Import des Bankenverzeichnisses

Die zu importierende Datei wird üblicherweise von der Hausbank zur Verfügung gestellt und enthält den S.W.I.F.T-Code und weitere Informationen zu den entsprechenden Banken.

Transportwege konfigurieren

Transportdomänen dienen der Zusammenfassung von mehreren SAP-Systemen unter einer einheitlichen Domäne, in der der Datenaustausch von System zu System über Transportwege konfiguriert werden kann. Die Konfiguration der Transportwege erreichen Sie über **SAP Web Application Server • System Administration • Change & Transport System**.

Natürlich bietet SAP eine grafische Übersicht über die verschiedenen Transportwege und erleichtert durch flexible Zoom-Mechanismen den Überblick auch in sehr komplexen Systemlandschaften. Üblicherweise findet minimal eine Unterteilung in Test-, Qualitätssicherungs- und Produktivsystem statt, in der Transporte von Daten und Software nur nach vorheriger Prüfung stattfinden. Natürlich können auch größere Systemverbunde zentralisierte Informationen wie Benutzerkonten und Rollendefinitionen über die Transportwege austauschen.

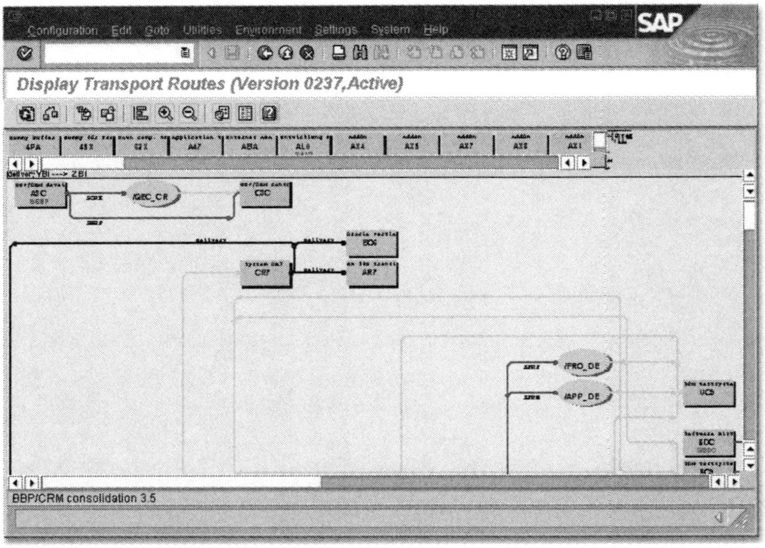

Abbildung 2.27 Transportwege konfigurieren

Administration Die Administrationswerkzeuge sind bei entsprechender Berechtigung über das normale SAP-Menü unter **Tools • Administration** zu erreichen und beherbergen mehr als hundert Werkzeuge mit teils sehr speziellen Aufgabenstellungen. Auch hier werden wir unsere Darstellung auf einige ausgewählte Applikationen beschränken, namentlich die Benutzerverwaltung sowie die Rollen und Rollenverwaltung.

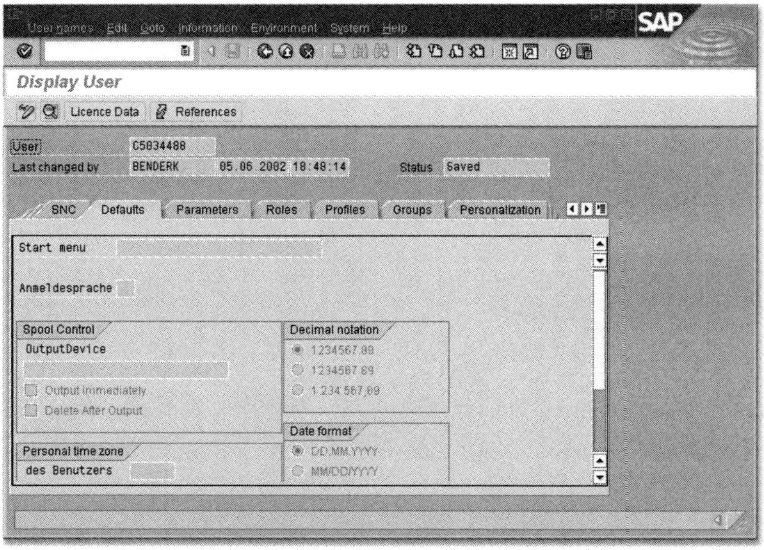

Abbildung 2.28 Benutzerdaten verwalten und anzeigen

Benutzerdaten verwalten und anzeigen

Über das Untermenü **Tools • System Administration • User Maintenance** erreichen Sie den Menüpunkt **Benutzerverwaltung** (Transaktion SU01) über den Sie neue Benutzer anlegen oder vorhandene Benutzer administrieren können. Im Vordergrund steht dabei die Zuweisung von Rollen, Profilen und Gruppen, die sowohl das für den Anwender sichtbare Menüsystem als auch die Berechtigungen für die einzelnen Anwendungen festlegen.

Rollen-Definitionen anzeigen und ändern

Im gleichen Untermenü befindet sich auch der Menüpunkt **Rollen** (Transaktion PFCG), über den Sie selbst Hand an die im System vorhandenen Rollen legen können, um z. B. das Menüsystem den spezifischen Anforderungen anpassen zu können oder die ausführbaren MiniApps festzulegen. Neue Rollen werden dabei eher selten benötigt, denn SAP liefert eine große Anzahl an Rollen zusammen mit ihren Lösungen aus.

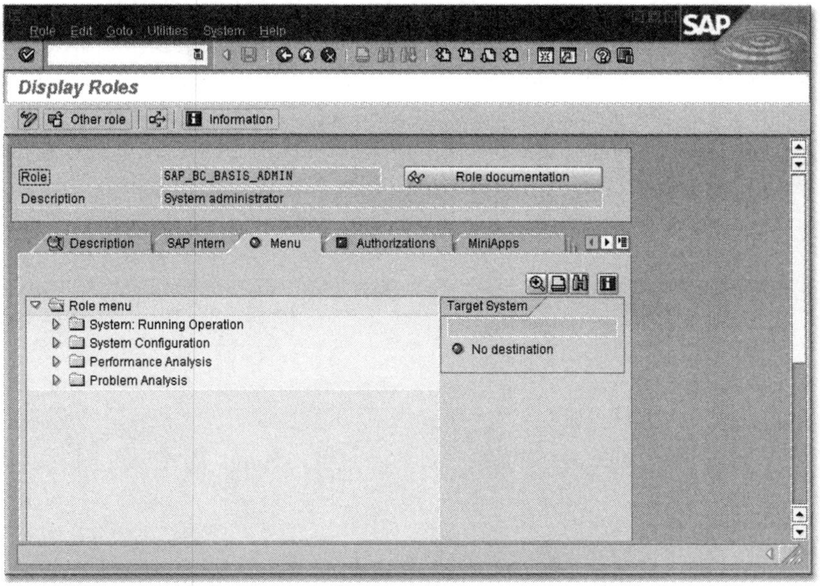

Abbildung 2.29 Rollen-Definitionen anzeigen und ändern

2.4 Applikationen

Die Applikationen des Web Application Server beziehen sich naturgemäß auf die Entwicklung und Wartung von Anwendungen mitsamt den dazugehörigen Datenmodellen, Oberflächen und Schnittstellen nach außen hin und stehen bei entsprechender Berechtigung über das normale SAP-

Menü nach dem Start unter dem Menüpunkt **Tools** zur Verfügung. Über die Jahre haben sich mehr als hundert Applikationen angesammelt, wovon die meisten entwicklungsbezogenen Werkzeuge jedoch auch in der komfortablen Entwicklungsumgebung integriert sind.

Object Navigator

Der SAP Object Navigator ist die integrierte Entwicklungsumgebung der ABAP-Programmierung (IDE, *Integrated Development Environment* genannt), über die Transaktion SE80 zu erreichen und stellt unter einem Dach eine einheitliche Sichtweise auf die Objekte eines Entwicklungsprojekts zur Verfügung.

Im SAP-Sprachgebrauch wurden die Entwicklungselemente (Programmelemente und Daten/Datentypen), aus denen sich eine SAP-Anwendung zusammensetzt, schon immer als »Objekte« bezeichnet; gemeint sind jedoch regelmäßig ABAP-Repository- oder Data-Dictionary-Elemente, also Quelltexte, Klassen, Interfaces, globale Strukturen, Datenelemente, Tabellen, Views oder Sonstiges. Ungeachtet dessen handelt es sich bei instanziierten Klassen in der ABAP Personality natürlich auch um Objekte, allerdings im Sinne einer objektorientierten Programmiersprache. Im Folgenden werden wir immer von Entwicklungselementen sowie spezieller von Programmelementen und Daten respektive Datentypen sprechen und das Wort »Objekt« nur im objektorientierten Sinn gebrauchen.

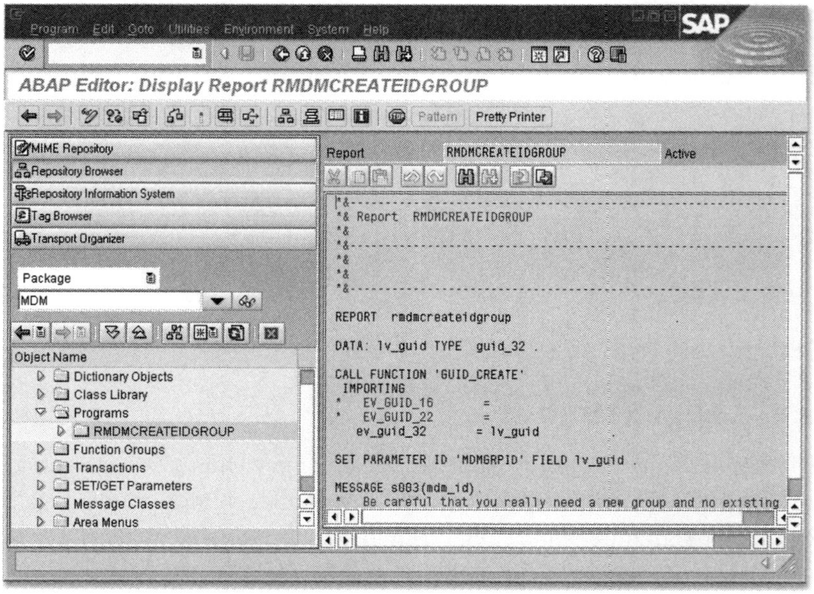

Abbildung 2.30 Object Navigator mit aktiviertem Repository Browser

Der Object Navigator bietet eine Reihe von Browsern an, mit denen die fünf Haupttypen von Informationen bequem gesichtet und bearbeitet werden können:

- **MIME Repository**
  Das MIME Repository zeigt alle Verzeichnisse mit MIME-Objekten (Bilder, Videos etc.) an, die ins aktuelle System importiert wurden. MIME-Objekte dienen der Darstellung grafischer und multimedialer Informationen und werden insbesondere in BSP-Applikationen genutzt.
- **Repository Browser**
  Die Entwicklung mit dem Object Navigator wird generell über so genannte *Pakete* (früher *Entwicklungsklassen*) strukturiert (siehe Abschnitt 2.2.7), die man über den Repository Browser einsehen und von da aus bis auf die einzelnen Entwicklungselemente wie Klassen, Interfaces, Datentypen und Daten hinabsteigen kann.
- **Repository-Infosystem**
  Über das Repository-Infosystem können Entwicklungselemente über das gesamte System, angefangen bei Business-Add-Ins über Customer-Exits bis hin zu Testfällen, gesucht und gesichtet werden.
- **Tag Browser**
  Der Tag Browser gestattet die systemweite Suche und Anzeige von HTML- und WML-Tags für ITS- oder BSP-basierte Webanwendungen. Dies erleichtert den Reuse von Tags in neuen Applikationen.
- **Transport Organizer**
  Der Transport Organizer gibt seine Aufträge im aktuellen System aus und erleichtert deren Freigabe inklusive der darin enthaltenen Aufgaben durch eine komfortable Benutzeroberfläche.

Dreh- und Angelpunkt für den Entwickler ist der Repository Browser, in dem die eigentliche Code- und Oberflächenentwicklung für ABAP-Applikationen stattfindet. Neben der meist menügeführten Erzeugung von Entwicklungselementen ist hier beispielsweise die *Erweiterte Programmprüfung* erwähnenswert, die man per Rechtsklick auf ein beliebiges Programmelement über das Kontextmenü erreicht (in Abbildung 2.31 am Beispiel des Master-Data-Management-Pakets gezeigt). Diese führt Prüfungen aus, die weit über einen normalen Syntax-Check hinausgehen, und hilft bei konsequentem Einsatz, die Qualität des Programmcodes auf einem einheitlich hohen Niveau zu halten.

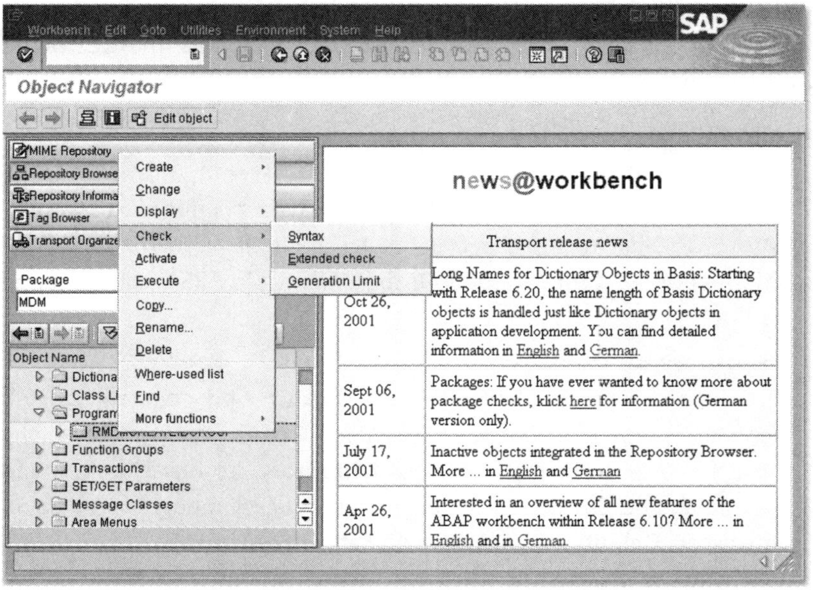

Abbildung 2.31 Erweiterte Programmprüfung

Screen Painter

Applikationen für den Lesezugriff auf Daten (SAP-intern auch *Reports* genannt) werden in vielen Fällen mittels einfach zu bedienender Selection-Screens zur Auswahl und Einschränkung des anzuzeigenden Datenbereichs realisiert, die daraufhin den bereits in Abschnitt 2.2.9 erwähnten *Advanced List Viewer* zur Visualisierung der Daten verwenden. Für den schreibenden Zugriff auf Daten bei Änderungen oder Neuerfassungen werden jedoch meist individuelle Formulare mit Eingabeelementen verschiedenster Art benötigt, um den Vorgang für den Endanwender so einfach wie möglich zu gestalten. Hier kommt der Screen Painter ins Spiel, der nach der Erzeugung eines Entwicklungselements vom Typ Dynpro aktiviert werden kann. Nach Doppelklick auf den Screen lässt sich über die Toolbar in die Layout-Ansicht (Screen Painter) wechseln.

Daraufhin startet der in einem separaten Fenster ausgeführte grafische Editor, über den im Drag-and-Drop-Verfahren Oberflächenelemente angelegt und diese mit Daten aus einer Tabelle bzw. lokalen Daten aus dem Programm verbunden werden können.

Die zugrunde liegende Dynpro-Programmierung zur Versorgung bzw. Entgegennahme von Daten in die und aus der Oberfläche ist für komplexe Formulare recht gewöhnungsbedürftig, da je nach Oberflächenelement ein mehr deklarativer oder komponentenbasierter Programmieransatz zum Einsatz kommt. Dies ist historisch durch die Erweiterung des

Dynpro-Konzepts um moderne Tabellen-, Grafik- und Listen-Controls bedingt (vielleicht erinnern Sie sich an die Enjoy-SAP-Initiative vor einigen Jahren).

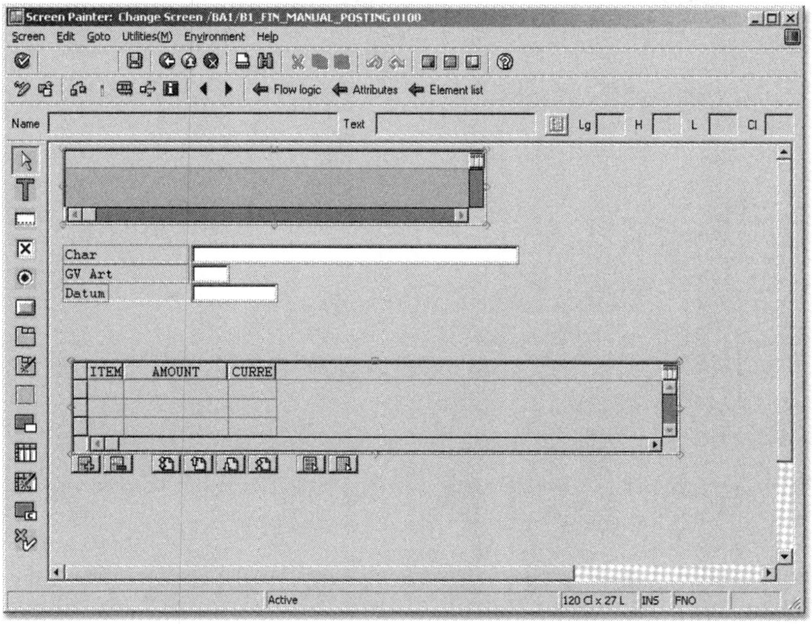

Abbildung 2.32 Der SAP Screen Painter für Dynpros im Einsatz

Workflow Builder

Der Workflow Builder (siehe Abbildung 2.33) ist ein komfortables Werkzeug zur grafisch orientierten Definition von Workflows, die früher vor allem zur Automatisierung unternehmensinterner Geschäftsprozesse mit Personenbeteiligung eingesetzt wurde und heute dank der problemlosen Zusammenarbeit mit modernen Internetstandards mehr und mehr für die unternehmensübergreifende Kommunikation und Abbildung entsprechender Geschäftsprozesse eingesetzt wird, wie beispielsweise bei der Projektzusammenarbeit zwischen Firmen und ihren Lieferanten, bei Bestellverlaufsverfolgungen durch Kunden etc.

Der Webflow Builder wird über die Transaktion SWDD gestartet und gestattet den Zusammenbau von Workflows per Drag-and-Drop. Der SAP Screen Painter kommt hier für die Definition der Formulare zum Einsatz. Natürlich können die Workflows mit eigenen Code-Fragmenten erweitert werden, jedoch ist dies nur in seltenen Fällen tatsächlich notwendig, da der Zugriff auf die in den übrigen SAP-Anwendungen definierten Daten und Strukturen über die Oberfläche zur Verfügung gestellt wird.

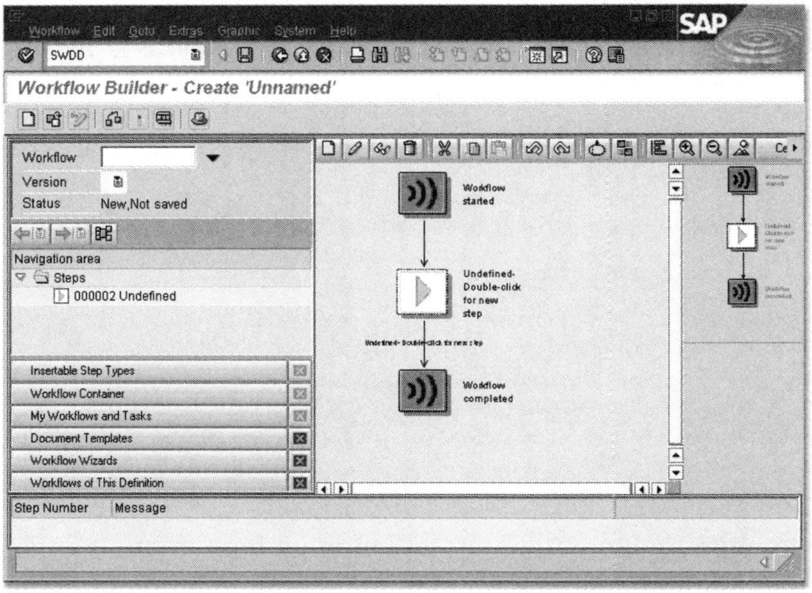

Abbildung 2.33 Der SAP Workflow Builder zur grafischen Definition von Workflows/WebFlows

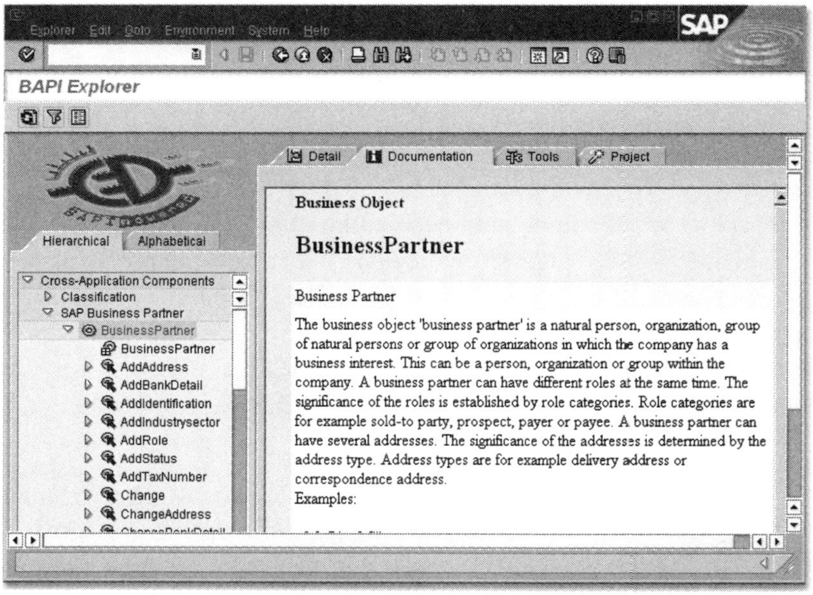

Abbildung 2.34 Der SAP BAPI Explorer

Der BAPI Explorer ermöglicht die hierarchische oder alphabetische Suche nach allen offiziellen Schnittstellenfunktionen des SAP Web Applikation Server und aller darauf installierten SAP-Lösungen. Seit Release 6.20 können diese Funktionen nicht nur über das SAP-eigene RFC-Protokoll (z. B. via DCOM Connector, Java Connector oder Business Connector), sondern auch als Webservice angesprochen werden.

BAPI Explorer

Jedes BAPI wird hierarchisch in ein Thema und schließlich in ein Business Object eingeordnet – einer betriebswirtschaftlichen Entität, in Abbildung 2.34 der Entität »Geschäftspartner«. Zu einem Business Object gibt es oft zahlreiche BAPIs, in unserem Beispiel etwa zum Ablegen neuer Adress-Informationen, zur Rollenverwaltung etc. Neben der exakten Interface-Definition wird jedes BAPI in einer ausführlichen Dokumentation mit Querverweisen beschrieben, die typische Aufrufszenarien beschreiben.

2.5 Programmierung

Wir werden in diesem Kapitel beispielhaft die typische Arbeitsweise zur Entwicklung von in ABAP geschriebenen Anwendungen unter mySAP Technology anhand eines einfachen Reports zur Flugdatenanzeige demonstrieren. Dabei gehen wir bewusst die neuen Wege, die uns die Entwicklungsumgebung Object Navigator im Release 6.20 des SAP Web Application Server bietet. So sollte dieses Kapitel neben den bislang ABAP-fremden Entwicklern auch die ABAP-Profis ansprechen, für die der eine oder andere neue Kniff dabei sein könnte. Im folgenden Hauptkapitel über den SAP Web Application Server geht es dann »zum Ausgleich« um die Entwicklung eines in Java geschriebenen Webservices unter der Eclipse IDE.

Aufgabe

Als Datenbasis für unser Programmierbeispiel wählen wir die Tabelle `SPFLI`, die eine Liste von Flugverbindungen verschiedener Fluggesellschaften enthält und von SAP zu Trainingszwecken mit jeder Installation ausgeliefert wird. Wir erstellen einen einfachen Report, der uns unter Angabe einer Fluggesellschaft und optional des Ortes eines Ablughafens die möglichen Flugverbindungen angibt.

Programm anlegen

Rufen Sie nun vom SAP-Menü aus den Menü **Tools** • **ABAP Workbench** • **Overview** • **Object Navigator** auf oder geben Sie in der Kommandozeile direkt die Transaktion SE80 an. Wählen Sie anschließend aus der Combobox den Typ **Development class** (auf Deutsch **Paket**) aus und geben Sie im **Edit**-Feld direkt darunter das Paket $TMP an, das jedem Entwickler als persönlicher Ablageort für ABAP-Entwicklungen zur Verfügung steht. Die Eingabetaste veranlasst das Laden des Pakets.

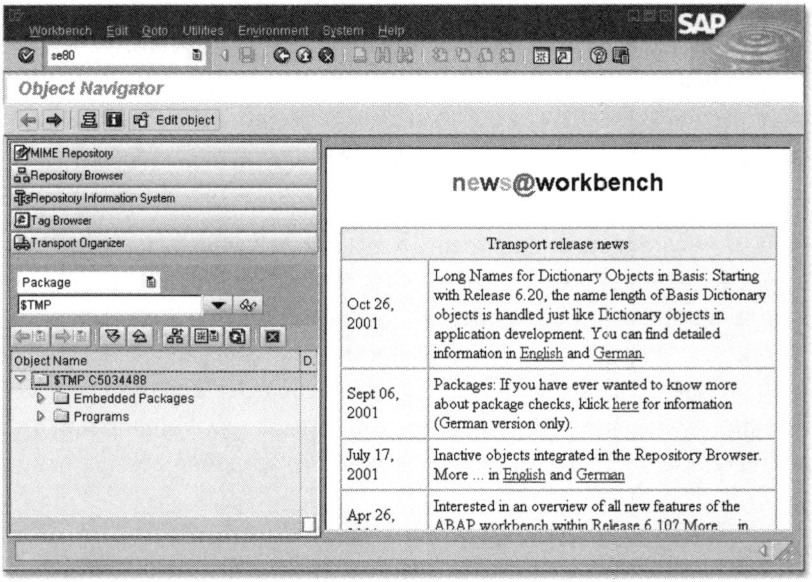

Abbildung 2.35 $TMP-Paket auswählen

Wie Sie sehen, enthält das $TMP-Paket auch Ihren SAP-Benutzernamen. Ein neues Programm – wie auch alle anderen Entwicklungselemente – erzeugen Sie am einfachsten über das Kontextmenü, das durch Rechtsklick auf den Paketnamen sichtbar wird (siehe Abbildung 2.36).

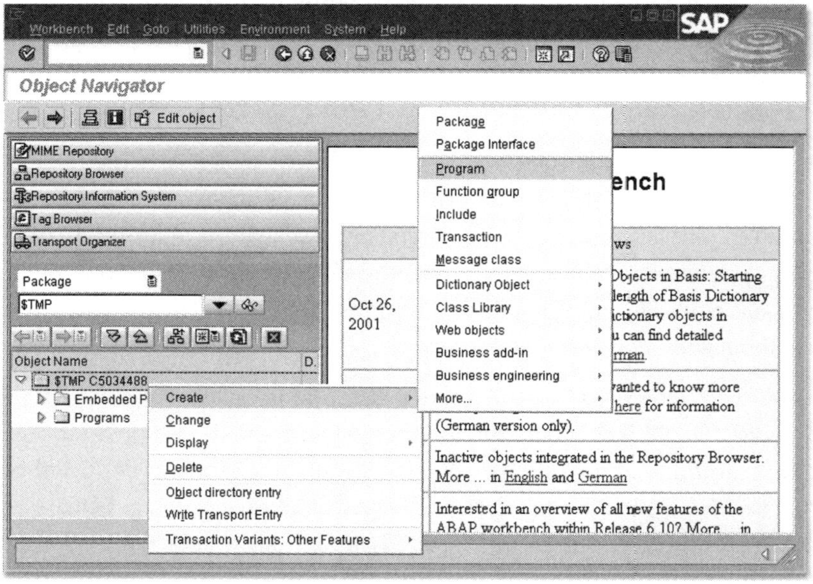

Abbildung 2.36 Kontextmenü zur Erzeugung eines neuen Programms

Anschließend werden Sie aufgefordert, einen Programmnamen anzugeben. Wir wählen in diesem Beispiel den Namen Z_ALV_DISPLAY_TEST.

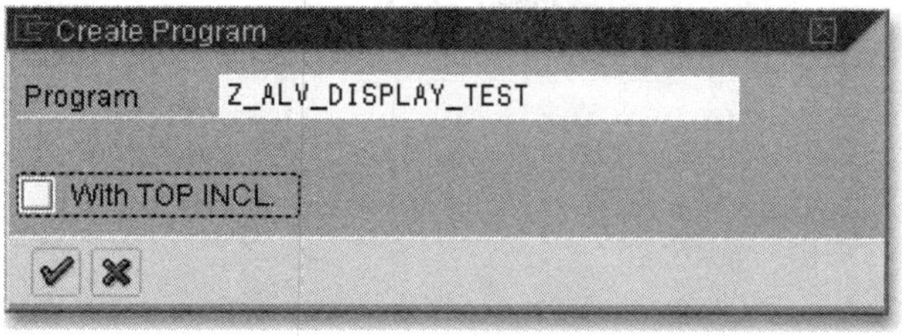

Abbildung 2.37 Programmnamen angeben

Ein Top-Include benötigen wir nicht und so können Sie die entsprechende Checkbox deaktivieren. Als Nächstes werden Sie nach den zu setzenden Programmattributen gefragt, wobei die Default-Einstellungen für unser Beispiel in Ordnung sind und unverändert übernommen werden können. Bestätigen Sie mit dem **Save**-Button.

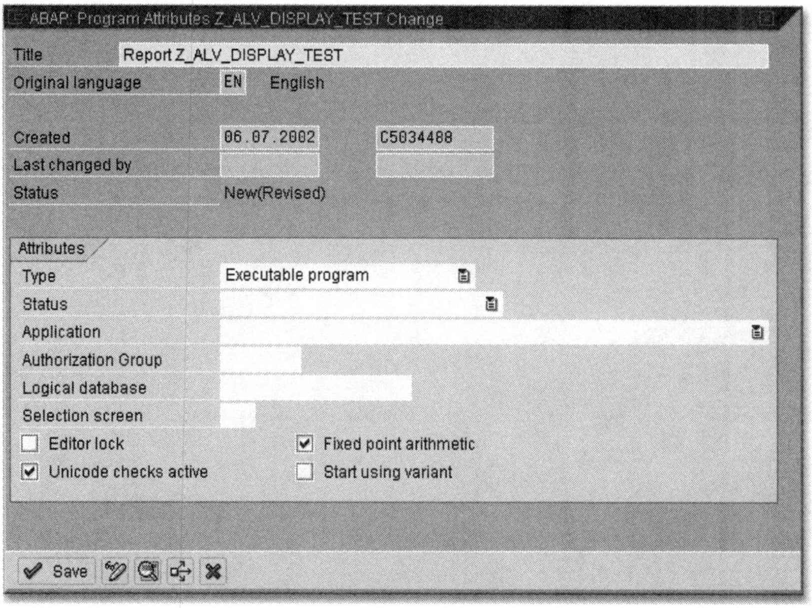

Abbildung 2.38 Programmattribute einstellen

Alle vorbereitenden Schritte sind nun abgeschlossen und der Object Navigator fragt zur Sicherheit, ob Sie den Objekteintrag, also das Programm, tatsächlich im $TMP-Paket speichern wollen.

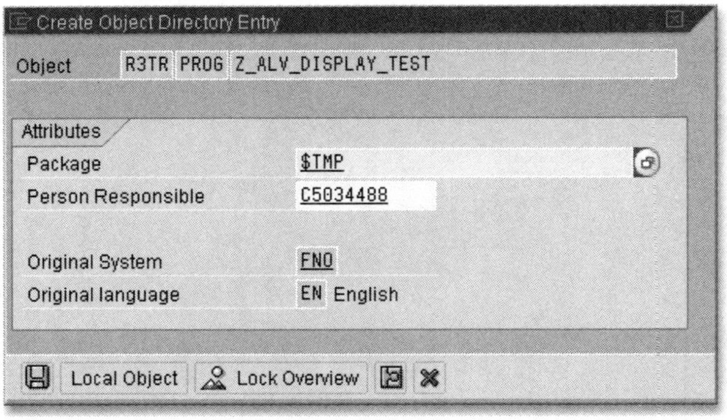

Abbildung 2.39 Sicherheitsabfrage »Programm erzeugen«

Bestätigen Sie nochmals über den **Speichern**-Button links unten; daraufhin wird das Programm angelegt und automatisch in den Editor geladen. Sie können nun über [Strg]+[F1] in den Schreibmodus wechseln und den gewünschten Code eingeben.

Testdaten vorbereiten

Zunächst erzeugen Sie jedoch über die Kommandozeile per Eingabe von `/oSE80` ein weiteres Fenster mit gestartetem Object Navigator.

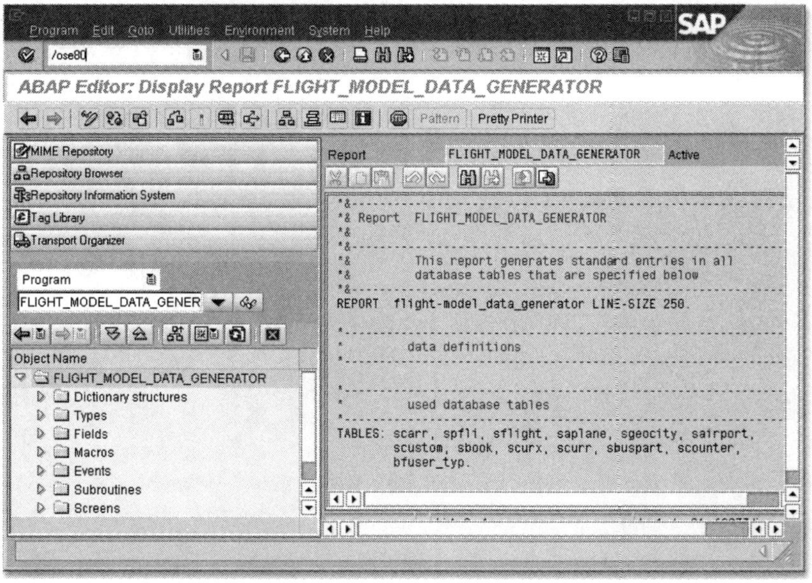

Abbildung 2.40 Testdatenprogramm starten

Wählen Sie anschließend in der Combobox den Typ **Program** aus, geben Sie im Edit-Feld den Namen FLIGHT_MODEL_DATA_GENERATOR an und bestätigen Sie mit der Eingabetaste. Das Programm wird geladen und lässt sich anschließend mit der [F8]-Taste starten. Quittieren Sie die Default-Einstellung des Programms ebenfalls mit [F8] und wählen Sie in der Sicherheitsabfrage **OK**. Das Programm füllt daraufhin die Trainings-Tabellen mit sinnvollen Daten.

Wählen Sie nun den Browser **Repository Information System** und anschließend das Untermenü **ABAP Dictionary** aus, um sich die Metadaten zur Tabelle `SPFLI` einmal anzuschauen.

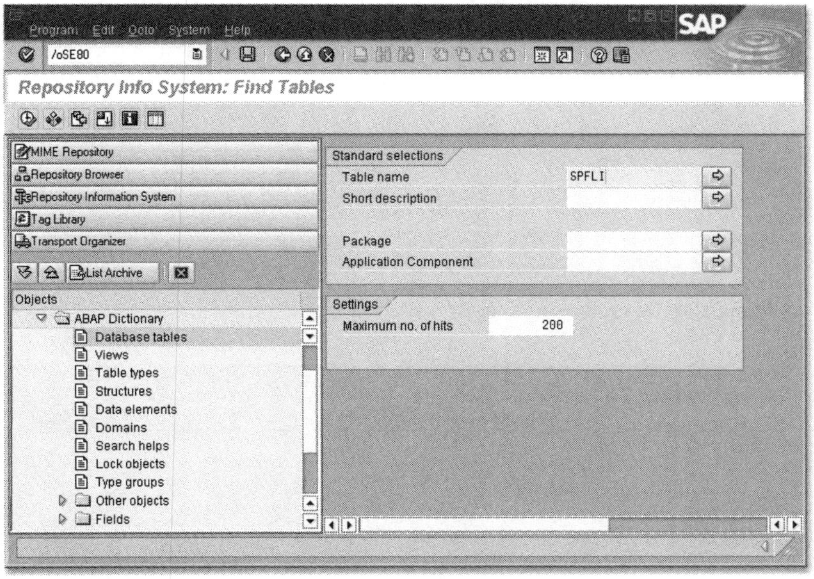

Abbildung 2.41 Repository Information System

Nach Eingabe des Tabellennamens `SPFLI` in das Edit-Feld **Table name** starten Sie mit [F8] den Suchvorgang. Als Ergebnis kommt – wie nicht anders zu erwarten – die eine Tabelle zum Vorschein, die es im System unter diesem Namen gibt.

Durch Doppelklick auf den Tabellennamen gelangen Sie direkt in die Metadaten-Definition der einzelnen Tabellenspalten und können sich so über die Namen und Datentypen der Spalten informieren.

Besonders interessant sind die Spalten, in denen die ID der Fluggesellschaft (`CARRID`) sowie der Ort des Abflughafens (`CITYFROM`) vermerkt werden, denn deren Datentypen (`Data element`) benötigen Sie in Ihrem Programm.

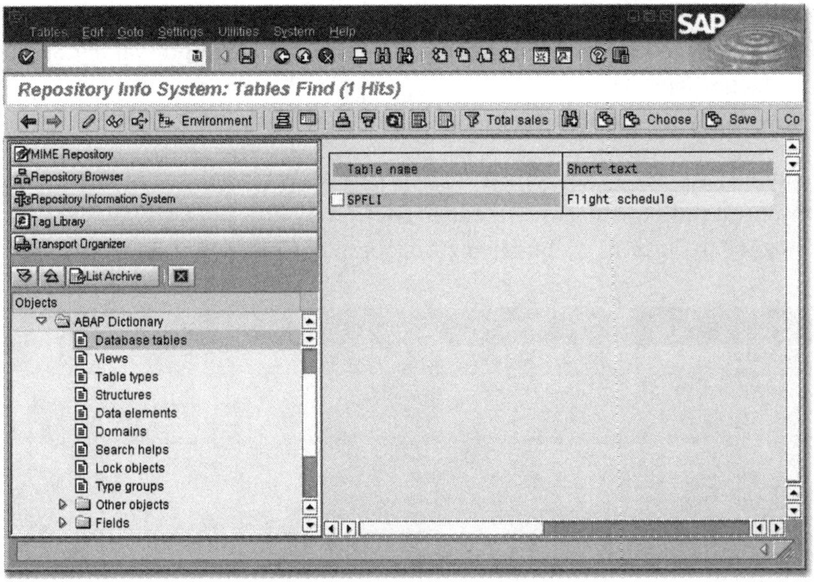

Abbildung 2.42 Repository Information System – Tabelle gefunden

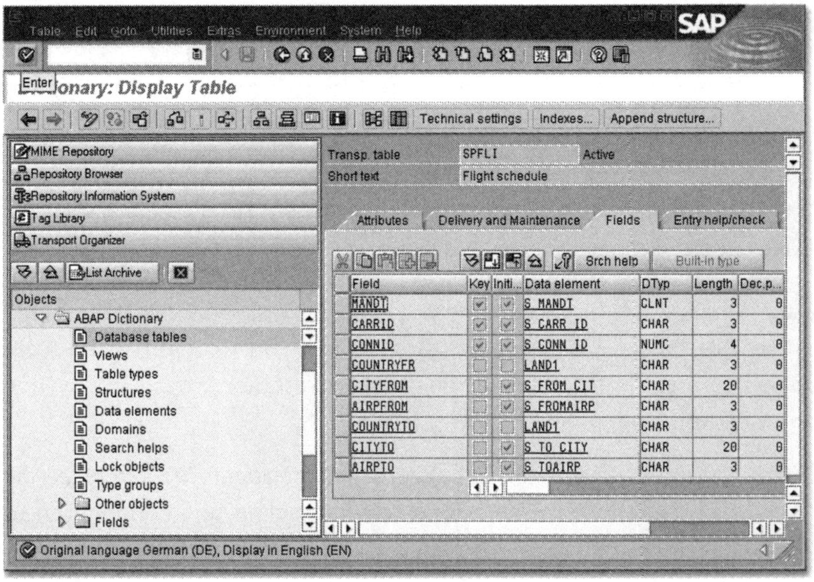

Abbildung 2.43 Repository Information System – Tabelle anzeigen

Selection Screen programmieren

Sie haben nun alle Informationen, um im zuerst geöffneten Fenster den ersten Programmcode einzugeben, nämlich die Definition eines Auswahlbildschirms zur Angabe der Selektionskriterien. Der notwendige Quelltext liest sich wie folgt:

```
REPORT  Z_ALV_DISPLAY_TEST

SELECTION-SCREEN BEGIN OF BLOCK 0 WITH FRAME TITLE text-
001.
PARAMETERS:
  1_CARRID TYPE S_CARR_ID MEMORY ID S_CARR_ID
OBLIGATORY.
SELECTION-SCREEN END OF BLOCK 0.

SELECTION-SCREEN BEGIN OF BLOCK 1 WITH FRAME TITLE text-
002.
PARAMETERS:
  1_CITY TYPE S_FROM_CIT.
SELECTION-SCREEN END OF BLOCK 1.

START-OF-SELECTION.
```

Für Entwickler ohne ABAP-Erfahrung ist dieser Code auf den ersten Blick fremdartig, jedoch gewöhnt man sich aufgrund der nahen Verwandtschaft zu geschriebenem Englisch recht schnell daran. Die Online-Hilfe ist nur eine [F1]-Taste entfernt und über das Hauptmenü **Environment • Examples** sind umfangreiche Beispiele zu den Themen ABAP, Ergonomie, Performance und Controls nicht weit.

Letztlich werden hier zwei Selektionsparameter in getrennten Rahmen (Blocks) auf dem Bildschirm ausgegeben. Nach der Eingabe müssen Sie nur noch die Texte 001 und 002 anlegen, um das Programm zu vervollständigen. Das geht am einfachsten per Doppelklick (SAP nennt das *Vorwärtsnavigation*) auf eine der Ziffern und die daraufhin erscheinende Sicherheitsabfrage quittieren Sie mit **Ja**.

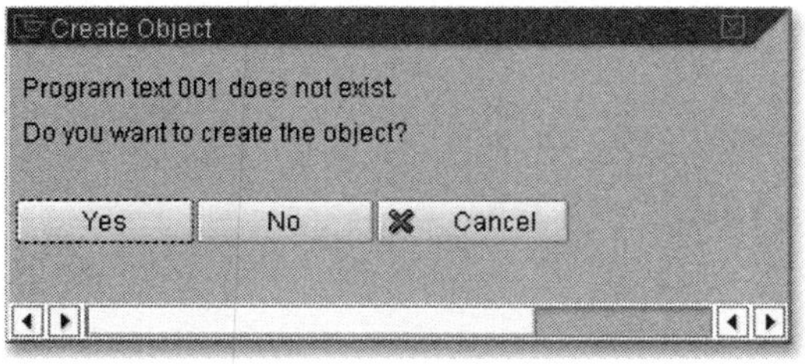

Abbildung 2.44 Sicherheitsabfrage »Text erzeugen«

ABAP-Programmierer verwenden grundsätzlich keine Texte in Programmquelltexten, denn dadurch würde eine spätere Übersetzung in andere Sprachen erschwert. Stattdessen werden Texte, Beschriftungen, Nachrichten etc. in Tabellen abgelegt und es wird im Quelltext durch eingebaute Sprachbefehle darauf verwiesen.

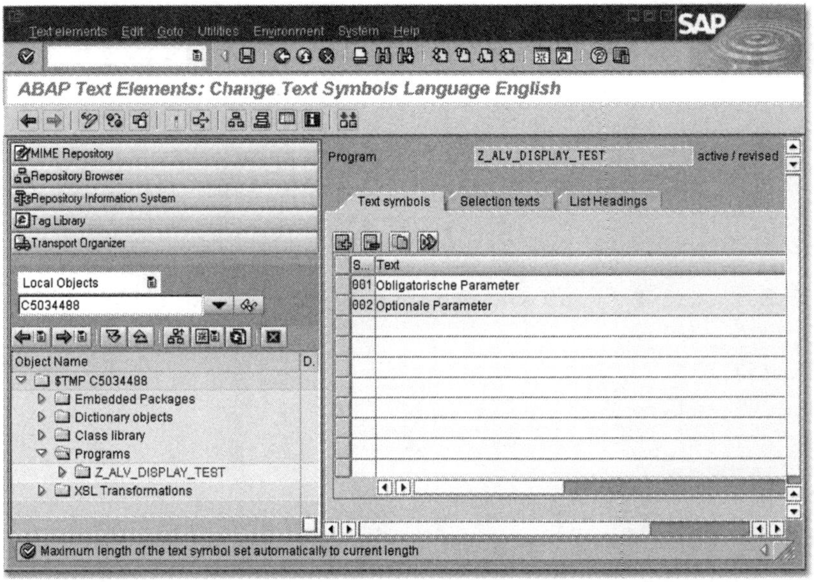

Abbildung 2.45 Programmtexte anlegen

Pflegen Sie nun die beiden Texte ein und sichern Sie die Eingabe durch Anklicken des Disketten-Symbols. Per **Zurück**-Button (entweder der grüne unter dem Hauptmenü oder der blaue im SAP Object Navigator) gelangen Sie zurück zum Quelltext.

Per [Strg]+[F2] prüfen Sie zunächst die syntaktische Fehlerfreiheit. Diejenigen, die sich niemals vertippen, können auch direkt [Strg]+[F3] drücken, um die Kompilierung auszuführen. Ist alles richtig eingegeben worden, kann man das Programm nun per [F8] starten. Es erscheint ein Selection Screen, in dem die berühmte SAP [F4]-Hilfe zur Auswahl einer Fluggesellschaft bereits funktioniert und auch eine Stadt angegeben werden kann. Beim Quittieren der Eingaben mit [F8] passiert jedoch noch nichts; das wird sich jedoch gleich ändern.

Tabellenausgabe programmieren

Nach Auswahl des **Zurück**-Buttons (alternativ [F3]) fügen Sie folgenden Quelltext an:

```
DATA:
  l_table type table of spfli,
  l_dis LIKE disvariant.
if l_city is initial.
   select * into table l_table from spfli where CARRID =
        l_CARRID.
else.
   select * into table l_table from spfli where CARRID =
```

```
        l_CARRID and
   CITYFROM = l_city.
    endif.
    l_dis-report = 'Z_ALV_DISPLAY_TEST'.
```

Hier deklarieren Sie zwei lokale Variablen (`l_table` und `l_dis`), wobei die eine dem Typ der einzulesenden Tabelle entspricht und die andere einen Record vom Typ »disvariant« enthält. Erfahrene ABAP-Entwickler werden an dieser Stelle schon »riechen«, dass später der komfortable Advanced List Viewer zur Ausgabe der Flugverbindungen verwendet wird. Doch zuerst führen Sie in Abhängigkeit vom Inhalt der Variablen `l_city` ein Select-Statement mit oder ohne Spezifizierung der Abflugstadt durch, womit Sie die gewünschten Daten aus der Tabelle einlesen. Anschließend legen Sie noch der Ordnung halber den Namen des Programms im Record unter *Report* ab, denn unter diesem Namen werden später alle Anzeigevarianten durch das Advanced List Viewer abspeichert.

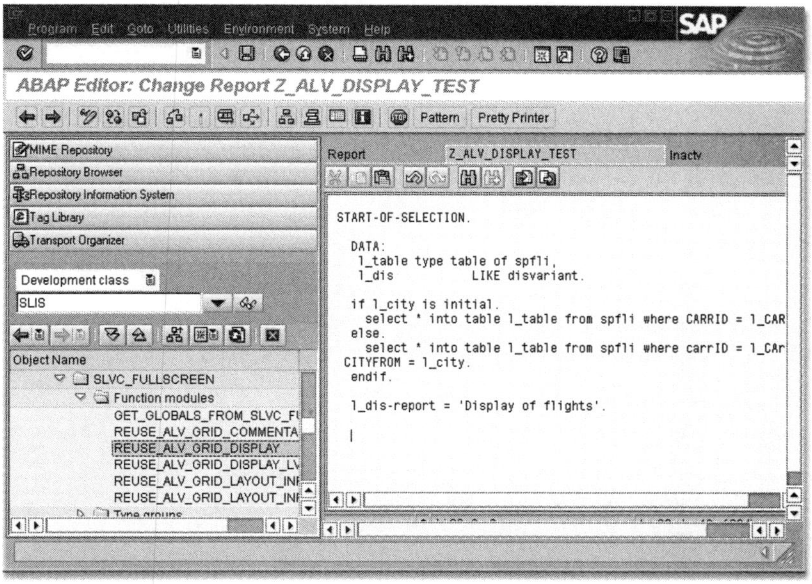

Abbildung 2.46 Drag-and-Drop von Funktionsbausteinen

Um das Drag-and-Drop-Feature des Object Navigator zu demonstrieren, wählen Sie in der Combobox nun wieder den Typ **Development Class** (bzw. Paket), geben als Paketname `SLIS` ein und quittieren mit der Eingabetaste. In der Hierarchiedarstellung wählen Sie daraufhin die Funktion `REUSE_ALV_GRID_DISPLAY` aus der Funktionsgruppe `SLVC_FULLSCREEN` aus. Per Drag-and-Drop ziehen Sie nun die Funktion in den Quelltext unter die letzte beschriebene Zeile.

Dadurch wird automatisch ein komplettes Muster des mit reichlich Übergabeparametern gesegneten Funktionsbausteins angelegt, das Sie lediglich an den notwendigen Stellen abändern.

```
CALL FUNCTION 'REUSE_ALV_GRID_DISPLAY'
   EXPORTING
*     I_INTERFACE_CHECK                 = ' '
*     I_BYPASSING_BUFFER                = ' '
*     I_BUFFER_ACTIVE                   = ' '
*     I_CALLBACK_PROGRAM                = ' '
*     I_CALLBACK_PF_STATUS_SET          = ' '
*     I_CALLBACK_USER_COMMAND           = ' '
*     I_CALLBACK_TOP_OF_PAGE            = ' '
*     I_CALLBACK_HTML_TOP_OF_PAGE       = ' '
*     I_CALLBACK_HTML_END_OF_LIST       = ' '
      i_structure_name                  = 'SPFLI'
*     I_BACKGROUND_ID                   = ' '
*     I_GRID_TITLE                      =
*     I_GRID_SETTINGS                   =
*     IS_LAYOUT                         =
*     IT_FIELDCAT                       =
*     IT_EXCLUDING                      =
*     IT_SPECIAL_GROUPS                 =
*     IT_SORT                           =
*     IT_FILTER                         =
*     IS_SEL_HIDE                       =
*     I_DEFAULT                         = 'X'
      i_save                            = 'A'
      is_variant                        = l_dis
*     IT_EVENTS                         =
*     IT_EVENT_EXIT                     =
*     IS_PRINT                          =
*     IS_REPREP_ID                      =
*     I_SCREEN_START_COLUMN             = 0
*     I_SCREEN_START_LINE               = 0
*     I_SCREEN_END_COLUMN               = 0
*     I_SCREEN_END_LINE                 = 0
*     IT_ALV_GRAPHICS                   =
*     IT_HYPERLINK                      =
*     IT_ADD_FIELDCAT                   =
   IMPORTING
```

```
*     E_EXIT_CAUSED_BY_CALLER              =
*     ES_EXIT_CAUSED_BY_USER               =
    TABLES
      t_outtab                             = l_table
  EXCEPTIONS
    PROGRAM_ERROR                          = 1
    OTHERS                                 = 2.
  IF sy-subrc <> 0.
    RAISE failed.
  ENDIF.
```

Neben dem Tabellennamen SPFLI zum Nachlesen der Metadaten erlaubt die Angabe A das Speichern von Standard- und benutzerspezifischen Ansichten; übergeben Sie den Variantennamen in l_dis und schließlich die zuvor aus der Datenbank eingelesene Tabelle in l_table. Das Programm hat nun alle notwendigen Angaben ausgefüllt und schließt mit einem (ausbaubaren) Fehlerhandling durch Abfrage der fixen Fehler-Variablen sy-subrc. Nach dem Kompilieren, Starten und der Auswahl von LH als Fluggesellschaft zeigt sich der Report nun von der schönsten Seite.

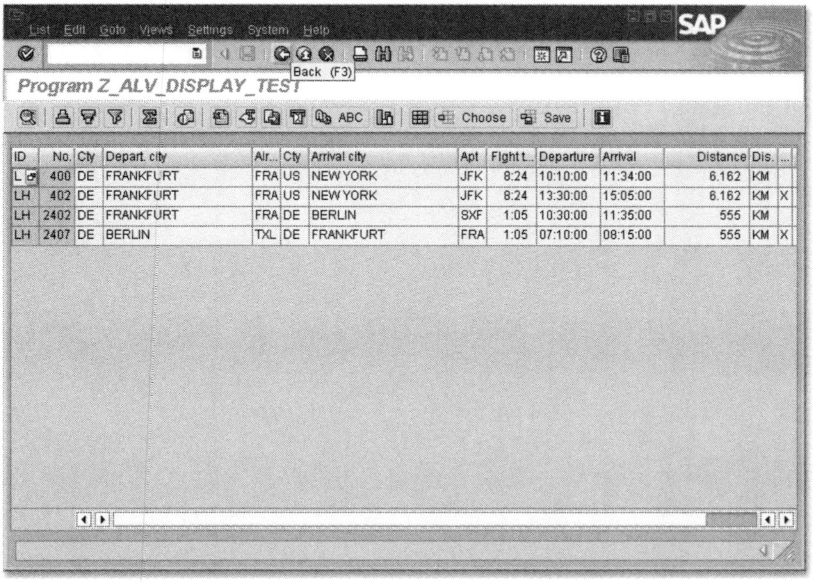

Abbildung 2.47 Der fertige Report zur Anzeige von Flugverbindungen

Probieren Sie ruhig ein bisschen mit dem Control herum. Sie können Spalten ein- und ausblenden, Ansichten speichern und später wieder aufrufen, Sortierungen und Filter ausführen etc. Unter Windows ist sogar Microsoft Excel für die Anzeige auswählbar.

3 mySAP Technology – SAP Web Application Server (Teil 2)

In diesem Kapitel geht es speziell um die umfangreichen Neuerungen im Bereich Internettechnologien, mit denen der SAP Web Application Server ausgestattet ist. Die im vorherigen Kapitel beschriebenen Funktionalitäten wurden in diesem Zusammenhang um neue, wichtige Dienste, Protokolle und die Unterstützung für Datenformate erweitert, die die Erstellung von »Collaborative E-Business Applications« ermöglichen.

3.1 Problemhintergrund

Statische Webseiten

In den Anfangszeiten des Internets bestanden Websites hauptsächlich aus statischen Texten und Bildern. Diese wurden auf einem Server, der per Netzwerk an das Internet angeschlossen war, in Form von Text- und Grafikdateien abgelegt. Ein simples, permanent auf dem Computer ausgeführtes Programm – der Webserver – sorgte dafür, dass auf Anfrage eines Anwenders per Eingabe einer URL in einen Webbrowser jederzeit die gewünschte Datei, d.h. die Webseite, über das Internet zurückgeliefert wurde. Der Webbrowser war für die korrekte Darstellung der Seite und die Kennzeichnung der Hyperlinks zuständig. Der Informationsfluss in die andere Richtung, also vom Webbrowser zum Webserver, war genauso einfach. Auf einer Webseite vorhandene Kontrollelemente, wie z.B. Eingabefelder, konnten vom Anwender mit Text gefüllt werden, über einen **Abschicken**-Button wurde die Information über das Internet zum Webserver übertragen und dort in einer Datei gespeichert. Der Betreiber der Website schaute einfach ab und zu in diese Datei, wenn er die Informationen der Anwender lesen wollte. Das Ganze funktionierte wie ein Buch, Prospekt oder Katalog mit Rückantwortformularen und schneller Auslieferung, stetiger Aktualisierung sowie geringen Kosten für das Unternehmen.

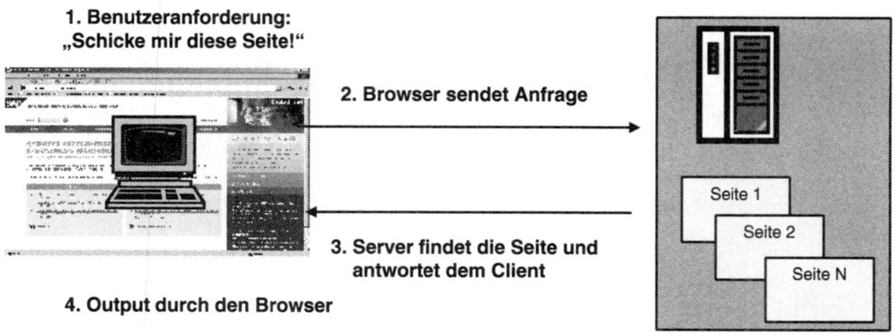

Abbildung 3.1 Bereitstellung von statischen Webseiten

Doch bald schon genügte das nicht mehr. Online-Shopping, Online-Banking und hunderte weiterer Online-Anwendungen per Internet waren in Mode gekommen und statische Seiten versagten hier völlig. Zum Beispiel wollen Kunden ihren Warenkorb aus einem mitunter riesigen Warensortiment selbst zusammenstellen, ihre speziell ausgehandelten Preise angezeigt bekommen oder zu beliebigen Zeitpunkten ihren aktuellen Kontostand bei ihrer Bank erfahren. Weder kann ein Unternehmen alle nur denkbaren Warenkorbzusammensetzungen im Voraus als Webseite erzeugen noch eine Bank stündlich aktualisierte Kontostände als Webseiten für sämtliche Konten bereitstellen – in jedem Fall ist das einfach zu viel. Es musste ein anderer Weg gefunden werden.

Dynamische Webseiten

Stattdessen muss der Anwender in den obigen Beispielen die Möglichkeit zur Eingabe seines Namens bzw. der Kontonummer erhalten und der Server erzeugt daraufhin eine Warenliste oder Kontoübersicht und liefert sie an den Webbrowser zurück. Trotz dieser intern geänderten Verfahrensweise sollten sich dynamische Webseiten nach außen hin weiter so »anfühlen«, wie es der Anwender von statischen Webseiten gewohnt ist.

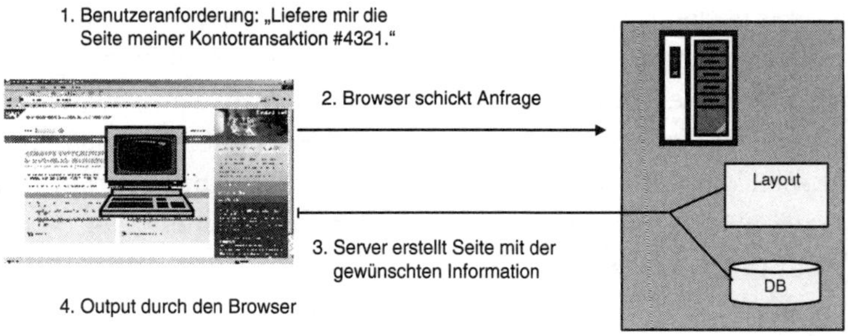

Abbildung 3.2 Bereitstellung von dynamischen Webseiten

Die dynamische Webseitengenerierung erhöht die Flexibilität der Informationsdarstellung enorm und vollzieht den Übergang von einer reinen Internetinformationsdarstellung zur Internetapplikation, bringt jedoch auch eine ganze Reihe neuer Anforderungen mit sich, um wirtschaftlich sinnvoll und von Entwicklern effizient realisiert werden zu können:

1. Die Programmlogik hinter den dynamischen Webseiten muss mit Mitteln implementiert werden können, die die Entwickler im Unternehmen kennen und die nahtlos mit der unternehmensinternen Applikationslandschaft zusammenarbeiten.

2. Der Empfang von Benutzereingaben in der Programmlogik muss vorgefertigt und einfach sein, genauso wie der Versand generierter dynamischer Webseiten zum Webbrowser.
3. Bei Informationen, die nicht für die Öffentlichkeit bestimmt sind, müssen Sicherheits- und Datenschutzmechanismen sicherstellen, dass nur autorisierte Anwender darauf zugreifen können und auch nur Dinge tun können, die ihnen erlaubt wurden.
4. Beliebig viele Anwender können gleichzeitig auf eine Website zugreifen und frei navigieren. Sie alle erwarten, dass die Anwendung sich Dinge merkt, die sie ein paar Minuten zuvor mitgeteilt haben, auch wenn sie zwischendurch auf einer anderen Website waren.
5. Wie in Geschäftsapplikationen üblich, sollten die Eingabeelemente auf den entwickelten Benutzeroberflächen Fehleingaben nicht zulassen, einheitliche Eingabehilfen anbieten sowie auf die Sprache und damit zusammenhängenden Eingabeformate des Anwenders Rücksicht nehmen.
6. Um Anwendern wie auch Anwendungen die Nutzung der Webapplikationen, ihrer Daten und Funktionen zu ermöglichen, muss der neue Webservice-Standard mit allen zugrunde liegenden Protokollen und Datenformaten unterstützt werden.

Zu Punkt 1: Integration in den Web Application Server

Wenn ein Anwender über seinen Webbrowser mittels Eingabe einer URL oder Anwahl eines Hyperlinks eine dynamische Webseite anfragt, holt der Webserver die Webseite nicht einfach als Datei von der Festplatte, denn die Webseite existiert vor der Anfrage überhaupt nicht. Stattdessen sucht er die Applikation und darin die Programmlogik aus, die die Webseite erzeugt. Im Beispiel des Online-Shops muss wahrscheinlich das Customer Relationship Management des Unternehmens befragt werden, um die korrekten Preise für den Anwender zu ermitteln. Im Beispiel des Online-Banking ist es hingegen das Customer Account Management. Die Programmlogik muss im besten Fall Anfrage und Ergebnis einfach durchleiten bzw. die Ausgabe optisch ansprechend und internettauglich aufbereiten. Bei komplizierten Aufgaben hingegen, zu denen es keine vorgefertigten Bausteine gibt, wird mithilfe einer Programmiersprache und Entwicklungsumgebung die Programmlogik eigens entwickelt. Es muss also eine Möglichkeit geschaffen werden, um einerseits hinterlegte Programmlogik in einer Applikation mit einer Anfrage an eine Webseite zu verknüpfen und andererseits diese Programmlogik effizient mit den vorhandenen Unternehmenslösungen zusammenarbeiten zu lassen.

Der SAP Web Application Server wurde in der Version 6.10 um einen Webserver zur dynamischen Webseitengenerierung erweitert. Besondere Schnittstellen werden nicht benötigt, die SAP-eigene Programmiersprache ABAP Objects und Java sowie die komplette Funktionalität und der Datenbestand aller installierten SAP-Lösungen stehen wie gewohnt zur Verfügung.

Zu Punkt 2: Automatisches Mapping zwischen HTML-Formularen und Programm

Die häufigste Art der Datenübermittlung vom Anwender zu einer Internetanwendung besteht im Ausfüllen und Abschicken von Formularen einer Webseite. Zunächst landen die Formulardaten beim Webserver und der Weitertransport vom Webserver hin zur Applikation und dort in die Variablen der entsprechenden Programmlogik ist eine ständig wiederkehrende und aufwändige Aufgabe. Umgekehrt sind natürlich ebenso häufig Inhalte von Variablen – die eigentlichen Anwendungsdaten – durch eine Webseite auszugeben. Hinzu kommt, dass Entwickler es längst gewohnt sind, komfortabel mit den verschiedenen Eingabefeldtypen wie Textfeldern, Ankreuzfeldern und Auswahlfeldern in einer grafischen Oberfläche zu arbeiten, ohne sich um die Details wie das Einsetzen von Formular-Code oder das Schreiben von HTML-Tags zu kümmern. Auch dieses Design von Benutzeroberflächen setzt sich also aus ständig wiederkehrenden Aufgaben zusammen. Die beschriebenen Vorgänge sind demnach bestens geeignet, um in standardisierter Form, weitgehend automatisch und auf einem hohen Abstraktionsniveau realisiert zu werden – all das möglichst ohne den historisch gewachsenen und langsamen Umweg über Dateien.

Der SAP Web Application Server verfügt über weitgehende Automatismen zum Transport von Daten zwischen Formularen und Programmlogik sowie Programmlogik und Webseiten. Marktübliche Webeditoren mit komfortabler Benutzeroberfläche für das Design von Webseiten können über das standardisierte WebDAV-Protokoll angeschlossen werden. Die neue Web-Dynpro-Oberflächentechnologie bringt darüber hinaus eine komfortable grafische Entwicklungsumgebung für das Erstellen hochmoderner, interaktiver Webbenutzeroberflächen mit.

Zu Punkt 3: Integrierte Sicherheits- und Datenschutzdienste

Nicht öffentliche Daten und Befehle müssen über zwei wesentliche Mechanismen geschützt werden: Zum einen die Authentifizierung, d.h. eine eindeutige Identifikation des Anwenders, und zum anderen die Berechtigungsprüfung, d.h. die Überprüfung jedes Befehls eines Anwenders im Hinblick darauf, ob er diesen überhaupt ausführen darf. Von diesen beiden Mechanismen lässt sich nur der erste per Konfiguration automatisieren, denn der zweite hängt von der jeweiligen Applikation ab und kann nicht einheitlich vorgefertigt werden. Lediglich Hilfsroutinen und ein leistungsfähiges Berechtigungskonzept können hier die Arbeit erleichtern und die Überprüfung zur Laufzeit übernehmen. Schließlich kommt noch die sichere Übertragung zwischen Webbrowser und Applikation hinzu, die über symmetrische oder asymmetrische Verschlüsselung aller Daten sichergestellt wird. Zusammengenommen handelt es sich um den schwierigsten, aufwändigsten und damit kostspieligsten Bereich einer Online-Applikation, denn der zu entwickelnde Programmcode ist komplex, geradezu eine Wissenschaft für sich, und muss in vielen Fällen höchsten Anforderungen an die Sicherheit und Zuverlässigkeit genügen.

Der SAP Web Application Server übernimmt mittels geeigneter Login-Abfragen automatisch die Identifikation des Benutzers, er bietet ein leistungsfähiges Berechtigungskonzept (dasjenige, das auch bei allen mySAP.com-Lösungen zum Einsatz kommt) und unterstützt sowohl symmetrische als auch moderne asymmetrische Verschlüsselungsverfahren.

Zu Punkt 4: Automatische Verwaltung von Benutzersitzungen

Anwender sind die freie Navigation innerhalb und zwischen Webseiten gewohnt. Sie benutzen die **Zurück**- und **Vor**-Buttons sowie die History-Funktion des Webbrowsers, um beliebig zwischen den Seiten hin- und herzuspringen. Legt ein Anwender beispielsweise in einem Online-Shop einen Artikel in den Warenkorb, geht er davon aus, dass sich die Applikation den Artikel mindestens die nächsten zehn Minuten merkt, auch wenn er zwischendurch eine andere Website (z.B. zum Vergleich der Preise) besucht. Es ist die Aufgabe der Applikation, sich um diese Details zu kümmern. Idealerweise sollte sie auch in einer Umgebung mit vielen Servern und damit ausfallsicher funktionieren. Dies alles wird besonders aufwändig, wenn man gleichzeitig eine Verschlüsselung wünscht, die ja eigentlich auf einer vertrauenswürdigen Verbindung zwischen einem (bestimmten) Webserver und einem Webbrowser beruht.

Der SAP Web Application Server bietet eine leistungsfähige und automatisierte Sitzungsverwaltung, lässt sich dabei den jeweiligen Sicherheitsanforderungen und Hardwarevoraussetzungen anpassen und erleichtert so das Erstellen des Logikflusses einer Applikation.

Zu Punkt 5: Strikte Konsistenz von Eingaben

Nichts stört den Ablauf von Geschäftsprozessen so sehr wie inkonsistente Daten. Ein Datum, das im deutschen statt im von der Applikation erwarteten englischen Format angegeben wurde, eine gerade von einem Mitarbeiter gelöschte, aber im laufenden Geschäftsprozess benutzte Kundennummer oder ein wegen fehlender Online-Hilfe falsch ausgewähltes Buchhaltungskonto – für die EDV-unterstützten Prozesse eines Unternehmens bedeutet dies die Aushebelung der Effizienz und dafür eine permanente Aus- oder gar Überlastung der IT-Administration. Ob des großen Aufwands für die Entwicklung wird dieses Problem jedoch gerne vernachlässigt. Deshalb sind die Unterstützung vieler Sprachen und Eingabeformate, die strikte Konsistenzprüfung der Eingabedaten sowie durchgängige und einheitliche Eingabehilfen für Unternehmensapplikationen so wichtig.

Der SAP Web Application Server bietet ab dem Release 6.30 eine eigene grafische Entwicklungsumgebung für so genannte Web-Dynpro-Oberflächen. Das sind Webseiten, die sich weitgehend automatisch an die Fähigkeiten verschiedener Webbrowser und Mobilgeräte sowie Landessprachen und -formate anpassen. Es handelt sich um eine Technologie, die die von allen bisherigen SAP-Lösungen gewohnte Unterstützung vieler Sprachen und deren lokaler Eingabeformate, die zuverlässige automatische Gegenprüfung aller Eingaben sowie die allgegenwärtige Eingabeunterstützung mit Auswahlhilfen auf reinrassige Webapplikationen und die dortigen Benutzeroberflächen überträgt – dies alles automatisch und ohne besonderes Zutun des Entwicklers.

Zu Punkt 6: Webservice-Unterstützung

Stellen Sie sich vor, es gibt einen neuen, wichtigen Internetstandard und alle machen mit. Dieses glückliche Szenario trifft auf die Webservices zu, deren zugrunde liegenden Protokolle wie SOAP, WSDL, UDDI und das Datenformat XML von allen großen Softwareherstellern mitgetragen werden. Dabei geht es um nichts Geringeres als eine einheitlich geregelte Zugriffsmöglichkeit auf Funktionen, Informationen und Layout sowohl für Mensch als auch Maschine. Dazu ein Beispiel: Jeder Anwender kennt die wichtigen Börsenindizes Dow Jones, DAX oder Nikkei und weiß, wo er auf der Website seiner Hausbank hinsurfen muss, um deren aktuellen Wert zu erfahren. Auf der Webseite angekommen, braucht er sie nur noch abzulesen – das kann jeder. Nun, Menschen vielleicht, Maschinen (genauer Software) tun sich damit äußerst schwer. Einem Menschen macht es kaum etwas aus, wenn seine Bank die Website umstrukturiert und die Börsenindizes nun auf einer anderen Seite zu finden sind. Auch Änderungen des Layouts werden meist positiv aufgenommen. Für eine Software ist das ein Horror, denn erstens kann sie die richtige Webseite nach aktuellem Stand der Softwaretechnik nur schwer selbständig finden und zweitens ist das programmatische Herausfischen der eigentlichen Daten aus einer schönen, aber mit komplexem Layout versehenen HTML-Seite alles andere als trivial. Wie schön wäre es, wenn Funktionen, Informationen und Layout vollständig getrennt wären und die Funktionen in einem zentralen Verzeichnis registriert und beschrieben wären. Genau das ist in den Webservice-Standards geregelt. Während Menschen die Website der Bank wie gewohnt nutzen und nicht merken werden, dass die Informationen von einem Webservice angeliefert und erst kurz vor der Darstellung im Webbrowser mit dem Layout zu einer HTML-Seite vereint werden, können Applikationen den Webservice direkt aufrufen und die empfangenen Informationen weiterverarbeiten.

Der SAP Web Application Server bietet eine vollständige Unterstützung für die Nutzung fremder und die Bereitstellung eigener Webservices an. Ein XML-Parser sorgt für eine reibungslose Weiterverarbeitung der Informationen in eigenen Programmen. Alle für den Remote-Zugriff vorgesehenen Funktionen können darüber hinaus auch als Webservices angesprochen werden.

3.2 Lösungsarchitektur

Im Juli 2001 stellte SAP eine Neuentwicklung vor, die seitdem auf den SAP-Entwicklermessen und -Kongressen regelmäßig bis zu einem Drittel der Info-Sessions und Workshops für sich beansprucht: Der Internet Communication Manager (ICMan) und alle damit zusammenhängenden Themen wie Webservices und Web Dynpro. Der ICMan implementiert die wesentlichen Internetübertragungsprotokolle, nämlich HTTP und HTTPS für die unverschlüsselte bzw. verschlüsselte Übertragung von Dateien sowie SMTP für das Versenden von E-Mails und macht sie allen anderen Komponenten in der Java- und ABAP Personality zugänglich.

Business Server Pages

Angereichert wird das Ganze ab Release 6.10 mit einer Reihe von in ABAP Objects programmierten Frameworks, die die Verarbeitung speziell von HTML (für webbasierte Benutzeroberflächen) und XML (für Webservices) für Entwickler vereinfachen sollen. Die Erstellung ganzer Webapplikationen wird seitdem mittels einer neuen Technik erleichtert, den so genannten *Business Server Pages* (BSP). Wer die Erstellung von Webapplikationen aus Entwicklungssystemen wie Microsoft Visual Interdev, Microsoft Visual Studio .NET oder Borland Delphi auf Basis der bekannten Microsoft Active Server Pages (ASP) kennt, wird große Ähnlichkeiten erkennen. Genau das war eines der primären Entwicklungsziele: Die Erstellung von Webapplikationen zu ermöglichen auf eine Art, die sich einerseits eng an die Vorgehensweise anderer moderner Entwicklungswerkzeuge anlehnt und andererseits die Infrastruktur und Möglichkeiten eines SAP-Systems und seiner Programmiersprache ABAP Objects ohne weiteres nutzbar macht. Mit etwas Programmieraufwand ist sogar der Aufruf von Webservices aus ABAP-Programmen heraus möglich und einzelne ABAP-Funktionen können von außerhalb als Webservices aufgerufen werden

Dynpro-Abschied auf Raten

Die Benutzeroberfläche wird bei Business Server Pages wie auch bei der darauf aufbauenden Web-Dynpro-Technologie anders als bei bisherigen SAP-Applikationen nicht auf altbekanntem Weg (SAP Screen Painter, Dynpro-Programmierung) entwickelt und an ein SAP GUI zur Aufbereitung der Benutzeroberfläche weitergereicht, sondern in einem internen Text-Editor im HTML-Format erzeugt und im SAP-System abgelegt. Über ABAP-Programmierbefehle wird dieses HTML mit dynamischen Anwendungsdaten angereichert und als Zeichenstrom direkt über das HTTPS-Protokoll an den Webbrowser des Anwenders geschickt. Für erfahrene SAP-Entwickler ist das schon eine Revolution größeren Ausmaßes – denn das Dynpro-Konzept zur Erstellung von Anwendungsoberflächen wird damit vollständig ausgehebelt und umgangen. Andersherum werden vom Anwender ausgefüllte und abgeschickte HTML-Formulardaten automatisch auf Variablen innerhalb von ABAP Objects gemappt, so dass der Entwickler wesentlich einfacher als beim Dynpro-Konzept damit weiterarbeiten kann.

WAP und andere Standards

SAP weist gerne und oft darauf hin, dass sich mit dem Web Application Server neben HTML- und XML auch andere Klartext-Dokumente verarbeiten und verschicken lassen. Für die Generierung von WML-Seiten für WAP-fähige Geräte (z. B. Mobiltelefone) kann man den internen Text-Editor wie gehabt zum Entwurf verwenden; die Komprimierung der WML-Dokumente sowie die Kommunikation mit dem WAP-Browser erfolgen dann über ein handelsübliches HTTP/WAP-Gateway (z. B. von Nokia). In der Praxis wird die Erstellung umfangreicherer Seiten, die für eine breite Öffentlichkeit bestimmt sind, allerdings eher von Design-Profis erledigt. Um den Bedürfnissen dieser Zielgruppe gerecht zu werden, unterstützt der Web Application Server auch das standardisierte WebDAV-Protokoll zur Anbindung externer Webeditoren, wie beispielsweise Adobe GoLive oder Microsoft Frontpage.

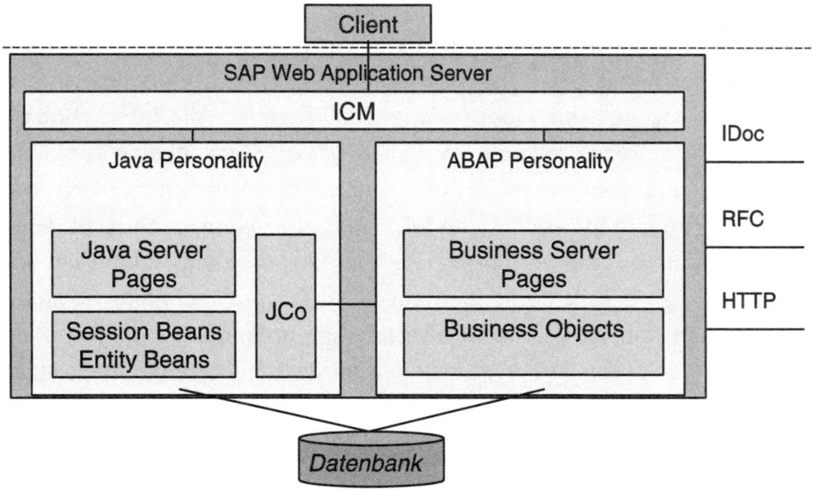

Abbildung 3.3 Grobarchitektur des Web Application Server Release 6.10

Webservices mittels SOAP-Framework

Ab Release 6.20 erleichtert das SOAP-Framework für Java und ABAP den Aufruf von Webservice-Funktionen und verpackt die gesamte Low-Level-Kommunikation des zugrunde liegenden Simple Object Access Protocols (SOAP) in handliche Methoden. Andersherum können alle selbst erstellten Funktionen nun ebenfalls plattformununabhängig und von beliebigen Systemen aus als Webservice aufgerufen werden.

Endziel Web Dynpro

Zweifellos wichtigste Neuerung zu Release 6.30 ist die SAP-eigene Web-Dynpro-Technologie samt grafisch orientierter Entwicklungsumgebung, die sowohl für ABAP, Java und sogar Microsoft .NET zur Verfügung steht. Technisch gesehen handelt es sich um zwei Frameworks: Das eine läuft im Webbrowser ab, ist in JavaScript geschrieben, verwendet Cascading Style Sheets sowie HTML-Vorlagen und stellt die von modernen Benutzeroberflächen gewohnte Interaktivität für webbasierte Anwendungen auf unterschiedlichen Endgeräten (Desktop, PDA, Mobiltelefon) zur Verfügung. Das andere läuft auf dem Web Application Server ab, ist für die Java Personality als Java Servlet und für die ABAP Personality auf Basis der Business Server Pages implementiert und bietet für beide Personalities ein komfortables, objektorientiertes Framework zum Zugriff auf alle Oberflächenelemente und ihre Eigenschaften an. Eine eigene Entwicklungsumgebung unterstützt zudem die komfortable, grafisch orientierte Komposition von Oberflächenelementen zu einer kompletten Weboberfläche. Ein Vorteil dieser Trennung zwischen Client- und Server-Framework liegt in der Flexibilität, mit der auf die Fähigkeiten verschiedener Internetendgeräte und der darauf laufenden Webbrowser eingegangen werden kann, so dass dem Anwender stets ein optimaler Bedienkomfort geboten wird.

Der Entwickler hingegen muss sich bis auf die Anzahl und Anordnung von Ein- und Ausgabeelementen um die unterschiedlichen Fähigkeiten der Webbrowser keine Gedanken machen. Doch Web Dynpro kann noch mehr, denn es stellt die Überprüfung aller Eingaben, die Internationalisierbarkeit der Texte sowie die Verfügbarkeit von Eingabehilfen auf ähnliche Weise und ohne weiteres Zutun des Entwicklers sicher, wie es das SAP-Dynpro-Konzept (siehe Kapitel 2.2) seit langem beherrscht. Eine halbautomatische Konvertierung herkömmlicher Dynpro-Oberflächen aus der ABAP Personality in die neue Web-Dynpro-Technologie rundet das Paket ab und erleichern die Umstellung vorhandener Applikationen für Entwickler. Speziell für Windows-Entwickler stellt SAP darüber hinaus eine .NET-Version des serverseitigen Framework in Aussicht, die insbesondere für die einfache Integration von .NET-basierten Anwendungen in das SAP Enterprise Portal interessant ist.

Kompatibilität Schließlich beinhaltet der Web Application Server in dieser Version aus Kompatibilitätsgründen alle Dienste, die vormals unter der Bezeichnung »Internet Transaction Server« firmierten und neben der Erstellung von Internetapplikationen die Darstellung und Bedienung herkömmlicher SAP-Oberflächen über eine Website ermöglichten. Die Standalone-Version des Internet Transaction Server wird für ältere Installationen weiterhin zur Verfügung stehen.

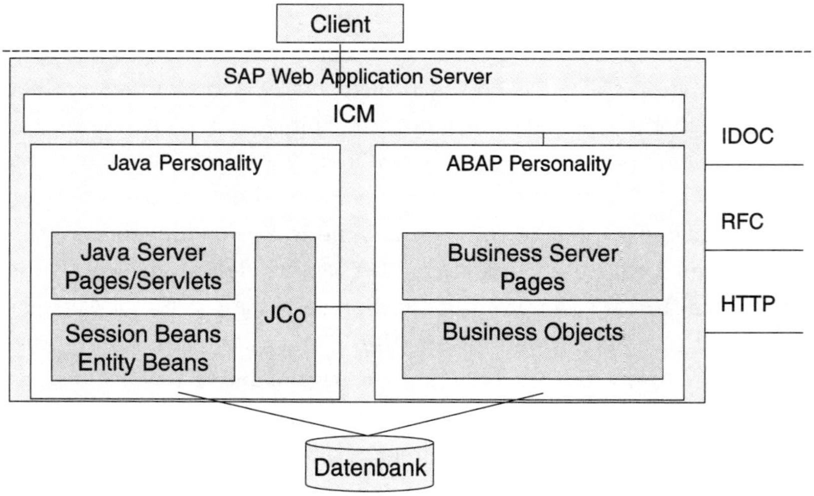

Abbildung 3.4 Grobarchitektur des Web Application Server Release 6.30

Fazit Zählt man alle oben genannten Funktionalitäten zusammen, wird klar, wie ernst es SAP mit der Positionierung als Technologie- und Integrationsanbieter meint. Egal, mit welchen und welchen modernen Internetstandards man arbeiten möchte, der SAP Web Application Server stellt sie bzw. die entsprechenden Schnittstellen zu Verfügung – auf Basis von Java gleichermaßen wie in ABAP. Ein SAP-Kunde wird sich in Zukunft zweimal überlegen, ob er seine Software tatsächlich auf unterschiedlichen Application-Servern mehrerer Hersteller einsetzen möchte oder alles auf einem System mit einheitlicher, zentraler Wartung.

Schauen wir uns nun die diesbezügliche Lösungsarchitektur des Web Application Server im Detail an.

3.2.1 Internet Communication Manager

Technisch gesehen ist der mit Release 6.10 eingeführte Internet Communication Manager (ICMan) aus Sicht einer ABAP- oder Java-Anwendung zunächst eine Verschalung des TCP/IP-Protokolk-Stacks, wie ihn jedes moderne Betriebssystem heutzutage mitbringt, gleich, ob für PDAs, Handhelds, Desktops oder Großrechner. Ein TCP/IP-Protokoll-Stack bietet Funktionen für die Kommunikation mit anderen Rechnern über das bekannte TCP/IP-Netzwerkprotokoll, das sich als gemeinsame Basis für alle Internetprotokolle durchgesetzt hat. Die erste Aufgabe des ICMan ist es, diese TCP/IP-Grundfunktionen einem SAP-System zur Verfügung zu stellen.

Der ICMan kann jedoch mehr: Er bildet gleichzeitig einen Rahmen für alle weiteren Internetprotokolle, die von SAP bereits implementiert wurden und in Zukunft implementiert werden. Jedes Internetprotokoll wird dabei in Form eines Plug-in realisiert, das auf Befehl des Administrators im laufenden Betrieb geladen und wieder entfernt werden kann. Aktuell existieren Plug-ins für HTTP, SMTP und FastCGI. Damit wird der Internet Communication Manager zu einem Webserver, der jedoch – wie wir gleich sehen werden – mit einem speziellen Funktionsumfang für die Zusammenarbeit mit Java- oder ABAP-Programmen ausgelegt ist.

Jedes Plug-in wird einem oder mehreren der insgesamt 65535 möglichen TCP/IP-Ports (Nummer im Header des Datenpakets) zugeordnet, wobei sich die Zuordnungen nicht überschneiden dürfen. So kann beispielsweise das HTTP-Plug-in auf TCP/IP-Pakete »hören«, die mit der Port-Nummer 80 eintreffen, und das SMTP-Plug-in auf diejenigen mit einer Port-Nummer 23. Umgekehrt werden HTTP-Pakete in diesem Beispiel stets unter Angabe der Port-Nummer 80 verschickt und SMTP-Pakete mit der Portnummer 23.

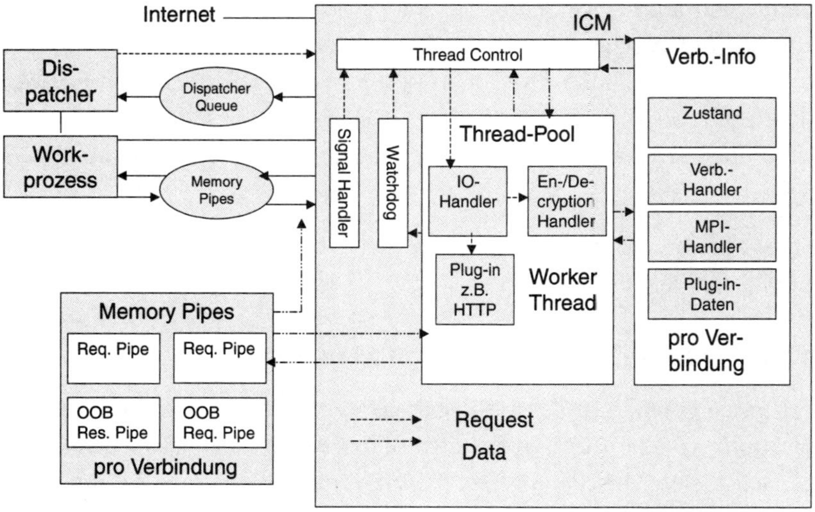

Abbildung 3.5 Die Einbettung des Internet Communication Manager in das Gesamtsystem

Abbildung 3.5 zeigt den ICMan und die umgebenden Teile des SAP-Systems. Gut zu erkennen ist die direkte Verbindung des ICMan zum Dispatcher und zur ABAP Personality, die bereits im Kapitel über das SAP-System erläutert wurden, sowie zur Java Personality, die weiter oben (Abschnitt 2.2.2) detailliert beschrieben wurde. Der ICMan kann als Server oder Client für externe Kommunikationspartner auftreten. Er agiert als ein Server, wenn eine Applikation, z. B. ein Webbrowser, eine Kommunikation durch die Verbindung zum ICMan initiiert. Er agiert als Client, wenn eine der beiden Personalities eine Kommunikation initiiert.

Der ICMan als Server

Trifft von außen ein Satz von TCP/IP-Paketen ein, passiert Folgendes: Der ICMan entnimmt den Paketen die Nutzdaten (z. B. die URL-Anfrage einer Webseite per HTTP) und legt sie, geordnet nach zuständigem Internetprotokoll und Port-Nummer, in so genannten *Memory Pipes* im Shared-Memory-Hauptspeicherbereich des SAP-Systems ab. Auf diesen Hauptspeicherbereich können alle anderen Teile des SAP-Systems mit sehr hoher Geschwindigkeit zugreifen. Das betreffende Plug-in wird aufgerufen und analysiert die neuen Daten in Hinblick auf Informationen, die für die spätere Identifizierung des zuständigen Workprozesses zuständig sind (z. B. die URL in einer HTTP-Message), übergibt diese dem ICMan in normierter Form und setzt ein Flag, sobald sich eine komplette Message angesammelt hat (HTTP-Messages z. B. können sich über viele TCP/IP-Pakete erstrecken). Daraufhin legt der ICMan eine zusätzliche Beschreibung der Daten in der *Dispatcher Queue* ab – einem Puffer, der ebenfalls im Shared Memory angelegt ist und vom Dispatcher verwaltet wird. Von dort übernimmt der Dispatcher der Reihe nach die Beschreibungen und ordnet sie einem Workprozess in der ABAP- oder Java Personality zu, der für die Weiterverarbeitung verantwortlich ist; sollte der zuständige Workprozess noch nicht gestartet sein, geschieht dies nun. Der Workprozess liest daraufhin die betreffenden Daten aus den Memory Pipes aus, verarbeitet sie und platziert anschließend dort die Antwort-Message (z.B. die fertig generierte HTML-Seite) zusammen mit einem Flag, das die Vollständigkeit der Message signalisiert. Daraufhin liest der ICMan die Message aus, verpackt sie in ein oder mehrere TCP/IP-Datenpakete und verschickt sie an den Empfänger.

Der ICMan als Client

Andersherum kann auch jeder Workprozess eine Kommunikation mit einem außen stehenden System über ein Internetprotokoll initiieren: In diesem Fall schreibt er seine Daten (z.B. eine zu versendende E-Mail) in die entsprechende Memory Pipe des ICMan und signalisiert, dass die Daten vollständig sind. Der ICMan beauftragt dann das zuständige Plug-in mit der Bestimmung der TCP/IP-Zieladresse, nimmt die Daten aus der Memory Pipe und versucht, sie an die Zieladresse zu versenden. Eventuelle Antworten des außen stehenden Systems oder auch Fehler werden wie gehabt im Memory Pipe zur weiteren Verarbeitung an den Workprozess abgelegt.

Die einzelnen Plug-ins für diese Aufgaben unterscheiden sich in ihrer Komplexität beträchtlich: So ist es beispielsweise für das Versenden von E-Mails im Gegensatz zu HTML-Seiten nicht wichtig, ob sie eine Sekunde früher oder später ankommen – aufwändige Load-Balancing-Mechanismen erübrigen sich hier. Genauso wenig kommen leistungsstarke, aber komplexe Caching-Algorithmen für das Zwischenspeichern von Anfragen und zugehörigen Antworten für den E-Mail-Verkehr in Betracht, sind jedoch bei der HTTP-Kommunikation (Webseiten und Webservices) von wesentlicher Bedeutung.

Fazit

Der Schnittstellensalat, mit dem sich andere Hersteller von Webservern über die letzten Jahre herumschlagen mussten (CGI, Fast CGI, SSI, ISAPI, NSAPI, Apache API etc.), blieb SAP-Entwicklern glücklicherweise erspart. Das Lernen aus den Erfahrungen und Fehlern der anderen haben hier zu einer Architektur geführt, die von Anfang an auf Skalierbarkeit, Umgang mit sicherheitsempfindlichen, webbasierten Webanwendungen, Caching von dynamischen Inhalten, Plattformunabhängigkeit und klare Schnittstellen sowohl zur ABAP- als auch Java Personality ausgelegt werden konnte.

HTTP-Plug-in

Das HTTP-Plug-in deckt sowohl die Grundanforderungen ab, wie die Ausführung von Programmen zur dynamischen Generierung von Webseiten oder das Session-Handling zur eindeutigen Zuordnung von gerade ausgeführten Programmen zu Benutzern, als auch High-End-Anforderungen, wie das Load Balancing via Web Dispatcher zur Verteilung der Sessions über mehrere gleichzeitig laufende Web Application Server oder das Caching von oft angefragten statischen und dynamischen Webseiten. Entsprechend komplex ist die Architektur des HTTP-Plug-in, die in Abbildung 3.6 gezeigt wird.

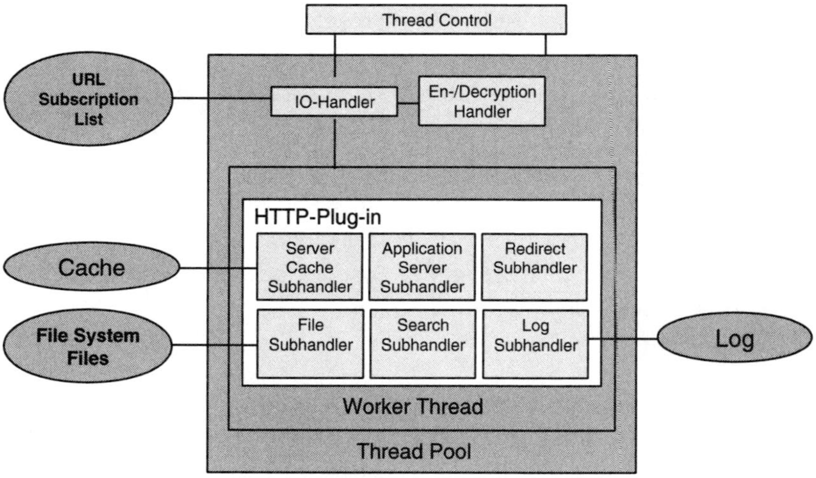

Abbildung 3.6 Architektur des HTTP-Plug-in

Subhandler Zentraler Begriff ist hier der so genannte *Subhandler*, der in unterschiedlichen Ausprägungen spezialisiert für eine Aufgabe auftreten kann und in einer Konfigurationsliste priorisiert nach Wichtigkeit abgelegt wird. Letztlich steht ein Subhandler meist für eine Applikation oder Gruppe von Applikationen, die anhand ihrer URL durch ein logisches Unterverzeichnis voneinander unterschieden werden können. Deshalb wählt der IO-Handler beim Eintreffen einer HTTP-Message denjenigen HTTP-Subhandler aus der Liste, dessen URL der HTTP-Message am ehesten entspricht, und beauftragt ihn mit der Abarbeitung der Message. Wurde einer Webapplikation beispielsweise ein logisches Unterverzeichnis mit Namen */B2B/* zugewiesen, könnte der Aufbau der Konfigurationsliste folgendermaßen aussehen.

```
URL
1 /
2 /B2B/
3 /B2B/
...
```

Der Call type legt fest, ob ein Subhandler im Kontext des aktuellen Threads ablaufen soll (intern) oder ob für die Abarbeitung ein neuer Prozess (extern) erzeugt werden soll. Der externe Typ ermöglicht die Integration von Produkten fremder Hersteller, die nicht auf dem Web Application Server laufen. Folgende Subhandler stehen zur Verfügung:

- **Redirect Subhandler**
  Der Redirect Subhandler ist für die Umleitung von HTTP-Anfragen zu einem anderen Web Application Server zuständig. Dafür benötigt er natürlich die Angabe einer Ziel-URL, die er dem Browser mitteilen kann.
- **Application Server Subhandler**
  Der Application Server Subhandler ist der Standard-Subhandler. Er reicht die HTTP-Anfragen entweder an die ABAP- oder Java Personality und ruft dort den entsprechenden Workprozess auf.
- **Static File Subhandler**
  Der Static File Subhandler ist speziell für die schnelle Beantwortung von HTTP-Anfragen nach statischen Dateien zuständig, die im Dateisystem des Web Application Server abgelegt sind, z.B. Bilder oder Dokumente.
- **Log Subhandler**
  Der Log Subhandler beantwortet keine HTTP-Anfragen, sondern speichert wichtige Metainformationen, wie zum Beispiel die angefragte URL.
- **Server Cache Subhandler**
  Der Server Cache Subhandler ist für die Zwischenspeicherung von oft angefragten Daten zuständig. Ab Release 6.10 umfasst dies neben statischen Elementen des Static File Subhandler auch dynamisch generierte Webseiten des Application Server Subhandler. Dies ist essenziell für eine Infrastruktur, die für die dynamische Natur professioneller Business-Web-Applikationen gebaut wurde. Der Server Cache Subhandler puffert dynamischen Inhalt durch Einbeziehung des Query-String-Teils der angeforderten URL in den Pufferschlüssel, um sowohl die angefragte Ressource als auch jeden mit übergebenen Parameter eindeutig zu identifizieren. Dabei wird grundsätzlich zwischen Aktionen unterschieden, die auf der Serverseite Lese- bzw. Schreiboperatio-

nen ausführen, denn selbstverständlich dürfen nur Erstere durch den Cache bedient werden. Um ausgefeilte Web-Applikationen zu unterstützen und veralteten Cache-Inhalt zu vermeiden, unterstützt das HTTP-Plug-in aktives Caching, das der Applikation durch Ereignisse, die eine Applikation auslösen kann, Kontrolle über die Validität des gepufferten Inhalts gibt, sobald der Inhalt bestimmter Seiten ungültig wird. Natürlich wird auch ein Alterungsmechanismus unterstützt, der dynamische Webseiten nach einer zeitlichen Frist automatisch für ungültig erklärt. Schließlich puffert der Server Cache Subhandler auch nicht gefundene Objekte und fehlerhafte Anfragen, die zu Fehler-Antworten führen. Als Ergebnis ist der Web Application Server gegen Überlastungssituationen geschützt, in denen das System mit ungültigen oder bösartigen Web Requests geflutet wird.

Suche nach dem idealen Subhandler

Träfe nun beispielsweise eine HTTP-Message mit Anfrage der URL *http://www.sap.com/b2b/content.html* ein, stünden gemäß der obigen Liste zwei Subhandler zur Verfügung, die exakt dem Unterverzeichnis der Anfrage entsprächen. In diesem Fall wird der IO-Handler zunächst den zweiten Subhandler vom Typ Cache aufrufen, denn dieser hat stets eine höhere Priorität als der Subhandler für die eigentliche Applikation. Zunächst also versucht der Cache Subhandler, die angefragte Seite aus seinem schnellen Hauptspeicherpuffer zu liefern. Findet er die Seite in seinem Puffer, kann die Anfrage komplett abgearbeitet werden. Andernfalls signalisiert er dem IO-Handler, dass die Anfrage nicht vollständig bearbeitet wurde, und Letzterer reicht sie an den nächstbesten Subhandler weiter, in unserem Beispiel den dritten Subhandler vom Typ Application Server. Besitzt die Applikation eine Seite mit Namen *Content.html,* wird nun die Anfrage vollständig abgearbeitet und die Seite im Cache abgelegt. Ist sie hingegen nicht vorhanden, signalisiert der Subhandler einen Fehler und der IO-Handler liefert statt der Seite die entsprechende Fehlermeldung zurück. Durch diese Verarbeitungsreihenfolge stellt das HTTP-Plug-in die schnellstmögliche Abarbeitung von HTTP-Messages sicher.

Subhandler können während eines Anfrage/Antwort-Zyklus mehrfach aufgerufen werden. Beispielsweise wird der Log Subhandler im Produktivbetrieb üblicherweise zuerst aufgerufen, dann der Cache Subhandler und, falls dieser keine Antwort auf die Anfrage im Cache findet, der Application Server Subhandler. Danach wird der Cache Subhandler erneut aufgerufen, um die Seite zu speichern, und schließlich wieder der Log Subhandler, um das Ergebnis der Anfrage festzuhalten.

Aus Gründen der Verfügbarkeit und Lastverteilung besteht ein Produktivsystem häufig aus mehreren Web Application Servern. HTTP als ein Protokoll mit direkter Kommunikation zwischen Client und Server verlangt nun aber, dass in einer Verbindung die Pakete immer zum Server mit derselben TCP/IP-Adresse geliefert werden.

Load Balancing

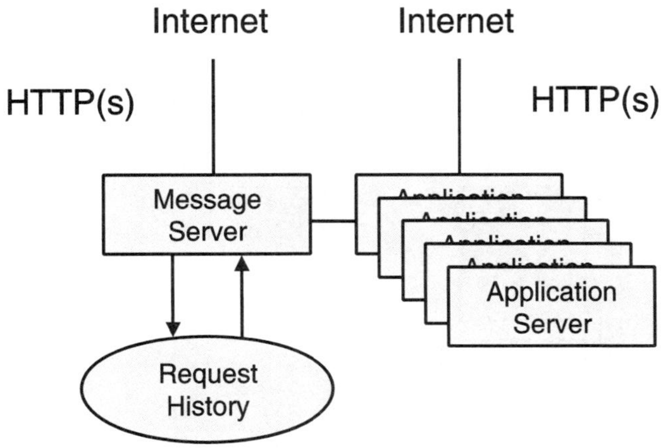

Abbildung 3.7 HTTP-Load-Balancing

Eine einzelne HTTP-Verbindung kann nur zu einem spezifischen Application-Server aufgebaut werden, auf dem ein ICMan abläuft. Ähnlich dem Logon-Verfahren im SAP GUI wird das Load Balancing mit dem HTTP-Plug-in über den Message Server implementiert.

Jeder Application-Server, der am HTTP-Load-Balancing teilnehmen will, sendet Informationen über seine Maximalanzahl gleichzeitig möglicher Workprozesse an den Message Server und über seine Fähigkeit, sichere Verbindungen über HTTPS aufzubauen.

Ein Client verbindet sich beim ersten Besuch des Systems zuerst mit dem Message Server und bekommt von diesem einen Redirect, der ihm den richtigen Web Application Server nennt, mit dem er sich verbinden soll. Diese Redirects teilen die Benutzer gleichmäßig über alle Web Application Server unter Berücksichtigung der maximal möglichen Workprozesse auf. HTTPS-Verbindungen werden dabei nur unter den Application-Servern aufgeteilt, die damit umgehen können.

SMTP-Plug-in

Im Gegensatz zum HTTP-Plug-in gestaltet sich der Aufbau des SMTP-Plug-in recht einfach. Abbildung 3.8 skizziert die Architektur.

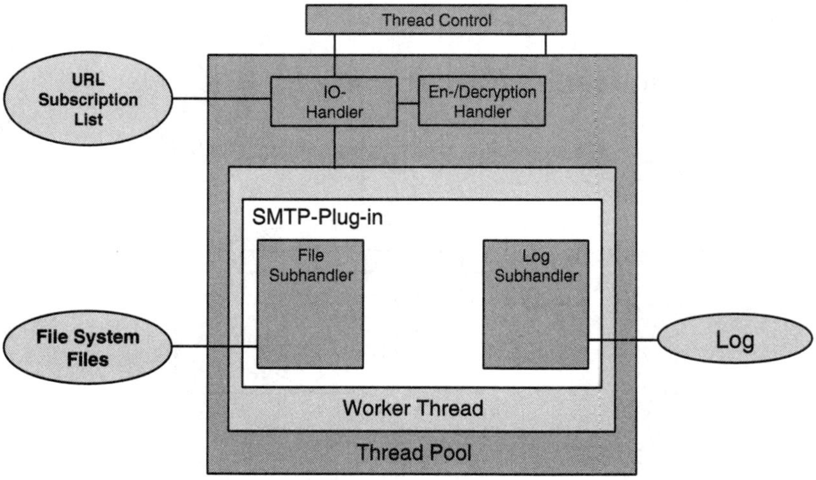

Abbildung 3.8 Die Architektur des SMTP-Plug-in

Die Art und Weise der Datenübermittlung unterscheidet sich grundlegend von HTTP. Während HTTP-Verbindungen als direkte Kommunikation zwischen Sender und Empfänger gestaltet sind, arbeitet SMTP nach dem so genannten *Store-and-Forward*-Prinzip. Das bedeutet, dass ein SMTP-Client und ein SMTP-Server sich nicht direkt kennen müssen, sondern sich eines oder mehrerer zwischengeschalteter SMTP-Server in der Rolle eines so genannten *Mail Transfer Agents* (MTA) bedienen können, die die E-Mail in Empfang nehmen, zwischenspeichern und danach gemäß konfigurierter Regeln weiterleiten.

Internet Communication Framework

Und wie stellt sich die Funktionalität des ICMan aus der Sicht der Java- und ABAP Personality dar? Nun, Java verfügt, wie kaum anders zu erwarten, über standardisierte Frameworks für die Arbeit mit dem HTTP- und SMTP-Protokoll. Für ABAP musste so ein Framework von SAP erst geschaffen werden. Es trägt den Namen *Internet Communication Framework* (ICF) und gliedert sich wie Abbildung 3.9 dargestellt in die Gesamtarchitektur des Web Application Server ein.

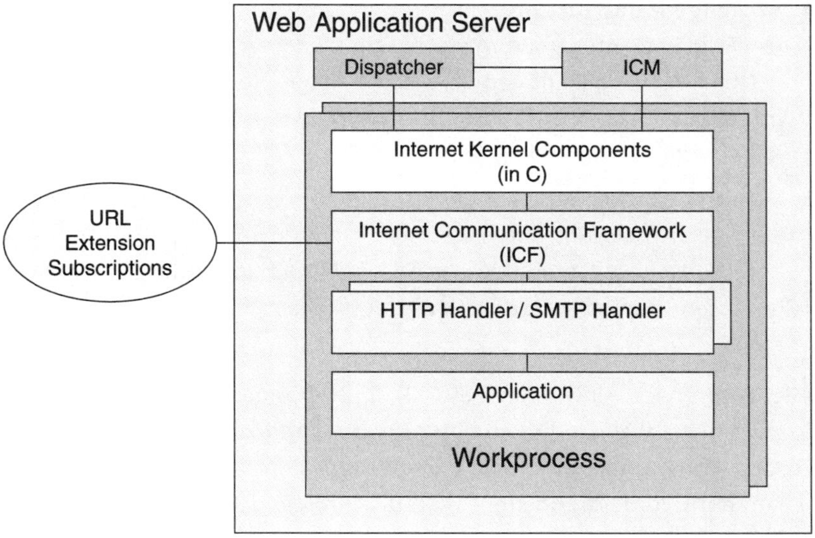

Abbildung 3.9 Die Architektur des Internet Control Framework

Es dient als Brücke zwischen dem ABAP-Programm und den in C geschriebenen Kernel-Komponenten der ABAP Personality, die mit dem Internet Communication Manager in direkter Verbindung stehen. Das ICF verfügt über einen Anteil generischer Klassen, einige Klassen und Interfaces speziell für die HTTP-Kommunikation und einige andere speziell für SMTP. Eine Applikation, die eintreffende HTTP-Anfragen beantworten, d.h. als ein HTTP-Server agieren möchte, muss das Interface IF_HTTP_EXTENSION implementieren. Anschließend muss es die Klasse als Handler zusammen mit einer URL, unter der es erreichbar sein soll, im IFC registrieren. Analog dazu gibt es ein Interface IF_SMTP_EXTENSION für die Implementierung eines SMTP-Servers.

3.2.2 Webservices

Webservices bilden für SAP eine der bevorzugten Schnittstellentechnologien für die kommenden Jahre und entsprechend hoch ist der Stellenwert, den man einer durchgängigen und einheitlichen Webservice-Architektur quer über das Enterprise Portal, den Web Application Server und die Exchange Infrastructure beimisst. Eine Aufgabenfokussierung innerhalb von mySAP Technology vermeidet Redundanzen:

- **Enterprise Portal**
  Das Enterprise Portal macht Webservices für den Anwender per webbasierter Oberfläche verfügbar. Näheres dazu erfahren Sie in Kapitel 5.2.

- **Exchange Infrastructure**
  Die Exchange Infrastructure ermöglicht die Integration und Prozessverkettung der Applikationen unterschiedlicher Hersteller und über das Internet auf Basis von Webservices und anderen Schnittstellen. Einzelheiten erfahren Sie in Kapitel 4.2.
- **Web Application Server**
  Der Web Application Server gestattet die Entwicklung und Ausführung von Webservices sowohl in der ABAP als auch in der Java Personality. In diesem Kapitel werden wir uns ausschließlich diesem Aspekt widmen.

Webservice-Aktivitäten der SAP

Alle Webservice-Aktivitäten bei SAP sind »business driven«, d.h., SAP bewegt sich auf einem hohen betriebswirtschaftlichen Level, bei dem die Lösung von Kundenproblemen in Bezug auf heterogene Systemlandschaften im Vordergrund steht. Von diesem Standpunkt aus ist die langfristig gesicherte tatsächliche Kompatibilität zwischen heutigen und zukünftigen Webservice-Standards und Erweiterungen sowie deren Implementierungen durch unterschiedliche Hersteller ausschlaggebend. SAP ist deshalb Mitglied in der »Web Service Interoperability Organisation« (WS-I), die sich der Förderung von Interoperabilität zwischen Webservices auf unterschiedlichen Plattformen, Applikationen und Programmiersprachen und der Weiterentwicklung der Standards in diesem Sinne verschrieben hat. Konkret hat SAP in diesem Gremium die Verantwortung für Beispiel-Applikationen und integrative Tests übernommen.

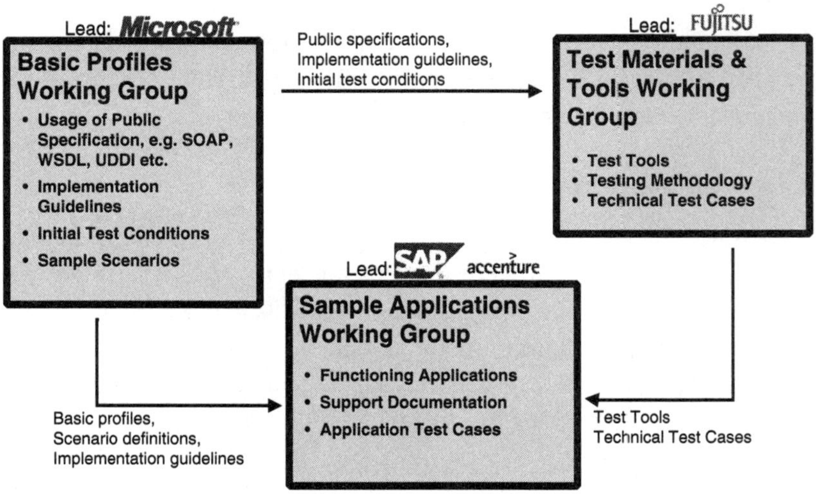

Abbildung 3.10 »Web Services Interoperability Organization« (WS-I)

Die Mitgliedschaft in weiteren wichtigen technischen und betriebswirtschaftlichen Standardisierungsgremien wie der Java Community, W3C, OASIS und WSCI sorgen für eine weit reichende Verbreitung des Knowhows innerhalb des Unternehmens und für eine frühe Implementierung der Standards. Unter *UDDI.sap.com* betreibt SAP neben IBM, HP und Microsoft einen der öffentlichen Webservice-Verzeichnisdienste, in dem Anbieter aus aller Welt ihre Webservices registrieren und potenziellen Geschäftspartnern und Kunden anbieten können.

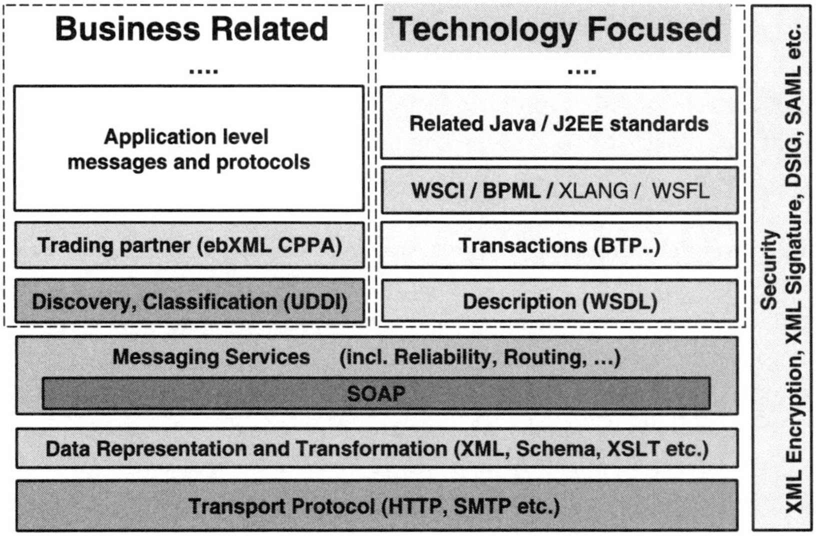

Abbildung 3.11 Wichtige betriebswirtschaftliche und technische Standards rund um Webservices

Seit dem Release 6.20 kann offiziell innerhalb der ABAP und Java Personality des Web Application Server Funktionalität entwickelt werden, die anschließend als Webservice aufrufbar ist.

Webservices in ABAP

In der ABAP Personality wird dazu ein remote-fähiger Funktionsbaustein oder BAPI (siehe Kapitel 2.2.6) implementiert und für den Zugriff durch Webservices freigeschaltet. Anschließend ist ohne weiteren Aufwand der Aufruf auch als Webservice möglich – die erforderliche WSDL-Beschreibung wird automatisch generiert. Letztlich handelt es sich um einen zum SAP-eigenen RFC-Protokoll angebotenen alternativen Zugriffsweg.

Webservices in Java

In der Java Personality gestaltet sich die Implementierung im Vergleich dazu ein wenig anders, da alle Methoden eines Java Session Bean oder Enterprise JavaBean als Webservice verfügbar gemacht werden können und so der Planungs- und Implementierungs-Overhead ein anderer ist.

Die Vorgehensweise wird durch das standardisierte Java Web Services Developer Pack aus der Java-Community definiert, auf dessen Basis SAP ein eigenes Webservice-Toolkit aufsetzt, das mit einigen Zusatzfeatures wie etwa einer konfigurierbaren WSDL-Generierung und der Unterstützung der Web Services Inspection Language (WSIL) aufwartet. Dieses Toolkit wird standardmäßig mit dem Web Application Server ausgeliefert und kann bei Bedarf installiert werden. Hat man ein Session Bean erstellt und deployed, können dank des Toolkits über eine webbasierte Oberfläche, die über *http://[host]/soapdispatcher_*erreichbar ist, alle deployten Beans eingesehen, durch einen Mausklick als Webservice freigegeben und gleichzeitig die erforderliche WSDL-Beschreibung generiert werden.

Von SAP favorisierter Weg

Der von SAP selbst favorisierte Weg zur Entwicklung von Webservices sieht vor, zunächst das Interface innerhalb der Exchange Infrastructure zu entwickeln, wobei möglichst viele Datentypen, Message-Strukturen oder gar das gesamte Interface aus dort bereits vorhandenen Definitionen wiederverwendet werden sollten. Auf diese Weise wird die spätere Einbeziehung in integrierte Geschäftsszenarien erheblich vereinfacht, denn ein von vorneherein auf Kompatibilität getrimmtes Interface macht Mappings vielfach überflüssig. Alternativ kann das Interface eines für den Remote-Aufruf vorgesehenen Bausteins aus der ABAP Personality auch nachträglich in die Exchange Infrastructure eingelesen werden und ebenso ist das Importieren von WSDL-Beschreibungen eines Java-Session-Bean-Interfaces in die Exchange Infrastructure möglich. Auf diese Weise können auch die Definitionen von Webservices anderer Systeme in der Exchange Infrastructure bekannt gemacht werden. Als angenehmer Nebeneffekt ergibt sich so die Möglichkeit zur komfortablen Suche nach Schnittstellen über den UDDI-Standard, der von der Exchange Infrastructure unterstützt wird.

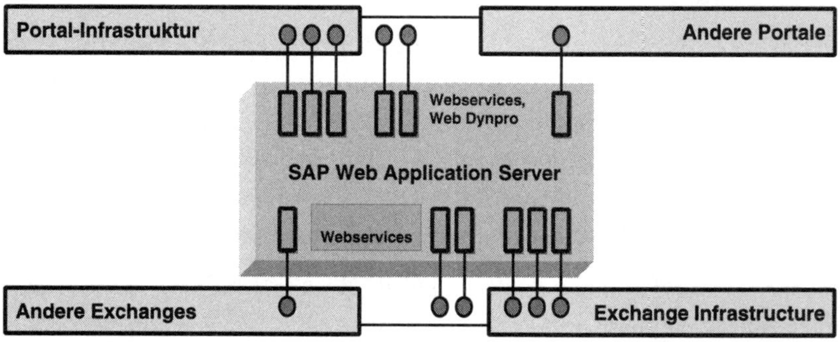

Abbildung 3.12 Überblick über die Webservice-Architektur des Web Application Server

Neben der Veröffentlichung eigener Webservices in Java und ABAP spielt der Zugriff auf fremde Webservices in den beiden Personalities eine wichtige Rolle. SAP stellt zu diesem Zweck für beide Seiten ein einheitliches SOAP-Framework als Grundlage sowie einen Proxy-Generator zur Verfügung. Zwei Schritte führen zum Aufruf eines Webservices:

- Starten des Proxy-Generators unter ABAP bzw. Java starten und dort die URL des gewünschten Webservices eingeben, unter der dieser mit seiner WSDL-Beschreibung erreichbar ist. Daraufhin erzeugt der Proxy-Generator für ABAP bzw. Java eine Klasse (auch *Proxy-Klasse* genannt), deren Methoden die Funktionalität des ausgewählten Webservices verschalen. Ab Release 6.30 wird die Proxy-Generierung ein integraler Bestandteil der Entwicklungsumgebung sein.
- Der Entwickler bindet diese Klasse in seinen Programmcode ein und ruft die angebotenen Methoden anstelle des Webservices auf. Intern sorgen die Methoden automatisch für den Aufruf des eigentlichen Webservices, die Übergabe der Eingabeparameter sowie die Entgegennahme der Ausgabeparameter.

Doch welche Architektur verbirgt sich hinter den Funktionalitäten zur Bereitstellung und Nutzung von Webservices? Dreh- und Angelpunkt in der SAP-Webservice-Strategie ist die Integration Engine, die fester Bestandteil des SAP Web Application Server ist und ebenfalls in der Exchange Infrastructure eingesetzt wird (siehe auch Abschnitt 4.2.3). Die Integration Engine definiert sowohl zur Java- als auch ABAP Personality hin ein einheitliches API und übernimmt die Low-Level-Kommunikation mit dem Internet Communication Manager. Sie implementiert ferner leistungsfähige Logging-, Tracing- und Analysefunktionen, die weit über das gebotene Maß anderer Webservice-Unterstützungen hinausgehen, und mit deren Hilfe die Verwendung jedes ein- oder ausgehenden Webservices exakt nachverfolgt werden kann.

Innerhalb der beiden Personalities sorgt jeweils ein einheitlich programmiertes SOAP-Framework für eine komfortable, objektorientierte Verschalung der Integration Engine sowie die Bereitstellung zusätzlicher High-Level-Funktionalitäten, beispielsweise zum Anhängen von Attachemnts oder auch für den dynamischen Aufruf von Webservices ohne Nutzung des Proxy-Generators.

Die Proxy-Klassen, die ein Entwickler zur Design-Zeit generieren lassen kann, verwenden intern ebenfalls das SOAP-Framework zur Kommunikation via Webservice.

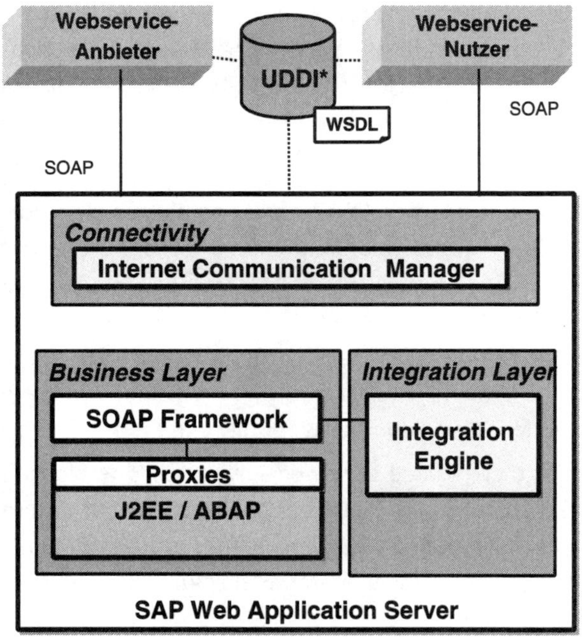

Abbildung 3.13 Die Architektur der SAP-Webservice-Unterstützung

Unterstützung zukünftiger Webservice-Standards

Die Kombination aus Integration Engine und SOAP-Framework bringt weitere erhebliche Vorteile mit sich. Neben den Überwachungsfunktionen kann SAP dort neu entstehende Standards und Konzepte bei Bedarf auf eine Weise implementieren, wie sie Entwicklern für den Web Application Server am meisten nutzen bringen. Ein Beispiel wäre die jüngst eingereichte Webservice-Security-Spezifikation, über die jeder Webservice-Aufruf mit Authentifizierungsinformationen und Verschlüsselung versorgt werden kann. Statt den Entwickler diese Spezifikation selbst implementieren zu lassen, übernimmt die Integration Engine auf Wunsch vollautomatisch die Überprüfung bzw. Versorgung auf Basis des SAP-Berechtigungssystems, gleich, ob mit digitalen Signaturen, SSL-Verschlüsselung oder Security-Tokens aus einem Trust Center (teilweise wird hierzu die Exchange Infrastructure benötigt).

Folgende Features prädestinieren des Web Application Server für den Einsatz als Webservice-Plattform:

- weitgehende Abstraktion zwischen Programmcode eines Entwicklers und der eigentlichen Webservice-Funktionalität
- Nutzung bewährter Mechanismen für die Überwachung und Analyse bis auf das einzelne Datum eines Aufrufs

3.2.3 Business Server Pages

Die Lösungsarchitektur der Business Server Pages lässt sich aus zwei Blickwinkeln betrachten, die beide für das exakte Verständnis der Funktionalität wichtig sind. So definiert die Komponentenarchitektur den Gesamtrahmen der technischen Möglichkeiten und die Prozessarchitektur die für den Entwickler geltende Reihenfolge zum Umgang mit der Funktionalität. Betrachten wir zunächst die Komponentenarchitektur.

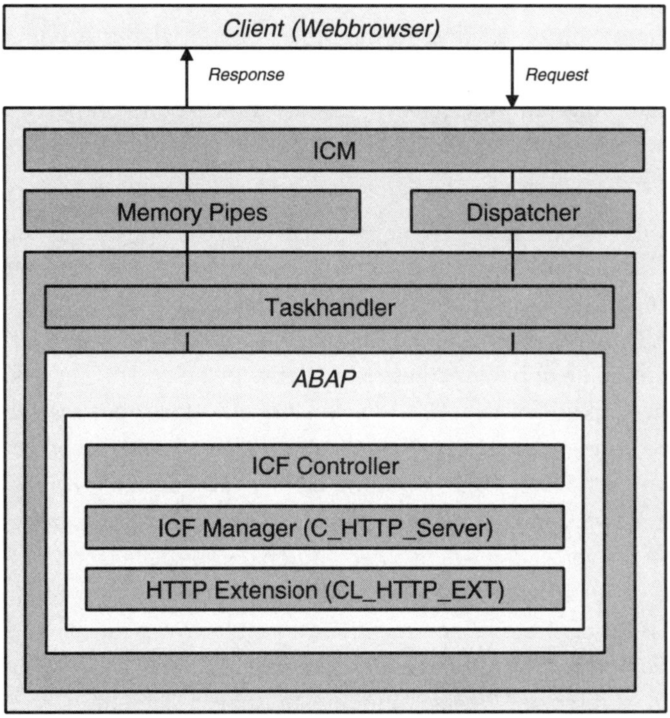

Abbildung 3.14 Komponentenarchitektur der Business Server Pages

Generell setzt sich die Komponentenarchitektur aus den Teilen Internet Communication Manager (ICMan), dem Taskhandler im Kernel der ABAP Personality und dem Internet Communication Framework (ICF) zusammen. Dabei stellt der ICMan die Webserver-Funktionalitäten zur Verfügung und der Taskhandler übernimmt die Auswahl des Workprozess in der ABAP Personality.

Stateless und Stateful

Das Business-Server-Pages-Konzept unterstützt sowohl zustandslose (*stateless*) als auch zustandsbehaftete (*stateful*) Webapplikationen. Stateless geschriebene Webapplikationen beantworten die Seitenanfragen und Dateneingaben der Anwender durch Prozesse, die zur Bearbeitung erzeugt und danach sofort wieder aus dem Hauptspeicher entfernt werden. Stateless Applikationen benötigen deswegen vergleichsweise wenig Hauptspeicher und sind für Internetportale mit extrem hohen Zugriffszahlen geeignet (wie bei Yahoo!, MSN und anderen Anbietern). Stateful Applikationen ordnen jedem Benutzer einen eigenen Workprozess im Hauptspeicher des Servers zu, der ihnen die gesamte Sitzung über zur Verfügung steht und erst nach längerer Nicht-Benutzung gelöscht wird. Dies ermöglicht eine wesentlich einfachere Entwicklung komplexer E-Business-Applikationen, da sich der Programmierer nicht selbst um das dauernde Sichern, Entfernen und Restaurieren des Programmzustands kümmern muss. Im Zuge von immer leistungsfähigeren Webclustern bestehend aus hunderten von Servern sowie Hauptspeicherpreisen im Centbereich pro KB gewinnen die Stateful-Applikationen immer mehr an Bedeutung.

Internet Communication Framework (ICF)

Das Internet Communication Framework ist eine in ABAP Objects geschriebene Klassenbibliothek, die von der ABAP Personality aus eine Low-Level-Schnittstelle zum Internet Communication Manager (ICMan) anbietet. Ein ABAP-Programm, das die Fähigkeiten des ICMan für sich verwenden möchte, sollte unbedingt diese Klassen benutzen und nicht direkt auf den Kernel-Funktionen der ABAP Personality aufsetzen, um die reibungslose Ausführung mehrerer Webapplikationen gleichzeitig sicherzustellen. Die Business Server Pages Runtime Library setzt auf dem ICF auf und stellt dem Entwickler ein umfangreiches, in ABAP Objects geschriebenes Framework zur Verfügung. Nicht zuletzt durch die spezielle Unterstützung der Entwicklungsumgebung Object Navigator (Transaktion SE80) stellen Business Server Pages einen recht komfortablen Weg für die Entwicklung webbasierter Anwendungen dar. Eine BSP-Applikation kann aus beliebig vielen statischen Dateien und dynamischen Elementen (z.B. durch Programmierung zur Laufzeit aufgebaute Webseiten, Grafiken, etc.) bestehen. Jedes dynamische Element wird dabei durch eine vom BSP-Framework abgeleitete Klasse repräsentiert, die als *Page Object* bezeichnet wird. Ein solches Page Object erbt einen Großteil seiner Funktionalität vom BSP-Framework und ist eng in dieses eingebunden.

Trennung von Präsentations- und Applikationslogik

Ein Page Object unterstützt sowohl das Einstreuen von Scriptfragmenten in den HTML-Code, wie man es aus anderen »Pages«-Sprachen wie Microsoft Active Server Pages oder Java Server Pages gewohnt ist, als auch die Trennung der Oberflächenaufbereitung von der eigentlichen Geschäftslogik nach dem *Model-View-Controller-Prinzip* (MVC). Ersteres stellt einen sehr intuitiven Ansatz dar, da HTML-Code und Quelltext eine

Einheit bilden und gemäß des Seitenzusammenbaus arrangiert sind. SAP unterstützt ABAP als Scriptsprache und erleichtert so die Einarbeitung für gestandene ABAP-Entwickler. Die Trennung nach dem Model-View-Controller-Prinzip bietet hingegen Vorteile, je größer und komplexer die Webapplikationen werden und hilft bei der Vermeidung von »Spaghetticode«, bei der die Geschäftslogik zusammen mit der Präsentationslogik und dem statischen Anteil einer HTML-Seite auf eine kaum wartbare Art und Weise in einer Vielzahl von Webseiten versteckt ist. Beim Model-View-Controller-Prinzip können in einem Controller isoliert vom Code der Geschäftslogik (Model) sämtliche ausgaberelevanten Befehle zu einer Webseite untergebracht werden und der View – der statische Anteil einer HTML-Seite – enthält lediglich einige Platzhalter, die vom Controller vor der Ausgabe ersetzt werden können. So wird eine Trennung innerhalb der Präsentation zwischen Layout und Präsentationsquelltext bewirkt. Darüber hinaus bietet das Page Object wichtige Events wie z. B. zum Initialisierungszeitpunkt der Klasse oder bei der Entgegennahme von Eingabedaten, an die ein Entwickler seinen ABAP-Objects-Code für die Definition des spezifischen Ein- und Ausgabeverhaltens anhängen kann.

Request Handler

Der Internet Communication Manager leitet eingehende HTTP-Requests zum Handler Selector weiter, der Teil des Internet Communication Framework ist. Der Handler Selector analysiert die URL und bestimmt, welcher Request Handler den Request bearbeiten kann. Für alle BSP-Applikationen wird zuerst der statische Document Request Handler aufgerufen. Falls dieser die Anfrage nicht beantworten kann, weil er die in der URL spezifizierte Datei nicht finden kann und es sich folglich um ein dynamisches Element handeln muss, wird der eigentliche BSP Request Handler aufgerufen. Dieser versucht nun, anhand der URL das Page Object zu identifizieren, das vom Entwickler für die Abarbeitung der Anfrage, d. h. eine eventuelle Entgegennahme von Eingabedaten und/oder für die dynamische Generierung einer Seitenausgabe, vorgesehen ist. Findet er kein Page Object, wird stattdessen eine Fehlermeldung als Webseite generiert, die über das ICF und den ICMan zurück zum Webbrowser des Anwenders geschickt wird.

Hat der BSP Request Handler ein passendes Page Object gefunden, unterscheidet er die weitere Vorgehensweise anhand zusätzlicher Bedingungen. Existiert noch keine Objekt-Instanz des Page Object im Hauptspeicher, handelt es sich um den ersten Aufruf zur Generierung der dynamischen Seite seit längerer Zeit und er muss zunächst eine Objekt-Instanz des Page Object, eventuell sogar eine Instanz der gesamten BSP-Applikation, kreieren. Dann ruft er den Initialization Agent auf, der vom Entwickler um Initialisierungsanweisungen erweitert werden kann. Beinhaltet der HTTP-Request einen `get`-Befehl zum Lesen einer Seite, verzweigt er in den Layout Agent, bei einem `post`-Befehl hingegen wird der Input Processing Agent zur Entgegennahme der Eingabedaten aufgerufen und anschließend der Navigator.

Navigation

Die Navigation bestimmt die vom Entwickler entweder statisch vorgegebene oder dynamisch während des Programmlaufs gesetzte Antwortseite und sendet einen `http redirect`-Befehl zum Webbrowser des Anwenders, der daraufhin die Seite per `http get`-Befehl anfordert. Auf diese Weise schließt sich der Bearbeitungszyklus und die BSP-Applikation wartet auf den nächsten Benutzerbefehl.

Statische Entwicklungs- und Kundendokumente

BSP-Applikationen verfahren mit statischen Dokumenten auf zwei unterschiedliche Arten, je nachdem, ob die Dokumente bereits während der Entwicklung oder erst beim Einsatz der Applikation festgelegt werden. Im ersten Fall handelt es sich häufig um Hilfetexte, Stylesheets oder Hintergrundbilder. Diese Dokumente werden über die Entwicklungsumgebung in die BSP-Applikation importiert und zusammen mit den anderen Entwicklungselementen verwaltet. Im zweiten Fall handelt es sich häufig um Produktabbildungen für Online-Shops, CAD-Zeichnungen für Material-Anzeigesysteme oder vom Anwender selbst hochgeladene Dateien. Diese werden vom SAP Knowledge Warehouse verwaltet und vom Knowledge Warehouse Handler angeliefert.

Ereignisse der Prozessarchitektur

Wie kann man nun als Entwickler in die von der Architektur vorgegebenen Prozesse eingreifen? Dank der Unterstützung der BSP-Entwicklung durch die Entwicklungsumgebung muss ein Entwickler sich nicht selbst um das Ableiten und Instanziieren von BSP-Applikationen oder gar Page Objects kümmern. Der Aufbau des BSP-Framework muss für einfachere Applikationen nicht einmal bekannt sein. Stattdessen übernimmt die Entwicklungsumgebung alle Einzelheiten und der Entwickler kann sich auf das Anhängen von selbst geschriebenem Code an einige wenige Ereignisse beschränken. Damit rückt das BSP-Framework in der Handhabung bereits ein Stück weit in die Nähe moderner Komponentenbibliotheken, wie man sie von Microsoft .NET oder Borland Delphi kennt und die ebenfalls primär durch das Setzen von Eigenschaften und Anhängen an Ereignisse und nur in Ausnahmefällen durch Vererbung und Polymorphie genutzt werden können.

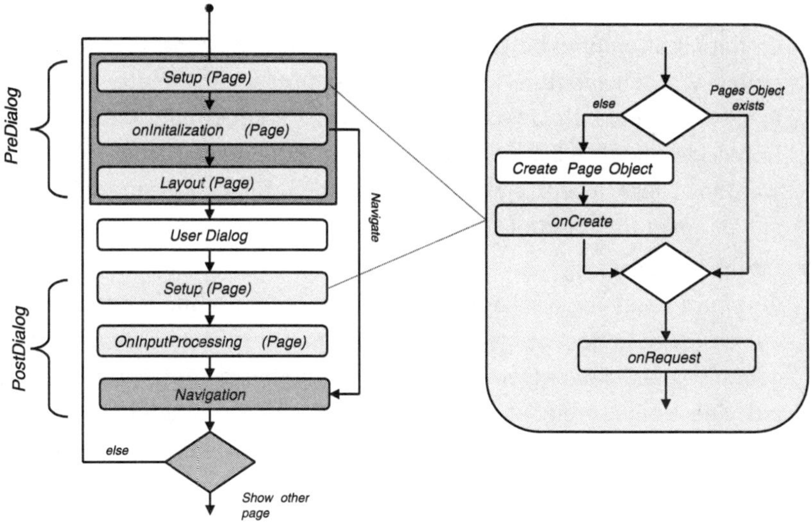

Abbildung 3.15 Prozessarchitektur der Business Server Pages

Prinzipiell unterscheidet die Prozessarchitektur drei grundlegende Schritte:

- den Prozessschritt vor dem Benutzerdialog und damit die Aufbereitung der Ausgabe einer Webseite auf dem Server (*Pre-Dialog Processing*)
- den Benutzerdialog selbst und damit das Anschauen und Agieren auf der Webseite durch den Anwender auf seinem Client-Rechner (*Dialog Processing*)
- den Prozessschritt nach dem Benutzerdialog und damit die Verarbeitung von Eingabedaten des Benutzers und Bestimmung der nächsten Ausgabeseite auf dem Server (*Post-Dialog Processing*)

Innerhalb dieser Prozessschritte stellt Page Object verschiedene Events zur Verfügung:

- **OnCreate**
  OnCreate wird aufgerufen, nachdem ein Page Object im Speicher erzeugt wurde. Zu beachten ist, dass bei Stateful-Applikationen dieses Ereignis einmal und bei Stateless-Applikationen vor jedem Zugriff ausgeführt wird.
- **OnRequest**
  OnRequest wird bei jedem Zugriff auf das Page Object aufgerufen, egal, ob es sich um einen lesenden Zugriff per `http get` oder einen schreibenden Zugriff zur Übergabe von Eingabeinformationen per `http post` handelt.

- **OnInitialization**
  OnInitialization wird bei jedem Zugriff auf das Page Object aufgerufen, jedoch werden eventuell in der URL verschlüsselte Parameter oder Eingabewerte direkt als Übergabeparameter übergeben und müssen vom Entwickler nicht selbst aus der URL oder dem Eingabestrom extrahiert werden. Dieses Event eignet sich besonders für den lesenden Zugriff auf Datenbanken und die Initialisierung von Daten.
- **OnInputProcessing**
  OnInputProcessing wird ausschließlich bei jedem schreibenden Zugriff auf das Page Object aufgerufen und übergibt eventuelle Benutzereingaben sowie die Benutzeraktion, die das Abschicken der Daten bewirkt hat. Dieses Event eignet sich besonders für den schreibenden Zugriff auf Datenbanken und für das dynamische Setzen der Antwortseite in Abhängigkeit von der Benutzeraktion.

An den Business Server Pages gefällt vor allem das objektorientierte und einfach erweiterbare Konzept. Eine durchgängig objektorientierte Programmierung von Webapplikationen in einer Programmiersprache bei vollständiger Trennbarkeit von Präsentations- und Geschäftslogik eignet sich auch hervorragend für die Realisierung größerer Projekte. Gegenüber der Dynpro-Technik wurde die Übergabe von Benutzerdaten zwischen Client- und Server-Programm erheblich vereinfacht. Negativ wirkt sich jedoch das Fehlen eines grafischen Oberflächen-Editors aus, der durch die standardisierte WebDAV-Schnittstelle zur Anbindung externer HTML-Editoren an die SAP-Entwicklungsumgebung nur zum Teil wettgemacht wird, sowie die fehlende Unterstützung bezüglich automatisch generierter Eingabehilfen, Suchbildschirme oder Eingabeüberprüfungen, ganz zu schweigen von komplexeren Ein- und Ausgabelementen wie Trees, scrollbaren Listen oder Tabcontrols, für die ein Entwickler im Gegensatz zur Dynpro-Technik selbst sorgen muss. Eine Portierung nach Java ist nicht geplant, denn dort steht mit den Java Server Pages ein ähnliches und sehr erfolgreiches Konzept bereits seit längerem zur Verfügung. SAP konzentriert ihre Ressourcen im Bereich Oberflächentechnologie voll und ganz auf eine neue Technik, die in Zukunft alle Benuteroberflächen unter Java und ABAP vereinheitlichen soll: Web Dynpro.

3.2.4 Web Dynpro

Web Dynpro ist eine von SAP selbst entwickelte Softwaretechnologie zur Erstellung und Ausführung von webbasierten Programmoberflächen mittels grafischer Tools oder Programmierung. Web Dynpro unterscheidet sich vom Konzept her grundsätzlich von den bereits auf dem Markt verfügbaren Technologien zur Erstellung und Nutzung von Weboberflächen, wie beispielsweise den WebForms aus Microsoft .NET, Java Servlets oder den SAP-eigenen Business Server Pages, die es als technische Ausgangsbasis verwendet. Es steht mit dem Web Application Server 6.30 für Entwickler, Partner und Kunden zur Verfügung.

Langfristiges Konzept

Als die von SAP selbst bevorzugte Technologie zur Erstellung von Programmoberflächen für mindestens die kommenden zehn Jahre (ein in der Softwarewelt unglaublich langer Zeitraum) muss Web Dynpro besonderen Anforderungen hinsichtlich der Allgemeingültigkeit, Plattformunabhängigkeit und Erweiterbarkeit genügen. Heraus gekommen ist ein stark auf Metadaten fokussiertes Konzept, das auf der Basis von plattformneutral beschriebenen Oberflächenelementen wie InputField, Button oder TableEdit gleich für drei unterschiedliche Serverumgebungen »Ready-to-run«-Code generieren kann.

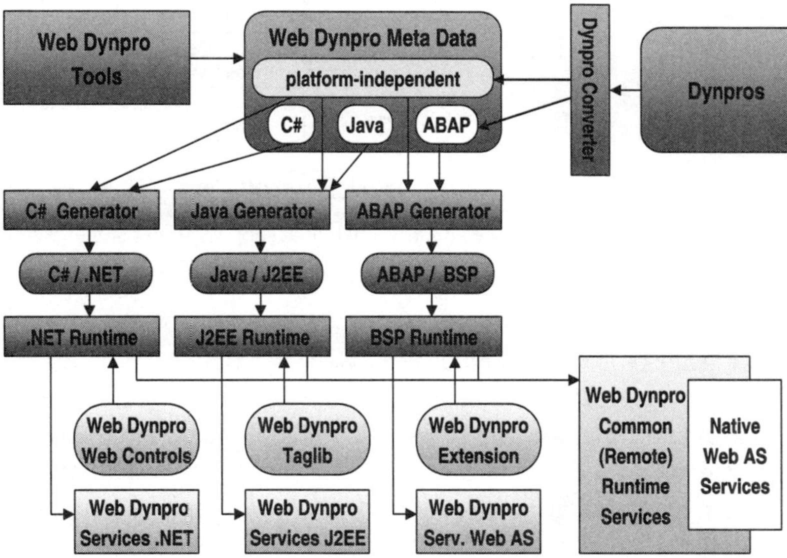

Abbildung 3.16 Überblick über die Architektur von Web Dynpro

Gemeint sind ABAP-Code für die ABAP Personality, Java-Code für die Java Personality und sogar C#-Code für die .NET-Umgebung, der dann aber nicht mehr auf dem SAP Web Application Server abläuft und in erster Linie die Neutralität des Konzepts belegen soll. In allen Fällen handelt es sich um Stateful Applications, die ihren Session State behalten. Stateless Applications werden von Web Dynpro nicht unterstützt (siehe auch Kapitel 3.2.3). Hinzu kommt noch das auf »intelligenten« Webbrowsern eingesetzte SAP Client-Side-Framework in JavaScript für DHTML, um den unter heutigen Benutzeroberflächen gewohnten Komfort mit Drag-and-Drop, Datenüberprüfung direkt bei der Eingabe sowie Feld- und Wertehilfe zur Verfügung zu stellen. SAP hat ferner großen Wert darauf gelegt, für Bildschirmaktualisierungen lediglich die geänderten Daten und Layoutinformationen zwischen Server und Client zu übertragen (allgemein als *Delta-Handling* bekannt), um die benötigte Bandbreite zu minimieren und sämtliche Updates ohne Flackern im Webbrowser durchführen zu können. Dies geht soweit, dass bereits beim Design der Oberfläche innerhalb von Events boolsche Ausdrücke mit Rechenoperationen angegeben werden können, die zur Laufzeit als JavaScript vollständig im Webbrowser und ohne Server-Roundtrip ablaufen.

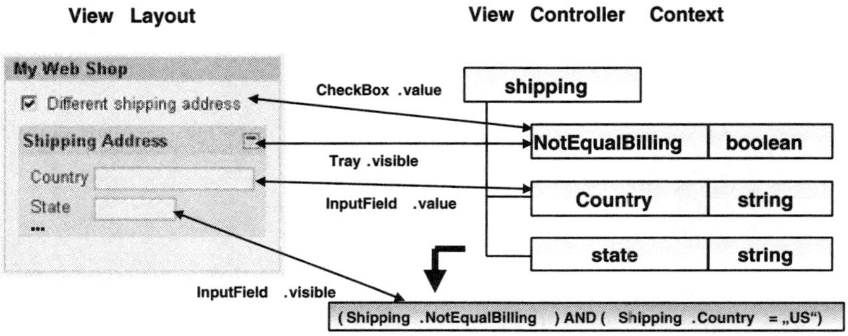

Abbildung 3.17 Boolsche Ausdrücke können direkt im Webbrowser und ohne Server-Roundtrip abgearbeitet werden

Beispielsweise kann auf das Markieren einer Checkbox **Andere Lieferadresse angegeben** automatisch ein weiterer View zum Eintragen zusätzlicher Lieferdaten sichtbar werden, ähnlich des Windows-Explorers bei einem Datenbrowser am linken Bildschirmrand alternativ zur Hierarchieansicht ein Suchfenster erscheinen oder ein Bestellformular den Gesamtwert der Bestellung berechnen. Web Dynpro prüft zur Laufzeit automatisch, mit welchen Fähigkeiten ein Webbrowser ausgestattet ist, und benutzt dieses Framework, wann immer möglich. Als Gegenstück gibt es das SAP-eigene Server-Side-Framework für »simple« Webbrowser wie PDAs und Mobiltelefone, die keine getrennt angelieferten Daten für Inhalt und Oberflächenlayout, geschweige denn Delta-Infomationen, in Eigenregie zusammenführen können. Dieses Framework erledigt dann das Zusammenführen bereits vor der Übertragung zum Webbrowser – Drag-and-Drop, lokales Umsortieren von Tabellen ohne Server-Roundtrip, Aktualisierungen einzelner Views etc. sind dann natürlich nicht möglich.

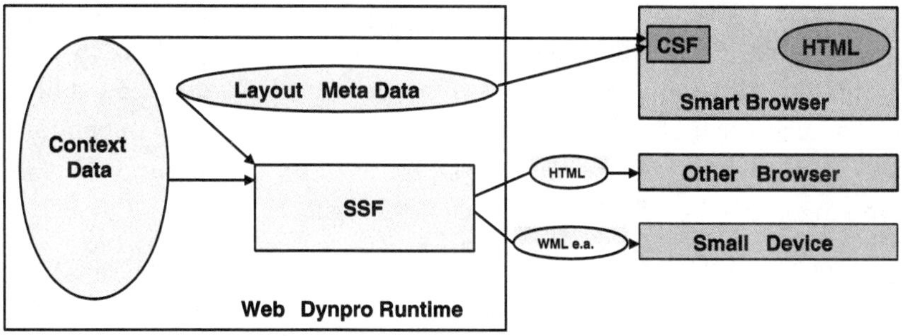

Abbildung 3.18 Client-Side-Framework für »intelligente« Browser, Server-Side-Framework für »simple« Browser

Entsprechend könnten weitere Oberflächenformate und Programmierumgebungen wie z. B. Macromedia Flash oder Ähnliches hinzukommen, für die dann ebenfalls serverseitig Code generiert und bei Bedarf ein angepasstes Client-Side- und Server-Side-Framework ausgeliefert werden könnte, sofern es der Markt verlangt. SAP kann ihrem generischen Konzept einer neutralen Oberflächenelementbeschreibung auf Basis von Metadaten in jedem Fall treu bleiben. Die Investitionssicherheit ist somit gewährleistet.

Web-Dynpro-WYSIWYG-Editor

Damit der Entwickler sich so wenig wie möglich mit dem Innenleben des Konzepts auseinander setzen muss, wird ein WYSIWYG-Editor mitgeliefert, der das Erstellen von Programmoberflächen durch eine grafische Benutzeroberfläche unterstützt. Hier können Oberflächenelemente angeordnet und gruppiert, zusammengehörige Formularbereiche für die Eingabe gekennzeichnet und schließlich kann auf Knopfdruck Code in ABAP, Java oder C# erzeugt werden, der nur noch an den zuvor definierten Stellen innerhalb von Events um eigene Anweisungen zur Applikationslogik ergänzt werden muss. Zusätzliche Events können bereits in diesem Stadium definiert werden und stehen dann auch im generierten Code zur Verfügung. Primäres Ziel der Web-Dynpro-Entwicklung war und ist es, den Anteil des vom Entwickler zu schreibenden Oberflächenprogrammcodes zu minimieren. Web Dynpro unterstützt zwar auch das dynamische Instanziieren von Oberflächenelementen zur Laufzeit, jedoch wird der Entwickler in vielen Fällen das Design im Web-Dynpro-Editor vorziehen und, wo möglich, zur Laufzeit nur noch einzelne Oberflächenelemente oder Bildschirmbereiche auf »sichtbar«/»unsichtbar« schalten. Wir werden im Kapitel 3.4 ausführlicher auf die Web Dynpro-Entwicklungsoberfläche zu sprechen kommen.

Unterstützung von integrierten Entwicklungsumgebungen

Gemäß der in Kapitel 2.2.2 beschriebenen SAP-Strategie hinsichtlich der bevorzugten Entwicklungsumgebungen unterstützt der Web-Dynpro-Editor die Java-Entwicklungsumgebung Eclipse. Ab Version 6.0 unterstützt auch der JBuilder das Eclipse-Framework (Borland sitzt neben IBM, SAP, Rational, RedHat und anderen im Eclipse-Konsortium) und eine Einbindung in die Oberfläche ist problemlos möglich.

Model-View-Controller

Während also Web Dynpro zur Design-Zeit auf plattformneutrale Web-Dynpro-Metadaten baut, setzt es zur Generierung und Laufzeit auf das bereits von zahlreichen anderen Komponentenbibliotheken bekannte Prinzip der Model-View-Controller (MVC), um die für die erzeugte Programmoberfläche notwendige Logik strikt von der eigentlichen Applikationslogik zu trennen. Der Grund liegt auf der Hand: Wären beide Logiken eng miteinander verzahnt, würde jede Änderung an der Oberfläche unweigerlich zu einem lästigen Anpassen oder Umkopieren des Applikationscodes führen. In Übereinstimmung mit diesem Paradigma hingegen sendet der Teil des Programms, der mit dem Benutzer interagiert – der so genannte *View* –, Ereignisse zu einem Controller, der die vordefinierte Logik der Benutzeroberfläche (z.B. welcher View als Nächstes angezeigt wird) beinhaltet. Der Controller liest und ändert wiederum entsprechend das Model, das in Form objektorientierter Klassen mit Attributen und Methoden die Zustände, Inhalte und Aktionsmöglichkeiten der Oberfläche gegenüber der Business-Logik und der persistenten Speicherablage repräsentiert. Die Applikationslogik ist ausschließlich über Events an den Controller angebunden und sollte in einer separaten Klasse untergebracht werden, die von Web Dynpro bei der Generierung nicht verändert wird.

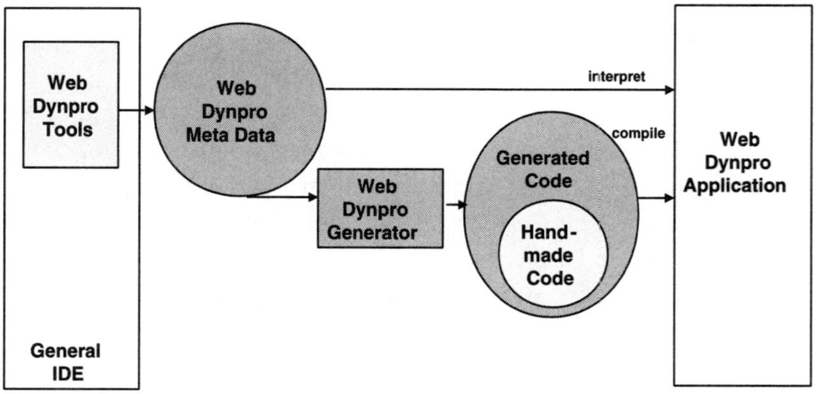

Abbildung 3.19 Übergang von der plattformneutralen Deklaration zum generierten Code

Eine derart aufwändige Trennung zwischen Oberflächen- und Geschäftslogik führt zwangsläufig zu nicht performanceoptimiertem Oberflächen-Programmcode, wird jedoch von SAP bewusst in Kauf genommen, um die Erweiterbarkeit des Gesamtkonzepts bei gegebener Abwärtskompatibilität sicherzustellen – ohne dass der Entwickler bei neuen Web-Dynpro-Versionen auch nur eine Zeile seines Codes anpassen muss. Weiterhin müssen aus Gründen der Benutzerfreundlichkeit teilweise doppelte Prüfungen der Eingabedaten hingenommen werden. Die erste Prüfung erfolgt durch das Client-Side-Framework im View ohne Server-Roundtrip und mit sofortigem Feedback für den Anwender. Die zweite Prüfung innerhalb der Model-Klassen auf dem Server garantiert die Konsistenz auch bei Anwendern mit simplen Webbrowsern vor der Weiterverarbeitung in der Applikation.

Umgekehrt, d.h. für den Fall einer nicht statisch entworfenen Programmoberfläche, übernimmt der Controller das Gleichziehen von Model und View. Soll ein Programm beispielsweise in Abhängigkeit von den Eingaben eines Anwenders auf der Programmoberfläche ein neues Oberflächenelement einfügen, steht dafür ein spezieller Satz von Methoden pro unterstützter Sprache zur Verfügung, durch den die erzeugte Model-Klasse dem Controller bekannt gemacht wird. So erhält er die Chance zur Erzeugung eines entsprechenden Oberflächenelements im View und letztlich zur Anzeige im Webbrowser des Anwenders. Dynamisches Generieren und Aufrufen von kompletten Report-Programmcodes aufgrund mangelnder Dynamik-Fähigkeiten des Dynpro-Konzepts gehört so endgültig der Vergangenheit an.

Web-Dynpro-Oberflächenelemente

Web Dynpro wird mit einer Reihe vorgefertigter Oberflächenelemente ausgeliefert, die in ihrer Funktionalität weit über das von Dynpro Gewohnte hinausgehen. Die Einstellmöglichkeiten und Menge der Ereignisse erinnern mehr an elaborierte Visual-Basic-Komponenten oder die Delphi Visual Component Library als an HTML.

Data Binding

Allen Oberflächenelementen gemeinsam ist das Data Binding, das sich auf das gesamte Repository an Datentypen, Strukturen, Tabellen und Interfaces inklusive der dort definierten Werteauswahl, Stammdatentabellen, Beschriftungen, Hilfetexte, Übersetzungen und Lokalisierungsinformationen im SAP Web Application Server respektive der Exchange Infrastructure beziehen kann. Ein Rückgriff auf Low-Level-Kommunikationsmethoden zur Übertragung von selbst geschriebenem HTML- oder XML-Code lässt sich zwar von den Web-Dynpro-Entwicklern nicht verhindern, erscheint jedoch angesichts des damit einhergehenden Verlustes der

Web-Dynpro-Features und Plattformunabhängigkeit fragwürdig. Bei Web-Dynpro-Oberflächenelementen sorgen die Controller zur Laufzeit automatisch für die korrekte Initialisierung, Prüfung und Übernahme aller Änderungen von Daten aus und in die Geschäftslogik. Diesbezüglich führen sie einen privaten Speicherbereich, den so genannten *Context*, und organisieren in ihm über eine hierarschiche Struktur von Objeken und Referenzen die für das Data Binding verfügbaren Informationen. Beispielsweise zeigt der Context eines Oberflächenelements zunächst auf ein typisiertes Attribut im Context des View-Controllers, in das es eingebunden ist. Von dort richtet sich der Verweis auf ein Attribut eines übergeordneten View-Controllers, in dem mehrere Views zu einem *Pattern* zusammengefasst wurden. Schließlich zeigt der Context von dort auf das Attribut einer Klasse, die eine abstrakte Definition der Business-Logik enthält und vom Entwickler letztlich mit Daten aus der Datenbank versorgt wird.

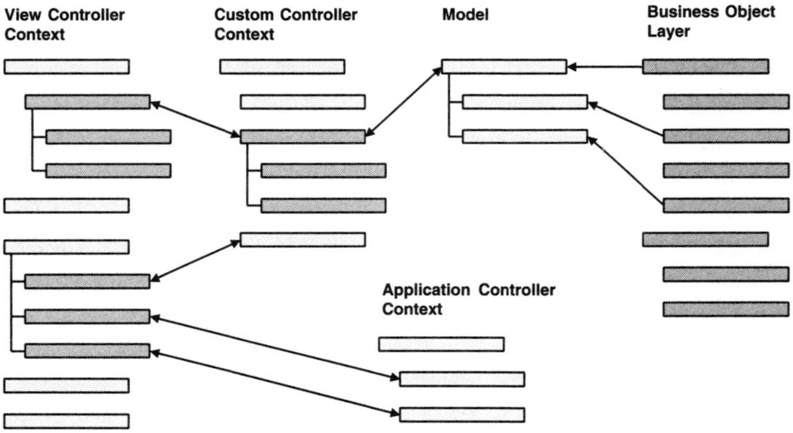

Abbildung 3.20 Web-Dynpro-Controller-Referenzen

Web Dynpro generiert den dafür notwendigen Programmcode automatisch und jede Wertänderung vom Anwender wird zu allen referenzierten Objekten per Event propagiert, damit sie darauf reagieren können – stets vom Oberflächenelement über den oder die Controller bis hin zur Geschäftslogik. Umgekehrt bewirkt jede Änderung des Attributs in der Geschäftslogik automatisch eine Anpassung aller referenzierenden Controller bis hin zum Oberflächenelement. SAP nennt diese Technik *Abstract Data Binding*, da sie die Oberflächenelemente nicht direkt mit den Daten aus der Business-Logik verknüpft, und erhöht so den Reuse von Views und ViewSets, die unabhängig von der Business-Logik entworfen werden können.

Code-Test- und Prüfverfahren: eCATT

»eCatt« steht für »extended Customer Acceptance Test Tool« und ist ein SAP-eigenes API für das automatische Testen von Programmen in der ABAP Personality. Es arbeitet prinzipiell auf der Basis vorgegebener Bildschirmeingaben, deren Eingabe es simuliert, die daraufhin erfolgten Ausgaben prüft und somit dem Microsoft Application Test Tool für Windows und .NET ähnelt. Im Gegensatz zu Letzterem muss es jedoch über ein spezielles eCatt-API vom Programmierer angebunden werden. Web Dynpro übernimmt diese Aufgabe vollständig und ohne weiteres Zutun des Entwicklers. Auf der Java-Seite ist das JUnit Test-Framework verbreitet, das sequenziell Methodenaufrufe anhand vorgegebener Input-Parameter abarbeitet und deren Output-Parameter prüft. Web Dynpro unterstützt JUnit wie auch beinahe beliebige andere Code-Testverfahren über einen Trick:

Webservice aus Web Dynpro generieren

Aus jedem Web-Dynpro-Formular lässt sich für alle unterstützten Programmiersprachen automatisch ein Webservice generieren, wobei die Eingabefelder der aktuellen Seite die Input-Parameter darstellen und die Ausgabefelder der zurückgelieferten Seite die Output-Parameter. Diese Webservices können wie gewohnt plattformübergreifend von beliebigen anderen Applikationen aufgerufen werden, natürlich auch zu Test- und Prüfzwecken. Da Web Dynpro intern den Dateninhalt eines Formulars getrennt vom Layout und im XML-Format verwaltet, ist der Schritt zum vollwertigen Webservice nicht mehr weit.

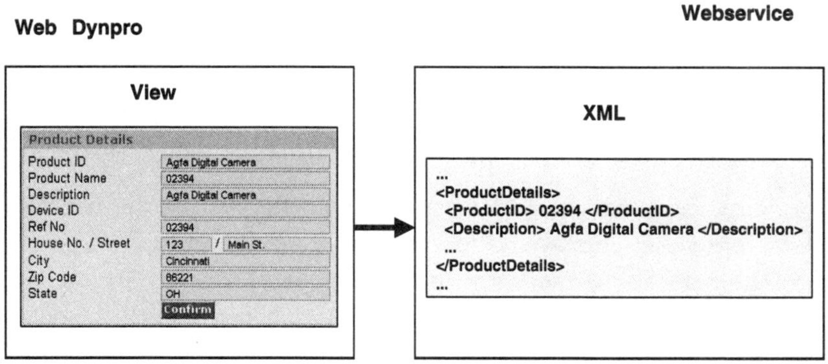

Abbildung 3.21 Übergang von Web Dynpro zu Webservice

Betrachtet man die in Kapitel 3.1 beschriebenen Unzulänglichkeiten heutiger Websites, die effizient nur von Menschen nutzbar sind und eine maschinelle Interaktion und Informationsgewinnung nahezu unmöglich machen, kann man die Wichtigkeit dieses Features für den nahezu redundanzfreien Aufbau von Webservices parallel zu Benutzeroberflächen gar nicht hoch genug einschätzen: Jede auf Web Dynpro basierende Applikation lässt sich quasi automatisch auch von anderen Applikationen nutzen und fernsteuern; dies ist sicherlich der größte Vorteil des Web-Dynpro-Konzepts.

Applets, Plug-ins und ActiveX-Controls einbinden

Als Alternative bietet sich die Entwicklung eigener oder die Nutzung vorhandener Oberflächenelemente aus anderen Programmierumgebungen an, die bis auf Java-Applets nicht die Plattformunabhängigkeit von HTML besitzen. So laufen Microsoft-ActiveX-Controls nur unter Windows und Plug-ins nur auf bestimmten Webbrowsern. Für spezielle Applikationen – z.B. Call-Center-Benutzeroberflächen mit Anbindung an die Telefonanlage, Kundenservice-Benutzeroberflächen mit Einbindung von Microsoft Office oder interaktive Grafikanzeigen mit Drag-and-Drop – sind diese Einschränkungen meist irrelevant und so ist die Möglichkeit zur Einbindung in Web Dynpro per Platzhalter ein gangbarer Weg. Technisch wird dabei das HTML-Object-Tag (`<object ...> </object>`) verwendet, wobei alle Parameter per Property Bag mit aufgelistet und dem Control bei der Aktivierung übergeben werden. Gegenüber Web Dynpro verhalten sich derartige Controls wie Black Boxes, die in dem ihnen zugewiesenen View-Bereich auf der Webseite ablaufen. Sollen diese Controls mit Web Dynpro interagieren, wird Programmierarbeit – meist in Form von JavaScript auf der Client-Seite – notwendig und der Code muss zusammen mit dem Control ausgeliefert werden.

Views, Viewsets und Frames

Ein View ist technisch betrachtet ein Bildschirmbereich, der bei modernen Browsern durch ein HTML-iFrame repräsentiert wird und in dem eine beliebige Anzahl von Oberflächenelementen enthalten und angeordnet werden können. Meist bildet ein Arrangement mehrerer solcher Views eine Webseite, wie sie der Anwender zur Laufzeit präsentiert bekommt.

Hier erbt das Konzept wieder von der im Enterprise Portal üblichen Verfahrensweise, eine Webseite durch mehrere iViews zu repräsentieren. Alternativ können Views in zusätzlichen Fenstern platziert werden, wie es unter Windows mit Symbolleisten, Popup-Windows, modalen und nicht-modalen Dialogen sowie Hilfeseiten üblich ist. Analog zu den einfachen und komplexen Oberflächenelementen werden Views häufig unter neuem Namen zu komplexen Views zusammengefasst oder ineinander verschachtelt, um einer logischen Zusammgehörigkeit Rechnung zu tragen.

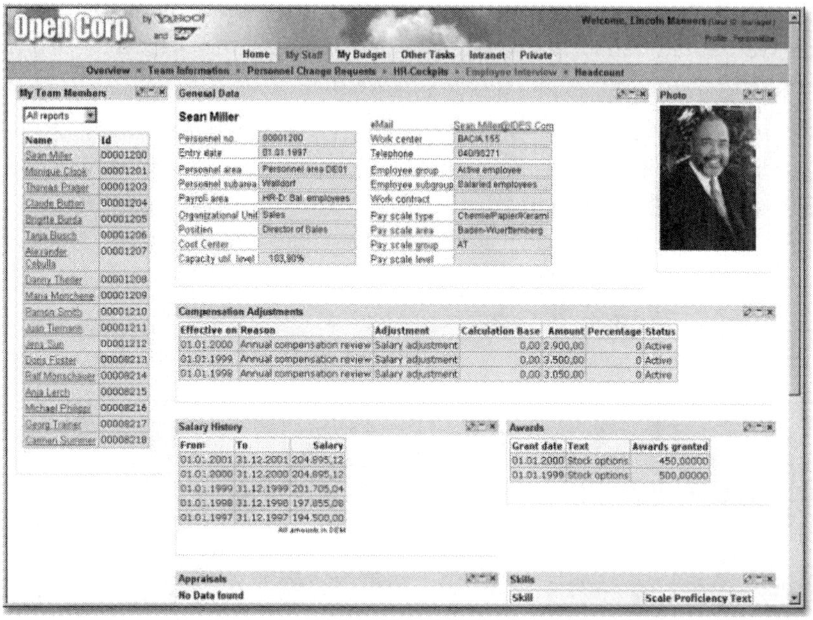

Abbildung 3.22 Arrangements von Views bilden Webseiten

SAP bezeichnet solche Kompositionen auch als *ViewSets* oder *Patterns*. Für SAP-eigene Applikationen wird meist ein vorgefertigtes Workspace-Viewset mit drei Bildschirmbereichen (*Frames*) genutzt, das die übliche Dreiteilung der Anwendungsoberfläche in einen Menü- und Toolbar-Bereich am oberen Bildschirmrand, einen Katalog- oder Tree-Bereich am linken Bildschirmrand und einen Client-Bereich vollzieht.

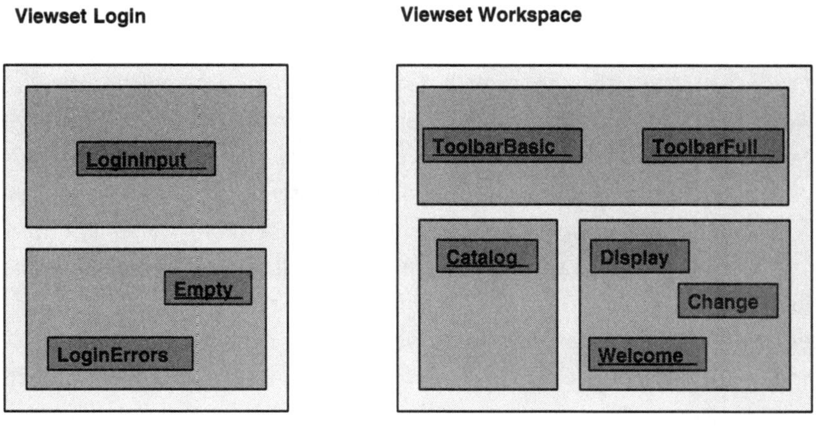

Abbildung 3.23 Web-Dynpro-Views und ViewSets

Views erhöhen den Reuse von ganzen Ein- und Ausgabebereichen, denn sie werden als separate Einheiten in der Reuse Library gespeichert und können beliebig oft wiederverwendet werden.

Navigation

Während des Designens von Views kann man mögliche (nicht zwingende) Navigationswege mit dem Web-Dynpro-Editor anlegen. Verwendet wird dabei eine grafische Repräsentation der Webseite mit den Views, in die der Entwickler über gemalte Pfeile angibt, welche Navigationsmöglichkeiten bestehen.

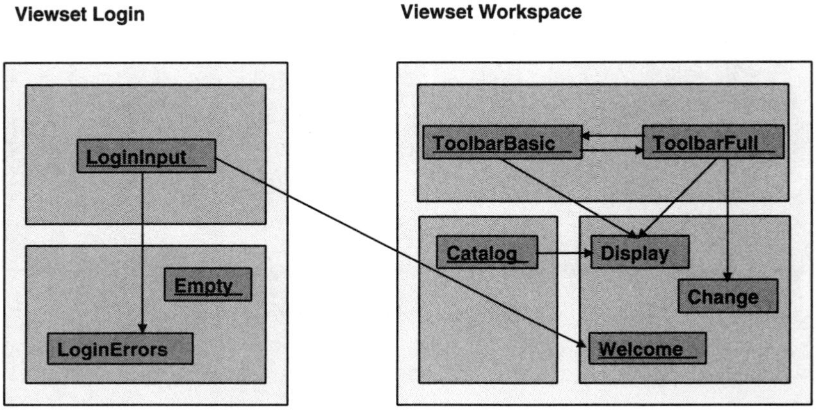

Abbildung 3.24 Navigation zwischen Web-Dynpro-Views

Views können per Default auf »sichtbar« (in Abbildung 3.24 durch einen Unterstrich dargestellt) oder »unsichtbar« gesetzt werden. In letzerem Fall werden sie zur Laufzeit automatisch sichtbar, sobald der Anwender zu ihnen navigiert.

Reuse durch vorgefertigte Komponenten

Web Dynpro kennt zwei Arten zur Speicherung von Vorlagen. Die erste wurde bereits weiter oben erwähnt und ermöglicht die Speicherung von Views in der Reuse Library, die in der abstrakten Web-Dynpro-Language definiert sind. Darüber hinaus können auch bereits in einer Programmiersprache generierte und mit Business-Logik angereicherte Views inklusive den Model-View-Controller-Klassen in der Reuse Library abgelegt werden. SAP nennt derart »ausgeschnittene« Metadaten- und Code-Bereiche auch *Komponenten*. Für jeden Bestandteil der Komponente kann festgelegt werden, ob dessen Interface global oder nur für die eigene Applikation veröffentlicht werden soll. Andere Views und Controller können diese Komponenten wie ein normales Oberflächenelement nutzen. Noch offen ist, ob man von diesen Komponenten Vererbungen vornehmen kann oder ob sie lediglich als Vorlage kopiert werden können. Der Reuse-Effekt wäre im ersten Fall maximiert.

Konvertierung von Dynpro-Oberflächen

Betrachtet man die Vielzahl vorhanderer SAP-Programme für die ABAP Personality, die allesamt die alte Dynpro-Technologie zur Erstellung von Programmoberflächen verwenden, wird klar, dass eine Koexistenz von Dynpro und Web Dynpro zumindest für die nächsten fünf Jahre im SAP GUI (siehe Kapitel 2.2.1) gegeben sein wird. Erst danach ist vermehrt mit rein Web-Dynpro-basierten Produktivsystemen beim Kunden zu rechnen, wo der Webbrowser entgültig das SAP GUI ablösen wird. Um die Vereinheitlichung der Benutzeroberflächen zumindest bei neuen Programmversionen voranzutreiben, hat SAP auch an eine Unterstützung der Konvertierung von Dynpro-Programmen in Web-Dynpro-Programme gedacht. Dabei werden durch einen Konverter die Dynpro-Oberflächen auf Basis von Web-Dynpro-Oberflächenelementen nachgebildet und die Oberflächenkontrolllogik wird in passende Events der Web-Dynpro-Klassen verlegt. Die speziell für Dynpro geschaffenen und in der Praxis gerne genutzten ABAP-Sprachelemente wie `LOOP AT SCREEN`, `MESSAGE` usw. werden ebenfalls aus den Events heraus aufgerufen. Für den Konverter strebt SAP eine Quote von 80% zu 20% für den Anteil an automatisch erledigten Umwandlungen im Vergleich zu noch manuell zu erledigenden Nacharbeiten an. In der Praxis wird es – wie zu erwarten – von Programm zu Programm zu sehr unterschiedlichen Erfolgsquoten kommen, denn während die zu Reporting-Zwecken häufig verwendeten Selection-Screens mit anschließender Vollbild-Reporting-Tabelle (z. B. ALV-Grid) zu 100% automatisch umgestellt werden, ist der Erfolg bei komplexen Eingabemasken wie z. B. der manuellen Eingabe von Geschäftsprozessen im Treasury von mySAP Financials eher gering. In solchen Fällen gibt es eine Alternative: Nichts tun – denn die Möglichkeit zum Einsatz des SAP GUI for HTML (separat oder ab Release 6.30 fester Bestandteil des SAP Web Application Server) für die Integration von vorhandenen Dynpro-Programmen in Web-Dynpro-Sessions bleibt davon unberührt. Als Faustregel gilt: Alle Dynpro-Programme, die bereits für eine uneingeschränkte Lauffähigkeit unter SAP GUI for HTML angepasst werden mussten, werden auch bei einer Konvertierung in Web Dynpro nicht ohne manuelle Nacharbeit auskommen können.

Neues Look-and-Feel aus dem Enterprise Portal

Ob nun neu erstellte bzw. konvertierte Web-Dynpro-Oberfläche oder Dynpro-Oberfläche mittels SAP GUI for HTML, das Look-and-Feel wird standardmäßig dem der iViews aus dem Enterprise Portal angeglichen und sich somit in Maßen vom bisherigen Design der SAP GUIs ab Release 4.6 unterscheiden. Allerdings wird das Look-and-Feel, wie bei Weboberflächen üblich, über ein separates Stylesheet festgelegt, wodurch es zumindest theoretisch austauschbar ist. Ob SAP gleich mehrere Stylesheets mitliefert, ist noch offen. Mit der Verwandtschaft zum Enterprise Portal »erbt« Web Dynpro ein weiteres Feature, nämlich ein generisches Framework, das das leichte Customizing des Layouts durch den Anwender ermöglicht. Auch die Anpassung der Benutzeroberfläche für eine ganze Gruppe von Anwendern durch den Administrator wird damit möglich.

Integration mit SAP Enterprise Portal

Um die Generik und Plattformneutralität des Web-Dynpro-Konzepts hervorzuheben, weisen die Entwickler gerne auf die Ablauffähigkeit in reinen .NET- (C#) und SAP-Portal-Umgebungen (Java) hin, wenngleich der Einsatz auf dem SAP Web Application Server und in gemischten Java- und ABAP-Programmen in der Praxis am häufigsten vorkommen wird. Die Integration in das Enterprise Portal geschieht auf denkbar einfache Art und Weise. Auf Knopfdruck wird nicht nur der übliche Code zu den designten Oberflächen generiert, sondern auch zusätzliche Klassen, um der Portlet-Spezifikation zu genügen, die Registrierung im Portal Content Directory zu ermöglichen und letztlich die Ablauffähigkeit als iView im Portal (siehe auch Kapitel 5.2.1) sicherzustellen. In diesem Fall stehen der Web-Dynpro-Applikation auch die zusätzlichen Events zur Verfügung, die durch das Enterprise Portal definiert werden.

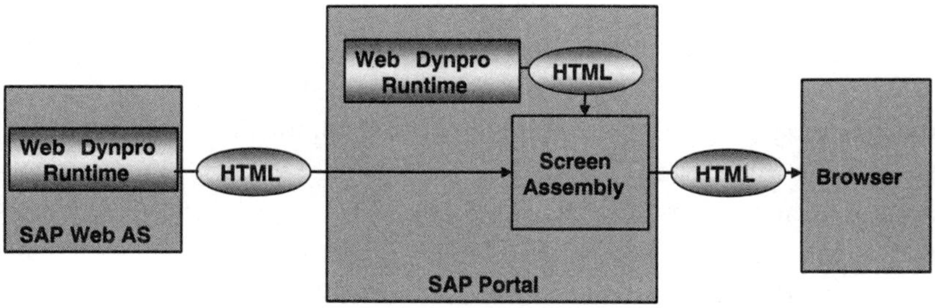

Abbildung 3.25 Integration von Web Dynpro und Enterprise Portal

Bereits eingangs zu diesem Kapitel haben wir erwähnt, dass Web Dynpro sich im Look-and-Feel an das Enterprise Portal anlehnt. In der Tat verwendet Web Dynpro den gleichen Mechanismus zur Generierung von Cascading Style Sheets und die Verwaltung geschieht über eine einheitliche Wartungsoberfläche zusammen mit vorhandenen Portal-iViews.

Systemvoraussetzungen

Web Dynpro benötigt unabhängig von der Ablaufumgebung Zugriff auf drei Dienste, die es nicht selbst mitbringt: eine zentrale Benutzerverwaltung, Repository-Zugriff und Lokalisierungsinformationen.

Für den Anschluss an eine Benutzerverwaltung stellt Web Dynpro verschiedene Mechanismen zur Verfügung, namentlich den Zugriff auf die Benutzerverwaltung innerhalb des SAP Web Application Server (siehe

Kapitel 2.2.4), LDAP-Server wie im Enterprise Portal oder einem bereits im Unternehmen eingesetzten Verzeichnisdienst oder eine Datenbank mit vorgegebenem Tabellenaufbau. Zur ausführenden Applikation hin stellt Web Dynpro einheitliche Klassen zur Verfügung, die zur Abfrage des aktuellen Benutzers, seiner Personalisierungsdaten, Rollenzuweisungen und Berechtigungen verwendet werden kann. Auf diese Weise muss sich der Entwickler nicht selbst mit verschiedenen Benutzerverwaltungen auseinander setzen. Beispielsweise können Sie mit Web Dynpro einen Logon-Screen entwerfen und Code dafür generieren. Die Zuweisung einer konkreten Benutzerverwaltung geschieht aufgrund defaultmäßiger Administrationseinstellungen oder bei Bedarf individuell für eine Applikation.

Für den Repository-Zugriff zum Laden und Speichern von Oberflächenelementen, Views, Viewsets, Komponenten etc. stellt Web Dynpro ebenfalls verschiedene Alternativen bereit, im Einzelnen die Speicherung in der Default-Datenbank des SAP Web Application Server, in der SAP DB, wie es auch das Enterprise Portal tut, oder in einem LDAP-Server. Zur ausführenden Applikation hin werden wiederum einheitliche Klassen angeboten, über die der Entwickler ungeachtet des konkreten Repositorys Gültigkeitsinformationen, Stammdaten und andere Informationen abfragen kann.

Lokalisierungsinformationen schließlich werden von Web Dynpro je nach generiertem Code entweder aus den Umgebungsinformationen der Java Virtual Machine, dem .NET-Framework oder dem Web Application Server ausgelesen und mit den vom Webbrowser zur Verfügung gestellten Informationen abgemischt. Beispiele dafür sind die eingestellte Benutzersprache, Formate für die Zahlen- und Zeitanzeige, Währungsinformationen etc.

Optionale Systemdienste

Neben den Systemvoraussetzungen nutzt Web Dynpro innerhalb des Web Application Server eine Reihe weiterer Dienste, die auf anderen Plattformen nicht ohne weiteres zur Verfügung stehen. Beispiele hierfür sind Application Log, Tracing-und-Performace-Analyse, remote Support und Debugging. Hinzu kommen die für SAP typischen Dienste wie Transportwesen, Konfigurationsmanagement und Kennzeichnung von Modifikationen durch den Kunden.

Sieben Schritte zur Benutzeroberfläche

Um das Verständnis der zu pflegenden Metadaten und die Generierung eines Oberflächengerüsts in der gewünschten Programmiersprache zu erleichtern, beschreiben wir die Design-Time-Architektur anhand der typischerweise auszuführenden Schritte in der Reihenfolge, in der man beim Entwurf mithilfe der Web-Dynpro-Entwicklungsumgebung tatsächlich vorgehen würde. Als Beispiel dient uns ein einfacher Internetbuchladen.

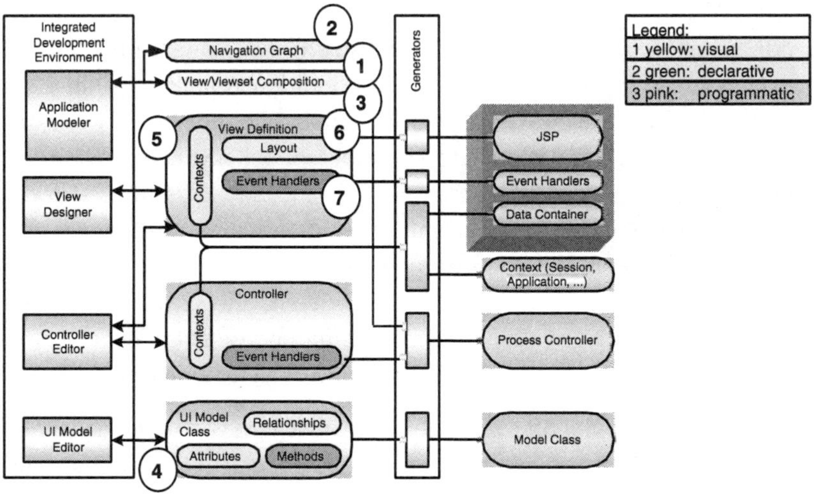

Abbildung 3.26 Web-Dynpro-Design-Time-Architektur

Das dynamische Generieren von Oberflächen zur Laufzeit geht analog vonstatten, jedoch ist jeder Design-Schritt durch entsprechendes Coding zu ersetzen. Sieben Schritte führen zu einer Applikation mit Benutzeroberfläche:

Schritt 1: Views definieren

Alle in einer Oberfläche beteiligten Views müssen definiert und im Metadaten-Repository vermerkt werden. Zunächst genügt es, für alle benötigten Views einen Namen im Editor festzulegen. Für unseren Buchladen sind diese in Abbildung 3.27 aufgeführt.

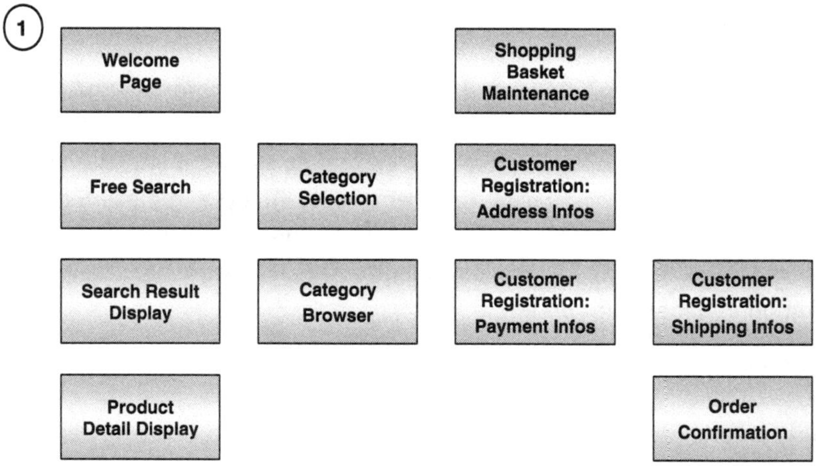

Abbildung 3.27 Views definieren

Als Nächstes muss die Navigation zwischen den Views festgelegt werden. Dazu zieht man mit der Maus einfach Verbindungslinien von einem View zum nächsten, wobei auch mehrere alternative Navigationsziele vermerkt werden können. Eine ist jedoch immer die Default-Navigation.

Schritt 2: Navigation zwischen Views definieren

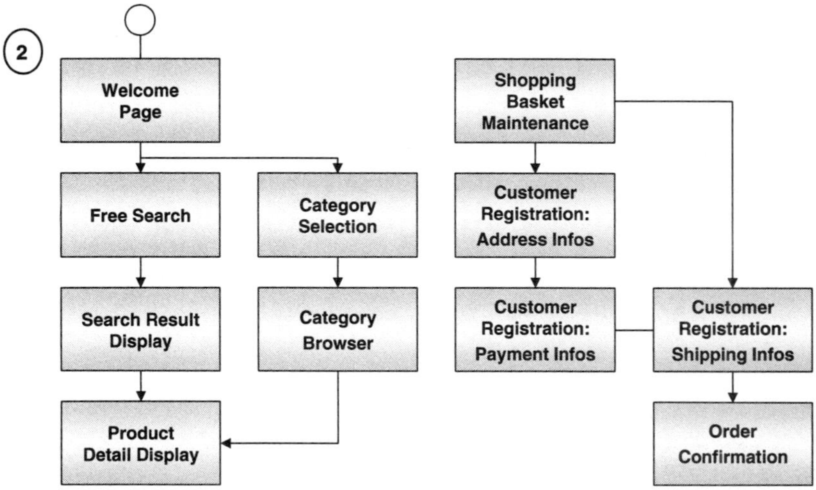

Abbildung 3.28 Navigation zwischen Views definieren

Letztlich erzeugt jede zur Laufzeit initiierte Navigation ein Event, in dem der Entwickler nicht nur über die tatsächliche Ausführung der Navigation entscheiden kann, sondern auch ein alternatives Navigationsziel (sprich View oder ViewSet) angegeben kann.

Schritt 3: View-Sets definieren und Views zuweisen

Häufig bestehen Benutzeroberflächen aus mehreren Views, die Informationen zu einzelnen Bereichen eines Themas beinhalten. Beispiele dafür sind Wizards, Katalog-Browser oder Master-Detail-Darstellungen, die verschiedene Views gleichzeitig oder nacheinander sichtbar schalten.

In unserem Beispiel kommen wir mit maximal drei Containern pro View-Set aus, wobei ViewSet 2 und 3 für die Anzeige innerhalb von ViewSet 1 vorgesehen sind (ViewSet 2 ist das Default-ViewSet).

Anschließend werden die Views durch Drag-and-Drop den einzelnen Containern zugewiesen, wobei die Navigationsrouten sichtbar bleiben und eine optische Kontrolle möglich ist. Das abstrakte Oberflächengerüst ist nun definiert und es kann die Feinarbeit an den Daten und Oberflächenelementen beginnen.

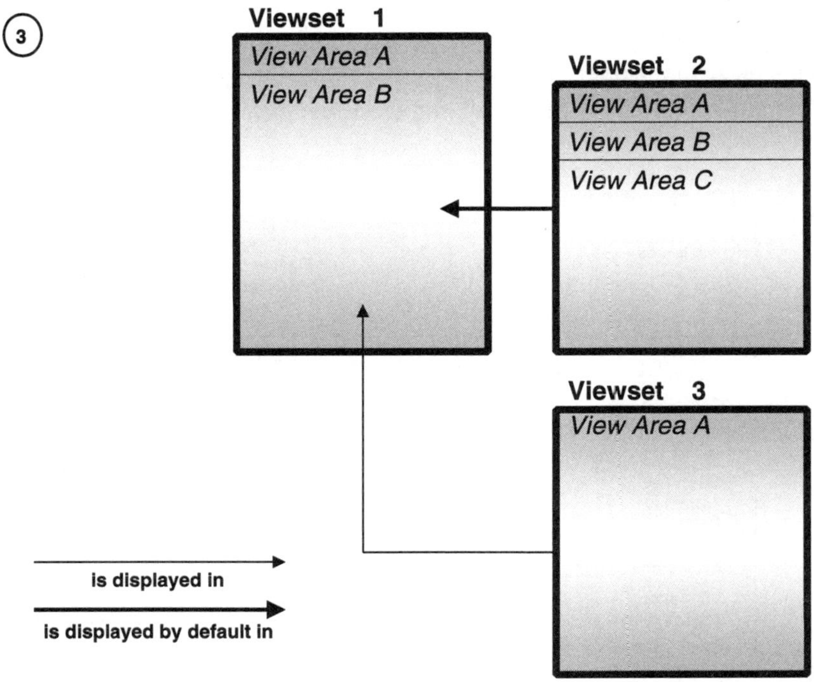

Abbildung 3.29 ViewSets definieren

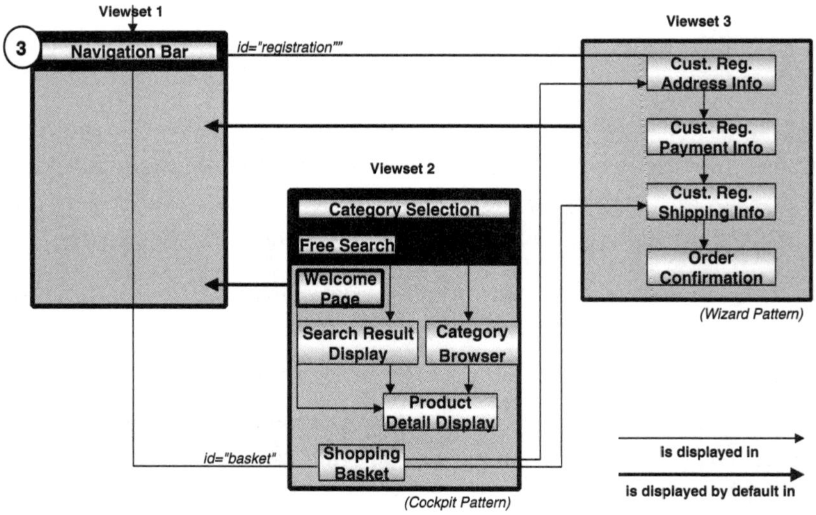

Abbildung 3.30 Views zuweisen

Schritt 4: Datenmodell definieren

Daten werden von Web Dynpro innerhalb von Klassen verwaltet. Zu diesem Zweck verfügt die Web-Dynpro-Entwicklungsumgebung über einen dem Entity Relationship Modelling ähnlichen Editor, mit dessen Hilfe die benötigten Entitäten und deren Beziehungen untereinander, Wertebereiche von Spalten, Abhängigkeiten, Texte, Hilfen etc. angelegt werden können (in etwa vergleichbar mit Inhalten des Data Dictionary in der ABAP Personality des Web Application Server). Dieses Datenmodell wird zur Laufzeit mit Daten gefüllt, die vom Anwender eingegeben oder von der Applikation aus einer Datenbank gelesen werden, und dient je nach Umfang als Grundlage für die Inhalte eines Oberflächenelements, eines Views, eines ViewSets oder sogar einer ganzen Web-Dynpro-Applikation. Das Delta-Handling zur Bandbreitenreduzierung im Client-Side-Framework basiert auf der Aktualisierung der Dateninhalte in diesem Datenmodell, wo jede Aktualisierung zwischen Server und Client repliziert wird. Weitere Anwendungsfälle sind die Wertehilfe, die formatierte Anzeige von Zahlen und Zeiten oder die Eingabeüberprüfung. SAP spricht deshalb auch von *Business Data Types*, die weit über das Datenformat einer Entität hinausgehende Informationen vorhalten. Während einfachste Dialoge wie Ja-, Nein- oder Abbrechen-Dialoge mit einem einzigen Business Data Type zur Aufnahme des Dialog-Textes auskommen können, besitzen Oberflächen für die Entgegennahme von Kundenbestellungen durchaus aufwändige Tabellen und Strukturen.

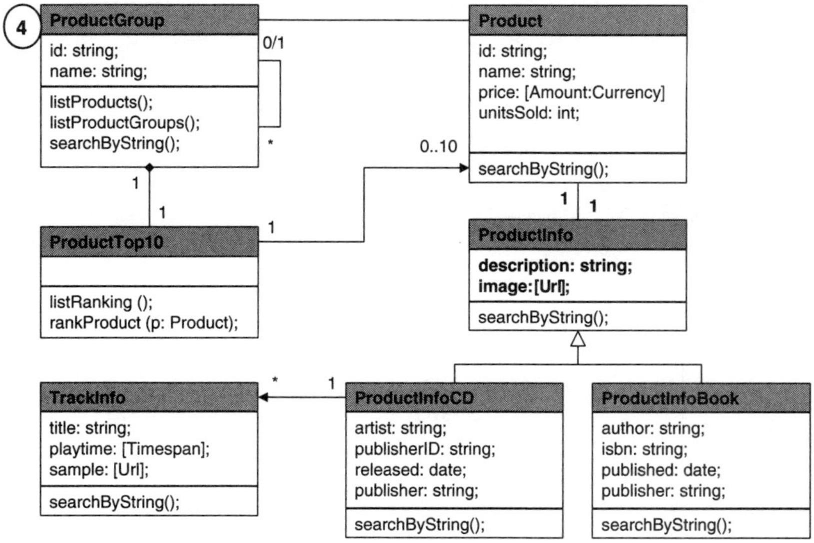

Abbildung 3.31 Datenmodell definieren

Der Web-Dynpro-Editor ist in der Lage, das Datenmodell aus dem Data Dictionary der ABAP Personality des Web Application Server, aus dem Integration Repository der Exchange Infrastructure oder aus den Tabellen einer SQL-Datenbank zu importieren. In diesem Fall ergibt sich eine 1:1-Abbildung zwischen Persistenz- und Oberflächen-Datenmodell, die jedoch nicht zwingend ist.

Schritt 5: Context definieren und referenzieren

Während Datenmodelle die Datentypen, Beziehungen und Metadaten definieren, dienen Contexte zur konkreten Instanziierung von Daten und deren Zuordnung aus der Business-Logik, wo sie als Attribute von Klassen definiert werden. Das Konzept des Abstract Data Binding wurde weiter oben bereits erläutert und so können wir uns hier darauf beschränken, entsprechende Attribute in den Contexten der Views, ViewSets und abstrakten Business-Logik-Klasse vorzusehen, über die Web Dynpro zur Laufzeit automatisch den Transport zwischen Oberflächenelement und Business-Logik abwickelt.

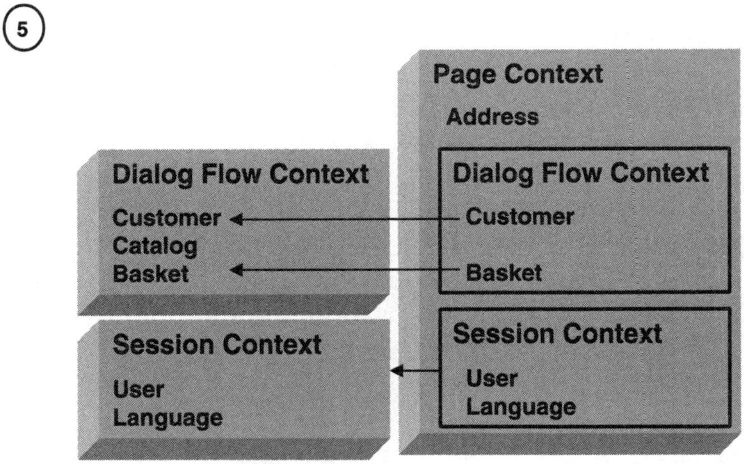

Abbildung 3.32 Context definieren oder referenzieren

Darüber hinaus erlauben Contexte die Zwischenschaltung zusätzlicher Konsistenzprüfungen, die z.B. nicht für ein einzelnes Datum durchgeführt werden können, sondern in Kombination mit anderen Daten zu prüfen sind. Je nach Komplexität der Prüfungen können diese durch einfache boolsche Ausdrücke im Client-Side-Framework ohne Server-Roundtrip durchgeführt werden. Zu diesem Zweck können im Context auch lokale Attribute definiert werden, die letztlich als Konstanten oder Variablen in den Ausdrücken verwendet werden können.

Nachdem die jeweils notwendigen Daten in den Views vorliegen (besser gesagt, die Attribute mit korrektem Business Data Type, in denen sich zur Laufzeit die Daten befinden werden), können nun die Oberflächenelemente platziert werden. Das Layout definiert sich über spezielle Layout-Komponenten, deren Zweck die gleichförmige Ausrichtung der darin enthaltenen Oberflächenelemente ist. Beispielsweise sollten Input-Elemente linksbündig untereinander ausgerichtet werden können.

Schritt 6: Oberflächenelemente und Layout definieren

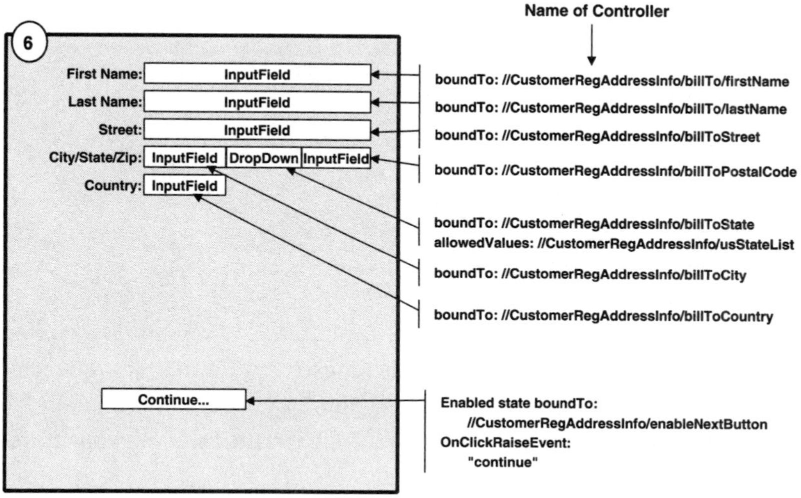

Abbildung 3.33 Oberflächenelemente und Layout definieren

Nun müssen die Contexte der einzelnen Oberflächenelemente noch mit den korrekten Attributen innerhalb des View-Contextes verbunden werden, um sie mit Daten aus der Business-Logik zu versorgen. Alle bis hierhin genannten Schritte lassen sich innerhalb der Web-Dynpro-Entwicklungsumgebung mithilfe grafisch orientierter Werkzeuge und ohne Programmierung erledigen. Auffällig ist, wie weit das Web-Dynpro-Konzept über das eigentliche Oberflächendesign hinausgeht: Es existieren bereits ein Datenmodell und Metadaten, mit denen auch die Business-Logik arbeiten kann, es gibt ein fertiges Data Binding zwischen Business-Logik und Oberflächenelementen, es erscheinen automatisch Werthilfen, Eingabeüberprüfungen, Hilfetexte und Tooltips, die Navigation von einer Webseite zur nächsten wurde festgelegt und die notwendigen Business-Logik-Klassen wurden zumindest abstrakt definiert.

Schritt 7: Code der Event-Handler schreiben

Was bleibt, ist das Vervollständigen der Business-Logik in den von den Web-Dynpro-Elementen angebotenen Ereignissen sowie das Laden und Speichern von Daten.

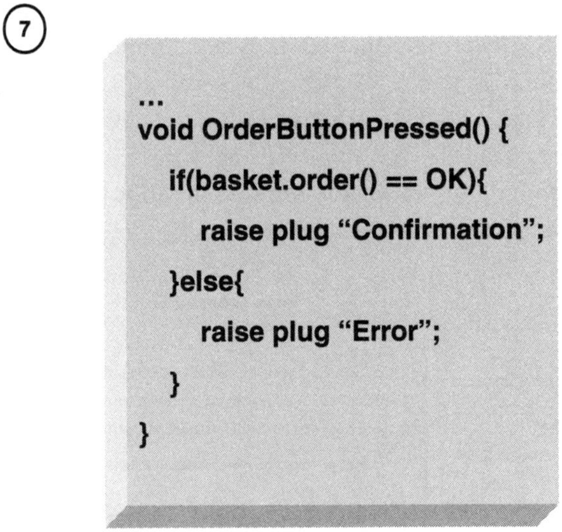

Abbildung 3.34 Code der Event-Handler schreiben

Angesichts der von den Kunden gewünschten, immer umfassenderen und firmenübergreifenden Softwarelösungen mit immer komplexerer Business-Logik bedeutet Web Dynpro für SAP einen entscheidenden Schritt hin zu einer auch in Zukunft erfolgreichen Realisierung kollaborierender E-Business-Lösungen.

3.3 Customizing und Administration

Grundlegende Konzepte zu Customizing und Administration des Web Application Server wurden bereits in Kapitel 2.3 erläutert, so dass wir uns hier auf einige ausgewählte Einstellungsmöglichkeiten in Bezug auf den Internet Communication Manager und die Java Personality beschränken können.

Internet Communication Manager

Über die Transaktion SMICM gelangen Sie auf direktem Weg in den ICM Monitor, der beim Monitoring und der Administration des Internet Communication Manager zum Einsatz kommt.

Dort können Sie sich die Verfügbarkeit der Threads, genauso wie die Konfiguration der einzelnen TCP/IP-Ports und deren Belegung mit Diensten wie HTTP, HTTPS und SMTP, anschauen. Uns interessieren an dieser Stelle jedoch ausschließlich die einfachen Administrationsmöglichkeiten, die im Hauptmenü unter **Administration** geboten werden und ein geordnetes oder sofortiges Abbrechen des Internet Communication Manager ermöglichen.

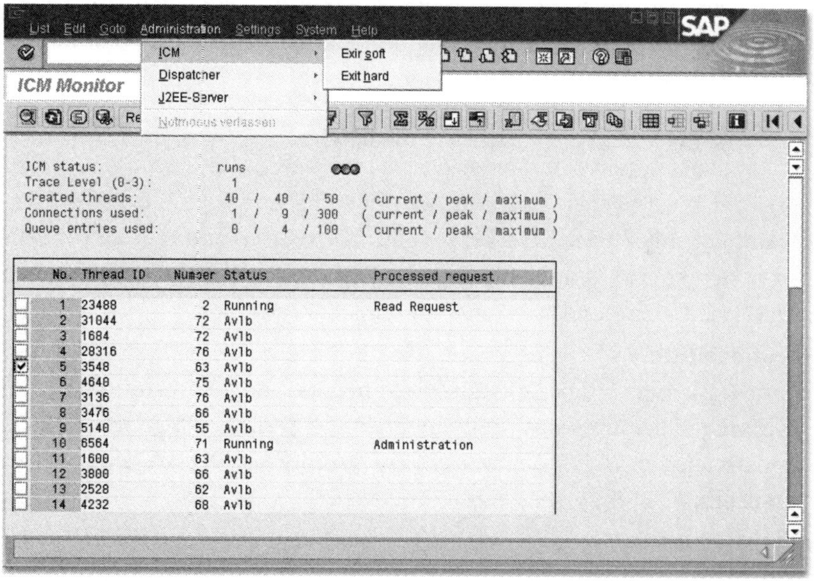

Abbildung 3.35 Der ICM Monitor

Neu gestartet wird der Internet Communication Manager über den Dispatcher, der auch einen Restart des Internet Communication Manager erzwingen kann (siehe Abbildung 3.36).

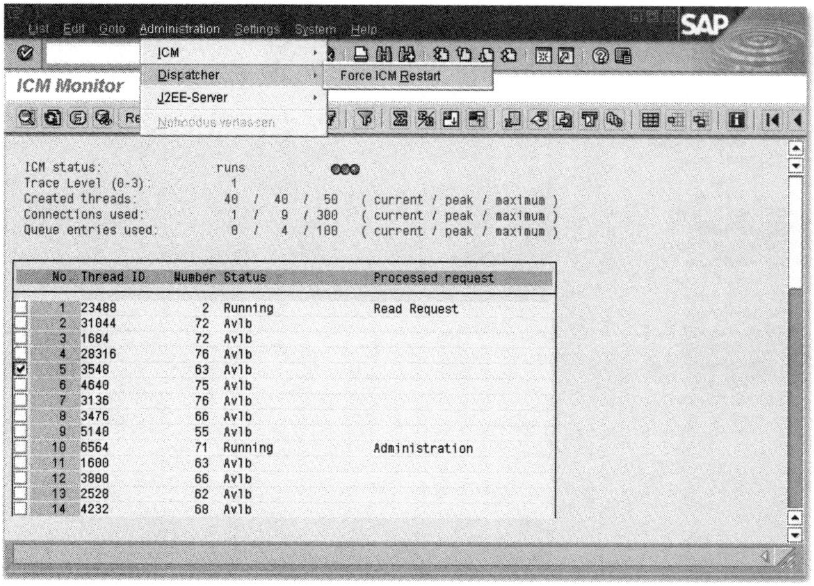

Abbildung 3.36 Restart des Internet Communication Manager

Java Personality

Schließlich kann auch die Java Personality mit verschiedenen Shutdown- und Restart-Varianten gesteuert werden, die seit Release 6.20 vollständig in den Web Application Server integriert sind.

- **Softshutdown**
  Der Web-Application-Server-Dispatcher setzt das Restart-Flag und sendet die übliche Softshutdown-Meldung an den J2EE-Server. Daraufhin schließt der J2EE-Server alle TCP/IP-Verbindungen und beendet sich selbst. Wurde die **Restart**-Option gewählt, startet der Web AS-Dispatcher den J2EE-Server anschließend wieder.
- **Hardshutdown**
  Im Gegensatz zum Softshutdown bewirkt der Hardshutdown ein sofortiges Beenden des J2EE-Servers ohne Berücksichtigung eventuell noch offener TCP/IP-Verbindungen. Wurde der Restart angeordnet, startet der J2EE-Server daraufhin wieder.
- **Stop process**
  In diesem Fall wird der komplette Prozess vom Web AS-Dispatcher beendet, in dem die Java VM und der J2EE-Server sich aufhalten. Dieser Menüpunkt sollte gewählt werden, falls die ganze Java VM nicht mehr reagiert.
- **Neustart Ja/Nein**
  Setzt das interne Restart-Flag entsprechend.

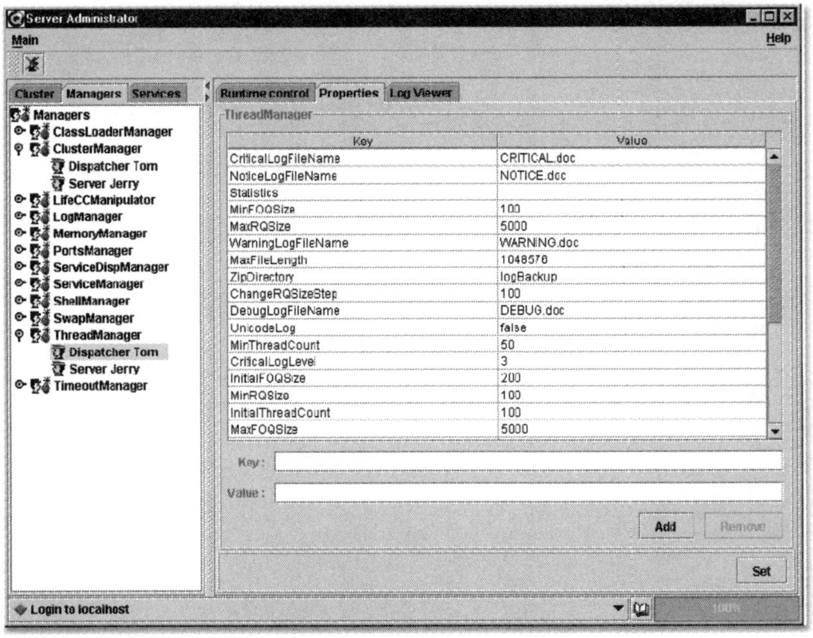

Abbildung 3.37 Der J2EE Visual Administrator

Darüber hinausgehende Administrationsaufgaben werden über eine eigene Applikation – den Visual Administrator (siehe Abbildung 3.37) – vorgenommen, der sowohl für einzelne Server als auch ganze Cluster von J2EE-Engine-Installationen und den darauf ablaufenden Modulen eingesetzt werden kann. Der Visual Administrator selbst ist in Java geschrieben und kann von einem beliebigen Rechner ausgeführt werden, auf dem eine Java Virtual Machine verfügbar ist.

Der Visual Administrator stellt im Einzelnen Funktionen zur Informationsabfrage der einzelnen J2EE-Dienste bereit, zur Konfiguration von Start- und Laufzeitparametern, zur Sicherheitsverwaltung von Methoden und Rollen, zum Deployment von Applikationen auch über ein ganzes J2EE-Cluster hinweg sowie zur Analyse von Log-Daten.

3.4 Applikationen

In Kapitel 2.4 haben wir bereits über die Entwicklungsoberfläche Object Navigator für die Entwicklung herkömmlicher – d.h. dynpro-basierter – ABAP-Applikationen berichtet. In diesem Kapitel werden wir uns deshalb auf die Vorstellung einiger spezieller Features hinsichtlich der Entwicklung von Webapplikationen beschränken. Java-seitig stellen wir die Eclipse IDE vor, die für die Java- und Web-Dynpro-Oberflächenentwicklung bei SAP ab dem Release 6.30 des Web Application Server bevorzugt zum Einsatz kommen wird.

3.4.1 Webapplikationen unter ABAP entwickeln

Bislang wurden Webapplikationen unter ABAP vornehmlich als BSP-Applikationen entwickelt. Der Object Navigator enthält dafür eine spezielle Unterstützung, die sich für den Entwickler in einigen speziellen Menüpunkten und speziell zugeschnittenen Dialogen und Fenstern offenbart. So erfolgt auch das Anlegen einer BSP-Applikation über einen separaten Menüpunkt im Kontextmenü.

Innerhalb einer BSP-Applikation kann man die typischen Entwicklungselemente über das Kontextmenü erzeugen, namentlich Seiten, Resource-Dateien, MIME-Objekte (z.B. Bilder, Sounds oder Videos) sowie Layout-Vorlagen (Themes).

Meistens wird man Webseiten hinzufügen, über die eine BSP-Applikation mit dem Anwender kommunizert. Diesen Seiten hinterliegt ein vorgefertigtes objektorientiertes Programmgerüst, das bereits fehlerfrei kompiliert und ausgeführt werden kann.

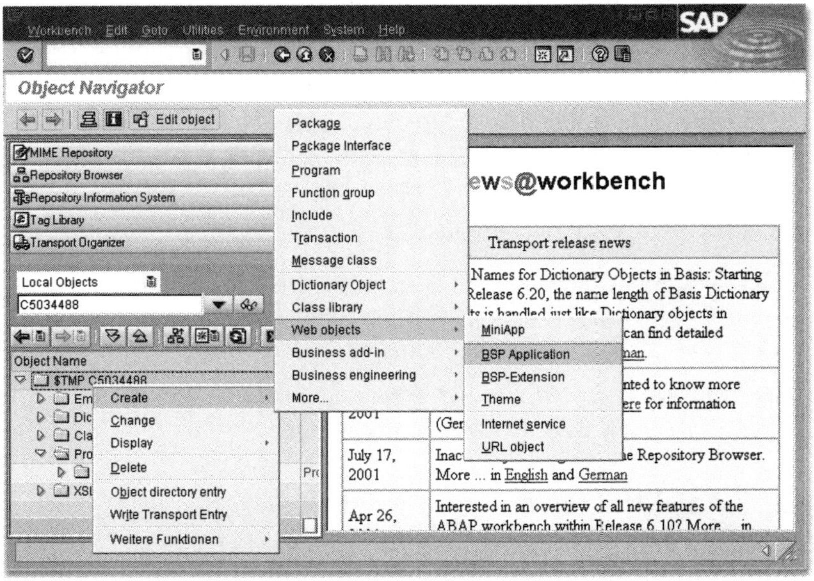

Abbildung 3.38 Anlegen einer BSP-Applikation

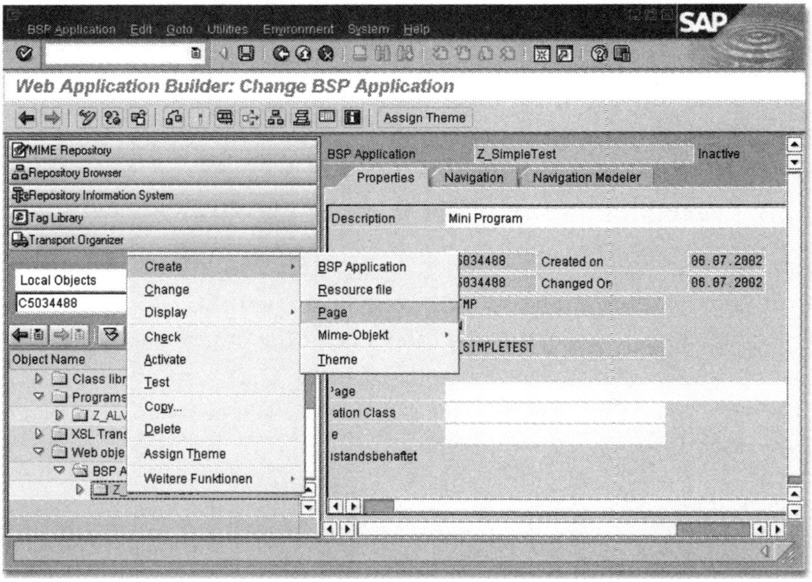

Abbildung 3.39 Entwicklungselemente zu einer BSP-Applikation hinzufügen

Mittels Event-Handling und in die HTML-Seite eingebettetem ABAP-Code kann der Entwickler die Applikation Schritt für Schritt erweitern. Dies ist eine durchaus respektable Alternative zur Erstellung von Internetapplikationen.

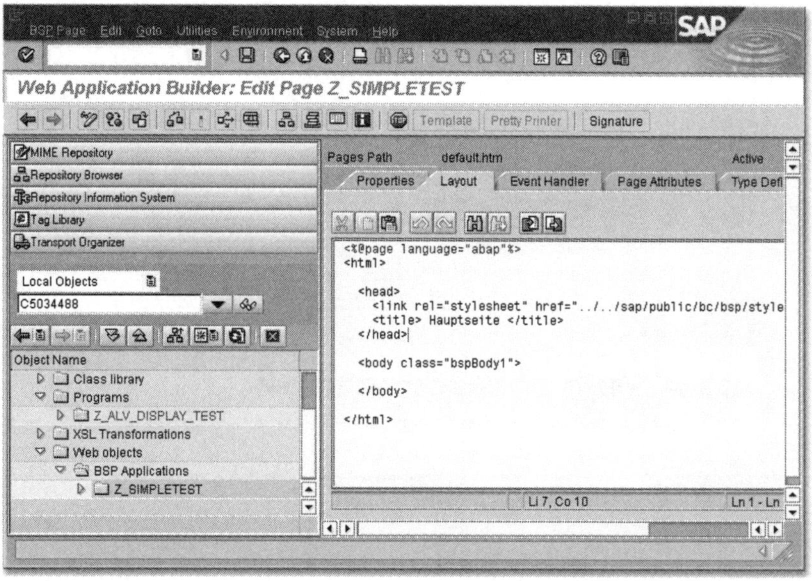

Abbildung 3.40 Vorgefertigtes Programm- und Seitengerüst

3.4.2 Webapplikationen unter Java entwickeln

Eclipse ist eine Java-basierte, universelle Open-Source-Tool-Plattform, mit deren Hilfe auf recht einfache Weise komfortable, integrierte Entwicklungsumgebungen und Verwaltungsoberflächen für vielerlei Zwecke realisiert werden können. Sie wird von einem Konsortium aus Firmen entwickelt, zu denen neben IBM und anderen auch SAP gehört, und steht seit Juli 2002 in der Version 2.0 zur Verfügung. Spezialisierungen der Tool-Plattform, wie z.B. eine Java IDE (Java Development Toolkit) oder die SAP-Web-Dynpro-Entwicklungsoberfläche werden als Plug-in in Eclipse eingehängt und stehen dort unter einer gemeinsamen Oberfläche und mit einheitlichem Look-and-Feel zur Verfügung.

In der Grundversion von Eclipse sind bereits eine stattliche Anzahl von Features enthalten wie beispielsweise die Projektverwaltung und -navigation, ein Text-Editor, eine Aufgabenverwaltung, leistungsfähige Such-Funktionen für Texte und natürlich umfassende Möglichkeiten zur Anpassung der Oberflächen- und Tastatur-Einstellungen. Diese werden im Fall der Java IDE durch spezielle Features wie Syntax-Highlighting, Code-Wizards, automatische Code-Vervollständigung, Debugging, hierarchische Objekt-Browser, Versionierung und sogar Objekt-Refacturing erweitert.

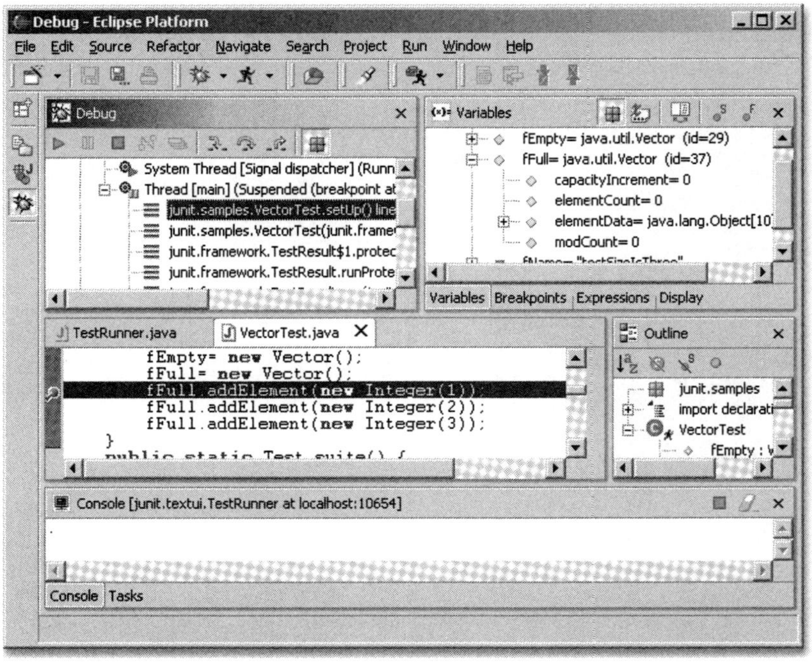

Abbildung 3.41 Eclipse IDE

Lediglich eine RAD-Oberfläche zur grafischen Erstellung von Java-Benutzeroberflächen fehlt bislang. Für SAP ist Eclipse ein wesentliches Standbein, auf dessen Grundlage die Web-Dynpro-Editoren zur Erstellung von webbasierten Oberflächen entwickelt werden.

3.5 Programmierung

Nachdem wir uns in Kapitel 2.5 mit der Programmierung unter ABAP beschäftigt haben, betrachten wir hier zur Abwechslung ein Java-Programmierbeispiel. Aufgrund der Vielzahl auf dem Markt verfügbarer Entwicklungsumgebungen beschränken wir uns an dieser Stelle auf das zugrunde liegende SAP-Webservice-Toolkit sowie den Quelltext und überlassen dem Leser die Wahl seiner favorisierten Entwicklungsumgebung.

Aufgabe Es soll für die Java Personality des SAP Web Application Server ein Webservice entwickelt werden, der nichts weiter tut, als einem übergebenen String ein »Hello « voranzustellen und das Ergebnis wiederum als String zurückzuliefern. Die zugrunde liegende Java-Methode soll `sayHello` heißen. Über ein einfaches Client-Programm soll der Webservice-Aufruf getestet werden.

Zunächst sollten Sie überprüfen, ob das SAP-Webservice-Toolkit bereits eingespielt ist. Im Verzeichnis *<SAPj2eeEngine_install_dir>/alone/additional-lib* bzw. bei Cluster-Betrieb in *<SAPj2eeEngine_install_dir>/cluster/server/additional-lib* müssten die Dateien *inqmyxml.jar* und *inqmysoap.jar* vorhanden sein. Falls nicht, können Sie sich die neueste Version über den SAP Service Marketplace *(http://service.sap.com)* herunterladen und installieren. Danach ist ein Neustart der SAP J2EE Engine notwendig.

Vorbereitungen

In Kapitel 3.2.2 haben wir bereits erläutert, dass das SAP-Webservice-Toolkit statuslose Enterprise JavaBeans, so genannte *Session Beans*, in vielen Fällen vollautomatisch für den Zugriff per Webservice erweitern kann. Dies hängt von der Art der zur Verfügung gestellten Attribute, Methoden und Parameter ab; im Einzelnen werden folgende Typen unterstützt:

Entwickeln eines simplen Session Beans

- alle simplen Java-Typen wie `byte`, `short`, `int`, `long`, `char`, `float`, `double` und `boolean` wie auch die zugehörigen Wrapper-Klassen wie `Byte`, `Short`, `Int`, `Long`, `Character`, `Float`, `Double` und `Boolean`
- alle unter `java.lang.string` verzeichneten Typen
- Arrays mit beliebigen Werten und Dimensionen
- JavaBean-Objekte, deren Klassen ausschließlich Methoden mit simplen Java-Typen enthalten, `public`-Variablen oder `get()`- und `set()`-Methoden

Für alle anderen Arten von Klassen gibt es das DataMarshaling-Framework, über das die Serialisierung und Deserialisierung von Objekten sowie die korrekte WSDL-Generierung sichergestellt werden kann.

Schreiben Sie den folgenden Code:

```
import javax.ejb.SessionBean;
public class Z_WS_Hello
            implements SessionBean {

  public String message = new String("Hello ");
  public String sayHello(String s) {
    return new String(message + s);
  }
}
```

Anschließend kompilieren und deployen Sie das Session Bean im SAP-J2EE-Server.

Transformation in einen Webservice

Nach dem Deploy-Vorgang können Sie mit der Transformation in einen Webservice beginnen. Das SAP-Webservice-Toolkit generiert die WSDL-Beschreibung komform zu den in der JAX-RPC-Spezifikation genannten Regeln. Hierzu muss man lediglich per Webbrowser die Administrationsoberfläche des Soap-Dispatchers unter *http://[J2EE Server-Home]/soap-dispatcher* aufrufen, aus der dort angezeigten Liste an deployten Beans das entsprechende Session Bean auswählen und durch einen einfach Mausklick auf den Eintrag die Generierung der WSDL-Datei veranlassen. Nun ist unsere `sayHello`-Methode als Webservice aufrufbar.

Zugriff auf Webservices

Der Zugriff auf Webservices gestaltet sich ähnlich einfach, vorausgesetzt, man lässt das SAP-Webservice-Toolkit die ganze Arbeit erledigen und benutzt dessen Proxy-Generator. Die allgemeine Syntax von der Kommandozeile aus lautet:

```
ProxyGenerator <wsdl-file> <outdir> [options]
```

Als Optionen stehen dabei folgende Parameter zur Verfügung:

- `[-p package]` – Package-Name
- `[-c]` – Kompilieren
- `[-j jarname]` – erzeugt JAR-Datei

Anschließend kann über den Proxy bequem aus eigenen Applikationen auf den Webservice zugegriffen werden, z.B:

```
package hello;
public class HelloClient {
  public static void main(String[] args) {
    try {
      Z_WS_HelloIF_Stub stub =
          (Z_WS_HelloIF_Stub)(new Z_WS_HelloImpl().
          getZ_WS_HelloIF());
      stub._setTargetEndpoint(args[0]);
      System.out.println(stub.sayHello("Duke!"));
    }
  }
}
```

4 mySAP Technology – SAP Exchange Infrastructure

Die SAP Exchange Infrastructure befasst sich mit dem Datenaustausch zwischen SAP- und Fremdapplikationen in einem Unternehmen sowie den daraus resultierenden Möglichkeiten zur Integration von Geschäftsprozessen über die Grenzen eines Unternehmens hinweg. Dabei kommt neben einer Reihe traditioneller Schnittstellen bevorzugt die neue Webservice-Technologie zum Einsatz. Das zugehörige Produktteam wurde organisatorisch im zweiten Quartal 2002 dem neuen SAP-Geschäftsbereich *Collaborative Applications* zugeordnet. Die SAP Exchange Infrastructure setzt technisch auf dem SAP Web Application Server auf und nutzt sowohl dessen ABAP als auch Java Personality als Basis für seine Dienste. Sie ist damit eines der ersten lebendigen Zeugnisse für die im November 2001 verkündete SAP-Strategie, Java neben ABAP zur gleichberechtigten Programmiersprache zu machen und das jeweils Beste aus beiden Welten für die Erstellung eines Produkts gemeinsam zu nutzen.

4.1 Problemhintergrund

Heterogenität der Softwaresysteme

Die Integration von Geschäftsanwendungen – oder genauer: die Realisierung softwareübergreifender Geschäftsprozesse – gehört seit mehr als 20 Jahren zu den wichtigsten und gleichzeitig leidigsten Themen in den IT-Abteilungen von Unternehmen. Schuld daran ist die Tatsache, dass die Softwareprodukte eines Herstellers bislang nicht alle Anforderungen eines Unternehmens optimal abdecken können und man deshalb mehrere Lösungen kombiniert. Ob CAD-, ERP-, SCADA- oder LIMS-Produkte – die Liste der Softwarehersteller und Systeme ist lang; entsprechend vielgestaltig sind die jeweiligen Anpassungsmöglichkeiten, Lösungsschwerpunkte und Schnittstellen zur Außenwelt.

Egal, wie stark sich ein Unternehmen um eine einheitliche »Software für alles« bemüht, spätestens beim Zukauf eines anderen Unternehmens wird seine IT-Landschaft heterogen. Und selbst wenn man das noch verhindern könnte, beginnt die Heterogenität doch direkt vor der Haustür, nämlich im Zusammenspiel mit Kunden, Lieferanten und anderen Geschäftspartnern. Auf diese Weise kommen ältere Unternehmen über die Jahre durchaus schon mal auf ein Dutzend verschiedene Rechnungswesensysteme, um die sich hunderte weiterer Systeme für die verschiedensten Bereiche gruppieren können. Durch den Erfolg des Internets verschärft sich dieser Trend noch und es kommt unweigerlich der Zeitpunkt, an dem sich ein

Unternehmen mit den Schnittstellen seiner Softwaresysteme beschäftigen muss, will es nicht Geschäftsdaten doppelt und dreifach eintippen lassen und wertvolle Mitarbeiterzeit auf diese Weise blockieren.

Punkt-zu-Punkt-Verbindungen

Die übliche Vorgehensweise bei der Schnittstellenanbindung ist auch heute noch die Einrichtung einer Punkt-zu-Punkt-Verbindung, die die Daten eines Geschäftsvorfalls von der Außenschnittstelle des Quellsystems mit einem eigens geschriebenen Programm entgegennimmt, das Datenformat gemäß den Vorgaben der Innenschnittstelle des Zielsystems umformatiert und schließlich dorthin weiterleitet. Diese Schnittstellen sind üblicherweise von außen aufrufbare Funktionen, Datenbanktabellen oder Dateien. Etwaige Rückmeldungen werden nur bei Funktionen den umgekehrten Weg entlang transportiert. Hat man erst einmal einige hundert derartiger Schnittstellen realisiert, ist Integrationskomplexität im Überfluss vorhanden und es beginnen die Probleme.

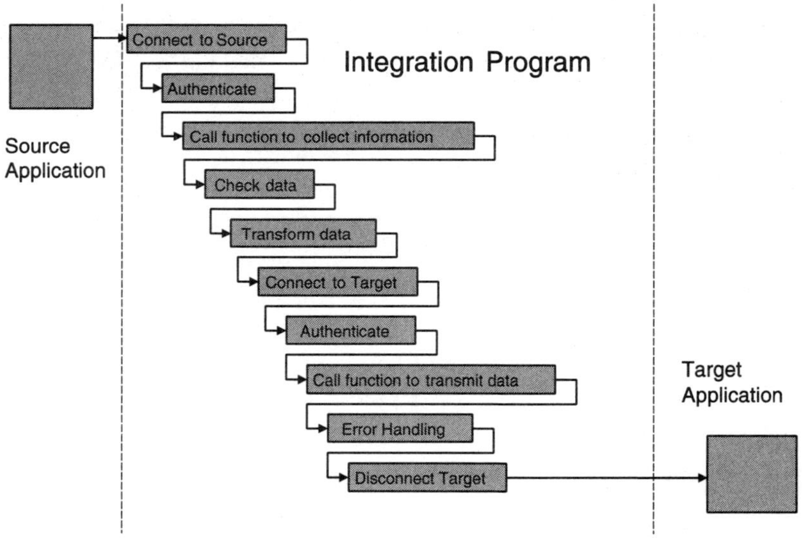

Abbildung 4.1 Typischer Aufbau einer Punkt-zu-Punkt-Verbindung

Es gibt keine gemeinschaftliche Nutzung von Informationen oder Prozesssteuerungen, geschweige denn eine zentrale Wartbarkeit. Es ist jedes Mal eine Herausforderung, solch eine Infrastruktur von direkt integrierten Komponenten zu upgraden, zu verändern oder zu erweitern. Die Unternehmen müssen ihre limitierten Ressourcen außerdem angemessen auf die fortlaufende Anpassung der Integration von Komponenten mit stabilen, hochvolumigen Verbindungen konzentrieren, während alle anderen Schnittstellenanbindungen erst mit der Zeit nachgezogen werden können.

Semantische Standardisierung

Was ebenfalls fehlt, ist eine fachliche Standardisierung von Geschäftsdaten, z.B. Einkaufsanfragen oder Verkaufsangeboten, wie es auch EDIFACT, X.11 und SGML im Sinn haben. Zu komplex und zu teuer, lautet das einhellige Urteil vieler Unternehmen und so findet man derartige Formate heute beinahe ausschließlich in Großunternehmen. Erst seit dem Siegeszug der einfach zu handhabenden Datenbeschreibungssprache XML (*eXtensible Markup Language*) erleben Gremien zur Standardisierung von Geschäftsdaten und darauf ablaufenden Prozessen eine Renaissance. Ansätze wie ebXML (*Electronic Business using Extensible Markup Language*), RosettaNet-Standards oder BPML (*Business Process Modeling Language*) werden mittelfristig zu einer weltweit einheitlichen Formatierung und Verarbeitung von einfachen Geschäftsprozessen führen.

Globale Anwendungsintegration

Aktuell lässt sich bereits ohne viel Kreativität voraussagen, wohin diese Trends langfristig führen werden: zu einer Unternehmens-IT, die intern wie global über das Internet in enger Zusammenarbeit mit den eigenen und den Applikationen anderer Unternehmen eine Vielzahl von Geschäftsszenarien automatisiert abwickeln wird. Dabei kann ein Teil der Geschäftsprozesse ad hoc, d.h. auf Befehl eines Anwenders hin, gestartet werden (z.B. Übermittlung des Produktkatalogs eines neuen Lieferanten, Abgleich der Einkaufs- und Verkaufsbedingungen, Include eines Teilprojektplans in einen Gesamtprojektplan etc.), während nicht vollständig standardisierte, neuartige oder sehr komplexe Geschäftsszenarien durch IT- und Fachkräfte einmalig eingerichtet werden müssen (z.B. Integration von CAD-Materialdaten eines Zulieferers in das Produktionsplanungssystem des Unternehmens).

Die daraus resultierenden Möglichkeiten der Automatisierung und Beschleunigung von Geschäftsprozessen zur Kosteneinsparung und Steigerung der Kundenzufriedenheit frühzeitig zu nutzen, schafft erhebliche Wettbewerbsvorteile, wird jedoch von einer ganzen Reihe von Anforderungen begleitet, die aus wirtschaftlichen Gründen kaum in einem normalen Projektumfang enthalten sein können:

1. Es müssen Adapter für möglichst viele Altsysteme vorhanden sein, die (noch) nicht über eine Webservice-Schnittstelle verfügen, um so die Anbindung an ein zentrales Integrationssystem zu leisten.
2. Ein zentral wartbares Integrationssystem ist für größere Integrationsaufgaben unerlässlich und muss über komfortable Routing-, Mapping- und Logik-Mechanismen verfügen, die das Konvertieren und Weiterleiten von Geschäftsdaten übernehmen und zusammen mit den Adaptern die herkömmliche Programmierung von Punkt-zu-Punkt-Übermittlungen ersetzen können.

3. Auf übergeordneter Ebene muss das Arrangieren einer Reihe logisch zusammenhängender Datenübermittlungen zu einem gesamten Geschäftsprozess möglich sein und eine »Alles-oder-Nichts«-Abwicklung garantiert werden können.
4. Schließlich ist entscheidend, dass eine Vielzahl von Geschäftsprozessen zwischen gängigen Systemen in vorgefertigten Geschäftsszenarien mitgeliefert werden, auf die man bei der Durchführung von Integrationsprojekten aufbauen kann.

Zu Punkt 1: Adapter und Webservices

Microsoft preist sein Bürolösung Office auf Entwicklerkongressen als Softwarebaukasten mit hunderten von Objekten und Methoden für allerlei Zwecke an; SAP annonciert die Verfügbarkeit von 10000 remote aufrufbaren Funktionsbausteinen für die R/3- und mySAP.com-Lösungen; Siemens stattet selbst programmierbare Microcontroller, so klein wie ein Fingernagel, mit Netzwerk-, Datei- und HTTP-Schnittstellen aus – diese Liste ließe sich beliebig fortsetzen und zeigt, dass Menge und Umfang der Programmschnittstellen von Unternehmenssoftware jeder Couleur seit Mitte der 90er Jahre ein wahrhaft explosionsartiges Wachstum zu verzeichnen haben. Alle diese Schnittstellen dienen dem Zweck, eine Applikation für die Anbindung von Drittsystemen zu öffnen und so den betriebswirtschaftlichen Nutzen für ein Unternehmen zu steigern. In diesem Zusammenhang drückten die Top Ten der Softwarebranche sowie diverse Interessengemeinschaften mit ihrem großen Einfluss auf die Wirtschaft jeweils ihr favorisiertes Kommunikationsprotokoll auf den Markt, wie z.B. COM+, CORBA, RMI und RFC. Wer von außen auf die Daten und Funktionen verschiedener Applikationen zugreifen will, muss alle diese Protokolle beherrschen, d.h. Adapter oder Konnektoren dafür programmieren. Im Zuge der Popularisierung der Webservice-Technologie jedoch werden in Zukunft viele Softwarehersteller zusätzlich eine Programmschnittstelle auf Basis der zugrunde liegenden Standards UDDI, WSDL und SOAP anbieten, die das Durchforsten der Schnittstellen von außen, das Sichten der Übergabeparameter samt zugehöriger Erläuterungen sowie den Aufruf der Funktionen auch durch Firewalls hindurch vereinheitlichen.

Die SAP Exchange Infrastructure beinhaltet neben der nativen Unterstützung des Standards *SOAP Messages with Attachments* (Webservices) eine ganze Reihe von Adaptern für den Zugriff auf Datenbanken, Dateien, SAP- und Fremdsysteme sowie XML-Daten. Diese Liste wird durch den

SAP DCOM Connector, den SAP Java Connector, den SAP .NET Connector, den SAP Business Connector mit mehreren Dutzend Konnektoren vom SAP-Partner WebMethods sowie durch Spezial-Adapter anderer SAP-Partner weiter vervollständigt.

Zu Punkt 2: Zentrales Integrationssystem

Neben der technischen Erreichbarkeit über Protokoll-Adapter spielt bei einem Integrationsprojekt die Struktur der Geschäftsdaten und deren Überführung vom Quell- in das jeweilige Ziel-Format eine zentrale Rolle. Es macht eben einen Unterschied, ob eine Bestellung das gewünschte Lieferdatum im Kopf des Bestelldokuments aufführt oder separat für jede Bestellposition und ob die Materialnummer eine Ziffernfolge mit vier oder eine Zeichenfolge mit 32 Stellen ist. Während früher ein Programm speziell für eine solche Mapping-Aufgabe geschrieben werden musste, überwiegt bei neuen Integrationsprojekten die Überführung des Quellformats in eine XML-Darstellung schon durch den Quell-Adapter, so dass anschließend eine Umformatierung mithilfe komfortabler, grafischer Mapping-Tools auf Basis des XSLT-Standards (*Extensible Stylesheet Language Transformations*) in die XML-Zieldarstellung durchgeführt werden kann. Diese XML-Zieldarstellung wird schließlich vom Ziel-Adapter in das spezifische Zielformat überführt und der Ziel-Applikation übergeben. Kommen mehrere Ziel-Applikationen zum Einsatz, muss zusätzlich einzelnen Hinweisen in den Geschäftsdaten nachgegangen werden, die eine Zielbestimmung ermöglichen, z.B. Bestellpositionen mit Materialnummer kleiner als 3000 zu Applikation A, alle anderen zu Applikation B. Wiederum bietet es sich an, bei neuen Projekten ein grafisch orientiertes Routing-Tool auf Basis des leistungsfähigen XPath-Standards zu verwenden. Sollten die Logik-Fähigkeiten von XSLT und XPath einmal nicht ausreichen, ist natürlich die Einbindung eigener Code-Teile notwendig und vorgesehen. Die Flexibilität der genannten Standards macht den Einsatz zentraler Integrationssysteme möglich und wünschenswert, die über Webservices oder Adapter mit den einzelnen Applikationen interagieren und Geschäftsdaten über eine einheitliche Routing- und Mapping-Oberfläche leiten und anpassen.

Die SAP Exchange Infrastructure beinhaltet die SAP Integration Engine – ein zentrales XML-basiertes Integrationssystem, das Routing nach dem XPath-Standard unterstützt – Mapping nach dem XSLT-Standard und komplexe Logik durch die Einbindung von Java- oder ABAP-Code. Mithilfe von Webservices oder Adaptern erfolgt das Empfangen und Aussenden von Geschäftsdaten zu den angebundenen Softwaresystemen.

Zu Punkt 3: Zentrales Orchestrierungssystem

Ihre Stärken spielen zentrale Integrationssysteme aus, wenn es um die Koordination vieler einzelner Datenübermittlungen geht, die zusammengenommen einen kompletten Geschäftsprozess oder gar ein Geschäftsszenario, bestehend aus verschiedenen Geschäftsprozessen, abbilden. Beispiele hierfür sind eine Bestellverlaufsverfolgung, Produktionsmaschinen mit automatischer Anforderung von Verbrauchsstoffen oder die Versorgung eines Finanzsystems mit Marktdaten. Derartige Realisierungen sind mit unkoordinierten Datenübermittlungen kaum noch zu schaffen, denn das »Alles-oder-Nichts«-Prinzip lässt sich auf diese Weise nicht durchsetzen. Stattdessen muss es etwas geben, was über alle involvierten Systeme hinweg einen konsistenten Datenzustand bewahrt und beim Fehlschlagen einer Geschäftsdatenverarbeitung in einer Applikation alle anderen informiert. Erste Standards für die Beschreibung ganzer Geschäftsprozesse und -szenarien sind bereits in Sicht, wie die auf XML aufsetzende *Business Process Modeling Language* (BPML). Integrationssysteme, die eine komfortable, grafische Modellierung von Geschäftsprozessen und Geschäftsszenarien auf Basis des einheitlichen BPML-Standards zulassen – man spricht in diesem Zusammenhang auch von *Orchestrierung* –, sind in der Lage, auf eine standardisierte Weise beliebige Geschäftsprozesse zu beschreiben und diese zu integrierten Geschäftsszenarien zu verbinden.

Die SAP Exchange Infrastructure beinhaltet ab Release 6.30 die Business Process Engine, ein auf dem bewährten SAP Business Workflow und der Business Process Modelling Language basierendes Orchestrierungssystem, das die Koordination von Datenübermittlungen der Integration Engine übernimmt und überwacht.

Zu Punkt 4: Vorgefertigte, integrierte Geschäftsszenarien

Unternehmen, die sich bereits an der Realisierung eines übergreifenden Geschäftsszenarios versucht haben, werden zustimmen: Selbst bei vorgefertigten Adaptern, grafischen Mapping-Werkzeugen und komfortabel zu designenden Geschäftsprozessen – die Kosten für ein derartiges Projekt erreichen schnell exorbitante Höhen, denn das Geschäftsszenario muss erst einmal konzipiert, jede einzelne Datenübermittlung modelliert und jeder Geschäftsprozess in konsistenter Weise zusammengestellt werden. Und das wiederum erfordert erfahrene betriebswirtschaftliche Berater, fachliche Spezialisten und enorm viel Zeit. Optimal wäre es deshalb, wenn sich jemand all diese Arbeit schon gemacht hätte und Geschäftsszenarien für verschiedenste Applikationen und Bereiche als vorgefertigte und umfassend dokumentierte Vorlagen zur Verfügung stellen würde. Von der Anbindung eines Siebel CRM-Systems an ein SAP R/3-Rechnungswesen über die Kopplung von mySAP Product Lifecycle Management an ein Wonderware-Prozessleitsystem bis hin zur Integration von Kordoba Transactionbanking an den SAP Bank Analyzer – diese und hunderte weiterer Geschäftsprozesse und -szenarien sollten als Vorlagen existieren. Auf diese Vorlagen könnte ein Unternehmen oder eine Unternehmensgruppe aufbauen, sie nach Bedarf miteinander kombinieren und es müsste lediglich die Anpassung und Konfiguration der Sonderwünsche selbst vornehmen. Diese Vorgehensweise würde die Einführungskosten für größere, integrierte Geschäftsszenarien auf einen Bruchteil der bisher üblichen Kosten reduzieren und damit für die meisten Unternehmen erst erschwinglich machen.

Die SAP Exchange Infrastructure beinhaltet das Integration Repository, in dem SAP bereits eine ganze Reihe von integrierten Geschäftsszenarien zwischen SAP- und Fremdsystemen – vorgefertigt von den einzelnen Geschäftsprozessen über die Routing-, Mapping- und Logik-Regeln bis hinunter zur Adapterkonfiguration – mitliefert. Dessen Inhalt wird von SAP und ihren Implementierungspartnern kontinuierlich gepflegt und um neue Geschäftsszenarien erweitert, die vom Kunden nur noch ausgewählt, in das Integration Directory übernommen und komfortabel per Konfiguration an die konkreten Bedürfnisse angepasst werden müssen. Das Landscape Directory verwaltet zusätzlich administrative Informationen über die installierbaren und konkret installierten Komponenten und macht diese Informationen über die Standard-Protokolle *Common Information Model* (CIM) und *Web-based Enterprise Management* (WBEM) zugänglich.

4.2 Lösungsarchitektur

Die SAP Exchange Infrastructure (XI) ist der mit Abstand jüngste Bestandteil von mySAP Technology. Erste Pilotkundenauslieferungen gibt es seit Mai 2002, seit dem zweiten Quartal 2002 ist die XI 1.0 fester Bestandteil neuer SAP-Lösungen wie dem mySAP Supplier Relationship Management (SRM), und parallel zum Service Pack 1 des SAP Web Application Server Release 6.20 beginnt die schrittweise Einführung als eigenständiges Produkt, die mit XI 2.0 Ende 2002 auf der Basis des SAP Web Application Server 6.20 vollzogen sein soll. Einzelheiten können Sie der Roadmap am Ende des Kapitels entnehmen. Wir werden im Folgenden nicht mehr gesondert darauf hinweisen, dass die Verfügbarkeit als separates Produkt erst Ende 2002 gegeben ist.

Heile Welt

Betrachtet man die Architektur und einzelnen Komponenten der SAP Exchange Infrastructure, stellt man fest, dass das Produktteam den späten Entstehungszeitraum zu seinem Vorteil nutzen konnte. Wo man auch hinblickt, überall stößt man auf modernstes Innenleben und die Unterstützung wichtiger und harmonisch aufeinander abgestimmter Standards wie XML, XSLT, XPath, BPML und Webservices. Man könnte fast sagen, die XI baut sich intern eine heile Welt auf, die nur ganz am äußeren Rand von Adaptern für die Anbindung von Altsystemen verlassen werden muss, falls keine moderne Webservice-Schnittstelle verwendet werden kann. Die von der SAP realisierte XI-Architektur setzt sich aus drei Teilbereichen zusammen, die die in Abschnitt 4.1 genannten Anforderungen in den verschiedenen Phasen eines Integrationsprojekts abdecken. Diese Phasen schauen wir uns im Folgenden einmal genauer an.

Erste Phase – Design

Die erste Phase, die so genannte *Design-Phase*, wird auf lange Sicht vorrangig von SAP, anderen Applikationsherstellern sowie den SAP-Implementierungspartnern übernommen werden und beinhaltet die Konzeption eines integrierten Geschäftsprozesses oder eines ganzen Geschäftsszenarios (mehrere thematisch zusammenhängende Geschäftsprozesse) auf technischer und fachlicher Ebene von Grund auf. Darunter fällt z.B. die Definition von Schnittstellen und deren Übergabeparametern (so genannter *Interfaces*), die Entwicklung oder Auswahl von Adaptern für bisher nicht angebundene Applikationen, das Einpflegen von Mapping-Regeln zur Datenkonvertierung, die Einrichtung von Routing-Objekten zur inhalts-abhängigen Weiterleitung von Daten (Kommunikationslogik), die Erstellung von Prozessdiagrammen zur Koordination und Absicherung zusammengehörender Kommunikationsschritte sowie schließlich die Strukturierung von Geschäftsprozessen und Einordnung in Geschäftsszenarien als Vorlage für Endkunden. In diesem Zusammenhang werden natürlich auch Kompatibilitätsinformationen und Listen der berücksichtigten Softwarekomponenten gepflegt. Eine solche Vorlage wird komplett im Integration Repository abgespeichert.

Das Integration Repository inklusive Inhalt ist Bestandteil jeder Produkt- bzw. Updateauslieferung der SAP Exchange Infrastructure und wird auf diese Weise zwischen SAP und Kunde repliziert, um jeweils auf dem aktuellem Stand gehalten werden zu können. Kurzfristig werden sich wohl auch Kunden verstärkt mit dem Interface Repository beschäftigen müssen, da SAP und ihre Partner natürlich nicht von heute auf morgen alle nur denkbaren Geschäftsszenarien komplett einpflegen können und manche Kunden auch Eigenentwicklungen anbinden wollen. SAP selbst wird alle neuen Integrationsszenarien der R/3- und mySAP.com-Komponenten untereinander auf Basis der SAP Exchange Infrastructure erstellen.

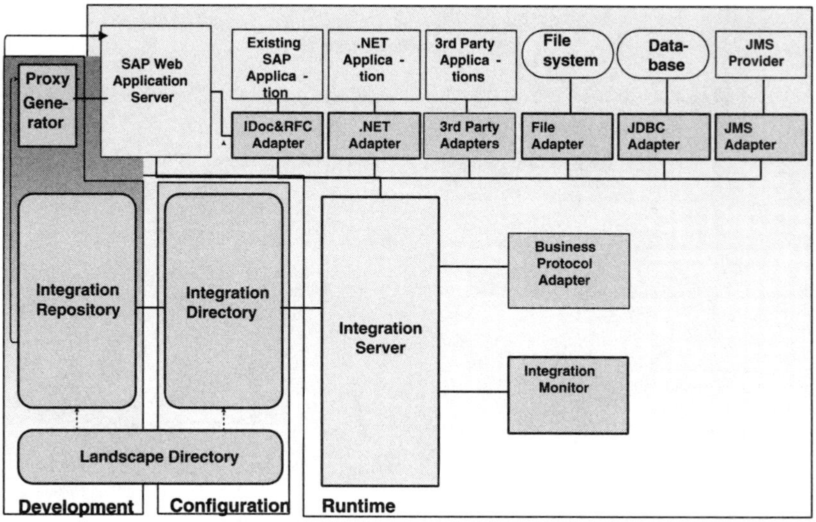

Abbildung 4.2 Überblick über die Architektur der SAP Exchange Infrastructure

Zweite Phase – Konfiguration

Die zweite Phase, die so genannte *Konfigurationsphase*, umfasst die Anpassung der Vorlage an die konkreten Bedürfnisse eines Unternehmens oder einer Unternehmensgruppe und wird in der Regel von den Unternehmen selbst zusammen mit externen Beratern durchgeführt. Dazu wählt der Kunde die für sein Integrationsvorhaben geeigneten Vorlagen aus dem Integration Repository aus und beginnt mit der Anpassung an die eigenen Bedürfnisse. Original-Informationen aus dem Repository gehen dabei nicht verloren, sondern werden lediglich von den Änderungen, die im Integration Directory abgespeichert werden, überlagert. Ausschließlich Erweiterungen wie z.B. neue Interfaces werden tatsächlich im Integration Repository abgelegt. Dieser auch mit *Referenzierung* zu umschreibende Mechanismus geschieht automatisch und ohne, dass die Projektmitarbeiter darauf achten müssen. Schritt für Schritt kann nun die Vorlage an die konkreten Anforderungen angepasst werden, z.B. die Einrichtung der tatsächlichen Pfade, Adressen und Kommunikationswege aller involvierten Softwarekomponenten, die Konfiguration abweichender Schnittstellenparameter, die sich beispielsweise durch ein früher durchgeführtes Customizing generierter Strukturen ergeben haben und nun nachgepflegt werden müssen oder auch die Abänderung des Geschäftsprozessflusses aufgrund einer in der Vorlage nicht mit einbezogenen Komponente.

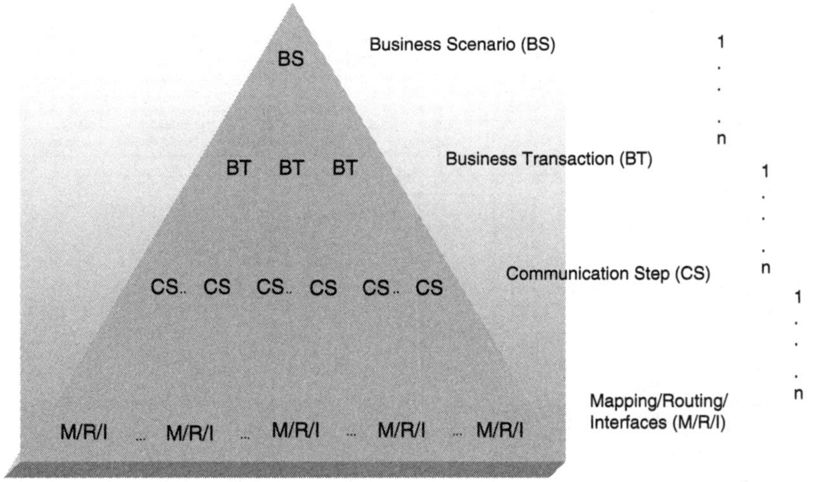

Abbildung 4.3 Der Aufbau eines integrierten Geschäftsszenarios

Für aufwändige Geschäftsszenarien mit eindeutigem Referenzcharakter, bei denen der Kunde nicht auf eine Vorlage von SAP zurückgreifen kann oder einen sehr großen Eigenanteil leisten müsste, besteht die Möglichkeit einer Entwicklungspartnerschaft mit SAP. Dadurch verringern sich letztlich die Kosten auf Kundenseite, jedoch kann die erstellte Lösung von SAP anschließend auch für andere Projekte verwendet werden.

Dritte Phase – Laufzeit und Überwachung

Die dritte Phase, die so genannte *Laufzeitphase*, umfasst die Ausführung der zuvor entwickelten und konfigurierten Geschäftsszenarien sowie deren Überwachung und Wartung. Die Ausführung erfolgt zentral gesteuert durch den Integration Server, der auf einem oder mehreren SAP Web Application Servern zwecks Lastverteilung parallel eingesetzt werden kann und unter Rückgriff auf die benötigten Adapter der Quell- und Zielsysteme und die Integrationslogik fortan selbständig und permanent ohne weitere manuelle Eingriffe seinen Dienst verrichtet. Kern des Integration Server ist die Integration Engine, die das Senden und Empfangen der Informationen über Webservices und andere Kommunikationsschnittstellen steuert. Angesichts der weit reichenden Konfigurationsmöglichkeiten ist es nicht verwunderlich, dass die Integration Engine selbst generisch ausgelegt ist. SAP hat sich deshalb entschieden, den Kern der Integration Engine so zu programmieren, dass dieser den Großteil der Integrationslogik nativ und damit hoch performant verarbeiten kann. Deshalb werden alle Daten bereits in den Adaptern zwischen dem applikationsspezifischen Format und der normierten XML-Darstellung konvertiert, so dass in der Integration Engine das Mapping durch eine XSLT-

Engine erledigt werden kann, das Routing durch einen XPath-Prozessor und die Koordination der Geschäftsprozesse durch eine BPML-basierte Process Engine.

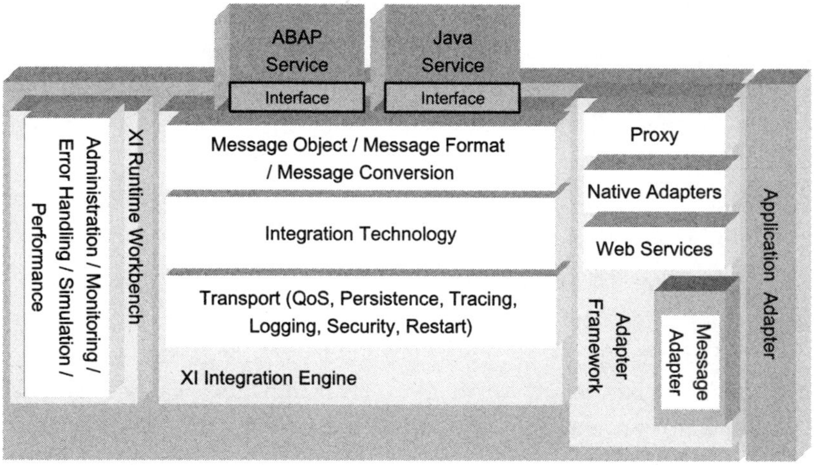

Abbildung 4.4 Überblick über den Prozess »Ausführung – Protokollierung – Auswertung« im Integration Server

Für die Überwachung der Integration Engine stellt die SAP Exchange Infrastructure einen flexiblen Mechanismus zur Verfügung, der mithilfe des Integration Monitors konfiguriert wird. Letztlich kann damit jede einzelne Datenübermittlung verfolgt werden, indem die durch die Integration Engine laufenden XML-Dokumente in so genannten *Container-Tabellen* mitprotokolliert und zu einem beliebigen späteren Zeitpunkt ausgewertet werden können. Man unterscheidet in diesem Zusammenhang zwischen *technischem Monitoring* und *Anwendungsmonitoring*. Das technische Monitoring bezieht sich immer auf durch normales Logging von XML-Dokumenten als Ganzes entstandene Protokolle; es ist sogar möglich, dass das XML-Dokument durch einen entsprechenden Eintrag im Header selbst bestimmt, ob es protokolliert werden soll oder nicht. Fehler während der Übertragung werden wie gewohnt im Application Log vermerkt.

Das Anwendungsmonitoring bezieht sich hingegen immer auf einen Extrakt eines XML-Dokuments wie beispielsweise die Empfängerkennung im Header eines XML-Dokuments oder auch beliebige Eigenschaften im Body wie beispielsweise den Gesamtnettobetrag bei einer Bestellung. Derartige Informationen werden über Selektionskriterien gemäß dem XPath-Standard herausgefiltert und erlauben eine spätere Auswertung nach inhaltlichen Aspekten.

Archivierung

Die Koordination der zur Übertragung einer XML-Message notwendigen Schritte innerhalb der Integration Engine wird in der ABAP Personality vorgenommen, wohingegen die Schritte selbst innerhalb der Java Personality ausgeführt werden. Somit kann innerhalb der ABAP Personality jede XML-Message in jedem Stadium (vor dem Routing, nach dem Routing, vor dem Mapping etc.) abgegriffen werden. Neben dem Logging von Nachrichten wird auch deren Archivierung auf Seiten der ABAP Personality durchgeführt, namentlich und auf Basis des Archive Development Kit (Transaktion SARA), das auch bei allen anderen SAP-Lösungen zum Einsatz kommt. So können die Daten vom Administrator wie gewohnt betrachtet, archiviert, gelöscht und restauriert werden.

Business Process Management

Ein wesentlicher Bestandteil für die Abwicklung komplexer Geschäftsprozesse und ganzer Geschäftsszenarien ist die Einbeziehung einer Business Process Engine, die die einzelnen Datenübertragungen steuert und um wichtige Leistungsmerkmale wie die Chreography von Nachrichten, das Kombinieren von einzelnen Nachrichten zu einem zustandsbehafteten Prozess, Event-Steuerung, Stammdatenanreicherung und Möglichkeiten zur Benutzerinteraktion erweitert. Die Exchange Infrastructure hat sich für diese Aufgabe Unterstützung aus den eigenen Reihen gesichert, verwendet sie doch intern die aus dem SAP Business Workflow bekannte Webflow Engine, die in Kapitel 2.2.6 separat beschrieben wird.

Evolution der SAP-Entwicklung

Sosehr die Exchange Infrastructure den Eindruck eines in sich abgeschlossenen Produkts zu vermitteln weiß und der Einfluss auf bestehende SAP-Applikationen in Form von Adaptern getrost als gering bezeichnet werden darf – langfristig hat das Produkt auf die SAP-Entwicklung erhebliche Auswirkungen. Erinnern Sie sich noch an die in Kapitel 2 erläuterten Business-Infrastrukturdienste, die einen wesentlichen Grundstein für den Erfolg von SAP darstellen? Nun, im Zuge der gleichberechtigten Unterstützung von Java neben ABAP müssen einige dieser Business-Infrastrukturdienste auf der Java Personality ergänzt werden, weil es dort kein passendes Pendant gibt. SAP nimmt dies für die im Folgenden beschriebenen Fälle zum Anlass für ein komplettes Redesign, um die Leistungsfähigkeit weiter zu erhöhen und die Business-Infrastrukturdienste für beide Personalities zentralisiert zur Verfügung zu stellen. Ein Teil der Dienste wird in diesem Zusammenhang in die Exchange Infrastructure verlagert.

Entlastung für DDIC, ABAP Repository und BOR

Zu Zeiten, als es ausschließlich die ABAP Personality gab, waren die Regeln für Metadaten in Form von globalen Datentypen, Strukturen und Tabellen eindeutig. Diese waren im systemweit zugänglichen *Data Dictionary* (DDIC) vom Entwickler anzulegen und fortan hatte jede andere ABAP-Applikation, die auf dem gleichen System ausgeführt wurde,

Zugriff darauf – strenge Typprüfungen durch den Systemkern, redundanzfreie Datenübermittlungen zwischen Programmteilen und der lückenlose Transport von (Meta-)Daten von einem System zum anderen sind nur einige der daraus resultierenden Vorteile und tragen maßgeblich zur Stabilität von SAP-Geschäftsanwendungen bei. Mit mySAP Technology und der Einführung der Java Personality ändert sich jedoch die Definition von »systemweit«: Systemweit ist, was für die Java- und ABAP Personality gleichermaßen zur Verfügung steht. Systemweit zugängliche Metadaten werden deshalb fortan im Integration Repository bzw. Directory definiert, wobei das interne Datenformat auf XSDL (*XML Schema Definition Language*) aufsetzt, das auch im Rahmen von Webservices zur Anwendung kommt. Das Data Dictionary hat zukünftig nur noch internen Charakter. Selbstverständlich bietet XI leistungsfähige Import-Funktionen für die Übernahme von DDIC-Einträgen, die im Zusammenhang mit Funktions- und IDoc-Definitionen stehen. Außerdem ist der Import von WSDL-Beschreibungen aus Dateien möglich.

Analoges geschieht mit dem *ABAP Repository*, in dem die systemweit zugänglichen Schnittstelleninformationen in Form von objektorientierten Klassen, Interfaces, Funktionsbausteinen und Programmen der ABAP Personality definiert werden. Fortan stellen das Integration Repository und Directory die zentrale Stelle für die Definition von systemweit aus der ABAP und Java Personality nutzbaren Funktionen bzw. Methoden zur Verfügung und als internes Datenformat wird einheitlich das Webservice-Format WSDL verwendet. Das ABAP Repository hat zukünftig nur noch lokale Aufgaben. Leistungsfähige Import-Mechanismen für die Übernahme der Definitionen vorhandener remote-fähiger Funktionsbausteine aus dem ABAP Repository bietet XI an. Zusätzlich ist der Import von WSDL-Beschreibungen aus Dateien möglich, was die Übernahme aus anderen Applikationen erleichtert.

Das *Business Object Repository* (BOR) schließlich, das auf dem ABAP Repository aufbaut und zusätzliche Dokumentation für die High-Level-Schnittstellen der SAP-Applikationen (BAPIs) zur Verfügung stellt, wird ebenfalls in die zweite Reihe versetzt. Der WSDL-Standard ist umfassend genug, um auch hohe Ansprüche an die Dokumentation von Schnittstellen zu erfüllen, und so übernimmt das Integration Repository zukünftig diese Aufgaben für die Java- und ABAP Personality gleichermaßen.

Generik raus aus den Applikationen

Diese neue Art der Konfiguration innerhalb des Integration Directory hat wiederum einen anderen Nebeneffekt: Das Customizing heutiger SAP-Applikationen zieht aufgrund der umfassenden Anpassbarkeit und Erweiterbarkeit durch den Kunden das Generieren von Strukturen, Tabellen und sogar Programmcode (Ableitungslogik, Programmoberflächen, Datenbankabfragen etc.) nach sich, wobei Letzteres besonders weit auf Seiten der ABAP Personality verbreitet ist. In Zukunft soll die Kombination aus Integration Directory und Integration Engine derartige »Generierungsorgien« stark minimieren bis komplett überflüssig machen, indem die Definition und Bearbeitung der generischen Daten- und Programmteile einheitlich in der Exchange Infrastructure für ABAP- und Java-Applikationen zentralisiert wird. Vom Kunden kann dies auf Basis der offenen Standards XSLT, XPath und BPML komfortabel konfiguriert und von der Exchange Infrastructure ausgeführt werden.

Zentralisierung von Kompatiblitätsinformationen

Schließlich wird auch die Datenbasis der SAP-eigenen Systemlandschafts- und Softwarekomponentenverwaltung (PPMS, SDM etc.) zu einem Großteil in die SAP Exchange Infrastructure verlagert und sukzessive durch erweiterte oder neue Werkzeuge ersetzt. Dort wird das Integration Repository der Registrierungs- und Ablageort für alle installierbaren SAP- und Fremdprodukte, die in irgendeiner Form miteinander zusammenarbeiten können. Zusätzliche Beschreibungen einzelner Versionen, Support Packages oder gegenseitige Abhängigkeiten vervollständigen den Datenfundus und stehen allen Kunden offen. Die in das Integration Directory übernommenen Softwarekomponenten stellen demgegenüber die tatsächlich bei einem Kunden und seinen Geschäftspartnern installierte Systemlandschaft nach und beschreiben deren Relationen. Intern baut SAP schon seit Jahren auf dem Common Information Model auf und so ergeben sich im Zuge der organisatorischen Verlagerung in die Exchange Infrastructure nur geringfügige Änderungen.

Werkzeuge

Als Werkzeug steht in der Exchange Infrastructure der SAP Integration Builder im Mittelpunkt. Es handelt sich um eine in Java realisierte Anwendung, die alle Aufgaben von der Systemlandschaftspflege über das Design von Geschäftsszenarien, die Konfiguration bis hin zur Laufzeitverwaltung übernimmt. Für das technische und das Anwendungsmonitoring stehen eine Reihe von Tools zur Verfügung, die wie gewohnt über das CCMS erreichbar sind (Transaktion CCMS).

Interessant, aber noch nicht vollkommen geklärt ist das Zusammenspiel mit dem SAP Solution Manager, der den Zeitraum vor der Installation – also die Planung der Systemlandschaft – abdeckt und dessen CIM-Daten nach der Installation in die Exchange Infrastructure zur weiteren Verwendung übertragen werden. Wahrscheinlich wird langfristig der Solution Manager das führende Tool und dann auch innerhalb der Exchange Infrastructure für die Pflege der Systemlandschaft eingesetzt werden, um einen Bruch in der Bedienung zu vermeiden. Eine ausführlichere Beschreibung der wichtigsten Werkzeuge finden Sie in Kapitel 4.4.

Roadmap

Die Roadmap in Abbildung 4.5 fasst die wichtigsten Etappen in Bezug auf die Weiterentwicklung des Produkts noch einmal in einer Grafik zusammen.

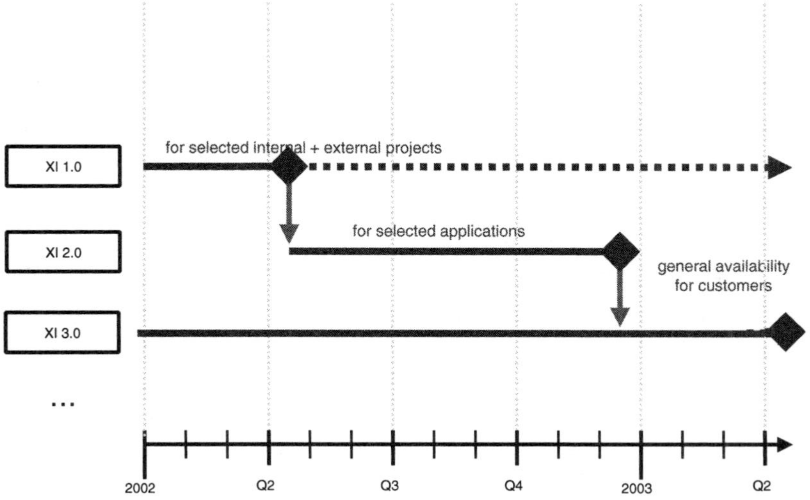

Abbildung 4.5 Roadmap der SAP Exchange Infrastructure

Fazit

Es mag Konkurrenzprodukte geben, die vielleicht kein so modernes und geradliniges Innenleben besitzen, aber durch ihre erfolgreiche Produkthistorie und Reife die gleichen Ergebnisse erzielen oder in der Summe der Eigenschaften aktuell sogar mehr leisten. Ein reich gefülltes Integration Repository jedoch macht die SAP Exchange Infrastructure zur potenziellen Killer-Applikation für den Collaborational Commerce. Die Vorstellung, die Komplettanbindung einer Siebel CRM-Komponente an eine R/3-Produktionsplanungskomponente, einer Kordoba-Transactionbanking-Komponente an den SAP Bank Analyzer oder der Einkaufskomponente einer Oracle E-Business Suite von Unternehmen A an die Verkaufskomponente eines mySAP CRM von Unternehmen B mithilfe eines vorgefertigten Templates in einem Bruchteil des bislang üblichen Zeitraums erledigen zu können, ist bestechend. Während Großunternehmen es sich noch leisten könnten, bei der Erstellung solcher Szenarien bei Null anzufangen und ihren Return on Investment durch den Wettbewerbsvorsprung einzufahren, ist eine solche Vorgehensweise beim Mittelstand nicht finanzierbar. Dieser benötigt vorgefertigte Standardlösungen, wie sie von der SAP Exchange Infrastructure angeboten werden. Die Exchange Infrastructure ist somit eine Schlüsselkomponente der SAP in Bezug auf ihren Erfolg im Mittelstand.

4.2.1 Integration Repository

Das Integration Repository und das Integration Directory sind für die Ansammlung von so genanntem *Shared Collaboration Knowledge* zuständig. Inhaltlich fallen darunter alle Metadaten, die die Integration von Softwarekomponenten durch Geschäftsprozesse beschreiben. SAP beschränkt sich hinsichtlich des Inhalts ausdrücklich nicht auf Geschäftsprozesse zwischen SAP-Komponenten, sondern trägt selbst aktiv dazu bei, auch Informationen über Komponenten von Drittherstellern und integrierte Geschäftsszenarien zwischen diesen und SAP-Komponenten einzubeziehen. Als Fernziel gilt die Schaffung eines umfassenden Pools, in dem es Vorlagen für beinahe alle nur denkbaren integrierten Geschäftsszenarien gibt, z.B. die Anbindung des Siebel-CRM-Systems an das Rechnungswesen von SAP Financials, des Kordoba-Transactionbanking an den SAP Bank Analyzer oder die Anbindung eines Wonderware-Produktionsleitstandes an das SAP Product Lifecycle Management. Offenheit durch den Einsatz weltweit gültiger XML-Standards sowie die vollständige Realisierung in Java sind deshalb kennzeichnend für die Architektur des Integration Repository.

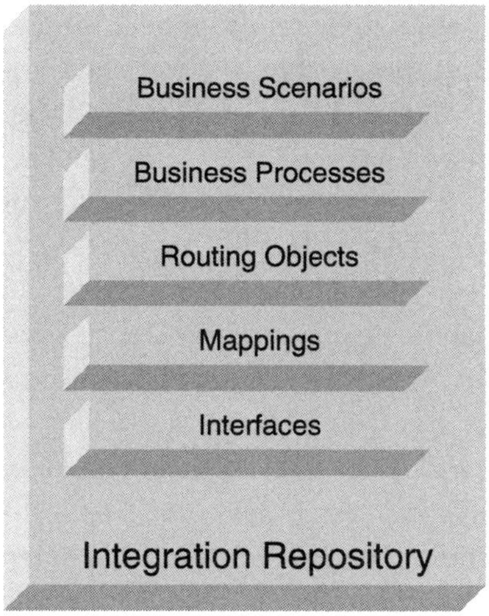

Abbildung 4.6 Übersicht über die Architektur des Integration Repository

Obwohl das Integration Repository logisch eng mit dem Integration Directory verknüpft ist, haben beide doch völlig verschiedene Aufgaben. Das Integration Repository dient dazu, Design-Informationen zu einem integrierten Geschäftsszenario aufzunehmen. Darunter versteht man sämtliche Metadaten, die das Szenario auf betriebswirtschaftlicher und fachlicher Ebene bis hinunter zu den Informationsstrukturen und Datenformaten in konkreter Form beschreiben. Hingegen beinhalten die Konfigurationsinformationen im Integration Directory lediglich die für eine Ausführung notwendigen technischen Angaben, Veränderungen und Erweiterungen. Die meiste Arbeit liegt also im Design und damit beim Füllen des Integration Repository. Um das Verständnis der einzelnen Metadatentöpfe für Design-Informationen zu erleichtern, beschreiben wir sie in der Reihenfolge, in der man beim Entwurf eines integrierten Geschäftsszenarios tatsächlich vorgehen würde.

Einpflegen der Softwarekomponenten und Namensräume

Alle an einem Geschäftsszenario beteiligten Softwarekomponenten müssen im Integration Directory vermerkt werden. Unterhalb der Softwarekomponente muss mindestens ein Namensraum angegeben werden. Bei besonders großen Softwarekomponenten wie beispielsweise dem mySAP SRM-System machen auch mehrere, eventuell sogar ineinander verschachtelte Namensräume Sinn, durch die die einzelnen Bereiche organisatorisch voneinander abgegrenzt werden. Um beim mySAP SRM-System zu bleiben: Dessen Schnittstellen werden in der Version 3.0 in insgesamt 21 Namensräume unterteilt. Intern wird die Systemlandschaft gemäß dem CIM-Standard abgelegt und kann über standardisierte WBEM-, JMX- und WMI-Schnittstellen ausgelesen oder importiert werden. Pflegt ein Unternehmen beispielsweise mit CA Unicenter TNG Informationen über seine Systemlandschaft, so können daraus einfach die notwendigen Informationen eingespielt werden.

Zuordnen der Adapter zu Namensräumen

Während Schnittstellen nach dem Webservice-Standard von der Exchange Infrastructure nativ unterstützt werden, kommen Adapter oder selbst entwickelte Schnittstellen, so genannte *Proxies*, für die Anbindung aller anderen Systeme zum Einsatz. Auf SAP selbst bezogen werden daher Komponenten, die auf dem SAP Web Application Server mit Release kleiner als 6.20 laufen, über einen RFC-Adapter angebunden. Ab Release 6.20 verfügt jeder SAP Web Application Server standardmäßig über eine Integration Engine (um das Monitoring, Logging und die Archivierung über alle SAP-Systeme hinweg einheitlich zu gestalten) und kommuniziert mit der Exchange Infrastructure nativ über Webservices ohne jeden Adapter.

Adapter	Beschreibung
IDoc	SAP Web AS < 6.20, Message-Format
RFC	SAP Web AS < 6.20, Funktionsaufrufe; mittelbar auch DCOM- und Java Connector zur Anbindung von Windows- und Java-Anwendungen
File	beliebige Fremdsysteme
JDBC	Datenbanken und Fremdsysteme
JMS	Großrechneranwendungen und Enterprise-Messaging-Systeme (BEA, IBM, HP etc.)
XML over http	Applikationen mit XML-Schnittstelle
Webservices	SAP Web AS 6.20 oder höher, moderne Fremdsysteme, Internetdienste
SOAP Messages with Attachments	SAP Web AS 6.20 oder höher, moderne Fremdsysteme, Internetdienste; meist mit hohen Sicherheitsanforderungen (Security-Tokens als Attachments)
Commerce One MML	Anbindung an Online-Marktplätze

Tabelle 4.1 Liste der verfügbaren Exchange-Adapter

Diese Liste wird permanent erweitert. Einen aktuellen Überblick finden Sie im SAP Service Marketplace unter *SAP Exchange Infrastructure*. Der generelle Vorteil von Webservices gegenüber der Einbeziehung eines Adapters liegt in der einfachen Zusammenarbeit zwischen weit auseinander liegenden Systemen über das Internet, wie es z.B. häufig bei der Integration von Tochterfirmen, Lieferanten und Kunden der Fall ist. Webservices werden über normale HTTP-Verbindungen im Internet oder Intranet übertragen und benötigen keinen geschützten Übertragungsweg für die Einhaltung von Authentizität und Vertraulichkeit durch z.B. Firewalls, VPNs oder gar gemietete Leitungen. Stattdessen wird jeder einzelne Funktionsaufruf für sich durch eine digitale Signatur und Verschlüsselung gesichert. Mehr zum Thema Webservices im SAP Web Application Server erfahren Sie in Kapitel 3.2.2. Die Entwicklung eigener Proxies wird in Kapitel 4.2.4 gesondert beschrieben.

Entwickeln oder Importieren von Interfaces

Standardmäßig ordnen Sie einen Adapter oder das Webservice-Protokoll pro Namensraum zu; optional können Sie diese Einstellung auch pro Funktion ersetzen. Innerhalb eines Namensraums werden die Interfaces definiert bzw. importiert. Interfaces kapseln das Senden oder Empfangen einer XML-Message und damit den Eingang in bzw. Ausgang aus der

Exchange Infrastructure. Besitzt eine Softwarekomponente bereits eine passende Schnittstelle, kann deren Beschreibung importiert werden, sofern sie im standardisierten WSDL-Format zur Verfügung steht. Muss eine passende Schnittstelle erst entwickelt werden oder gibt es keine Beschreibung im WSDL-Format, bleibt einem die manuelle Deklaration nicht erspart – und zwar vom Namen des Interfaces über dessen Aufrufparameter bis hin zu den verwendeten Datentypen. Die Exchange Infrastructure stellt zu diesem Zweck eine komfortable grafisch orientierte Oberfläche innerhalb des Integration Builders bereit. Näheres dazu wird im Zusammenhang mit der Entwicklung von Proxies in Kapitel 4.2.4 beschrieben. Ein zentrales Konzept der Exchange Infrastructure ist es, dass alle für die Integration relevanten Interfaces auf diese Weise plattformunabhängig im Integration Repository abgelegt werden.

Einpflegen oder Entwickeln von Mappings

In der Regel werden sich die Datenstruktur des Senders und Empfängers voneinander unterscheiden. Aus diesem Grund muss eine Datenkonvertierung vorgenommen werden. Dies geschieht in der Exchange Infrastructure auf Basis des XSLT-Standards und kann in der Exchange Infrastructure über eine grafisch gestützte Oberfläche des Integration Builders erfolgen.

Durch die Bemühungen internationaler Gremien um die Standardisierung des Datenformats einfacherer Geschäftsvorfälle auf der Basis von XML (RosettaNet, ebXML, BizTalk etc.) wird mittelfristig das Sequence-Mapping an Bedeutung gewinnen, bei dem mehrere Mappings hintereinander durchgeführt werden, sozusagen ein Mapping in mehreren Schritten. Ein applikationsspezifisches Sender-Format wird dann zunächst in eine standardisierte XML-Darstellung – z. B. nach dem aussichtsreichen ebXML-Standard – transformiert und kann dann die Standard-ebXML-Mappings für eine ganze Reihe von Aufgaben (wieder-)verwenden. Erst ganz zum Schluss wird die standardisierte XML-Darstellung in ein spezifisches Empfänger-Format überführt.

In besonders schwierigen Fällen kann die Einbindung von Java-Methoden zur Transformation zweier Datenstrukturen notwendig werden. SAP liefert eine Reihe von Java-Methoden mit und auch andere Softwarefirmen im Java-Umfeld bieten zu diesem Zweck eine Reihe von Libraries an. Natürlich können Sie die benötigte Methode auch selbst verfassen.

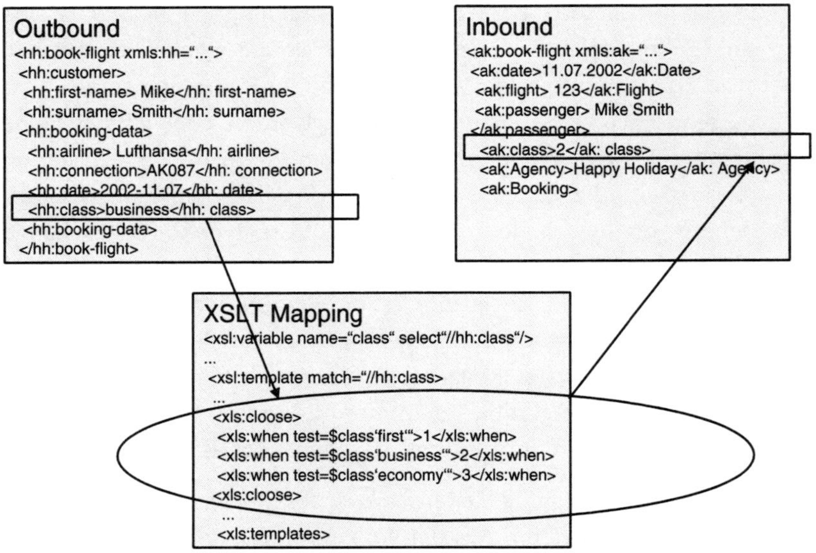

Abbildung 4.7 Mapping auf Basis von XSLT

Einpflegen oder Entwickeln von Routing-Objekten

Über das Routing wird der Empfänger einer Message ermittelt. In der Exchange Infrastructure wird konsequent zwischen *logischem Routing* und *technischem Routing* unterschieden. Während das logische Routing bestimmt, wohin die Nachricht weitergeleitet werden muss (z. B. von Siebel CRM an SAP FI, wird im technischen Routing festgestellt, wie sie dorthin gelangen soll (z. B. über einen RFC-Adapter). Während das logische Routing bereits zur Design-Zeit und damit im Integration Repository vollständig bestimmt wird, wird das technische Routing zur Konfigurationszeit im Integration Directory um wesentliche Angaben wie Addresse, Pfad oder Port vervollständigt. Im Einzelnen besteht ein Routing-Objekt aus einem oder mehreren Routing-Modellen, die die Routing-Relationen eines Geschäftsprozesses bündeln. Eine Routing-Relation wiederum beinhaltet neben einem Sender-Interface ein oder mehrere Empfänger-Interfaces sowie die Routing-Regeln, die festhalten, unter welchen Bedingungen eine Message an den oder die Empfänger weitergeleitet werden soll. Schließlich können Sie einer Routing-Relation ein Mapping zuordnen, das für das Interface-Paar im Integration Repository abgelegt ist.

Sie können mehrere Empfänger-Interfaces sogar zu so genannten *Interface-Gruppen* oder auch zu *Empfänger-Gruppen* zusammenfassen.

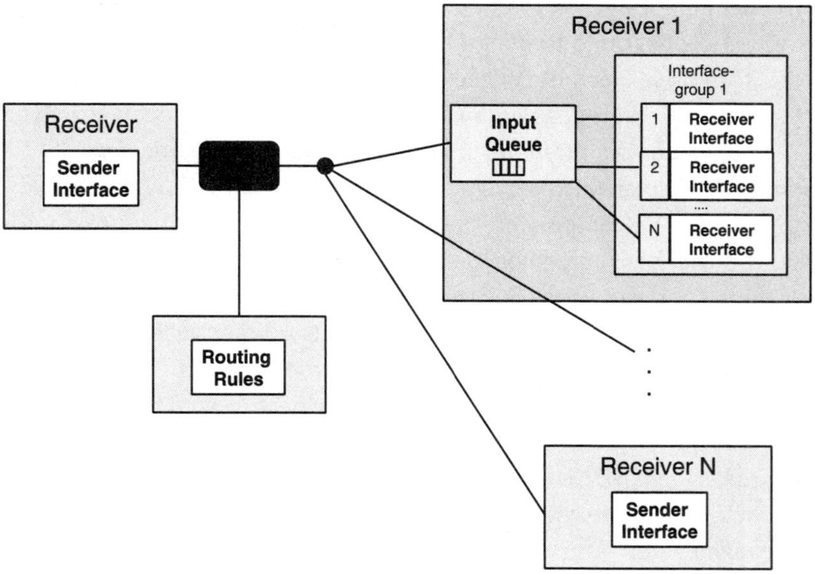

Abbildung 4.8 Empfang durch Interfaces, Interface-Gruppen und Empfänger-Gruppen

Bei einer Interface-Gruppe sorgt die Eingangs-Queue des Empfängers dafür, dass die Interfaces die empfangene Message hintereinander in der Reihenfolge, in der sie in der Gruppe eingetragen sind, erhalten. Bei der Relation in Abbildung 4.8 wird also zunächst eine Message an Empfänger-Interface A gesendet und nach der Inbound-Verarbeitung von A an Empfänger-Interface B. Bricht die Bearbeitung aufgrund eines Fehlers ab, stoppt die Übertragung an alle nachfolgenden Empfänger-Interfaces. Beispielsweise soll ein Kundenauftrag aus einem CRM-System an ein anderes System weitergeleitet werden. Im Zielsystem soll aber unbedingt zuerst die Adresse des Kunden gespeichert und danach der Auftrag angelegt werden. Dies kann man über eine Interface-Gruppe erreichen. Natürlich kann jedem Empfänger-Interface ein eigenes Mapping zugeordnet werden, um analog zum Beispiel die Kundeninformationen nur an Empfänger-Interface A weiterzuleiten, während die zurückerhaltene Kunden-ID zusammen mit den Bestellpositionen für Empfänger-Interface B wesentlich ist.

Wird eine XML-Message im Gegensatz dazu an eine Empfänger-Gruppe gesendet, gibt es keine garantierte Reihenfolge für die Empfänger. Sehr wohl können jedoch auch hier eigene Mappings für jedes Empfänger-Interface festgelegt werden.

Kommunikationsschritte Nachdem alle eingehenden und ausgehenden Interfaces definiert, Mappings eingepflegt und Routing-Objekte angelegt wurden, kommt es nun darauf an, diese Elemente in geeigneter Weise miteinander zu verbinden. Jede Datenübermittlung wird in der Exchange Infrastructure in Form von Kommunikationsschritten organisiert, unter der die notwendigen Schritte vom Eintritt einer Nachricht in die Exchange Infrastructure bis zum Versand an die Zielkomponente festgelegt werden. Ein Kommunikationsschritt besteht aus einzelnen Elementen, wobei jedes Element dem Aufruf eines Interfaces, eines oder mehrerer Mappings und Routing-Objekte entsprechen kann. Je nach Art des Elements können eine ganze Reihe von Zusatzeinstellungen vorgenommen werden, die z.B. das Ergänzen einer Signatur, eine Verschlüsselung nach einem bestimmten Standard oder das Logging der XML-Message bestimmen. Kommunikationsschritte gehorchen dem »Deliver-only-once«-Prinzip, d.h. die Zielsysteme können sich darauf verlassen, dass eine Nachricht exakt einmal erfolgreich übertragen wird.

Business Processes Einzelne Kommunikationsschritte können nun zu Geschäftsprozessen zusammengefasst werden, die dem Alles-oder-nichts-Prinzip gehorchen. Dies geschieht auf Basis des BPML-Standards und innerhalb des Integration Builders. Lediglich für komplexe Erweiterungen wie z.B. das Warten und Reagieren auf weitere Events, muss die separate Oberfläche des SAP Business Workflows bemüht werden.

Geschäftsszenario Schließlich werden die designten Geschäftsprozesse zu Geschäftsszenarien zusammengefasst, die mehrere thematisch zusammenhängende Geschäftsprozesse organisatorisch zusammenfassen. Eine Anbindung des bereits zu Beispielzwecken herangezogenen Siebel CRM-Systems an die SAP Financials-Komponente für das Rechnungswesen wäre ein solches Geschäftsszenario.

4.2.2 Integration Directory

Während der Inhalt des Integration Repository und damit das gesamte betriebswirtschaftliche und technische Integrationswissen der SAP und ihrer Partner in jeder Auslieferung der SAP Exchange Infrastructure als Vorlage enthalten ist, kommt das Integration Directory leer zum Kunden und wird erst dort gefüllt. Gefüttert wird es mit den Änderungen und Erweiterungen, die ein Kunde und seine Berater an den Vorlagen der SAP durchführen. Nach dieser Konfiguration stellt es zusammen mit dem Integration Repository und dem Integration Server eine einsatzbereite Konfiguration dar. Auch das Integration Directory ist komplett in Java entwickelt und referenziert an vielen Stellen das Integration Repository.

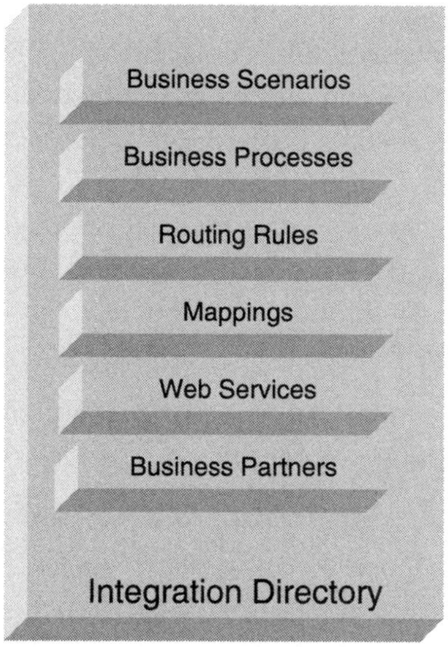

Abbildung 4.9 Übersicht über die Architektur des Integration Directory

Aus diesem Grund verwendet es auch intern die gleichen XML-Standards, die schon im Zusammenhang mit dem Integration Repository zum Einsatz kommen. Um das Verständnis der einzelnen Metadatentöpfe für Konfigurationsinformationen zu erleichtern, beschreiben wir sie in der Reihenfolge, in der man bei der Anpassung eines integrierten Geschäftsszenarios an die Kundenbedürfnisse tatsächlich vorgehen würde.

Konfiguration der Systemlandschaft

Für die an dem Geschäftsszenario beteiligten Softwarekomponenten bzw. die entsprechenden Namensräume müssen die Adressen, Pfade, Servernamen etc. eingepflegt werden, über die sie technisch erreicht werden können. Diese Informationen referenzieren die Komponentendaten aus dem Integration Repository des Kunden. Das Integration Repository wiederum erhält einen Großteil seiner Daten im Rahmen von Updates der Exchange Infrastructure bzw. durch den direkten Zugriff auf das zentrale Integration Repository der SAP.

Wenn beispielsweise ein neues Support Package zu dieser Komponente verfügbar wird, veröffentlicht SAP diese Information über die Master-Beschreibung. Der Kunde erhält diese Informationen, indem er den Datenbestand der jeweiligen Komponenten aktualisiert. Auf diese Weise erhält der Kunde unverzüglich alle für seine Systemlandschaft relevanten Informationen und kann seine Systemlandschaft auf Knopfdruck aktualisieren.

Business Partner Die Exchange Infrastructure ermöglicht auch Funktionsaufrufe zwischen Systemen, die in der Systemlandschaftsbeschreibung nicht als technische Systeme registriert sind. Solche Systeme werden mit minimal notwendigen Beschreibungen erfasst und unter dem Begriff *Business Partner* zusammengefasst. SAP selbst verwendet die Business Partner zur Registrierung großer Mengen von Komponenten, wie es z. B. beim Supplier Relationship Management notwendig ist. Aber auch weitere SAP Exchange Infrastructures, die in einem Unternehmensverbund zusammenarbeiten, werden hier registriert.

Adapter und Services Adapter und Webservices sind immer einem Namensraum zugeordnet und müssen ebenfalls mit Angaben versorgt werden, wie z. B. Address-Ports, Login- und Sicherheitsmechanismen sowie in manchen Fällen Auswahl des Pull- (XI fragt periodisch nach neuen Daten) oder Push-Betriebs (Quellsystem übergibt neue Daten von sich aus an XI).

Interfaces Falls Interfaces vom Unternehmen z. B. im Rahmen von Customizing-Einstellungen modifiziert wurden, müssen deren Definitionen dem realen Stand angepasst werden. Die Anpassung der Interfaces ist natürlich auch wahrscheinlich für den Fall, dass eine Komponente durch eine andere ersetzt wird, z. B. wenn statt Siebel ein CRM von Peoplesoft zum Einsatz kommt. Schließlich müssen die abstrakt deklarierten Eingangs- und Ausgangs-Interfaces konkreten Webservices oder Adaptern zugeordnet werden (man spricht hier auch von *Binding*).

Mappings Falls neue Softwarekomponenten in das Geschäftsszenario integriert oder Interfaces modifiziert wurden, zieht dies in der Regel Veränderungen in den Mappings nach sich. Auch die Programmierung eigener Adapter mithilfe des Proxy-Framework kann Anpassungen des Mappings notwendig machen.

Routing-Objekte SAP sieht in ihren Vorlagen stets Routing-Objekte an sinnvollen Stellen vor, um die Verteilung der Daten in Abhängigkeit vom Inhalt auf unterschiedliche Rechner zu erleichtern. Wird keine Verteilung benötigt, bekommen einfach alle Routing-Objekte den gleichen Ziel-Adapter zugewiesen. In diesem Fall müssen die Routing-Regeln modifiziert werden, die auf die nicht benötigten Empfänger-Interfaces verweisen. Natürlich können auch neue Routing-Objekte angelegt werden, dies kommt jedoch in der Praxis bei der Verwendung von Vorlagen aus dem Integration Repository selten vor.

Falls neue Softwarekomponenten mit einbezogen werden, müssen diese in der Datenübermittlung berücksichtigt werden. Dazu werden entweder vorhandene Kommunikationsschritte erweitert oder es muss ein neuer Kommunikationsschritt zusammengestellt werden, der an der richtigen Stelle in den Geschäftsprozess mit einbezogen wird, so dass das Alles-oder-nichts-Prinzip sichergestellt bleibt. Die Integrationslogik ist damit vollständig angepasst.

Anpassung der Geschäftsprozesse und Kommunikationsschritte

In Einzelfällen kann es sinnvoll sein, die im Rahmen des Kundenprojekts angepassten Geschäftsprozesse thematisch unter einem anderen oder neuen Geschäftsszenario zusammenzufassen, um die Übersichtlichkeit zu erhöhen.

Anpassung des Geschäftsszenarios

4.2.3 Integration Server

Bisher haben wir uns mit der Architektur des Integration Repository und des Integration Directory befasst, dessen Aufgabe das Ansammeln von Integrationswissen ist. Die Aufgabe des Integration Server ist es, dieses Integrationswissen anzuwenden.

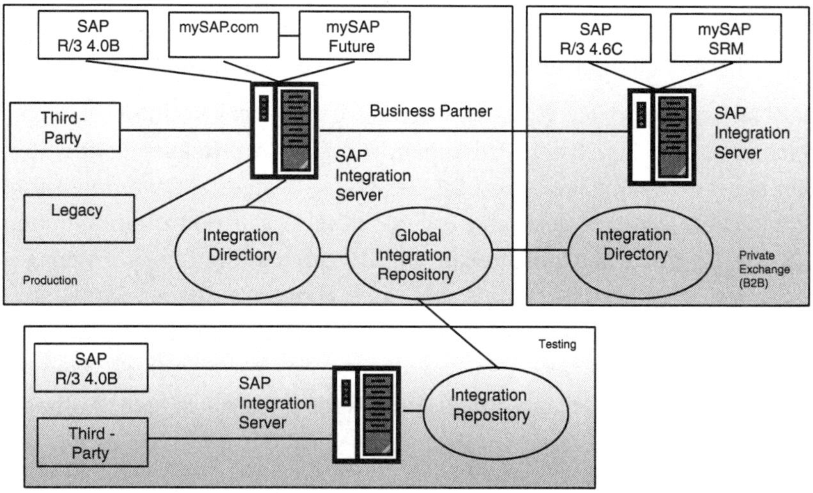

Abbildung 4.10 Die Architektur des Integration Server

Zu diesem Zweck besteht der Integration Server logisch gesehen aus mehreren Teilkomponenten, die jeweils spezielle Aufgaben zu bewältigen haben. Im Einzelnen handelt es sich um die *Integration Engine* für die Weiterleitung und Transformation der XML-Dokumente, das *Adapter-Framework* zur Anbindung der Außenwelt sowie die *Runtime Workbench* zur

Verwaltung und Überwachung des Integration Server. Die Teilkomponenten wiederum bestehen aus einem oder mehreren Diensten, an die die konkreten Aufgaben innerhalb des Integration Server delegiert werden.

Für ein besseres Verständnis der einzelnen Dienste beschreiben wir sie in der Reihenfolge, in der sie eine Nachricht von der Quelle bis zur Zielkomponente durchlaufen würden.

Service/Adapter für das Quellsystem (1)

Die Kommunikation mit dem Quellsystem erfolgt per Push- oder Pull-Betrieb. Im Push-Modus erzeugt das Quellsystem selbst einen Aufruf, beispielsweise den Aufruf eines Webservices oder die Funktion eines Adapters. Während die Nachricht im ersten Fall ohnehin in XML-Darstellung vorliegt, muss im zweiten Fall der Adapter für eine Konvertierung in eine XML-Message sorgen.

Runtime Engine (2)

Vom Adapter bzw. Service aus gelangt die XML-Message direkt in die Runtime Engine, die die weitere Verarbeitung im Integration Server koordiniert. Dort angekommen, muss die XML-Message zuerst persistiert (gespeichert) werden, um die Übertragung und weitere Abwicklung auch bei einem zwischenzeitlichen Systemausfall garantieren zu können. Dazu übergibt die Runtime Engine eine Kopie der Nachricht an den Integration Runtime Data Store, der die Nachricht in seinen Arbeitsvorrat ablegt. Nach dieser Sicherheitsmaßnahme beginnt die eigentliche Verarbeitung.

Logical Routing (3)

Als Nächstes wird die XML-Message an das Logical Routing weitergereicht, wo im einfachsten Fall anhand des im XML-Header vermerkten Senders auf Grundlage einer 1:1-Beziehung festgestellt werden kann, wohin die Nachricht geleitet werden soll, z.B. alle Kontotransaktionen aus der Kordoba-Bankensoftware an SAP Strategic Enterprise Management weiterreichen. Allerdings sind auch komplexe Sender-Empfänger-Vermittlungen abbildbar, bei denen der Empfänger anhand bestimmter Daten im XML-Body, also den eigentlichen Anwendungsdaten, identifiziert wird (*content-based Routing*). Als Beispiel dient die in einer Auftragsposition vermerkte Bestellnummer, in der verschlüsselt ist, ob es sich um ein Lagergut handelt und der Empfänger folglich das Lagerverwaltungssystem ist oder ob es sich um ein Build-to-Order-Produkt handelt, das direkt an das Produktionsplanungssystem weitergereicht werden soll. Stellt das Logical Routing fest, dass die XML-Message an mehrere Empfänger weitergeleitet werden muss, wird die Nachricht im Speicher entsprechend vervielfältigt und in separaten Prozessen weiterverarbeitet. In jedem Fall erfolgt die Ermittlung der relevanten Routing-Informationen mithilfe des XPath-Standards und optional durch darin eingebundene Java-Methoden, wobei als Ergebnis dem XML-Header ein Eintrag mit dem ermittelten Empfänger zugefügt wird.

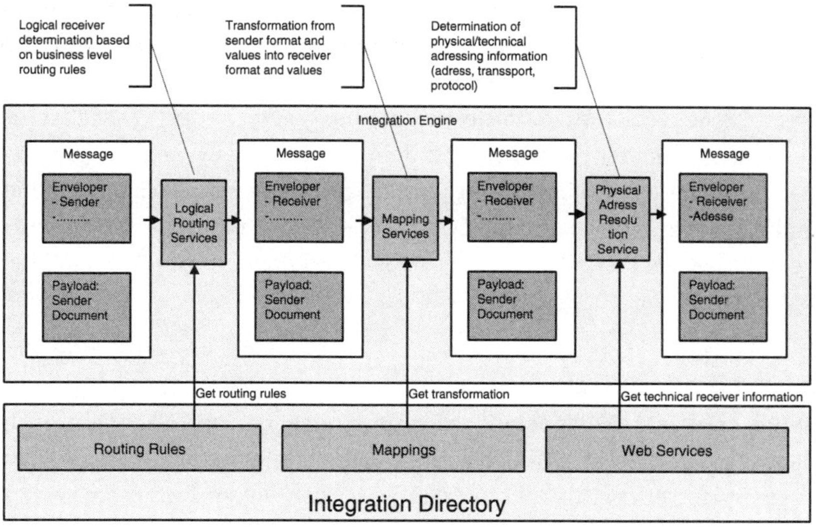

Abbildung 4.11 XML-Datenfluss (Routing) im Integration Server

Nach der logischen Empfängerermittlung stehen implizit alle folgenden Stationen fest, in der die XML-Message weiterverarbeitet werden muss. Ein Kommunikationsschritt wird nämlich anhand der Sender- und Empfängerinformationen im XML-Header identifiziert. Ein Kommunikationsschritt umfasst in der Regel die Stationen Technical Routing, Business Process, Mapping und schließlich die Übergabe an den Service bzw. Adapter, wobei alle Stationen streng sequenziell durchlaufen werden.

Technical Routing (4)

Nachdem also im Logical Routing festgestellt wurde, wohin die Nachricht weitergeleitet werden muss, wird im Technical Routing festgestellt, wie sie dorthin gelangen soll. Zum Konfigurationszeitpunkt wurde bereits jedem Logical Routing ein Service bzw. Adapter zugeordnet und im Integration Directory abgespeichert, so dass es für das Technical Routing ein Leichtes ist, den Übertragungsweg festzustellen. Die Identifikation des Service oder Adapters wird anschließend an den XML-Header angefügt.

Business Process Engine (5)

Nun ist die XML-Message angereichert mit Informationen und bereit, an komplexeren Workflows teilzunehmen. Falls ein solcher Workflow für ein Kommunikationsschritt definiert wurde, wird die Nachricht an die Business Process Engine übergeben. Diese übernimmt nun für eine Zeit die weitere Verarbeitung und sorgt beispielsweise für das Anreichern des XML-Bodys mit weiteren Informationen aus einer Stammdatentabelle oder Währungsumrechnungen, das Auslösen weiterer Nachrichten und Verarbeitungschritte oder das Warten auf Ereignisse wie z. B. das Quittieren einer Bestellung durch den Chef der Verkaufsabteilung. Angesichts der Leistungsfähigkeit der Business Process Engine, die nichts anderes als eine Verschalung des SAP Business Workflow darstellt, sind der Fantasie an dieser Stelle kaum Grenzen gesetzt. Die Business Process Engine versteht BPML, eine XML-basierte Beschreibungssprache für Geschäftsprozesse, und ist in der Lage, diese auf dem SAP Business Workflow abzubilden. Eine der wesentlichen Aufgaben der Business Process Engine ist die Einbeziehung von externen Events, die den Kommunikationsschritt beeinflussen. Näheres zum SAP Business Workflow können Sie in Kapitel 2.2.6 nachlesen.

Mapping (6)

Das Mapping sorgt für die eventuell notwendige Konvertierung des Datenformats der XML-Message in eine Form, wie es die Zielkomponente erwartet. Wohlgemerkt handelt es sich bei der Nachricht auch danach noch um ein XML-Dokument, jedoch in einer Struktur, die vom Webservice verlangt bzw. vom Adapter 1:1 in die vom Zielsystem erwarteten Übergabeparameter übernommen werden kann. Das Mapping verwendet intern den XSLT-Standard, in dem die exakten Konvertierungsregeln abgelegt sind. Diese können sogar durch Java-Methoden erweitert werden.

Service/ Adapter für das Zielsystem (7)

Je nachdem, ob der Übertragungsweg einen Webservice oder einen Adapter darstellt, wird das XML-Dokument direkt übernommen und ohne weitere Maßnahmen an die Zielkomponente weitergeleitet oder aber der Adapter bewerkstelligt zunächst die Übernahme der Daten aus dem XML-Dokument in das verlangte Übergabeformat und sorgt dann für die Weiterleitung an die Zielkomponente.

4.2.4 Proxy-Frameworks und -Generierung

Natürlich können SAP und ihre Partner nicht auf Anhieb Adapter für alle nur erdenklichen Softwaresysteme, geschweige denn Eigenentwicklungen eines Unternehmens mitliefern und so kann es vorkommen, dass die Funktionen zur Anbindung einer Applikation erst entwickelt werden müssen. Genau um diesen Vorgang zu vereinfachen, hat SAP das Konzept der Proxy-Generierung realisiert, das zur Entwicklung neuer mySAP.com-Schnittstellen verwendet wird und auch Drittanbietern sowie Kunden ermöglicht, beliebige Applikationen an die Exchange Infrastructure anzuschließen. Dabei definiert der Entwickler zunächst plattformunabhängig in der Exchange Infrastructure die notwendigen Funktionen, Übergabeparameter und Beschreibungen im Webservice-Format, um sich anschließend mithilfe der Proxy-Generierung einen vorgefertigten Quelltext-Prototypen erzeugen zu lassen. Diese Quelltext-Prototypen sind tatsächlich

Klassen bzw. Interface-Definitionen im objektorientierten Sinn und müssen lediglich an den dafür vorgesehenen Stellen um die Aufrufe der anzubindenden Applikation vervollständigt werden. Da es sich hier letztlich um Informationen handelt, die teilweise auch schon zum Zeitpunkt der Konzeption festehen, darf man sich schon auf die ersten Unified-Modelling-Language-Tools (z.B. Rational Rose) freuen, die Schnittstellen zur Exchange Infrastructure anbieten werden.

Unterstützte Programmiersprachen und Plattformen

Die Proxy-Generierung kann die Quelltext-Prototypen in verschiedenen Programmiersprachen erzeugen. Dadurch erreicht die Exchange Infrastructure direkt oder indirekt alle Plattformen, die in der heutigen Unternehmens-IT eine Rolle spielen. Während Großrechner und die diversen UNIX-Derivate einschließlich Linux hervorragend über Java erreicht werden können, spielt C# die zukünftig wichtigste Rolle in der .NET- bzw. Windows-Welt und mittels ABAP können alle neuen SAP-Systeme ohne den Umweg über den RFC-Adapter angedockt werden. Wir wollen das Konzept der Proxy-Generierung anhand der Vorgehensweise zur Anbindung einer Applikation durchleuchten.

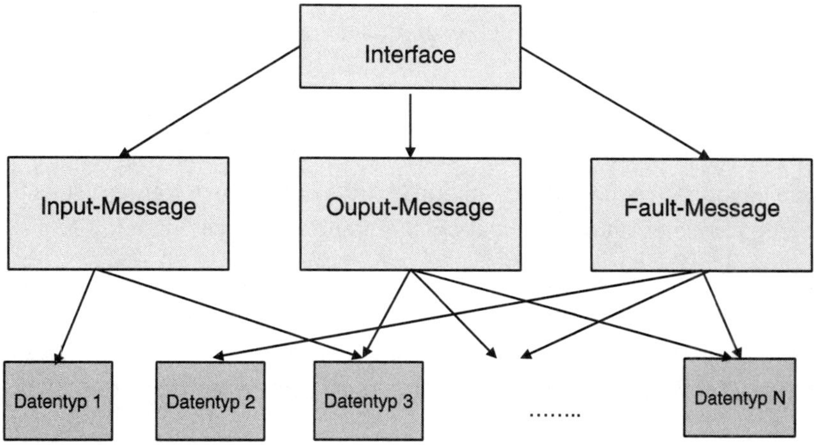

Abbildung 4.12 Der Aufbau eines Interfaces

Installieren des Proxy-Framework

Das Proxy-Framework stellt die Basisfunktionalität für die Kommunikation zwischen der Applikation und der Exchange Infrastructure per Webservice-Protokoll zur Verfügung und kapselt die Umwandlung der Übergabeparameter von bzw. in die XML-Darstellung, wie sie von der Exchange Infrastructure für die interne Weiterverarbeitung benötigt wird. Das Proxy-Framework muss auf dem Rechner installiert werden, auf dem die Schnittstellenanbindung zwischen Applikation und XI entwickelt und ausgeführt werden soll. SAP liefert Proxy-Frameworks für die Programmiersprachen C# (Windows), Java (plattformunabhängig bzw. Java Personality des Web AS) und ABAP (ABAP Personality des Web AS) aus, wobei die Java- und die ABAP-Variante auf dem SAP Web Application Server 6.20 bereits standardmäßig installiert sind.

Softwarekomponenten und Namensräume

Wie im Zusammenhang mit dem Integration Repository bereits ausführlich beschrieben, müssen alle involvierten Softwarekomponenten zusammen mit mindestens einem Namensraum vermerkt sein. Dies kann entweder durch den Import einer CIM-kompatiblen Datei oder aber durch direktes Eintragen und Ergänzen des Namensraums geschehen. Unterhalb des Namensraums können nun die notwendigen Operationen mit ihren Übergabeparametern und weiteren logischen Informationen (Übergabeparameter, Exceptions) definiert werden.

Datentypen

Ein Datentyp wird analog zur Vorgehensweise in einer Programmiersprache definiert, nur eben plattformneutral. Als Erstes werden der Name des Datentyps sowie der Namensraum festgelegt. Anschließend werden der Typ sowie weitere Eigenschaften des Datentyps beschrieben. Ein Datentyp kann auf andere Datentypen referieren, einfach (Zahl, Zeichen etc.) oder komplex sein (Struktur oder Tabelle, die sich aus anderen Datentypen zusammensetzt). Intern verwaltet das Integration Directory die Definition im XSD-Format.

Message-Typen

Einige der definierten Datentypen werden als Message-Typ ausgezeichnet. Derartig gekennzeichnete Datentypen können später als Import- oder Export-Bereich eines Funktionsaufrufs angegeben werden, spezifizieren also letztlich die Übergabeparameter des Service.

Fault-Message-Typen

Weiterhin werden einige der definierten Datentypen als Fault-Message-Typ ausgezeichnet. Derartig gekennzeichnete Datentypen werden später im Exception-Bereich eines Funktionsaufrufs verwendet und übermitteln Fehlerinformationen, wenn der Aufruf eines Service fehlschlägt.

Interface definieren und Message-Typen zuordnen

Der nächste Schritt ist die Definition eines Interface-Names und Zuordnung von jeweils maximal einem Message-Typ als Importstruktur für die Datenübergabe an die Applikation, einem Message-Typ als Exportstruktur für die Datenübergabe an die Exchange Infrastructure und beliebig vieler Fault-Message-Typen für die Übertragung von Fehler-Informationen an die Exchange Infrastructure. Ein Interface ist nun vollständig in abstrakter Form im Integration Repository definiert.

Operation (Service) an Interface binden

Während ein Interface die Aufrufkonventionen rein abstrakt beschreibt, definiert ein Service eine konkrete Operation, die in einem Namensraum einer oder mehrerer Applikationen angeboten und von anderen Systemen nachgefragt werden kann. Die Trennung zwischen abstrakten Interfaces und konkreten Services erleichtert die Wiederverwendung von Interfaces.

Während die vorherigen Definitionsschritte rein organisatorisch dem Integration Repository, also dem wiederverwendbaren Teil, zuzuordnen sind, wird der Service im Integration Directory abgelegt. Ein Service setzt sich aus einem Interface und weiteren technischen Informationen zusammen, die die Operation auszeichnen (synchroner oder asynchroner Aufruf, HTTP oder HTTPS etc.). Standardeinstellungen können am Namensraum festgelegt und sowohl von allen Services übernommen werden als auch im Einzelfall redefiniert werden.

Proxy-Generierung

Die Generierung eines Quelltext-Prototypen wird unter ABAP von demjenigen Rechner aus gesteuert, auf dem das Proxy-Framework installiert ist (Transaktion SPROXY) und die ABAP-Klassen generiert werden sollen. Dabei liest die Proxy-Generierung über HTTP die WSDL-Beschreibung des Service aus der Exchange Infrastructure aus und generiert den entsprechenden Quelltext-Prototypen.

Für die Java- und C#-Quelltext-Prototypen wird die Generierung aus dem Integration Builder heraus über das Kontextmenü angestoßen und ein Verzeichnis ausgewählt, in das die Datei mit den im PAR-Format respektive ZIP-Format gepackten Quelltexten generiert werden soll. Von dort können die Dateien leicht extrahiert und in die jeweiligen Entwicklungsprojekte integriert werden.

Quelltext komplettieren

Schließlich muss dieser Quelltext-Prototyp um den eigenen Programmcode zur Weiterleitung eingehender Daten an die Applikation oder Abgabe von Applikationsdaten an die Exchange Infrastructure ergänzt werden.

Wie die Schritt-für-Schritt-Anleitung verrät, handelt es sich letztlich um nichts anderes als die Deklaration einer Methode mit anschließender Implementierung, wie man es aus modernen Programmiersprachen gewohnt ist, und auch eingefleischte SAP-Entwickler werden durchaus Ähnlichkeiten zu der Vorgehensweise im Data Dictionary und ABAP Repository feststellen. Da SAP bereits eine umfassende Menge von standardisierten Datentypen definiert hat, sollte immer zuerst geprüft werden, ob nicht bereits ein Message-Typ, ein komplexer Datentyp (z. B. eine Struktur) oder zumindest einige einfache Datentypen (z. B. Betrags- und Mengenfeld) wiederverwendet werden können. Jeder auf diese Weise eingesparte Typ kann im Projekt-Verlauf viel an Design- und Konfigurationszeit einsparen helfen, da eine Vielzahl von Mapping-Regeln und Routing-Objekten wiederverwendet werden bzw. Mappings ganz entfallen können.

Fazit SAP selbst, Partnerfirmen und andere Entwickler tun gut daran, alle Außen-Schnittstellen und einen Großteil der Innen-Schnittstellen neuer Applikationen auf Basis der Exchange Infrastructure zu definieren und anschließend mithilfe der Proxy-Frameworks zu generieren. Die Vorteile liegen auf der Hand: Die Geschäftsprozesse der Applikationen können einfach und auf standardisiertem Wege erweitert werden, eine Integration mit Fremdsystemen ist nur noch ein paar Routing- und Mapping-Regeln entfernt und ein Großteil der Generik heutiger Applikationen kann den nativen Hochgeschwindigkeitsparsern der Exchange Infrastructure übertragen werden.

4.3 Customizing und Administration

Das Customizing der Exchange Infrastructure beinhaltet abseits der Systemlandschaftspflege keine wesentlichen Menüpunkte in der Transaktion SPRO. Die Monitoring-, Konfigurations- und Administrationsoberfläche der Exchange Infrastructure ist über das SAP-Menü per **Administration • Integration Engine • Administration** oder direkt über die Transaktion SXMB_ADMIN zu erreichen (alternativ gibt es auch die Transaktion SXMB_ADM ausschließlich für Konfigurations- und Administrationsaufgaben sowie SXMB_MON für das Monitoring).

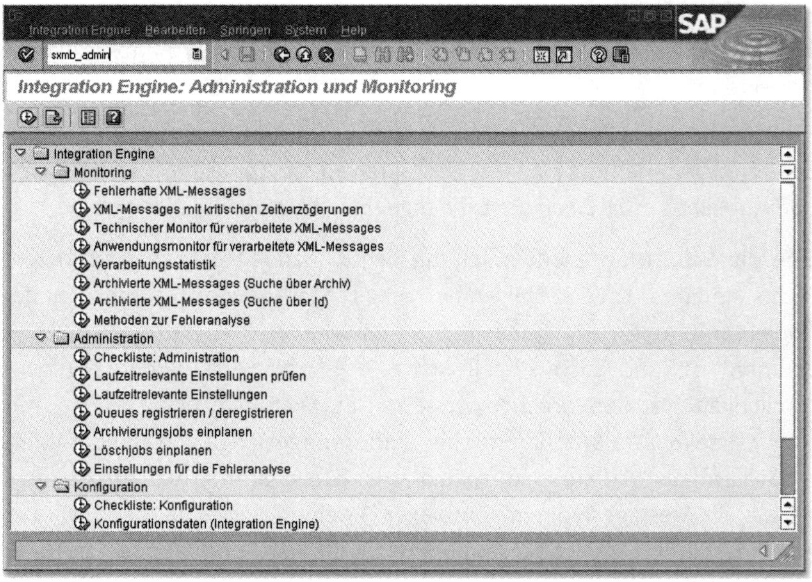

Abbildung 4.13 Die Administrationsoberfläche der Exchange Infrastructure

Dort stehen alle Verwaltungsfunktionen über ein separates Menü zur Verfügung. Erwähnen möchten wir an dieser Stelle drei Menüpunkte, nämlich **Fehlerhafte XML-Messages** aus dem Monitoring-Bereich, **Laufzeitrelevante Einstellungen** aus dem Administrationsbereich und **Konfigurationsdaten** aus dem Konfigurationsbereich.

Fehlerhafte XML-Messages analysieren

Speziell für die Analyse fehlerhafter XML-Messages, d.h. Aufrufe mit inkonsistenten Parameterübergaben, Mappings oder undefiniertem Routing steht der Menüpunkt **Fehlerhafte XML-Messages** zur Verfügung.

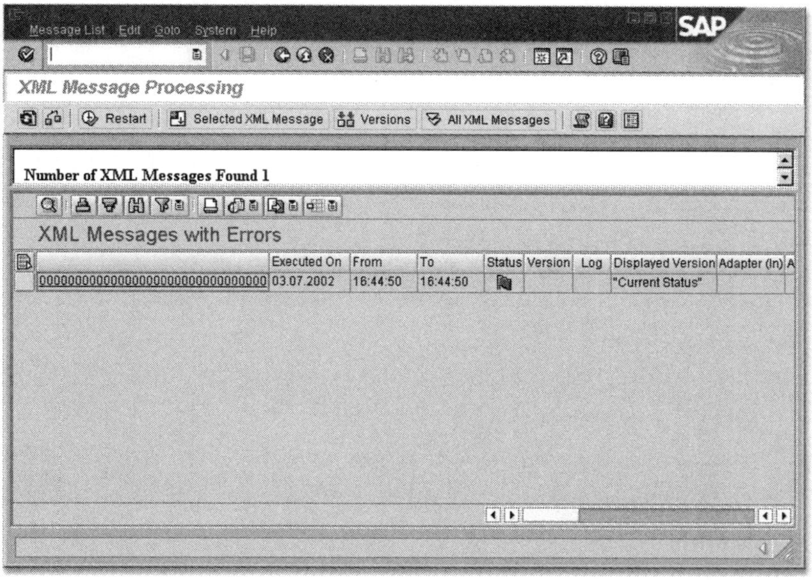

Abbildung 4.14 Fehlerhafte XML-Message analysieren

Im laufenden Betrieb können hier fehlerhafte asynchrone XML-Messages im Detail betrachtet und gegebenenfalls erneut zur Verarbeitung in den Arbeitsvorrat übernommen werden. Änderungen an der Message sind aus Konsistenzgründen nicht erlaubt.

Laufzeitrelevante Einstellungen

Über die **Laufzeitrelevanten Einstellungen** lässt sich u.a. das technische Logging aller durch die Integration Engine laufenden Nachrichten und Aufrufe ein- und ausschalten – gleich, ob als zentraler Server der Exchange Infrastructure konfiguriert oder Proxy-Backend für an die Exchange Infrastructure angebundene Web Application Server.

Haben Sie im entsprechenden Edit-Feld den Wert auf 1 (»eingeschaltet«) gesetzt, zeichnen Sie den gesamten über den Rechner laufenden Datenverkehr auf und können ihn später analysieren. Gerade während der Entwicklung neuer Integrationsszenarien erweist sich das Protokollieren der Nachrichten als unverzichtbare Hilfe für das Debuggen.

Konfigurationsdaten einstellen

Weitere wichtige Einstellungen verbergen sich hinter dem Menüpunkt **Konfigurationsdaten**, denn hier kann für verschiedene Kategorien wie **Tuning**, **Runtime**, **Debugging** oder **Trace** ein Feintuning aller jeweils einstellbaren Parameter durchgeführt werden.

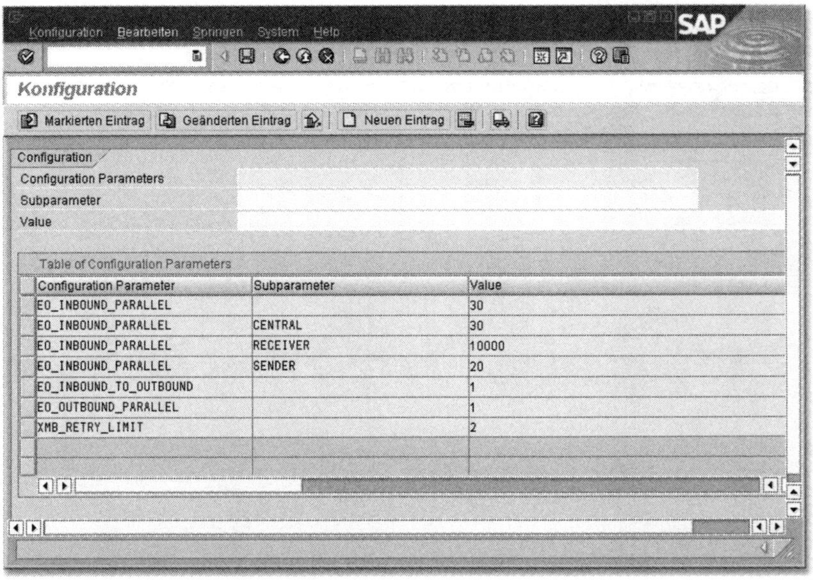

Abbildung 4.15 Konfigurationsdaten

Im Falle der Kategorie **Tuning** sind das beispielsweise die maximale Anzahl parallel ausgeführter Prozesse, getrennt für die Funktionalität als zentraler Server, Sender oder Empfänger, oder die maximale Anzahl an Wiederholungsversuchen bei fehlgeschlagenen asynchronen Verarbeitungen.

4.4 Applikationen

Integration Builder

Die zentrale Applikation in der Exchange Infrastructure ist der Integration Builder, über den alle Aufgaben hinsichtlich der Erstellung integrierter Business-Szenarien von der Interface-Definition über das Mapping bis hin zum logischen und technischen Routing unter einer einheitlichen Oberfläche zusammengefasst werden. Wir werden uns bei der Vorstellung der XI-relevanten Werkzeuge deshalb auf ihn beschränken. Der Integration Builder ist eine Java-Anwendung, die über die Transaktion SXMB_IFR gestartet werden kann und sich grob in die Bereiche **Business-Szenarien**, **Interfaces**, **Mappings & Routings** sowie **Interfaces** unterteilen lässt. Die optische Gestaltung der Applikationsoberfläche bleibt dabei immer die gleiche, oben findet sich die Darstellung des Hauptmenüs, auf der linken Seite die Strukturansicht und auf der rechten Seite sieht man die Detailansichten und Dialoge.

Business-Szenarien

Business-Szenarien bilden häufig den Ausgangspunkt eines Integrationsprojekts, denn über sie definiert man nicht nur den oder die Geschäftsprozesse, sondern legt auch die Aufgaben der beteiligten Systeme auf eine leicht verständliche Weise fest.

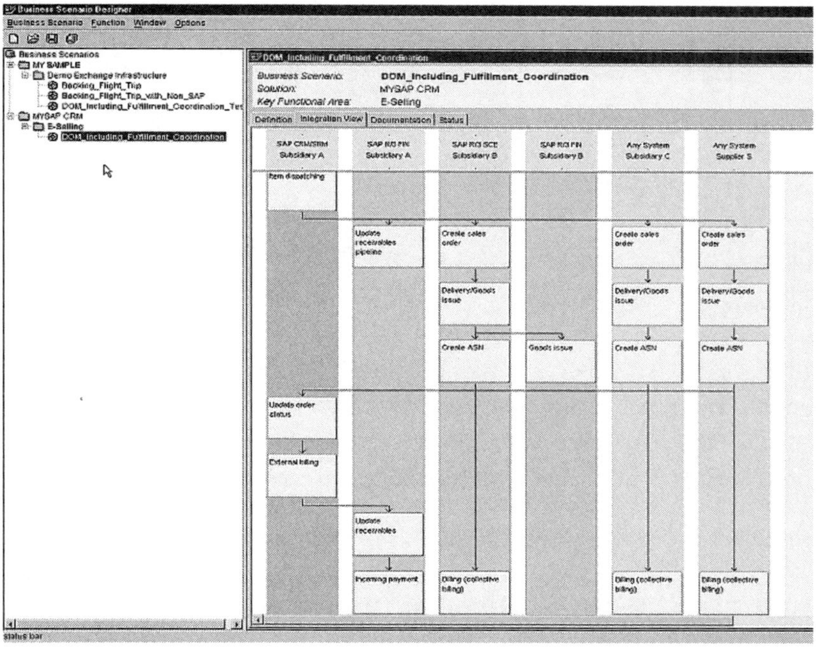

Abbildung 4.16 Integration Builder – Business-Szenario-Designer

Die Modellierung eines Business-Szenarios erfolgt in der Exchange Infrastructure auf eine intuitive, grafische Weise, die die fachliche Konzeption in den Vordergrund rückt und die technische Realisierung anderen spezialisierten Editoren in der Exchange Infrastructure überlässt.

Interfaces

Einer dieser spezialisierten Editoren ist der Interface Editor des Integration Builders. Mit seiner Hilfe lassen sich sowohl neue Interfaces definieren, auf deren Basis anschließend Prototypen-Klassen zur weiteren Vervollständigung durch den Entwickler in Java, ABAP oder C# erzeugt werden können, oder auch WSDL-Beschreibungen vorhandener Schnittstellen importieren, um sie innerhalb der Exchange Infrastructure bekannt und damit nutzbar zu machen.

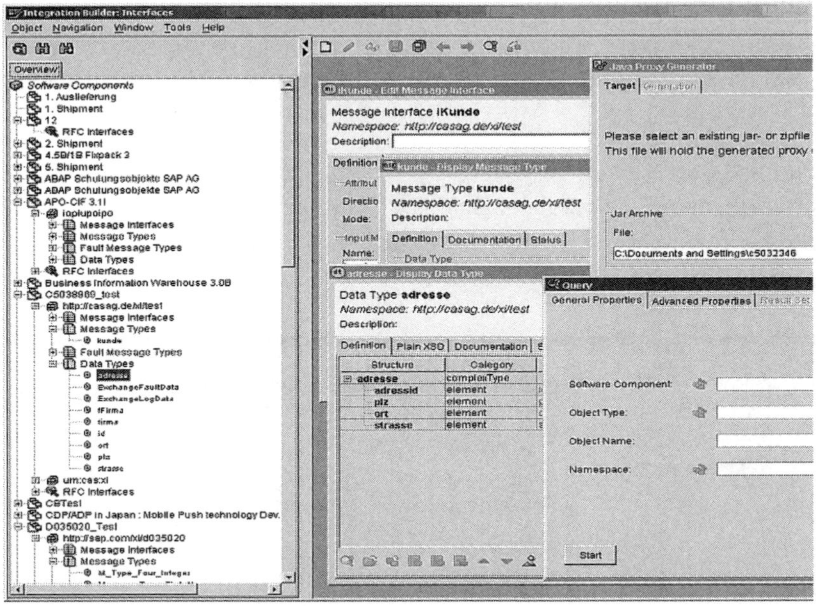

Abbildung 4.17 Integration Builder – Interfaces

Interfaces setzen sich aus Message-Typen für die Eingabe-, Ausgabe- und Fehler-Parameter zusammen, die wiederum aus einfachen oder verschachtelten Strukturen bestehen können. Aus diesem Grund verfügt der Interface Editor über eine Strukturansicht am linken Bereich des Fensters.

Mappings & Routings

Mappings & Routings definieren die Transformation von Daten zwischen zwei unterschiedlichen Formaten, wie es z. B. bei zueinander inkompatiblen Interfaces vorkommt. Auch spielen hier Faktoren wie die dynamische Weiterleitung in Abhängigkeit des Inhalts hinein, die gerade bei älteren Anwendungen mit einer »Universalschnittstelle« häufiger anzutreffen sind.

Mithilfe des Mapping & Routing Editor (siehe Abbildung 4.18) lassen sich sogar sequenzielle Mappings abbilden, d. h. die Umwandlung in eine Zielstruktur über mehrere Zwischenschritte, was die Übersichtlichkeit und den Reuse vorgefertigter Mappings erhöht.

Die Zuordnung zu realen vorhandenen Diensten und Funktionen geschieht mithilfe des Services Editor. Hier lassen sich die abstrakt definierten Routings und Mappings an konkrete Funktionen aus der Systemlandschaft binden, die über kompatible Schnittstellen verfügen.

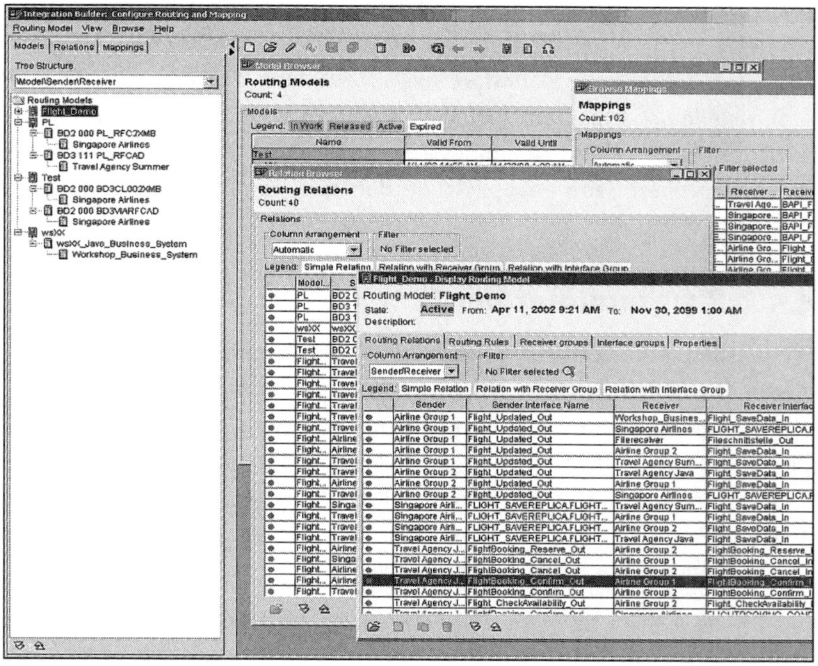

Abbildung 4.18 Integration Builder – Mapping & Routing Editor

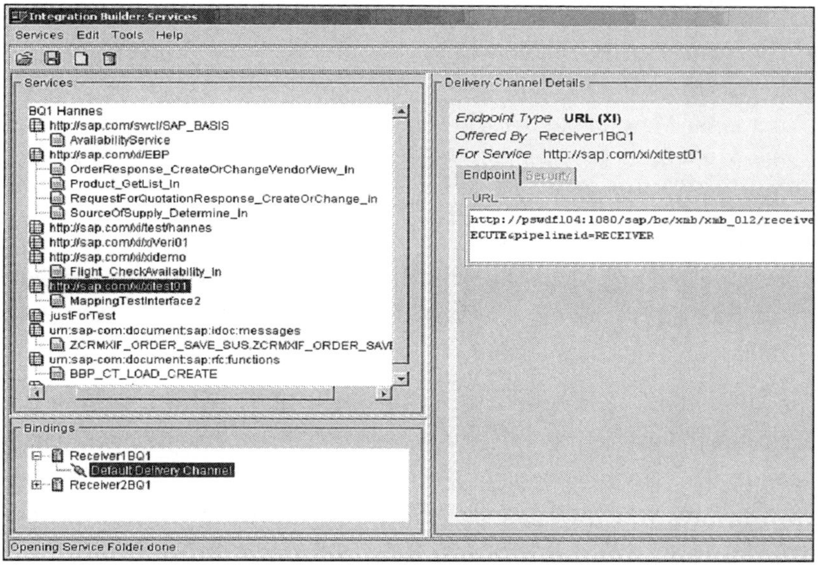

Abbildung 4.19 Integration Builder – Services

Letztlich lassen sich auf diese Weise integrierte Geschäftsszenarien schmerzfrei von einem System auf ein anderes abbilden oder an geänderte Last-Situationen – beispielsweise bei zehn Servern mit gleichen Schnittstellen – anpassen. In jedem Fall müssen nur die Zuordnungen zwischen Routings und Mappings auf der einen Seite sowie den Services auf der anderen Seite angepasst werden und das Business-Szenario ist wieder lauffähig.

4.5 Programmierung

Wir werden in diesem Kapitel beispielhaft die Vorgehensweise zur Implementierung einer Funktionalität in der ABAP Personality beschreiben, deren Interface zuvor in der Exchange Infrastructure definiert worden ist. Dieses Szenario entspricht dem von SAP bevorzugten Weg bei Neuentwicklungen, zunächst die globalen Schnittstellen in der Exchange Infrastructure kompatibel zu anderen Schnittstellen zu designen und diese anschließend im Web Application Server zu implementieren.

Die Implementierung erfolgt auf der Basis generierter Proxies, die als Stellvertreter-Klasse das globale Interface implementieren und die vom Entwickler angesprochen oder erweitert werden können.

Proxy-Arten

Es gibt zwei verschiedene Arten von Proxies:

- *Outbound-Proxies* werden aus Outbound-Interfaces generiert und beschreiben Sender-Funktionen. Ein Outbound-Proxy ist eine Klasse mit einer Methode in der jeweiligen Zielsprache. Die Anwendung ruft diese Methode auf, um eine Message an einen Empfänger zu versenden.
- *Inbound-Proxies* werden aus Inbound-Interfaces generiert und beschreiben Empfänger-Funktionen. Statt einer Klasse (siehe im Outbound-Fall) ist dies ein Interface, das die Anwendung implementieren muss, um eine eingehende Message zu verarbeiten.

Integration

Die WSDL-Beschreibungen, die für die Definition von Interfaces in der Exchange Infrastructure verwendet werden, bestehen aus zwei Teilen, nämlich aus einer Beschreibung von Datentypen (in XSD) und einer Beschreibung von Interfaces, deren Parameter diese Datentypen verwenden. Bei der Proxy-Generierung werden daraus Objekte bzw. Interfaces in der jeweiligen Zielsprache erzeugt, die die jeweiligen Teile der Interface-Beschreibung abbilden.

Parameter und Datentypen

Parameter und Datentypen des Interface werden auf folgende Weise umgesetzt:

- Interface-Parameter werden als Methoden-Parameter abgebildet.
- Für globale XSD-Datentypen legt die Proxy-Generierung wiederverwendbare Datentypen im ABAP Dictionary ab, zum Beispiel Datenelemente oder Strukturen. Für lokale Elemente oder Attribute werden Felder einer Struktur generiert.

Aufgabe

Aus einem beliebigen Interface soll nun ein Proxy-Objekt respektive -Interface für die ABAP Personality generiert werden, um die Implementierung zu erleichtern.

Proxy-Generator

Während die Proxy-Generierung für Java direkt aus dem Integration Builder heraus per Kontextmenü angestoßen wird, steht aus der ABAP Personality heraus die Transaktion SPROXY zur Verfügung, die diese Aufgabe sowohl für Inbound- als auch Outbound-Proxies übernimmt.

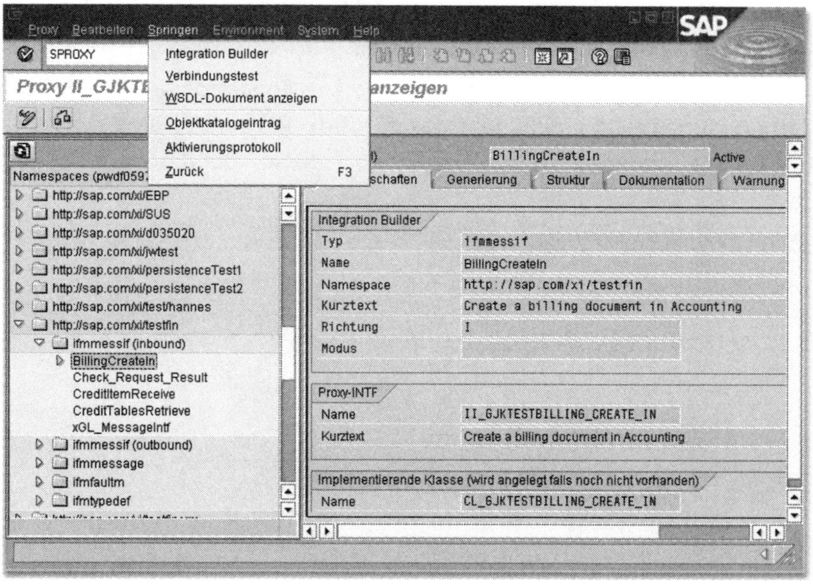

Abbildung 4.20 Proxy-Generator – ABAP

Der Proxy-Generator listet in einer Baumstruktur alle Interfaces aller Namensräume auf, die im Object Repository definiert sind. Wählt man ein Interface aus, erscheint im Client-Bereich ein Fenster, in dem alle Details angezeigt werden, sofern der Proxy bereits generiert wurde – inklusive Dokumentation, Übergabeparameter etc.

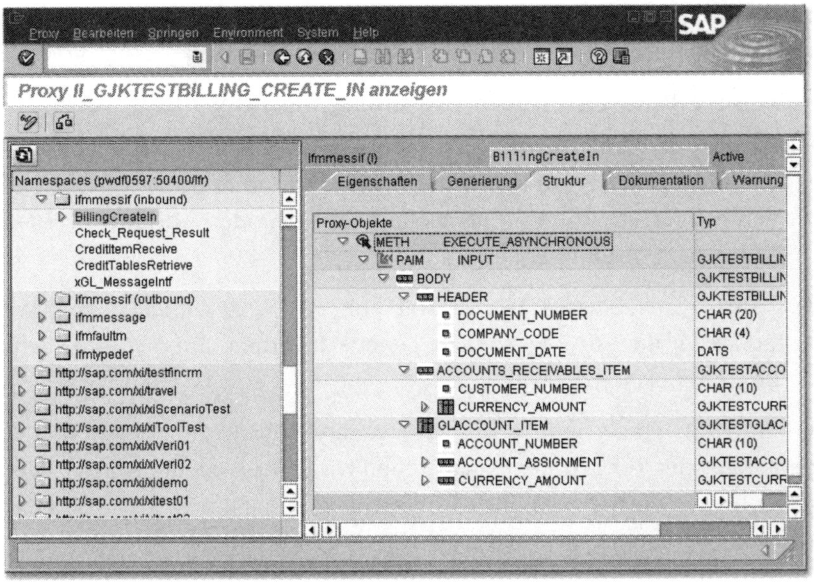

Abbildung 4.21 Proxy-Generator – Methodenparameter

Für noch nicht generierte Proxies kann man sich stattdessen die WSDL-Beschreibung direkt anschauen, was der Proxy-Generator über die XML-Darstellung moderner Webbrowser erledig (siehe Abbildung 4.22).

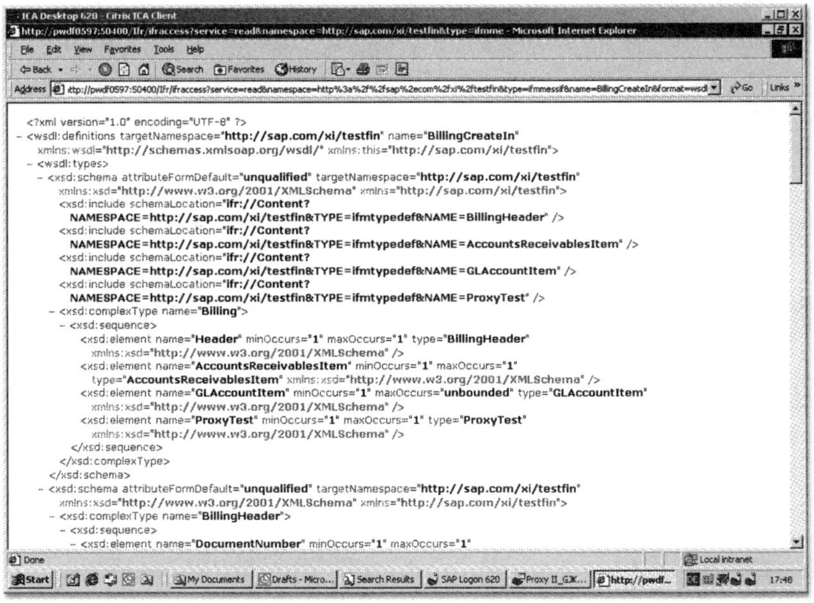

Abbildung 4.22 Proxy-Generator – WSDL-Beschreibung

Der wichtigste Menüpunkt ist jedoch zweifelsohne im Kontextmenü zu finden und derjenige zum Erzeugen eines neuen Proxys, in unserem Beispiel für das Interface **CreditTables**.

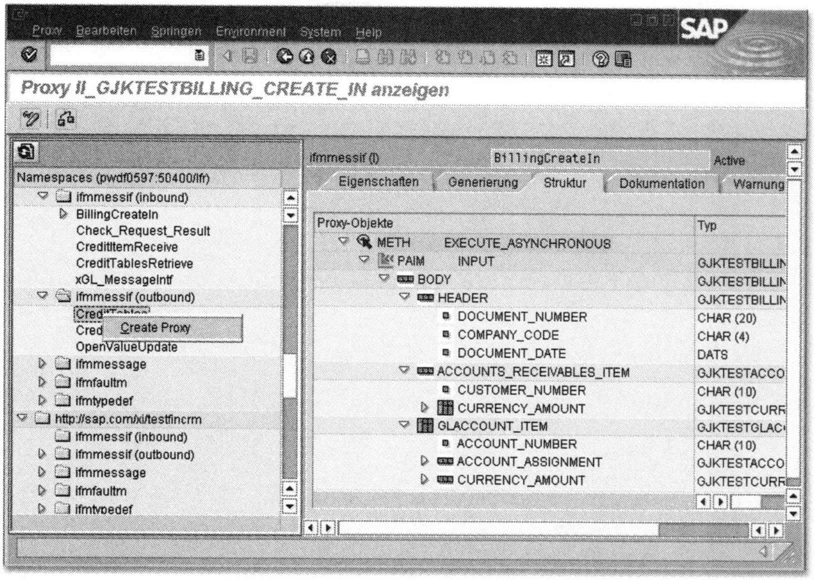

Abbildung 4.23 Proxy-Generator – Proxy erzeugen

Bei Ausführung des Befehls erfolgt eine Zwischenabfrage, in der man sowohl das Paket als auch ein Präfix angeben kann, das dem Namen des Proxys vorangestellt wird. Sollte das Präfix nicht eindeutig sein, ergänzt der Proxy-Generator automatisch eine laufende Nummer. Die Mehrfachgenerierung von Proxies – sogar im gleichen System – ist nichts Ungewöhnliches, denn gerade bei Inbound-Interfaces besteht häufig der Bedarf zur Weiterverarbeitung entgegengenommener Daten an mehreren Stellen. Als Beispiel wäre ein Geschäftsvorfall (z. B. Kauf eines Wertpapiers) zu nennen, der sowohl in der internen Buchhaltung, der externen HGB-Buchhaltung und einer separaten IAS-Buchhaltung gebucht werden muss. Der Code eines solchen Beispiels würde den Rahmen dieses Kapitels sprengen, daher sei an dieser Stelle auf die Webseiten der SAP unter *service.sap.com* verwiesen. Unter dem Thema *Exchange Infrastructure* finden Sie dort ein ausführliches Beispiel.

5 mySAP Technology – SAP Enterprise Portal & SAP Business Information Warehouse

Dieses Kapitel beschreibt die Schlüsselkomponenten von SAP Enterprise Portal und SAP Business Information Warehouse, die Technologie zur Vereinfachung des Zugriffs auf und der Verwaltung von unternehmensrelevanten Informationen aus der Sicht des Anwenders bereitstellen. Die Portaltechnologie wird vom SAP-Geschäftsbereich Collaborative Applications beigesteuert und von verteilten Projektteams in den USA, Deutschland und Israel entwickelt. Im Gegensatz zum Business Information Warehouse benötigt das Enterprise Portal nicht zwingend den SAP Web Application Server als technische Grundlage, sondern kann auch unabhängig davon installiert werden, da es zum überwiegenden Teil in Java realisiert ist.

5.1 Problemhintergrund

Informationsflut am Arbeitsplatz

Mit rasantem Tempo steigt die Flut an Informationen, mit denen sich Mitarbeiter heutzutage in Unternehmen konfrontiert sehen. Im Zuge des Wettbewerbsdrucks, der immer engeren Zusammenarbeit zwischen Firmen und der Modernisierung der IT werden von Unternehmen stetig mehr Informationen angesammelt, deren Inhalt von den Mitarbeitern erkundet und in ihre Arbeit einbezogen werden muss. Klagte man vor den Zeiten der elektronischen Daten- und Dokumentenverarbeitung noch über beschwerliche und langsame Informationsflüsse, herrscht jetzt die einhellige Meinung vor, dass die Mitarbeiter mit einer Unmenge an relevanten und irrelevanten Informationen zu kämpfen haben und dadurch ihre Produktivität in Mitleidenschaft gezogen wird.

Heterogenität steigert Komplexität

Nicht nur die Flut an Informationen wächst, sondern damit einhergehend auch die Anzahl der Applikationen, in denen die Informationen verwaltet und zur Verfügung gestellt werden. Sei es durch die Einführung eines neuen Softwaresystems, wodurch noch exaktere und umfangreichere Geschäftsdaten über Kunden, Lieferanten oder einzelne Bereiche im eigenen Unternehmen angeliefert werden, oder sei es durch die Ergänzung der guten alten Hauspost und der Archive um unzählige neue Varianten, z. B. gemeinsame elektronische Dokumente auf Abteilungsservern, die Einführung von E-Mail, Projektgruppen- oder unternehmensweiten Intranets, Extranets von diversen Geschäftspartnern und das Internet. Diese Heterogenität der Informationsquellen und -verarbeitungssysteme ist in einer globalen Geschäftswelt unvermeidlich, hat jedoch zur Folge, dass die Mitarbeiter sich häufig mit dem Erlernen der neuen Systeme, mit veränderten Benutzeroberflächen oder der Quellenrecherche beschäftigen müssen, die wiederum einen negativen Effekt auf die Produktivität haben und mit Schulungs- und Einarbeitungsvorgängen zusätzliches Geld verschlingen.

Ganzheitliche Unternehmensanalysen, Fehlanzeige

Natürlich beinhaltet jedes dieser Softwaresysteme für sich genommen mehr oder minder ausgefeilte Reporting- und Analysefähigkeiten, mit deren Hilfe speziell der strukturierte Anteil der Informationen – diejenigen Geschäftsdaten, die von einer betriebswirtschaftlichen Software verwaltet werden – auf diverse Fragestellungen hin untersucht werden kann. Eine systemübergreifende Analyse hingegen von z.B. CRM-Daten aus einem Siebel-System in Relation zu den Produktionsdaten aus einem SAP-System ist damit noch lange nicht möglich. Genau diese übergreifenden, ganzheitlichen Analysen sind es jedoch, die die Entscheidungsfindung im Unternehmen optimal unterstützen.

Informationen bleiben, das Wissen geht

Schließlich kommt noch ein Phänomen dazu, das erst und gerade durch das Zusammenwirken der oben beschriebenen Probleme zutage tritt. Mitarbeiter, die über Jahre hinweg die Inhalte der vom Unternehmen gebotenen Informationsquellen und Softwaresysteme sehr erfolgreich für ihre Arbeit eingesetzt haben, werden zu gefragten Spezialisten in ihrem Bereich, die für das Unternehmen einen großen Wert besitzen. Egal, welche Studie bezüglich der Wissens-Elite in einem Unternehmen man gelesen haben mag, einig sind sich alle in dem hohen Verlust, den der Weggang solcher Mitarbeiter für das Unternehmen bedeutet: Alle Informationen und Softwaresysteme verbleiben zwar im Unternehmen, das gesamte Wissen und die Erfahrung der Spezialisten gehen jedoch verloren. Dieses Wissen und die Erfahrung spiegeln sich indes zu einem beachtlichen Teil darin wider, auf welche Weise der Spezialist die für seinen Arbeitsbereich relevanten Softwaresysteme genutzt, Informationen aus den Informationsquellen des Unternehmens herauskristallisiert und miteinander in Beziehung gesetzt hat, um so das wertvolle Wissen zu kreieren, anhand dessen er so erfolgreich im Unternehmen agieren konnte.

Auf der Schwelle zur Wissensgesellschaft

Aktuell bewegen wir uns auf dem Weg von der Informationsgesellschaft zur Wissensgesellschaft und es bedarf immenser Anstrengungen, um den oben beschriebenen Problemen Herr zu werden. So komplex es unterhalb der Oberfläche eines zu diesem Zweck gebauten Softwaresystems zugehen würde, so einfach klingen die grundlegenden Anforderungen:

1. einfachster und einheitlicher Zugriff auf die unstrukturierten Informationen eines Unternehmens, namentlich Dokumente aller Art und Webseiten, egal, aus welcher Quelle
2. einfachster und einheitlicher Zugriff auf strukturierte Informationen eines Unternehmens, namentlich Geschäftsdaten aus beliebigen Systemen und Datenbanken
3. ganzheitliche Analyse der Geschäftsdaten, die aus allen Systemen und Datenbanken des Unternehmens stammen und zueinander in Beziehung gesetzt werden können
4. Eindämmung der Informationsflut und stattdessen automatische Selektion von relevanten Informationen, die dem Mitarbeiter für sein persönliches Arbeitsumfeld zur Verfügung gestellt werden
5. Integration der oben genannten Punkte unter einer einheitlichen und einfach zu bedienenden Benutzeroberfläche, die unabhängig von Änderungen und Erweiterungen der zugrunde liegenden Softwaresysteme und Informationsquellen ist

Zu Punkt 1: Zugriff auf unstrukturierte Informationen

Wenn Anwender nach einem möglichst einfachen Zugriff auf Dokumente gefragt werden, fallen sofort die Stichworte Verzeichnisse und File Server – nicht umsonst werden die meisten Dokumente als Dateien auf gemeinsamen Servern in Verzeichnissen verwaltet, deren Strukturen den Abteilungen und Projekten des Unternehmens nachempfunden sind. Dabei strukturieren die Anwender ihre Dokumentenablage, indem sie Ordner selbst anlegen und die Dokumente darauf verteilen. Als unzureichend werden hingegen die Suchfunktion nach Dokumenten und Inhalten in großen Serverfarmen und Verzeichnisstrukturen bezeichnet sowie das Dateichaos und die Fehleranfälligkeit, die bei der Pflege mehrerer Versionen, der Ablage von Dateien in mehreren Verzeichnissen zwecks mehrfacher Themenzuordnung und der gemeinsamen Bearbeitung von Dokumenten häufig auftreten. Fragt man hingegen nach einem möglichst einfachen Zugriff auf Informationen, bekommt man als gemeinsame Stichworte Webbrowser, Webseiten und Webserver genannt. Einfach zu bedienende Benutzeroberflächen in HTML, plattformübergreifend einheitlich dargestellte Dokumente im PDF-Format, Viewer für die bekannten Office-Dokumente und neuerdings auch XML-Daten, gepaart mit sehr schnellen und ausgereiften Suchtechniken gestatten einen einfachen und effizienten Zugriff auf Informationen, ganz gleich, wo sie sich befinden. Dem gegenüber stehen die mangelhaften Bearbeitungs- und Strukturierungsmöglichkeiten durch den Anwender, der vielleicht Dateien hochladen, aber noch nicht einmal eigene Unterordner anlegen kann. Aus beiden Fragestellungen folgt implizit, dass für das Arbeiten mit Dokumenten und unstrukturierten Informationen eine Kombination aus den Stärken der ordner- und browserbasierten Zugriffs- und Verwaltungstechnologien ganz offensichtlich ein Optimum darstellt, das es zu erreichen gilt.

Das SAP Enterprise Portal beinhaltet die Knowledge Management Platform, die übergreifend über alle Dokumenten- und Informationsablageorte eines Unternehmens mittels einer einheitlichen Weboberfläche leistungsfähige Suchfunktionen, Mehrfachkategorisierung durch den Anwender selbst oder automatische, flexible Rechtevergabe, Versionierung, Annotationen und Bewertungen bis hin zu Teamrooms und Echtzeit-Zusammenarbeit in örtlich getrennten Teams anbietet und damit genau das Optimum an Zugriffs- und Verwaltungsfunktionalität herstellt, das für das Arbeiten im Team wichtig ist. Darüber hinaus integriert sich die Knowledge Management Platform nahtlos in den Windows-Explorer, enthält ein eigenes Dokumentenablagesystem und bietet weiterführende Funktionen wie die automatische Bildung von Beziehungen zwischen Dokumenten, so genannten *Topic Maps*. Über ausgefeilte Algorithmen können die Inhalte von Dokumenten verglichen und dadurch Querverbindungen zwischen den einzelnen Dokumenten hergestellt werden. Dies erfordert keine manuelle Verschlagwortung oder Klassifizierung.

Zu Punkt 2: Zugriff auf strukturierte Informationen

Legacy-Anwendungen auf Großrechnern, Customer Relationship Management (CRM), Product Lifecycle Management (PLM), Supply Chain Management (SCM), Supervisoring Control and Data Acquisition (SCADA), Computer Aided Design (CAD), Archive Viewer, Online-Shops, Benutzer- und Verzeichnisdienste, selbst entwickelte Datenbankapplikationen, Applikationen eines oder mehrerer Geschäftspartner – die Liste der in den Unternehmen eingesetzten Geschäftsanwendungen liest sich naturgemäß wie das Who-is-who der Softwarebranche und beinahe von jedem namhaften Softwarehersteller sind ein oder mehrere Applikationen im Einsatz. Nicht selten hat der durchschnittliche Mitarbeiter Zugriff auf zehn Geschäftsanwendungen oder mehr, die er zur Bewältigung seiner Aufgaben benötigt. Oftmals hat er sich getrennt in jede Applikation einzuloggen, ist dort mit einer jeweils anders aufgebauten Benutzeroberfläche konfrontiert und muss die speziellen Schritte und Tricks kennen, um jeder Applikation die gewünschten Informationen zu entlocken bzw. sie über entsprechende Dialoge einzugeben. Gerade das Suchen und

Zusammenstellen umfangreicher Informationen, die über verschiedene Geschäftsanwendungen verteilt sind, gestaltet sich als zeitaufwändig, fehleranfällig und damit ineffektiv. Benötigt ein Mitarbeiter beispielsweise detaillierte Informationen über einen Kunden und den Werdegang einer von ihm bestellten Bauteilcharge, muss er sich die Informationen im schlimmsten Fall nicht nur aus dem CRM, sondern bei Individualanfertigungen zusätzlich aus dem PLM-, bei Serienfertigungen aus dem SCADA-, bei vergangenen Bestellungen aus dem Archiv- und bei einbezogenen Sublieferanten aus dem SCM-System zusammensuchen. Gerade für das Suchen, Sichten und Zusammenstellen von Geschäftsdaten aus den einzelnen Softwaresystemen eines Unternehmens bringt daher der Einsatz von so genannten *Unifiern*, die die Navigation zwischen den Geschäftsdaten angeschlossener Systeme und die Erstellung übergreifender Sichten gestatten, große Produktivitätsgewinne und zufriedene Mitarbeiter.

Das SAP Enterprise Portal beinhaltet einen Unification-Server, der sich mithilfe vorgefertigter Unifier leicht an eine ganze Reihe von SAP- und Fremdsystemen sowie Datenbanken anschließen lässt, um die dort gespeicherten Informationen auf Anfrage anzuzeigen, zwischen ihnen zu navigieren, zu durchsuchen und in einer über alle Systeme hinweg einheitlichen Weboberfläche anzuzeigen. Leistungsfähige Caching-Algorithmen halten dabei die Systemlast gering.

Zu Punkt 3: Ganzheitliche Analyse von Geschäftsdaten

Anders als die fachlichen Spezialisten mit ihrem Wunsch, systemübergreifend nach Geschäftsdaten auf feinster Detaillierungsstufe zu suchen, benötigt das Management vor allem systemübergreifend aggregierte, d. h. über Zeiträume, Produktarten, Unternehmensbereiche, Bilanzpositionen oder andere Merkmale zusammengefasste Geschäftsdaten. Diese ganzheitliche Sichtweise auf Geschäftsprozesse, die Möglichkeit zu Planungs- und Simulationsläufen in der Art von Was-wäre-wenn-Analysen und eine große Flexibilität beim Aufriss (*Drill-down* genannt) von aggregierten Geschäftsdaten nach verschiedensten Gesichtspunkten erleichtert ein zeitnahes und exaktes Reporting und bildet die Grundlage für optimierte Entscheidungen. Leider ist das Zusammenführen von Daten aus unterschiedlichen Geschäftsanwendungen, das Homogenisieren der Daten und schließlich das Aggregieren zu wertvollen Informationen ein sehr aufwändiges Unterfangen, das durch erfahrene fachliche und technische Spezialisten in jahrelanger Arbeit vorbereitet werden muss.

Das SAP Enterprise Portal bietet eine Anbindung zum seit mehreren Jahren auf dem Markt erfolgreichen Business Information Warehouse (SAP BW), das durch vorgefertigten Business Content – Vorlagen und Schnittstellen für namhafte Fremdsysteme und die meisten SAP-Lösungen – die Zusammenführung und Homogenisierung von Geschäftsanwendungen stark vereinfacht. Das aus den Geschäftsdaten aufgebaute Data Warehouse erlaubt dem Anwender ganzheitliche Analysen über die Geschäftsdaten eines Unternehmens – wahlweise über eine webbasierte Oberfläche oder ein Add-on zu Microsoft Excel.

Zu Punkt 4: Automatische Selektion relevanter Informationen

Einem bekannten Professor an der Technischen Hochschule in Aachen schickten wir vor einigen Jahren eine Anfrage per E-Mail bezüglich der Forschungskooperation zu einem Thema, dessen Inhalt sich sowohl mit den Schwerpunkten seines Fachbereichs als auch unserer Zielsetzung überschnitt. Nach ungefähr zwei Wochen bekamen wir eine E-Mail als Antwort: »Bitte entschuldigen Sie die späte Antwort. Ich bekomme pro Tag ungefähr 400 E-Mails und es ist mir normalerweise nicht mehr möglich, über diesen Weg zu kommunizieren. Ich finde Ihr Vorhaben interessant. Bitte vereinbaren Sie ...«. Rechnet man im Geiste nun noch die anderen Informationsquellen hinzu, mit denen sich dieser Professor im täglichen Leben beschäftigen muss, kann man sich vorstellen, welche Informationsmengen der arme Mann für die erfolgreiche Ausübung seines Berufs zu bewältigen hat. Das ist das Paradoxon der Informationsgesellschaft: Es erreichen uns hunderte von Informationen pro Tag, die meisten sind jedoch nicht oder kaum relevant. Umgekehrt erreichen uns einige Dutzend relevanter Informationen pro Tag nicht, die wir entweder nie wahrnehmen oder zumindest extra suchen müssen, wobei wir natürlich wieder mit vielen weiteren irrelevanten Informationen konfrontiert werden. Dies zeigt die Notwendigkeit zur exakten inhaltlichen Thematisierung und Kategorisierung aller Informationen.

Das SAP Enterprise Portal beinhaltet ein leistungsfähiges Klassifizierungs- und Suchsystem, das alle im Portal verfügbaren Dokumente und Geschäftsdaten nach Themengebieten katalogisiert, filtert und indiziert. Ein Großteil der Informationen kann daraufhin automatisch sein Ziel finden oder ist zumindest über effektive Suchmechanismen zu erreichen. Eine Abteilung, ein Projektteam oder auch eine Einzelperson erreichen dadurch automatisch nur jene Informationen, die für das jeweilige Arbeitsgebiet relevant sind.

Zu Punkt 5: Vereinheitlichte Benutzeroberfläche

Die stetig wachsende Anzahl von Informationsquellen im Unternehmen, deren schnelle Innovationszyklen sowie die in den vorangegangenen Punkten beschriebenen Anforderungen machen eine Kanalisierung aller strukturierten und unstrukturierten Informationen notwendig. Als optimal erweist sich ein übergeordnetes System, das die Inhalte aller zugrunde liegenden Informationsquellen und Systeme zusammenführt und über eine effiziente und stets gleich bleibende Oberfläche präsentiert. Dem Informationsbedürfnis jedes Mitarbeiters wird Rechnung getragen, indem die wichtigsten abteilungs- und projektrelevanten Informationen über ein sauber strukturiertes Portal angeboten werden und alle übrigen über ein übergreifendes Ordnungs- und Suchsystem erreicht werden können.

Das SAP Enterprise Portal beinhaltet den Portal Server zum Aufbau von webbasierten Portalen, die mithilfe der auf Standards beruhenden Darstellungstechnik iViews und den oben genannten Komponenten eine vereinheitlichte Darstellung aller strukturierten und unstrukturierten Informationen unabhängig von den speziellen Programmoberflächen der einzelnen Systeme und Informationsquellen gestatten. Auf der Grundlage von frei definierbaren Benutzerrollen, die das Maßschneidern von Informationen und Anwendungen auf die Arbeitsumgebung des Anwenders ermöglichen sowie einen leistungsfähigen Single-Sign-On (einmaliges Anmelden und damit Zugriff auf alle benötigten Applikationen im Portal), kann der Zugang über einen gewöhnlichen Webbrowser und sogar über das sprichwörtliche Internet-Café erfolgen. Die Einbettung beliebiger neuer Dienste wie Suchmaschinen für exotische Dokumentablagen, spezielle Informationsangebote externer Dienstleister und vieles mehr gestaltet sich ohne weiteren Systembruch und bietet Investitionssicherheit lange über den Lebenszyklus einzelner Systeme hinaus.

5.2 Lösungsarchitektur

Das SAP Enterprise Portal existiert bereits seit 1999 als technische Grundlage der SAP-eigenen Portallösung mySAP Enterprise Portals. Aktuell verfügbar ist die Version 5.0 mit Service Pack 4 und die Version 6.0 steht für Anfang 2003 auf dem Plan. Einzelheiten hierzu können Sie der Roadmap am Ende des Kapitels entnehmen. Da die Service Packs im Bereich der Portal-Entwicklung einen Teil der Funktionalität des nächsten Releases vorwegnehmen und die Version 6 quasi schon vor der Tür steht, werden wir uns in diesem Kapitel auf die Architektur des SAP Enterprise Portal 6.0 konzentrieren.

Rasante Entwicklung

»SAP stürmt den Enterprise-Portals-Markt« lautete unlängst die plakative Überschrift eines Artikels in einem bekannten deutschen Fachmagazin – und betrachtet man die Evolution der Enterprise-Portal-Architektur seit der ersten Version aus dem Jahr 1999, trifft diesbezüglich das Wort »stürmen« in der Tat den Nagel auf den Knopf. Gerade einmal sechs bis neun Monate betrug der durchschnittliche Release-Zyklus bis zur aktuellen Version 5.0 und inzwischen steht das Enterprise Portal mehreren neuen Versionen bekannter mySAP.com-Lösungen wie beispielsweise dem CRM als wesentlicher Bestandteil zur Seite. Als einer der drei Hauptkomponenten von mySAP Technology nimmt es darüber hinaus eine zentrale Rolle in der neuen Technologieplattform der SAP ein und sorgt für die benutzerorientierte Integration aller Anwendungen und Informationsquellen in einem Unternehmen unter einer einheitlichen Weboberfläche. Der von SAP verfolgte Architekturansatz kann mittlerweile kaum noch anders als mit »allumfassend« beschrieben werden, denn insgesamt vier große Teilbereiche decken zusammen mit dem SAP Business Information Warehouse die Themen Geschäftsanwendungen, Knowledge and Collaboration Management, Data Warehousing und das Internet komplett ab.

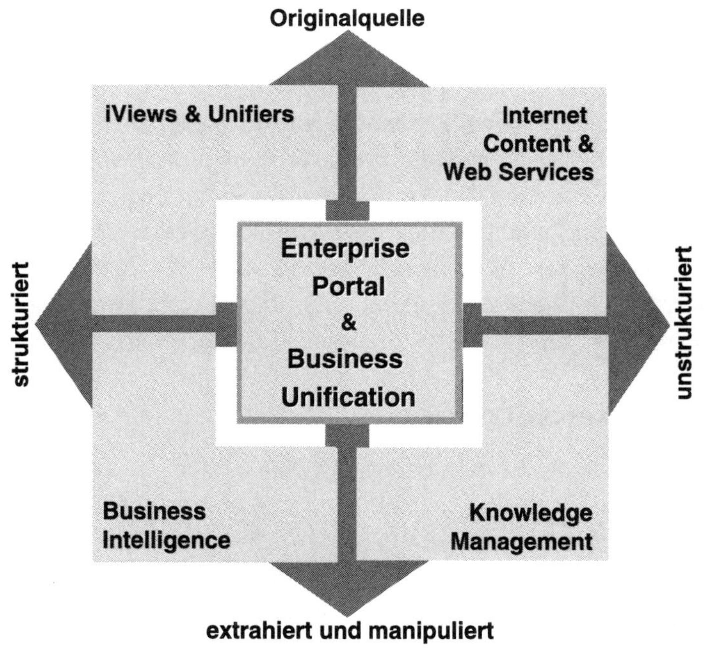

Abbildung 5.1 Überblick über die von SAP Enterprise Portal und Business Information Warehouse abgedeckten Themen

Im Gegensatz zur SAP Exchange Infrastructure, bei der das Produkt und die technologische Basis den gleichen Namen tragen, differenziert SAP zwischen der Lösung mySAP Enterprise Portals und der Technologieplattform SAP Enterprise Portal. Während Ersteres mit so genanntem *Business Content*, also vorgefertigten Oberflächen-Vorlagen inklusive Adaptern für die Integration zahlreicher Anwendungen und Informationsquellen unter einer einheitlichen Weboberfläche als eigenständiges Produkt ausgeliefert wird (z. B. für Siebel, Oracle, Documentum etc.), fehlt dieser Business Content beim SAP Enterprise Portal. Letzteres wird Implementierungspartnern dagegen häufig zusammen mit dem SAP Business Information Warehouse zur Verfügung gestellt, was ansonsten separat geordert werden muss. Das Enterprise Portal ist deshalb hauptsächlich für Entwickler und Firmen gedacht, die auf der Basis von mySAP Technology eigene Applikationen oder Erweiterungen realisieren wollen, während Endkunden die Lösung mySAP Enterprise Portals wählen.

In Relation zu mySAP Enterprise Portals

In Analogie zu den abgedeckten Themenbereichen besteht das Enterprise Portal zusammen mit dem Business Information Warehouse aus vier Komponenten, im Einzelnen dem *Portal Server* für das Thema Oberfläche und übergreifende Dienste, dem *Unification Server* für den Bereich einheitliche Navigation über Geschäftsanwendungen hinweg, der *Knowledge Management Platform* für das Thema Knowledge & Collaboration Management sowie dem *Business Information Warehouse* für das Thema Data Warehousing.

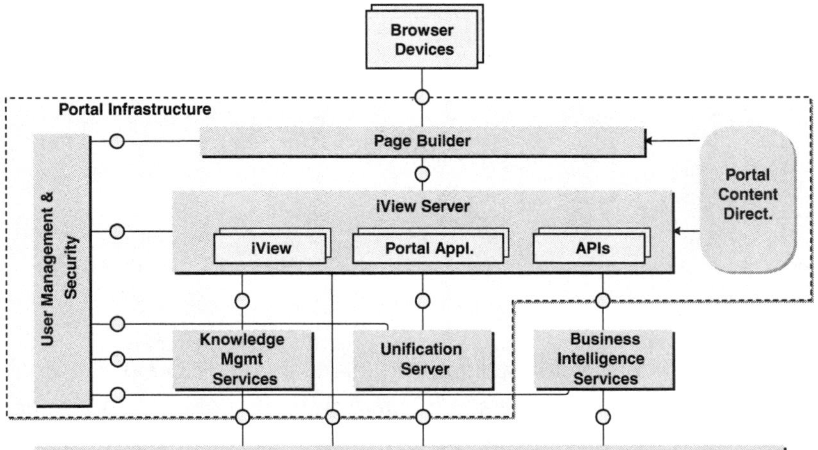

Abbildung 5.2 Überblick über die Architektur von Enterprise Portal und Business Information Warehouse

Ursprünglich unabhängig und in einer SAP-Tochterfirma entwickelt, ergänzen sich die Funktionen des Enterprise Portal und der anderen mySAP Technology-Dienste inzwischen hervorragend und sind sorgfältig aufeinander abgestimmt. Wir werden bei der folgenden Betrachtung der Enterprise-Portal- und Business-Information-Warehouse-Architektur gezielt darauf zu sprechen kommen.

Portal Server Der Portal Server bildet den Rahmen des Enterprise Portal und übernimmt die Aufbereitung von strukturierten und unstrukturierten Daten in einer webbasierten Oberfläche mithilfe so genannter *iViews* (verallgemeinert auch *Portlets* genannt) sowie die Interaktion mit dem Anwender. Dabei können auf einer Portalseite jeweils mehrere iViews zum Einsatz kommen, die vom Portal Server entsprechend den konfigurierten Vorgaben des Administrators und den Wünschen des einzelnen Anwenders zusammengestellt werden. Schließlich werden auf diese Weise personalisierte Anwendungsoberflächen geschaffen, die einen bequemen Zugriff auf alle für einen Anwender relevanten Inhalte und Applikationen erlauben.

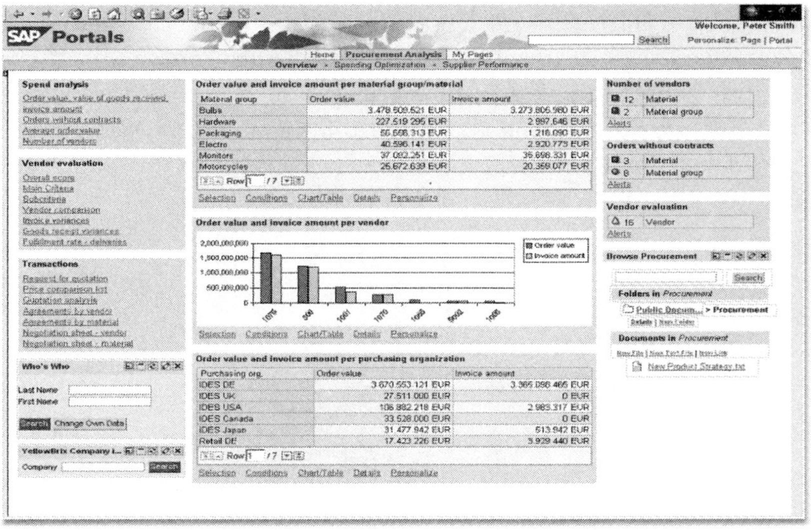

Abbildung 5.3 Zusammensetzung eines Portals aus iViews

Neben der Oberflächendarstellung und Interaktion stellt der Portal Server auch übergreifende Dienste zur Verfügung, die von anderen Portal-Komponenten und teilweise auch den übrigen mySAP Technology-Bestandteilen genutzt werden. Darunter fallen zum Beispiel die LDAP-kompatible Benutzer- und Rollenverwaltung inklusive Single-Sign-On, Messaging für die gesicherte Datenübertragung von einer Applikation zur anderen, Connections für die Anbindung von Clients über unterschiedliche Übertragungsprotokolle wie z. B. HTTP oder SOAP, Scheduling für die zeitgesteuerte Ein- und Ausblendung von Informationen, Logging von Anwenderaktionen zur Bewertung von Informationen und Zusammenhängen untereinander, Caching von häufig abgefragten Informationen zur Lastreduzierung auf den angeschlossenen Systemen sowie Alerts für die sofortige Benachrichtigung von Usern bei Informationsveränderungen oder Neuerungen (beispielsweise durch Popup-Fenster oder Icons in der Statuszeile). Die meisten Dienste haben somit direkt oder indirekt mit der Darstellung von Weboberflächen zu tun und erweitern deren Leistungsfähigkeit applikationsübergreifend.

Für die Verwaltung der anwenderbezogenen Daten und Rollen kann einerseits ein bereits im Unternehmen vorhandener Dienst herangezogen werden, wie z. B. das Microsoft Active Directory oder der Netscape iPlanet Directory Server, und andererseits kann auch der im Enterprise Portal eingebaute Novell Directory Service genutzt werden. Alle anderen Konfigurationsdaten und Benutzereinstellungen werden im Portal Content Directory verwaltet. Ähnlich wie bei der Exchange Infrastructure wird auch hier zwischen verfügbaren Einstellungsmöglichkeiten und iViews unterschieden, die im Portal Content Repository verwaltet werden, sowie den konkret ausgewählten und konfigurierten iViews, die im Portal Content Directory verwaltet werden.

iViews en masse

Da das Ziel des Portal Servers die Zusammenfassung aller Applikationen und Dokumentenablagen eines Unternehmens unter einer einzigen und einheitlich gestalteten Weboberfläche ist, müssen natürlich geeignete iViews zur Verfügung stehen, die das überhaupt erst ermöglichen. SAP stellt mittlerweile mehrere hundert iViews zur Verfügung, die diese Aufgabe für die bekanntesten Geschäftsanwendungen und Datenbanken von SAP, Baan, Peoplesoft, Siebel, Oracle, IBM etc., die häufigsten Dokumentenablagesysteme wie Dateiserver, Dokumentenmanagementsysteme, Webserver etc. sowie die größten Internet-Content-Provider (mittels einer Partnerschaft mit Yahoo!) wie Reuters, AP und News.com erledigen. Je nach Thema greifen diese iViews intern auf den Unification Server, den Business Warehouse Server, die Knowledge Management Platform oder auf Internetinhalte zurück. Diese iViews werden gebündelt in Paketen, den so genannten *Business Packages*, zur Verfügung gestellt und können von SAP-Kunden über das Internet unter *http://www.iViewStudio.com* heruntergeladen werden.

Im Gegensatz zu auf dem Markt verfügbaren Java-Portlets sind die SAP-iViews nicht notwendigerweise unabhängig voneinander agierende Applikationen. So kann durch ein Event eine Interaktion zwischen einem iView und anderen iViews hergestellt werden: Sie wählen z.B. in einem iView eine Materialnummer aus und bekommen automatisch in anderen iViews die Verfügbarkeit, den Materialstamm usw. angezeigt.

Natürlich kann jeder Kunde auch eigene iViews entwickeln – auf Basis von Java und von .NET. SAP bietet hierfür ein kostenloses Portal Development Kit zu Entwicklung von Java-iViews an; ein Portal Development Kit zur Entwicklung von .NET-iViews ist für 2003 geplant.

xApps Seit der Sapphire im Juni 2002 sind die so genannten *xApps* in aller Munde – Cross Applications auf Basis von mySAP Technology und dem Enterprise Portal, denn sie versprechen Collaborative E-Business auf höchstem Niveau. Es handelt sich dabei um einen Satz von iViews und Diensten, die speziell auf die firmenübergreifende Zusammenarbeit in einem Themenbereich hin vorgefertigt wurden und technisch gesehen einen ganz neuartigen Anwendungstyp repräsentieren.

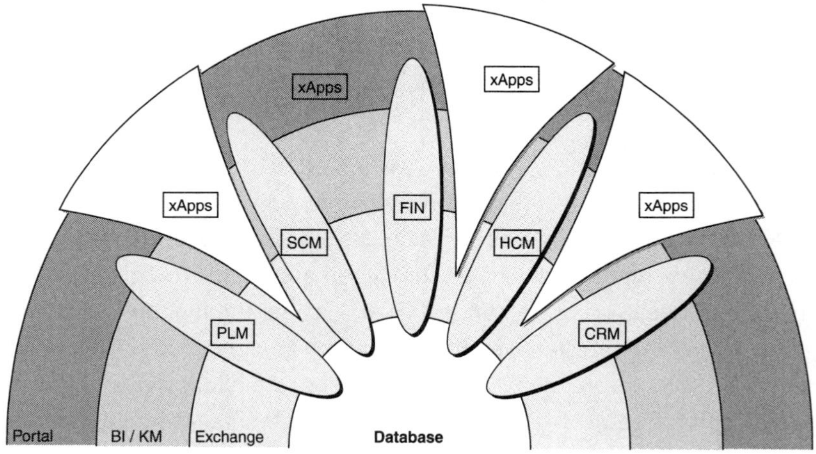

Abbildung 5.4 xApps – Cross Applications

Eines der ersten xApps ist das Resource- and Program-Management (RPM), das über das Enterprise Portal mit Systemen wie mySAP PLM, Microsoft Project, Peoplesoft HCM/Financials und der Oracle E-Business Suite integriert ist und so ein applikations- und firmenübergreifendes Ressourcen- und Projektmanagement für zusammenarbeitende Unternehmen und Konzerne realisiert.

SAP hat außerdem zusammen mit anderen Portal-Herstellern einen Java-API-Standard zur Realisierung von Java-Portlets, d.h. von serverseitig ablaufenden Prozessen zur Aufbereitung von Daten und Dokumenten im HTML-Format, erarbeitet und im Java Community Process eingereicht (JSR 168, Portlet Specification). Ziel dieser Spezifikation ist die Interoperabilität zwischen Java-Portlets und Portalen unterschiedlicher Hersteller durch einen Satz verbindlicher Schnittstellen. Dieser Standard soll Entwickler und Firmen dazu bewegen, ihre Applikationen von vorneherein portal-kompatibel zu erstellen und so den Aufwand für die Bereitstellung neuer Java-Portlets, sprich iViews, zu minimieren.

Portlet Specification und WSRP

Ein anderer, viel versprechender Portal-Standard zeichnet sich im XML-Gremium *Oasis* ab, dessen Mitglied SAP ebenfalls ist. Mehrere Portal-Hersteller entwickeln die Spezifikation von *Web Services for Remote Portals* (WSRP). Damit ist es möglich, Portalelemente einer Site in andere Portale einzubinden, und zwar auf der Grundlage von Webservice-Standards (SOAP und WSDL), unabhängig davon, ob diese nun in einer Java- oder .NET-Umgebung laufen. So kann beispielsweise ein Unternehmen die Funktion zum Einsehen der Telefonrechnung vom Portal eines Mobilfunk-Netzbetreibers in das hauseigene Intranet-Portal einbinden, ohne Portal-Elemente entwickeln oder sich über die Implementierung eines fremden Portals Gedanken machen zu müssen. Auch diese Spezifikation wird nach ihrer Verabschiedung vom Portal Server unterstützt werden.

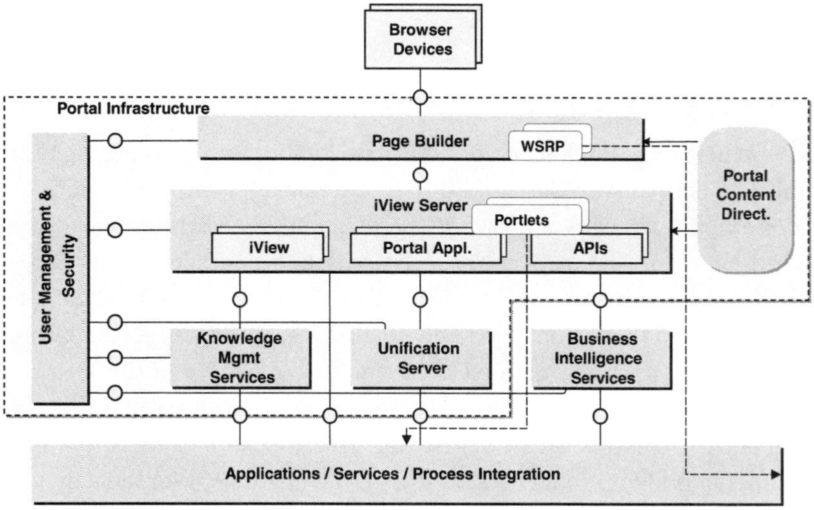

Abbildung 5.5 Unterschied zwischen Java-Portlets und WSRP

Unification Server

Der Unification Server verwaltet Beziehungen zwischen den Daten, die von SAP für viele Eigen- und Fremdsysteme mit ausgeliefert werden, und ermöglicht eine webbasierte, applikationsinterne und -übergreifende Navigation zwischen den Daten. Beispielsweise können durch simples Drag-and-Drop einer Materialnummer aus den Bestellinformationen in einem Siebel CRM-iView auf einen Link die zugehörigen Materialstammdaten in einem mySAP PLM-iView angezeigt werden und durch einen weiteren Drag-and-Drop-Vorgang auf einen Link die Zuliefererinformationen in einem mySAP SCM-iView dargestellt werden. Diese Art der Navigation wurde unter dem Begriff *Drag-and-Relate* bekannt.

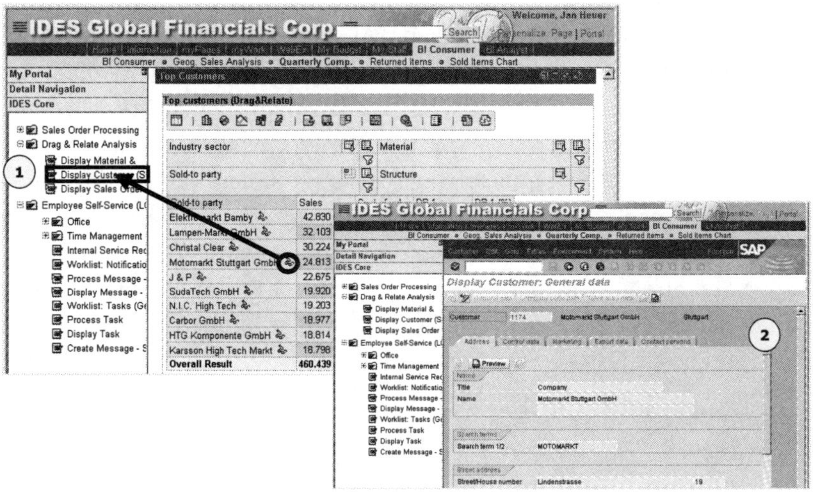

Abbildung 5.6 Drag-and-Relate zwischen iViews im Portal

Eine aktuelle Liste mit allen von SAP erstellten Datenbank- und Applikations-Unifiern finden Sie im SAP Service Marketplace im Bereich *SAP Enterprise Portal*; wir werden später genauer auf die wichtigsten zu sprechen kommen. Technisch gesehen ist zwischen dem Unification Server und den Unifiern, die auf dem Unification Server installiert werden, zu unterscheiden. Der Unification Server stellt die gemeinsame Administrationsumgebung bereit, die von allen Unifiern genutzt wird. Bei den von SAP entwickelten Unifiern handelt es sich um Java-Applikationen, die gegenüber dem Unification Server eine einheitliche Schnittstelle implementieren und intern über JDBC, RFC, COM, CORBA, Webservices oder andere Schnittstellen mit den angeschlossenen Systemen kommunizieren. Der Unification Server benötigt eine Repository-Datenbank, in der die Beziehungen zwischen den Business-Objekten aus den verschiedenen

Applikationen und Datenbanken gespeichert werden. Beispielsweise kann somit eine Relation zwischen einer Siebel-Materialnummer und einem SAP-PLM-Materialstammsatz hergestellt werden – auf diese Weise funktioniert auch eine Drag-and-Relate-Operation zwischen diesen, eigentlich heterogenen Systemen.

Als Besonderheit bietet der Unification Server eine *Auto-Complete*-Funktionalität an, d.h., selbst wenn zwischen zwei Business-Objekten keine direkte Verbindung besteht, kann zur Laufzeit über indirekte Verbindungen eine Drag-and-Relate-Operation ermöglicht werden.

Knowledge Management Platform

Die Knowledge Management Platform (KM) ermöglicht das Arbeiten im Team an unstrukturierten oder semi-strukturierten Daten, d.h. an Dokumenten, Dateien und Formulardaten beliebigen Typs. Diese Daten sind in einem Unternehmen in der Regel über eine Vielzahl verschiedener Systeme wie Dateiserver, Dokumentenmanagementsysteme, Groupware/E-Mail-Systeme, Webserver und Datenbanken verstreut. Für alle diese Systeme stellt der KM-Server Schnittstellen zur Verfügung und fasst deren Inhalt unter einer einzigen und einheitlich gestalteten Benutzeroberfläche in Form von mehreren iViews zusammen. Für die gebräuchlichsten Systeme liefert SAP bereits fertig programmierte Konnektoren aus, wodurch sich Systeme per Customizing an das Portal anbinden lassen. Ein Zertifizierungsprogramm ermöglicht Partnern mithilfe von SAP, eigene Konnektoren in Java zu implementieren. Den Inhalt all dieser Systeme für den Anwender verfügbar zu machen und weit reichende übergreifende Bearbeitungs- und Teamfunktionen zur Verfügung zu stellen, ist das Ziel des KM-Servers. Im Einzelnen handelt es sich um Funktionen zur Versionsverwaltung mit Freigabe-Workflows, den Check-in und Check-out von Dokumenten zur Verhinderung des unkontrollierten Überschreibens, die manuelle oder automatische Mehrfachkategorisierung von Dokumenten zur redundanzfreien Ablage in mehreren Themenbereichen, das Abonnieren von Dokumenten zur automatischen Benachrichtigung bei Änderungen, das Hinzufügen von Metainformationen wie persönliche Notizen, Kommentare, Schlagworte, Feedback, Bewertungen etc. bis hin zum Betrieb von Diskussionsforen und Echtzeit-Teamumgebungen. Ergänzt werden diese Funktionen um eine leistungsfähige Suchmaschine, auf die wir im nächsten Abschnitt gesondert eingehen.

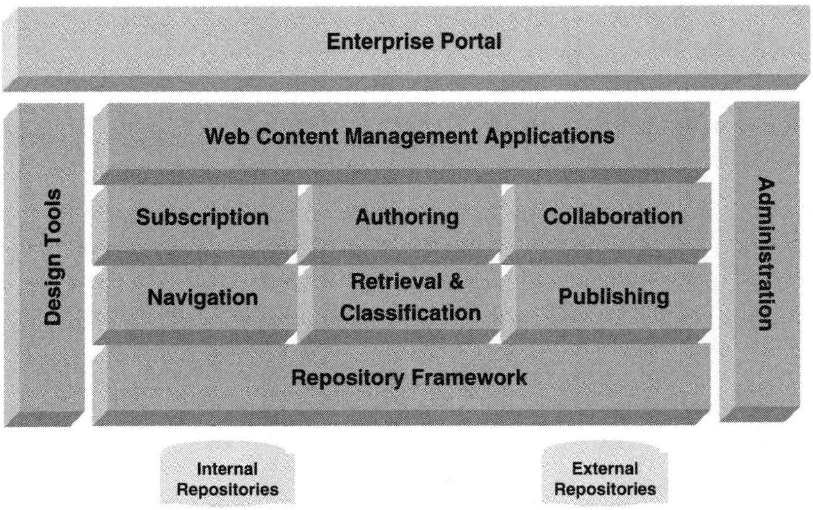

Abbildung 5.7 Die Funktionsbereiche der Knowledge Management Platform

Der Unterschied zu Groupware- und Dokumentenmanagementsystemen, wie man sie schon lange kennt, ist die Metaebene, auf der sich ein Großteil der Funktionalität abspielt – übergreifend über alle angeschlossenen Systeme. So wird beispielsweise eine über das Portal geschriebene E-Mail intern über einen der angeschlossenen E-Mail-Server gesendet, eine über das Portal geplante Teamsitzung zwischen Mitarbeitern mehrerer Tochterfirmen automatisch in das Lotus Notes von Firma A und Microsoft Exchange von Firma B übernommen oder eine in der Entwicklungsabteilung auf einem Dateiserver abgelegte Produktspezifikation automatisch klassifiziert und im Portal auch für das mittlere Management an ganz anderer Stelle sichtbar. Mit einem Knowledge Management auf Metaebene lässt sich die Heterogenität heutiger Systemlandschaften in den Unternehmen und bei der Zusammenarbeit über Unternehmensgrenzen hinweg vor dem Anwender verbergen.

Um Unregelmäßigkeiten in der Ausstattung der Abteilungs- oder Unternehmens-EDV auszugleichen, verfügt der KM-Server auch über eigene Implementierungen der wichtigsten Basisdienste, wie z. B. einen eigenen WebDAV-kompatiblen Dokumentenspeicher, Messaging- und Groupware-Dienste, einen LDAP-kompatiblen Verzeichnisdienst, Crawler für verschiedene Dokumentenablagen sowie ausgefeilte Teamfunktionen zur synchronen und asynchronen Zusammenarbeit. All diese Dienste können von den Unternehmen bzw. Abteilungen je nach Bedarf eingesetzt werden, um die Funktionalität des Portals für alle Anwendergruppen zu vereinheitlichen und zu vervollständigen.

TREX Engine

Organisatorisch gehört die TREX Engine zur Knowledge Management Platform und wird zusammen mit dieser installiert, inhaltlich handelt es sich jedoch um eine übergeordnete Komponente, denn sie beherrscht nicht nur die Indizierung und Suche über unstrukturierte Daten, sondern bezieht auch die strukturierten Daten über den Unification Server und das Business Information Warehouse mit ein. Dadurch wird eine »Suche-über-alles«-Funktion im Unternehmen realisierbar, die weit über die Fähigkeiten heutiger Suchmaschinen hinausgeht. Beispielsweise können durch die Eingabe des Suchbegriffs »Kunde Nordwind« alle Dokumente gefunden und betrachtet werden, die thematisch mit dem Kunden Nordwind zu tun haben. Falls Unternehmensanwendungen und Data Warehouses an das Portal angeschlossen wurden, lassen sich damit sogar Geschäftsdaten und Analysen aus diesen Systemen finden.

Business Information Warehouse

In heterogenen Systemlandschaften ist die Extraktion und Vorbereitung konsolidierter Daten aus Systemen verschiedener Anbieter eine große Herausforderung, da man es regelmäßig mit verschiedenen und zueinander inkompatiblen Datenhaltungen und -strukturen zu tun hat. Das Business Information Warehouse (BW) besitzt die Fähigkeit zur Homogenisierung solcher Daten beim Import in die eigene Datenablage und ist deshalb eines der erfolgreichsten SAP-Produkte überhaupt.

Seit seiner Einführung 1998 existiert das BW als Basis der SAP-eigenen mySAP-Business-Intelligence-Lösung und ist somit älter als die übrigen Enterprise-Portal-Komponenten und die einzige, die auf der ABAP Personality des Web Application Server aufsetzt. Über die Jahre ist das BW ein wichtiger Bestandteil mehrerer R/3-Lösungen wie z.B. dem Strategic Enterprise Management und neuer Lösungen wie z.B. dem mySAP Banking oder dem mySAP CRM geworden. Heute bauen die meisten SAP-Lösungen auf das Business Warehouse als Grundlage für das Reporting und die Konsolidierung von Geschäftsdaten auf, da es über umfangreiche Funktionen zur Analyse von strukturierten Daten verfügt:

- **Data Warehousing**
  Integration, Modellierung und Aufbereitung von Daten aus verschiedenen Quellen als Basis für strategische Analysen
- **Reporting und Analyse**
  webbasiertes Reporting und anwendergesteuerte Analysen von Daten
- **Information Deployment**
  internetbasierte, personalisierte und rollenbasierte Informationsübermittlung über das Enterprise Portal auf den Webbrowser oder mobile Endgeräte des Anwenders

- **Planung und Simulation**
  Planungs- und Simulationsfunktionen verbinden Strategien mit Zielen und simulieren die Auswirkungen auf Veränderungen
- **Balanced Scorecard**
  Visualisierung zukünftiger Herausforderungen und Chancen zur Unternehmenssteuerung; Überwachung der Umsetzung vorgegebener Strategien
- **Unterstützung analytischer Applikationen**
  Unterstützung von integrierten Analyse-, Entscheidungs- und Umsetzungsbestandteilen zur Optimierung von Geschäftsprozessen unter Einbeziehung mehrerer Datenquellen, z.B. in den Bereichen Customer Relationship Analytics, Supply Chain Analytics oder Financial Analytics

Unification Server vs. XI-Integration

Nicht zuletzt durch unscharfe Definitionen und ausgiebige Benutzung von Modebegriffen anderer Marktteilnehmer kommt es häufig zu Konfusionen über Unifier- und EAI-Technologien als verschiedene Ansätze, die zu ähnlichen Zielen führen sollen. Als Folge wird nicht selten von einer Überlappung der Funktionalitäten zwischen Unification Server und Exchange Infrastructure ausgegangen. Dem ist jedoch nicht so: Während der Unification Server den direkten lesenden Zugriff (Durchgriff) auf und die Navigation zwischen Geschäftsdaten ermöglicht, die aus unterschiedlichen Softwaresystemen stammen, ermöglichen EAI-Technologien die Replikation von und den koordinierten schreibenden Zugriff auf verschiedene Softwaresysteme und deren Geschäftsdaten. Das Ziel eines Portals, dem Anwender in einer einheitlich gestalteten Weboberfläche den lesenden und schreibenden Zugriff über alle Applikationen und Ablageorte hinweg zu ermöglichen, lässt sich für komplexe Systemlandschaften nur durch eine Kombination beider Technologien erreichen.

Allerdings hat SAP mit der Einbindung beider Technologien in die Business Unit Collaborative Applications den Grundstein dafür geschaffen, eine Zusammenführung beider Technologien in der Zukunft zu erreichen. Aus technologischer Sicht hätte dies den Vorteil, dass beide Technologien auf das gleiche Beziehungsmodell zwischen unterschiedlichen Applikationen zugreifen könnten.

Unifier vs. BW

Die Unifier zusammengenommen gestatten genauso wie das Business Information Warehouse eine applikationsübergreifende Sicht auf strukturierte Daten, allerdings gibt es einen bedeutenden konzeptionellen Unterschied, der weit reichende Konsequenzen für das Einsatzgebiet hat: Während die Unifier direkt auf den Daten der angeschlossenen Applikationen arbeiten und damit auf die Anzeige von operationalen Daten in Echtzeit spezialisiert sind, werden im Business Information Warehouse die Daten der angeschlossenen Applikationen kopiert und in ein eigenes Datenmodell transformiert, was sie für die performante, multidimensionale Analyse und aufwändige Berechnungen vorbereitet. Dabei kann der eine Server die Fähigkeiten des anderen nutzen und umgekehrt. Es ist von Fall zu Fall zu unterscheiden, ob ein Unifier oder das Business Information Warehouse der gerade führende Prozess ist. Beispielsweise kann das Business Information Warehouse per Zugriff auf einen Unifier Geschäftsdaten aus Fremdapplikationen wie Siebel oder Oracle importieren, umgekehrt aber auch ein Unification iView über einen Unifier Ansichten auf Daten aus dem Business Information Warehouse generieren.

Evolution des Produkts

Das Enterprise Portal ist ähnlich wie die Exchange Infrastructure in Form der Softwarelösung mySAP Enterprise Portals zunächst einmal ein in sich abgeschlossenes Produkt, das selbstverständlich ohne Änderungen an vorhandenen SAP- oder Fremd-Applikationen auskommt und mit diesen zusammenarbeiten kann. Jedoch übt die Architektur des Enterprise Portal einen großen Einfluss auf die Entwicklung zukünftiger SAP-Applikationen aus, denn einerseits führt sie eine ganze Reihe neuer Dienste ein, die für alle Applikationen mit Anwenderoberfläche nutzbringend sind, und andererseits werden im Zusammenhang mit der gleichberechtigten Einführung der Java Personality in den SAP Web Application Server eine Reihe von Business-Infrastrukturdiensten im Enterprise Portal reimplementiert und erweitert.

Schwenk auf LDAP

Spätestens seit dem Erfolg von Produkten wie den Novell Directory Services, Microsoft Exchange und Windows 2000 gehören LDAP-kompatible Verzeichnisdienste zur Standardausstattung eines jeden Unternehmens. SAP hat diesen Trend frühzeitig erkannt und unterstützt seit dem Release 4.6 des SAP Web Application Server die Replikation von Benutzerdaten mit LDAP-kompatiblen Verzeichnisdiensten. Seit dem Release 6.10 kann sogar ein Großteil der Benutzereigenschaften direkt im Verzeichnisdienst gepflegt und von dort automatisch in den Web Application Server übertragen werden. Diese Integration ist jedoch auf lange Sicht nicht ausreichend, denn mit der Einbeziehung der Java Personality in den Systemkern muss eine Benutzer- und Rollenverwaltung geschaffen werden, die sich gleichermaßen komfortabel in beiden Personalities verwenden lässt – auf der Java-Seite hat sich LDAP nicht zuletzt durch das beliebte *Java Naming and Directory Interface* (JNDI) für den Zugriff auf derartige Verzeichnisdienste durchgesetzt. SAP nimmt dies zum Anlass, mittelfristig die eigene Benutzer- und Rollenverwaltung durch einen LDAP-kompatiblen Verzeichnisdienst zu ersetzen. Dabei kann es sich einerseits um den Verzeichnisdienst aus dem Enterprise Portal oder einen beliebigen anderen bereits im Unternehmen genutzten Verzeichnisdienst handeln. Aus der Sicht eines vorhandenen ABAP-Programms vollzieht sich diese Umstellung transparent.

Enge Verzahnung mit der SAP Exchange Infrastructure

Mittelfristig werden sich die Technik der Exchange Infrastructure und des Enterprise Portal immer enger ineinander verzahnen. Eine Integration aller Anwendungen und Informationsquellen in einem Unternehmen unter einer einheitlichen Benutzeroberfläche wird beinahe zwangsläufig begleitet von einer Integration »behind the scenes«, für die wiederum die Exchange Infrastructure prädestiniert ist. Wenn auch nicht als Produkt zusammengeführt, hat SAP mit der Zusammenlegung der Exchange-Infrastructure- und der Enterprise-Portal-Entwicklungsmannschaften in den gemeinsamen Geschäftsbereich Collaborative Applications die Weichen für eine organisatorisch und personell enge Bindung gestellt. Daher werden zukünftig insbesondere Unifier auf Basis der Exchange Infrastructure entwickelt werden, die komplexe Datenänderungen über mehrere Applikationen hinweg ermöglichen, sowie xApps, die sich auf beide Produkte stützen.

BW als Information Hub

Bisher lag der Schwerpunkt der Entwicklung neuer SAP-Applikationen in der Einbeziehung des Business Information Warehouse als Informationssenke von operationalen Daten, um es als zentrales und flexibel konfigurierbares Analyse- und Konsolidierungstool zu nutzen. Heutzutage gehört die BW-Anbindung zu den Selbstverständlichkeiten einer jeden halbwegs aktuellen SAP-Lösung und auch für viele Fremdapplikationen gibt es vorgefertigten Business Content, der die einfache Ankopplung und Einbeziehung der Daten in das betriebswirtschaftlich homogenisierte Datenmodell des BW ermöglicht. So ist das BW über die Jahre in vielen Unternehmen zur zentralen Stelle geworden, an der die wesentlichen Geschäftsdaten einer komplexen und heterogenen Systemlandschaft in übergreifend verwertbarer Form vorliegen. Diesem Umstand folgend, wird das Business Information Warehouse zukünftig zum wichtigsten Unifier für einen lesenden Zugriff auf Geschäftsdaten und ein applikationsübergreifendes Drag-and-Relate. Es wird weiterhin die Ausgangsbasis für eine Vielzahl neuartiger Applikationen sein, die sich diese Homogenität der Daten zunutze machen und ihrerseits Daten extrahieren, um neue Mechanismen zur Analyse und Steuerung anhand von Unternehmensdaten zu implementieren. Diese werden unter dem Namen *Business Analytics* eingeordnet.

SAP hat ein Abkommen mit Novell geschlossen, um dessen Novell-Directory-Services-Software (NDS) mit dem SAP Enterprise Portal ausliefern zu können. Die NDS sind weithin verbreitet und auf verschiedensten Plattformen, angefangen von Windows-PCs über UNIX-Server bis hin zu Großrechnern, verfügbar, so dass die Plattformunabhängigkeit von mySAP Technology nicht gefährdet ist. Zukünftig werden sowohl Java als auch ABAP Personality aus dem Web Application Server diesen LDAP-kompatiblen Verzeichnisdienst nutzen können, um dort Benutzereinstellungen und Rollen zu verwalten. Der Vorteil liegt vor allem bei der Administration von großen Installationen mit vielen Benutzern, da die meisten LDAP-kompatiblen Verzeichnisdienste eine umfassende Vererbung von Rollen und deren Eigenschaften unterstützen. Mehr über die bisherige Benutzerverwaltung und die Vorteile des Umstiegs auf LDAP erfahren Sie in Kapitel 2.2.4.

Neuimplemetierung der Benutzer- und Rollenverwaltung

Bildschirmseiten, die mittels klassischer Dynpro-Techniken den Bildschirm in mehrere Bereiche aufteilen (*Splitter* und *Container*), sind out, denn sie erschweren ein Reuse im Portal. Über das SAP GUI for HTML in ein iView eingebettet, benötigen sie auf einer Portalseite zwangsläufig sehr viel Platz auf der Oberfläche und das übersichtliche Anordnen mehrerer iViews auf einen Blick wird erschwert. Stattdessen sollten die einzelnen Bereiche (zumindest zusätzlich) auch als separate Screens zur Verfügung stehen, um den Designern eines Portals größere Freiheiten bei der Gestaltung der Seite zu lassen. Für die am häufigsten genutzten Funktionen stellt SAP darüber hinaus speziell entwickelte iViews zur Verfügung, die Informationen über eine Reihe von BAPIs zusammensammeln und in einer eigens konzipierten Benutzeroberfläche anbieten, wie z.B. die Anzeige von Personalstammdaten, Kundenaufträgen etc.

Dynpro als iView

Die bevorzugte Art und Weise zur Erstellung von Benutzeroberflächen ist die neue Web-Dynpro-Technologie, die von vorneherein auf eine Zusammenarbeit mit dem Enterprise Portal ausgelegt ist. Neue Applikationen, deren Oberflächen mittels Web Dynpro erstellt werden, unterstützen von sich aus die strikte Trennung zwischen Dateninhalten und Layout, so dass Anpassungen gemäß dem Look-and-Feel des Portals ohne Änderungen an der Applikation ausgeführt werden können.

Bevorzugung von Web Dynpro für neue Applikationen

In Zukunft sollten Web-Dynpro-Reports zur Anzeige von Stamm- und Bewegungsdaten direkt im Portal Content Repository registriert werden, um Relationsmöglichkeiten mit den dort bereits eingetragenen Reports für den Unification Server hinterlegen zu können. Das klingt schwieriger als es ist, denn man kennt ja das Umfeld, in dem die Applikation abläuft,

Web Dynpro und Drag-and-Relate

und folglich auch die Stamm- und Bewegungsdaten, deren Fremdschlüssel und definierenden Merkmale, die sich hinter den angezeigten Datensätzen des Reports verbergen. Eine vorausschauende Vorgehensweise erleichtert die Erstellung von hochgradig interaktiven Portalen. Die Struktur des Datensatzes, in deren Form der Inhalt von einem iView-Fenster zum nächsten übertragen wird, sollte selbstverständlich in der Exchange Infrastructure global definiert sein.

Webservices Nicht nur die Exchange Infrastructure profitiert von jedem Webservice, sondern auch jedes iView. Genauer gesagt eignet sich das für die Übergabeparameter genutze XML-Format hervorragend für eine fast programmierfreie Erstellung neuer iViews, in denen die Daten aus einem oder mehreren Webservices abgerufen und in einer gemeinsamen Darstellung kombiniert werden. Gleich, ob ein iView in Java oder Microsoft .NET geschrieben wird, in jeder Programmierumgebung erleichtern vorgefertigte XSLT-Parser die Transformation in eine Zielstruktur.

Digitale Signatur In unternehmensübergreifenden Portalen mit einer großen Anzahl teilnehmender Gruppen wird der digitalen Signatur mittelfristig eine wichtige Rolle zuteil werden. Das manuelle Anhängen von Signaturen an Inhalte aller Art wird eine Verwaltung von digitalen Signaturen direkt durch den Anwender notwendig machen. Die Web-Dynpro-Technologie bietet für derartige Szenarien bereits ein Oberflächenkontrollelement zum manuellen Anhängen von digitalen Signaturen und das Enterprise Portal macht darüber hinaus die Verwaltung von Signaturen innerhalb von LDAP-kompatiblen Verzeichnissen möglich.

Vereinheitlichung der Dokumentenablage SAP besitzt bereits seit geraumer Zeit mehrere eigene, teils applikationsspezifische Ablagemöglichkeiten für Dokumente, wie z.B. das Knowledge Warehouse, das aus dem PLM stammende Dokumentenmanagementsystem etc. Im Zuge der Einführung des Enterprise Portal ist es sinnvoll, die Ablage von Dokumenten schrittweise auf die WebDAV-kompatible Dokumentenablage des Enterprise Portal hin zu fokussieren. Dies erleichtert nicht nur das Auffinden von Dokumenten, die zu bestimmten Stamm- oder Bewegungsdaten gehören, sondern vereinfacht auch die Verknüpfung mit und den Zugriff durch Fremdapplikationen und die Exchange Infrastructure (beispielsweise wenn Bestelldaten in jeder Position um ein Bild oder eine Beschreibung des Artikels ergänzt werden sollen).

Roadmap Die Roadmap in Abbildung 5.8 fasst die wichtigsten Etappen in Bezug auf die Weiterentwicklung des Produkts noch einmal in einer Grafik zusammen.

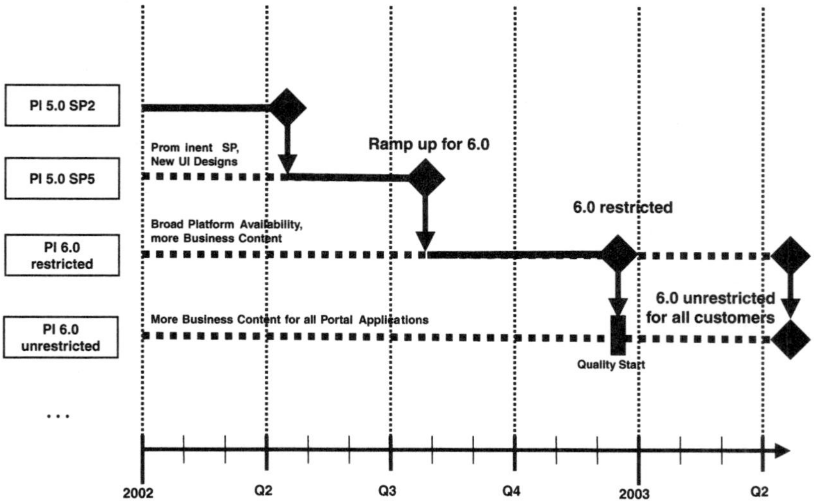

Abbildung 5.8 Roadmap zum SAP Enterprise Portal

Fazit

Mithilfe des Enterprise Portal und des Business Information Warehouse können Menschen effizient und ohne merkliche Systemübergänge über das Internet zusammenarbeiten, zu jeder Zeit und von jedem beliebigen Ort aus. Es bietet neben der Unterstützung der relevanten Standards optional viele hundert vorgefertigte iViews mit Business Content für eine ganze Reihe von Geschäftsszenarien und deckt zweifelsfrei den größten Themenumfang im Vergleich zum Wettbewerb ab – allein schon in das Business Information Warehouse sind mehr Jahre an Erfahrung und Geschäftsprozesswissen eingeflossen, als irgendein anderer Softwarehersteller zur Verfügung stellen kann. Diesen Business Content baut SAP kontinuierlich auch für die anderen Bereiche des Enterprise Portal aus und wird damit mittelfristig die Einführungskosten für ein unternehmensweites und -übergreifendes Portal drastisch reduzieren. Die enge Verzahnung mit der Exchange Infrastructure schließlich sorgt für einen beiderseitig großen Markterfolg.

5.2.1 Portal Server

iViews sind aus Sicht des Webbrowsers Web-Applikationen; es können pro Portalseite ein oder mehrere iViews positioniert werden. Das Enterprise Portal bietet für das Rendering von iViews sowohl iFrames wie auch das Tabellen-Rendering (Server-Side-Include-Technik) – jede Technik hat ihre Vorteile und kann für jeden iView separat eingesetzt werden bzw. auf einer Portalseite können beide Technologien gleichzeitig zum Einsatz kommen:

1. iFrames, wie sie im HTML-Standard ab Version 4.0 definiert sind; d.h., es handelt sich um eine Erweiterung der Frame-Technik, die das Platzieren des Inhalts aus einer separaten HTML-Seite auf einem beliebigen rechteckigen Bereich eingebettet in einer Hauptseite gestattet. Die Integration zu einer Gesamtseite erfolgt somit browser-seitig. Diese Technologie wird vor allem dann angewendet, wenn sich die iViews sehr häufig ändern. Sie hat den Vorteil, dass die Ressourcen des Servers geschont werden und eventuelle JavaScript-Scripte der einzelnen Seiten weniger anfällig für Störungen sind, da sie organisatorisch in getrennten Fenstern ablaufen.
2. Bei der Server-Side-Include-Technik (SSI) wird eine HTML-Seite schon vom Webserver aus mehreren einzelnen Bereichen zusammengesetzt und anschließend als Ganzes zum Webbrowser geschickt. Diese Technologie wird vor allem dann zum Einsatz kommen, wenn sich iViews weniger häufig ändern. Sie hat den Vorteil, dass die vom Server gesendete Seite reines HTML und somit Browser-unabhängig ist. Des weiteren ist die Netzwerkbelastung im allgemeinen geringer.

Der Portal Server unterstützt sowohl die Frame-Technik als auch eine SSI-ähnliche Technik zur Seitenzustammenstellung, denn während moderne Desktop-Webbrowser wie der Internet Explorer und Netscape Navigator die iFrame-Technik erst richtig populär gemacht haben, können viele PDAs oder gar Mobiltelefone damit nichts anfangen. In Richtung Implementierung und Backend-Anbindung lässt der Portal Server einem iView ebenso viele Freiheiten, d.h. es können sowohl die Knowledge-Management-, Unification- und Business-Information-Warehouse-Features mit einbezogen werden, es kann aber auch eine komplette Eigenentwicklung in Java, ASP, Microsoft .NET, PHP, Phyton oder einer sonstigen Programmiersprache für Webanwendungen erfolgen, die auf beliebige SAP- und/oder Fremdapplikationen zugreift.

Multi-Device Portal Platform

Die von SAP selbst entwickelten iViews sind serverseitig in Java gemäß der Java-Portlet-Spezifikation realisiert und verwenden für die Darstellung auf Desktop-Webbrowsern wie dem Netscape Navigator oder Internet Explorer durchgängig DHTML und Java-Applets oder JavaScript, da sich so der Komfort von Drag-and-Relate, Kontextmenüs und anderen Annehmlichkeiten realisieren lässt, den Anwender heutzutage von Desktop-Oberflächen wie z.B. Windows gewohnt sind. Daneben unterstützt SAP aber auch PDAs und Mobiltelefone für den Zugang zum Portal, wobei durch spezielle iViews Erstere mit simplem HTML und ein bisschen JavaScript und Letztere mit WML (für WAP-fähige Geräte) optimal bedient werden. Natürlich bleibt es einem Unternehmen überlassen, sich nicht auf die speziellen WML-iViews zu beschränken, sondern durch die Vorschaltung eines HTML/WML-Gateways auch weitere iViews für Mobiltelefone nutzbar zu machen.

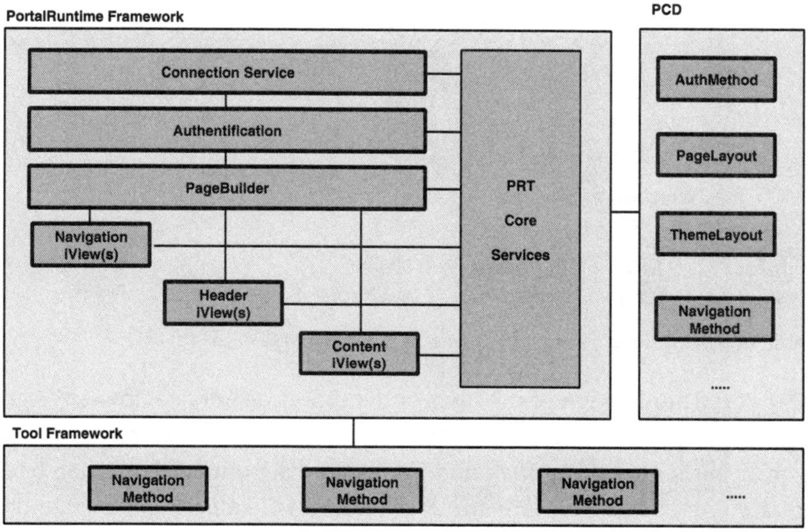

Abbildung 5.9 Die Laufzeitarchitektur des Portal Servers im Überblick

Eine vollständige Übersicht über alle erhältlichen iViews finden sie im Internet unter *www.iViewStudio.com*.

Connectors

Die einzelnen Connectors werden auch unter dem Begriff *Connection Services* zusammengefasst und verwalten die Verbindung zwischen dem Client (z. B. dem Internet Explorer auf einem Desktop-PC), der über den Webserver seine Anfragen an den Portal Server richtet und von diesem mit personalisierten Webseiten beliefert wird. Für jedes mögliche Protokoll existiert ein separater Connector, z. B. HTTP, WAP oder SOAP.

Die Aufgabe eines Connection Service ist es, die einzelnen Clients ihrem separaten Prozess zuzuordnen und die Fähigkeiten des Clients zu erkennen (z. B. JavaScript-Fähigkeit, maximale Browsergröße etc.).

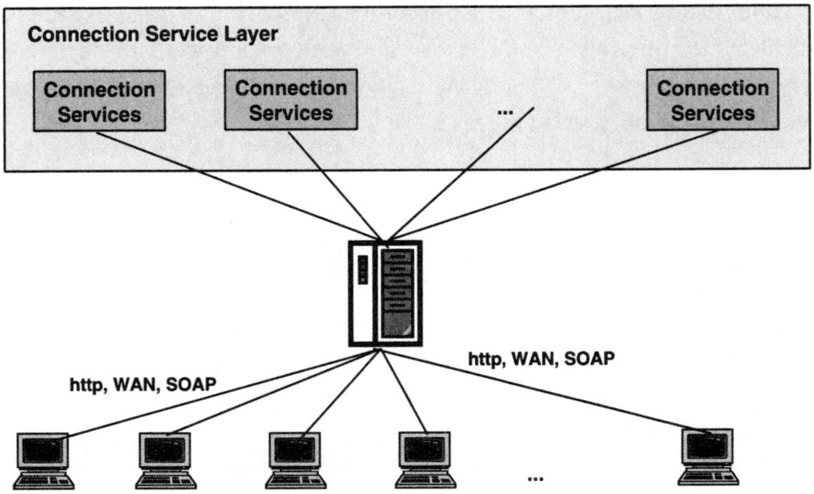

Abbildung 5.10 Verbindungsverwaltung im Connection Services Layer

Authentification Service

Der Portal Server verfügt mit dem Authentification Service über ein eigenes Security-Framework für Benutzer und Rollen, um die verschiedenartigen Sicherheitsmechanismen und Fähigkeiten der unterschiedlichen Endgeräte unterstützen zu können. Dabei werden die einzelnen Dienste pro Endgerät in einem Authentification-Schema gebündelt, das die möglichen Kombinationen von Authentifizierung und Sitzungsmanagement beinhaltet. Technisch gesehen handelt es sich um eine Implementierung gemäß dem *Java Authentication and Authorization Service* (JAAS), so dass die Kunden sogar eigene Schemata implementieren und ergänzen können.

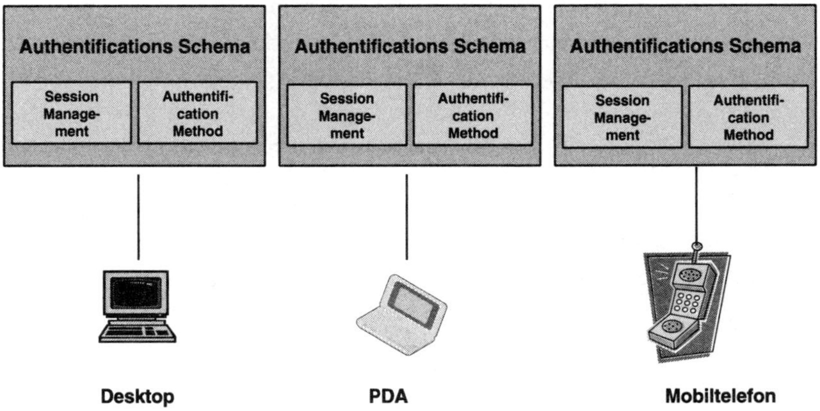

Abbildung 5.11 Bündelung in Authentification-Schemata

In öffentlichen Portalen kann der Anwender im Normalfall zwischen mehreren Authentification-Schemata auswählen, da dort häufig mehrere Alternativen gleichzeitig installiert sind (z. B. Challenge & Response, Plain-Text etc.). In nicht-öffentlichen Portalen wird meist strikt ein Authentification-Schema pro Endgerät vorausgesetzt und der Anwender entsprechend mit einer bestimmten Authentifizierungsmethode konfrontiert. Intern setzt der Portal Server zwingend einen LDAP-kompatiblen Verzeichnisdienst voraus, gegen den er den Anwender authentifizieren kann. Über diesen wird ferner ein Single-Sign-On realisiert, so dass sich der Anwender bei keinem der an das Portal angeschlossenen Softwaresysteme separat zu authentifizieren braucht.

PageBuilder

Der PageBuilder übernimmt die Zusammenstellung einer Webseite, die immer aus einer Hintergrundseite (von SAP auch *Root Page* genannt) als Vorlage besteht, in der Header-iViews, Navigation-iViews und Content-iViews angeordnet sind. Diese iViews sind Unterfenster der Root Page. In Abhängigkeit von der Rolle des Anwenders und den Fähigkeiten des von ihm genutzten Endgeräts wird bei jedem Zugriff auf das Portal eine entsprechende Hintergrundseite bestimmt, die die Informationen über das Seitenlayout, die Navigation und den darzustellenden Inhalt vorgibt. Der Inhalt kann darüber hinaus durch den Anwender personalisiert, also auf seine persönlichen Wünsche hin zugeschnitten werden, indem er bestimmte Content-iViews hinzufügt oder weglässt. Es ist dabei die Aufgabe des Portal Servers, die iViews gemäß ihren Anforderungen an die Darstellungsmöglichkeiten des Clients (Cascading-Style-Sheet-Unterstützung, maximale Farbanzahl, Bildschirmauflösung etc.) zur Auswahl zuzulassen oder nicht.

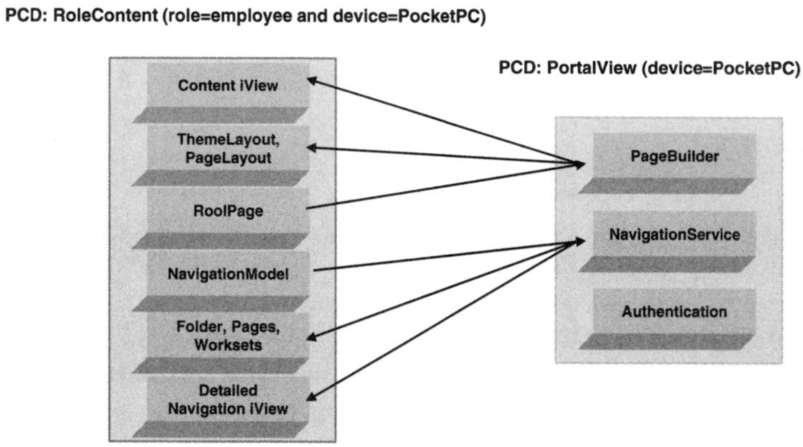

Abbildung 5.12 Seitenerstellung in Abhängigkeit von Anwenderrolle und Endgerät

Je nach den Fähigkeiten des Endgeräts findet darüber hinaus die Überführung der einzelnen iView-Darstellungen in eine Gesamtseite auf dem Server oder auf dem Client statt. Auch gibt es Anforderungen, die aufgrund einer sehr langsamen Datenübertragung die Layoutinformationen nur einmal übertragen und lediglich den Dateninhalt vom Portal Server laden, eventuell sogar nur die Deltainformationen zwischen zuletzt angezeigten und neuen Daten.

Portal Content Directory

Das Portal Content Directory speichert alle Metadaten eines Portals in Repositories. Der Rolleninhalt wird in einer hierarchischen Struktur zusammen mit Seitenvorlage und iView-Informationen abgelegt. Zu allen iViews gehören zwingend Informationen, auf welchen Endgeräten sie eingesetzt werden können, und so kann der PageBuilder durch das Setzen von Filtern dynamisch in Abhängigkeit von Rolle und Endgerät für jeden Zugriff auf eine Portalseite die iViews selektieren, die für das Zusammenstellen der Seite zum Einsatz kommen sollen. Das Portal Content Directory besitzt eine Webservice-Schnittstelle, die den plattformunabhängigen Zugriff von iViews und anderen Komponenten auf sämtliche Informationen erlaubt.

iViews und Web-Dynpro-Applikationen

Natürlich sollte die Entwicklung von iViews für verschiedene Endgeräte mit einem Minimum an Mehraufwand möglich sein und deshalb bietet es sich an, eine strenge logische Trennung zwischen dem eigentlichen Dateninhalt und der Darstellung einzuhalten. Dann muss im Idealfall nur das Layout ausgetauscht werden und schon beschränkt sich beispielsweise in einem iView die Tabelle mit Auftragseingängen auf die zwei wichtigsten Spalten Kunde und Auftragsbetrag für die Darstellung auf einem Mobiltelefon, während das iView für die Desktop-Darstellung alle zehn Spalten mit Bestelldatum, Lieferdatum, Rabatt etc. enthält.

Bisher verwenden vor allem Microsoft-.NET-basierte iViews XML. Für Java-basierte iViews kommt häufig HTMLB zum Einsatz. Jedoch nicht alle für Webanwendungen geeigneten Programmiersprachen unterstützen eine Trennung zwischen Daten und Inhalt – die zukünftige SAP-eigene Oberflächentechnik Web Dynpro allerdings tut es (siehe Kapitel 3.2.2) und ist damit per se besonders für die Erstellung von iViews in den Sprachen Java und ABAP geeignet. Web Dynpro verwendet durchgängig eine Datenhaltung in XML und vermischt Daten, Navigationsinformationen und Layout erst so spät wie möglich, d.h. bei Desktop-Browsern auf dem Client und bei einfacheren Endgeräten unmittelbar vor der Übertragung vom Server. Auch sonst legt SAP besonderen Wert auf eine einfache Integration von Applikationen mit Web-Dynpro-Oberfläche in das Enterprise

Portal. Ein einfaches Drag-and-Drop in der Portal-Administrationsanwendung wird genügen, um eine Web-Dynpro-Applikation als iView zu registrieren. Und auch der Unification Server kann sich die meisten der für das Drag-and-Relate benötigten Informationen aus den Metadaten der Web-Dynpro-Oberfläche automatisch besorgen.

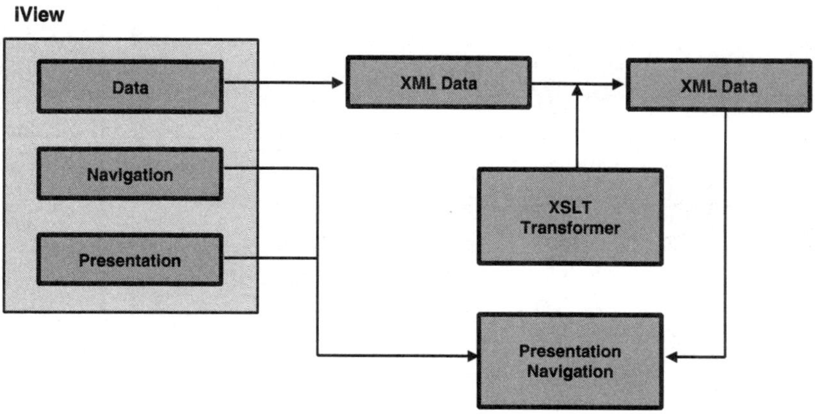

Abbildung 5.13 Trennung von Daten und Layout mit XML

5.2.2 Knowledge Management Platform

Entsprechend der Vielgestaltigkeit der angebotenen Funktionen ist die Architektur der Knowledge Management Platform im Detail sehr komplex und deckt eine Vielzahl verschiedener Themen ab. Diese lassen sich in die Bereiche Content Management für die systemübergreifende Unterstützung des gesamten Lebenszyklus von Dokumenten und Formularen, Suche und Klassifizierung für den einfachen Zugriff auf verteilte Informationen sowie asynchrone und synchrone Zusammenarbeit für räumlich und/oder zeitlich getrennte Teams unterteilen.

Basisdienste

Die Basisdienste beinhalten eine Reihe von Prozessen, die unabhängig von der Applikationslogik grundlegende Funktionalitäten für die Verwaltung von Dokumenten und Formularen zur Verfügung stellen. Diese stellen den Kern der Knowledge Management Platform dar und sind die Ausgangsbasis für komplexere Applikationsdienste, wie sie z.B. für die Zusammenarbeit in Projekten, Teams und virtuellen Räumen existieren. Jeder Basisdienst verfügt über eine Schnittstelle, über die er seine gesamte Funktionalität der übergeordneten Schicht zur Nutzung anbietet.

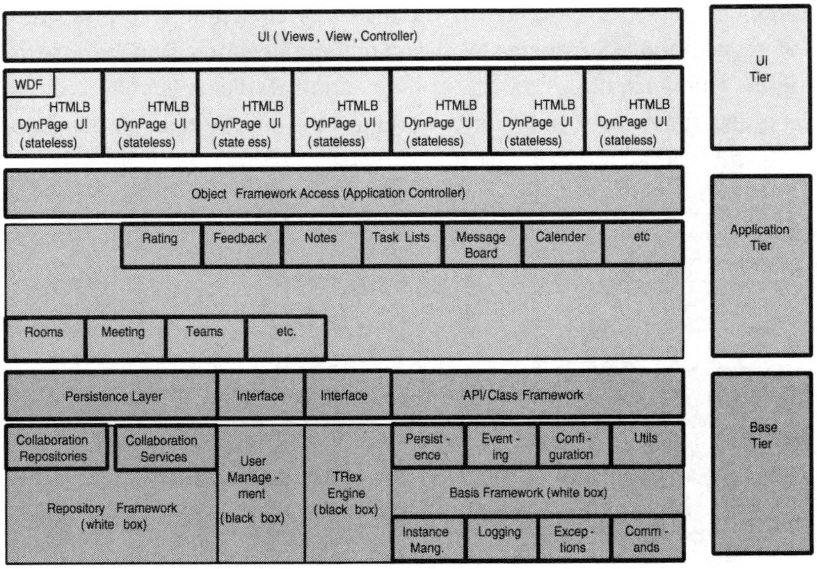

Abbildung 5.14 Die Architektur der Knowledge Management Platform

Repository-Framework Das Repository-Framework ist Teil der Basisdienste und regelt den Zugriff auf alle angeschlossenen Systeme, wie z.B. Dokumentenmanagementsysteme, Dateiserver, Groupwaresysteme, Verzeichnisdienste oder Webserver. Da es nicht nur für den Zugriff auf Ablageorte, Dokumente und Formulare zuständig ist, sondern aus Geschwindigkeits- und Lastverteilungsgründen auch möglichst viel der Funktionalität aus den zugrunde liegenden Systemen nutzbar machen soll, wird neben den reinen Zugriffsfunktionen auch ein standardisierter Satz an komplexen Funktionen zur Unterstützung der Zusammenarbeit wie Check-in/out, Klassifizierung, Kategorisierung, Verwaltung von Formularen und deren Einsatz auch zusammen mit Dokumenten inklusive Freigabe-Workflow etc. angeboten.

User Management Die Benutzerverwaltung wird durch einen LDAP-kompatiblen Verzeichnisdienst zur Verfügung gestellt. SAP liefert die Novell Directory Services als Bestandteil des Enterprise Portal aus. Der Austausch durch einen anderen LDAP-kompatiblen Verzeichnisdienst gestaltet sich problemlos, z.B. wenn im Unternehmen bereits ein anderer im Einsatz ist. Auch eine Aufteilung der Benutzerverwaltung in mehrere Verzeichnisdienste ist möglich und bei unternehmensübergreifenden Portalen, in die auch Kunden und Partner eingebunden werden, aus Sicherheitsgründen empfehlenswert. In einer solchen Konstellation werden die unternehmensinternen Benutzer vom internen LDAP-Server authentifiziert und lediglich die portalspezifischen Benutzereinstellungen wie auch alle externen Anwender werden direkt vom Enterprise Portal verwaltet.

Der TREX Server besteht aus zwei Hauptkomponenten, namentlich dem Index Service für das Indizieren von Dokumenten und Daten sowie für das Bearbeiten von Suchanfragen durch den Anwender auf der Basis der Indizierungsinformationen auf der einen Seite und dem Klassifizierungsserver für das thematische Einordnen und Verknüpfen von Dokumenten auf der anderen Seite. Der Crawler Service und mehrere iViews, die für die Darstellung der Weboberfläche sowie die Interaktion mit dem Benutzer zuständig sind, werden vom CM bzw. vom Portal zur Verfügung gestellt.

TREX Engine

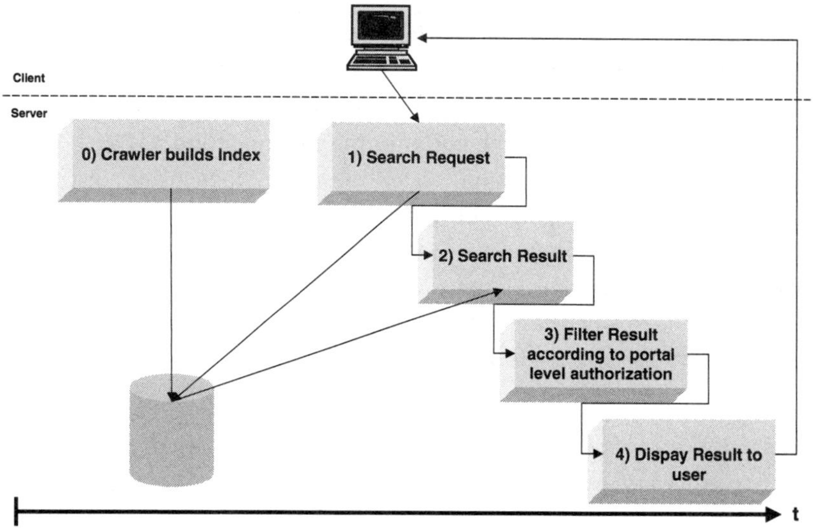

Abbildung 5.15 Die Funktionsbereiche der TREX Engine

Das Basis-Framework stellt eine Reihe von Funktionalitäten zur Verfügung, durch die die Unterschiede heutiger J2EE-kompatibler Server ausgeglichen werden können, und ergänzt darüber hinaus übergreifende Module für den gesamten KM-Bereich. Bis auf das Business Information Warehouse sind alle Portal-Komponenten auf Java-basierten Application-Servern unterschiedlicher Hersteller lauffähig und nicht auf den SAP Web Application Server beschränkt. Diese technologische Eigenschaft gehört inzwischen zwar nicht mehr zu den wichtigsten Features, jedoch will man die mühsam erreichte Unabhängigkeit auch nicht leichtfertig aufgeben.

Basis-Framework

Zu den übergreifenden Modulen gehören Konfigurationsdienste zum Auslesen und Speichern von Customizing-Einstellungen, das Verwalten von benutzten Instanzen und Cachen von unbenutzten Instanzen zur Erhöhung der Performance, ein einheitliches Logging von Laufzeitinformationen auf die Datenbank, die einheitliche Definition von Exceptions und minimalen Informationsstrukturen sowie ein übergreifendes Event-Handling zur einfachen Kombination mehrerer Dienste in komplexen iViews.

Applikationsdienste

Im Gegensatz zu den Basisdiensten besitzen die Prozesse in den Applikationsdiensten eine Zustandsverwaltung und vollführen komplexe Operationen, die in der Regel mehrere Basisdienste parallel nutzen und für die Zusammenstellung, Erzeugung und Verwaltung von aufwändigen kollaborativen Szenarien benötigt werden, wie beispielsweise Team Rooms. Eine typisches Beispiel für die Zusammenstellung ist ein Wizard zur Erzeugung eines solchen Team Rooms: Sobald der Wizard gestartet wird, gibt der Anwender eine Reihe von Informationen an und navigiert dabei durch mehrere Views, bis er im letzten View die Möglichkeit zur Durchführung des Anlegevorgangs bekommt. Über den gesamten Zeitraum und alle Views hinweg werden die Angaben gesammelt und zum Schluss aufgrund des Zustands aller Daten diverse Aufrufe zum Anlegen des Team Rooms mit Teamkalendern, Mitgliederverzeichnissen, Dokumentenordnern, Instant Messaging etc. durchgeführt.

Einheitlicher Lebenszyklus

Neben den Basisdiensten sorgt ein einheitlich definierter Lebenszyklus aller Applikationsdienste für eine einfache Kombination mehrerer Prozesse in einem iView:

- **Create**
  Das Root Object des Applikationsdienstes wird erzeugt und hat die Möglichkeit zum Kreieren aller benötigten Unterobjekte.
- **Initialize**
  Der Dienst wird in Einsatzbereitschaft versetzt, nachdem er die initiale Konfiguration mithilfe des Persistence-Moduls aus den Basisdiensten gelesen hat.
- **Use-and-Operate**
  Das oder die iViews können nun auf den Applikationsdienst einwirken, indem sie Methoden aufrufen, Eigenschaften setzen oder Events auslösen.
- **Discontinue**
  Das Root Object wird nicht mehr länger benötigt und erhält hier Gelegenheit zur Speicherung von Daten und Freigabe von Ressourcen.

- **Destroy**
  Das Root Objekt steht offiziell nicht mehr zur Verfügung und es hängt vom Caching-Modul aus den Basisdiensten ab, ob das Objekt aus dem Speicher entfernt oder für die nächste Benutzung zwischengelagert wird.

Applikationsdienste en masse

Der KM-Server stellt Dutzende unterschiedlicher Dienste zur Verfügung, die das komplette Spektrum von der Fuzzy-Suche über Dokumentenmanagement bis hin zur Groupware und direkten Kommunikation abdecken. Typischerweise erfolgt die Zusammenarbeit in Team Rooms, Meetings und Projekten, die neben den aus den Basisdiensten bekannten Zugriffsmöglichkeiten auf Dokumente, Formulare und Business-Warehouse-Analysen über alle angeschlossenen Softwaresysteme hinweg jeweils mit einer Reihe von synchronen Applikationsdiensten zur Echtzeit-Zusammenarbeit wie beispielsweise Application Sharing, Instant Messaging oder Video-Kommunikation sowie asynchronen Applikationsdiensten für die zeitversetzte Zusammenarbeit wie beispielsweise E-Mail, Diskussionsforen, Aufgabenlisten oder Kalendern ausgestattet sind. Eine kleine Auswahl ist in der folgenden Liste aufgeführt:

- **All-in-one-Inbox**
  Analog zu einer Kombination von Workflow- und Groupware-Inbox finden sich hier übergreifende oder Team-Room-spezifische Benachrichtigungen wie z. B. Aktualisierungshinweise über abonnierte Informationen, Freigabe- und andere Workflows, Feedback über vom Anwender oder Team erstellte Dokumente, Meeting-Einladungen etc.
- **Notizen**
  In Abhängigkeit von der Konfiguration durch den jeweilgen Autor lassen sich an ein Dokument, eine Nachricht oder ein Formular Notizen anhängen, die für den Anwender selbst, ein Team oder alle Anwender sichtbar sind.
- **Diskussionsforen**
  Ähnlich wie Notizen können je nach Konfiguration Diskussionsforen an alle Arten von Informationen angehängt werden, die von einer definierbaren Gruppe von Anwendern genutzt werden können.
- **Kalender**
  Über die normale Funktionalität von Kalendern aus den bekannten Groupware-Systemen hinausgehend unterscheiden die Kalenderdarstellungen automatisch zwischen teaminternen, übergreifenden oder themenspezifischen Ansichten und erhöhen so die Übersichtlichkeit in den Team Rooms und Projekten.

- **Application-Sharing**
  SAP bietet über Partner gleich mehrere verschiedene Formen zur gemeinsamen Arbeit an Applikationen durch örtlich getrennte Anwender an. Je nach eingesetztem Produkt unterscheiden sich die Funktionen im Detail.
- **Team Rooms**
  In Räumen können beliebige Applikationsdienste auf einer Webseite zusammengestellt und für bestimmte Anwender zur Benutzung freigeschaltet werden. Je nach örtlicher und/oder zeitlicher Trennung der Anwender können die Räume mit mehreren synchronen oder asynchronen Applikationsdiensten zur Zusammenarbeit ausgestattet werden. Räume können ineinander geschachtelt werden, um damit die Arbeitsstrukturen in Unternehmen nachbilden zu können.

5.2.3 Unification Server

Der Unification Server baut intern auf einem *Correlation Matrix* genannten Metadaten-Modell auf, um eine Abstraktion zwischen den angeschlossenen SAP- und Fremdapplikationen, Datenbanken und Legacy-Anwendungen auf der einen Seite und den vom Unification Server zur Verfügung gestellten Diensten und Portal-iViews auf der anderen Seite zu erreichen. Diese Abstraktion ist notwendig, um weitgehend unabhängig von den Releaseständen und Versionen einzelner Softwaresysteme einen fixen Satz von Abfrage- und Beziehungsfunktionen wie Drag-and-Relate anbieten zu können.

Neben dem Unified Object Model gruppieren sich die vom Unification Server angebotenen Dienste: im Einzelnen der Correlation & Relation Manager für die Auflösung von Zusammenhängen zwischen den angeschlossenen Systemen und die übergreifende Verknüpfung der Geschäftsdaten anhand von Relationen, der Distributed Query Processor für die korrekte Verteilung der Datenanfragen auf die einzelnen Systeme und die anschließende Aggregation der zurückgelieferten Ergebnisse sowie das Unification Toolkit für die Entwicklung von Unifiern mit Konnektoren für den konkreten Zugriff auf die Geschäftsdaten jeweils einer Applikation oder Datenbank. Ergänzt werden diese Dienste durch eine Reihe von iViews, die speziell auf die Zusammenarbeit mit dem Correlation & Relation Manager und der Correlation Matrix ausgelegt sind und weitgehend ohne Programmanpassung für eine Vielzahl verschiedener und übergreifender Ansichten genutzt werden können, da sie alle benötigten Informationen aus dem Datenmodell auswerten.

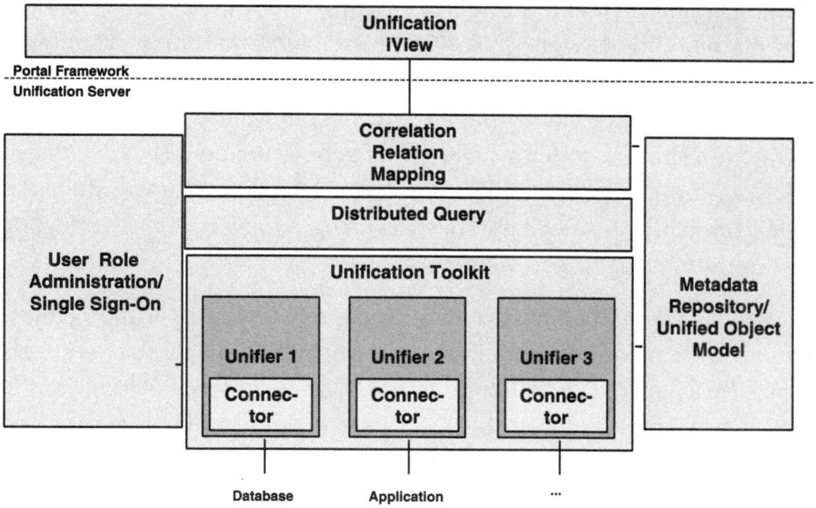

Abbildung 5.16 Die Architektur des Unification Server

Correlation Matrix und Metadata Repository

Inhaltlich handelt es sich bei der Correlation Matrix (siehe in diesem Zusammenhang auch Kapitel 5.2.4) um ein abstraktes betriebswirtschaftliches Datenmodell, das ein Unternehmen, seine Geschäftspartner und Prozesse auf homogene Weise beschreibt. Es besteht im Wesentlichen aus betriebswirtschaftlichen Entitäten, den so genannten *Business Objects* wie »Kunde«, »Auftrag«, »Produkt«, »Mitarbeiter«, »Ressource« sowie aus den Relationen und semantischen Bezügen untereinander wie »übergibt«, »enthält« und »wird gebaut mit«. Organisatorisch wird eine Correlation Matrix im Unification Server einem oder mehreren so genannten *Application Object Models* (AOMs) zugeordnet, die ein Modell von Objekten und Beziehungen einer konkretern Applikation darstellen wie zum Beispiel für ein Siebel CRM, die Peoplesoft ERP Suite oder eine der SAP-Lösungen. AOMs modellieren somit Entitäten und Relationen typischer Unternehmensanwendungen aus den Bereichen Vertrieb, Controlling, Produktion oder Lieferketten.

Über Referenzen und Transformationsregeln der Correlation Matrix auf mehrere Application Object Models werden die meist zahlreichen betriebswirtschaftlichen Applikationen eines Unternehmens oder gar Unternehmensverbunds an den Unification Server angekoppelt. Dabei wird jedes Business Object um einen Verweis auf ein Application-Objekt ergänzt und Transformationen (meist Java- oder XSLT-Code) bestimmen das Mapping zwischen dem abstrakten betriebswirtschaftlichen Modell und »echter« Applikation oder Datenbank.

Natürlich lebt auch eine Correlation Matrix und entwickelt sich weiter. Aus diesem Grund werden alle Business-Objekte mit ihren Attributen, Semantiken und Relationen sowie die AOMs an eine Version der Correlation Matrix gekoppelt und können sowohl vom Kunden selbst erweitert als auch an spezifische Anforderungen angepasst werden. Die Referenzen und Transformationsregeln in Richtung eines AOM und zurück stehen in so einem Fall nicht mehr im vollen Umfang vorgefertigt zur Verfügung und müssen nachgezogen werden.

Sowohl die Correlation Matrix als auch die einzelnen Application Object Models werden im Metadata Repository verwaltet und gespeichert. Dort lässt sich auch die Verknüpfung von AOMs zu der Correlation Matrix gemäß den Anforderungen des Kunden einrichten. Will ein Kunde beispielsweise sein Siebel CRM und SAP Financials an den Unification Server anschließen, wählt er in einem ersten Schritt die entsprechenden – von SAP als Business Content ausgelieferten – AOMs und Unifier aus und ordnet sie der Correlation Matrix zu. Ein anderer Kunde mit Oracle E-Business Suite und mySAP CRM würde analog dazu die Oracle- und mySAP CRM-AOMs zuordnen. In einem weiteren Schritt werden dann je nach kundenspezifischem Customizing Verknüpfungen manuell nachgepflegt. SAP baut darauf, dass mittelfristig auch andere Softwarefirmen AOMs und Unifier für ihre Applikationen zur Verfügung stellen. Eine Liste der von SAP zur Verfügung gestellten AOMs und Unifier finden Sie weiter unten.

Correlation, Relation und Object Mapping

Das Correlation, Relation und Object Mapping gehört neben dem Distributed Query Processor und dem Metadata Repository zu den Kerndiensten des Unification Servers. Als solche besitzt es sowohl in Richtung iView eine fix definierte Schnittstelle, um deren Wiederverwendbarkeit unabhängig von den angeschlossenen Applikationen und Datenbanken zu gewährleisten, als auch gegenüber dem Unification Toolkit, um Drittanbietern die Erstellung eigener Unifier für den Anschluss von Applikationen an den Unification Server zu erleichtern. Insofern werden die Dienste auch als *Gateways* bezeichnet, die zwischen den generischen iViews auf der einen Seite und den physikalisch zugrunde liegenden Applikationen und Datenbanken mit ihren Unifiern auf der anderen Seite vermitteln und grundlegende Funktionen für die Ansicht und Navigation zur Verfügung stellen.

Das Correlation, Relation und Object Mapping ist zweifellos der umfangreichste Teil des Unification Servers und liefert einen Großteil der Logik, die für das »Übersetzen« zwischen den Business Objects im Unified Object Model und den Application Objects aus den Application Object

Models notwendig ist. Grundsätzlich werden dabei die folgenden Relationstypen unterstützt:

- **Direct Relationship**
  Ein direktes Objekt-Mapping von AOM zur Correlation Matrix und umgekehrt ist möglich, sofern ein Application Object semantisch dem Unified Object entspricht. Dies kommt häufig bei einfachen Entitäten wie Kunde oder Mitarbeiter vor, die über eine eindeutige Nummer identifiziert werden können.
- **Attribute Relationship**
  Ein Objekt-Mapping von AOM zur Correlation Matrix und umgekehrt wird über ein oder mehrere Merkmale aufgeführt. Beispielsweise kann ein Buchhaltungskonto über mehrere Merkmale eines Buchhaltungsbelegs gefunden werden, was in der Praxis häufig über Ableitungsregeln erledigt wird, z. B. Merkmale Verkauf + Kunde X + Produkt Y ergeben Konto Nummer 4711.
- **Hierarchical Relationship**
  Ein Objekt-Mapping von AOM zur Correlation Matrix wird unter der Berücksichtigung von Hierarchien (d. h. Elternknoten) vorgenommen. Beispielsweise kann ein Material-Objekt wiederum mehrere Materialobjekte enthalten, wobei eine Zuordnung eben nur unter Berücksichtigung der Hierarchie möglich ist.
- **AOM Relationship**
  Neben den Beziehungen zwischen den einzelnen Objekten der Correlation Matrix können auch zu Application Objects untereinander Relationen gepflegt und im AOM abgebildet werden. Dies ermöglicht die Anzeige von Detail-Informationen, die so nicht im UOM modelliert sind.

Weiterhin liefert der Dienst auf Anfrage alle vorhandenen Beziehungen zwischen zwei Business-Objekten. Zum Beispiel kann die Beziehung zwischen einem Geschäftspartner-Objekt und einem Produkt-Objekt eine Einkaufsbestellung mit den dazugehörigen Attributen sein oder aber ein Verkaufsauftrag. Je nach Kontext des iViews kann dann eine Auflösung der Relation über die eine oder andere Beziehung vorgenommen werden. Ein Drag-and-Relate von einem Kunden auf einen Produkt-Link würde im ersten Fall alle Einkaufsbestellungen des Lieferanten und im anderen Fall alle Bestellungen des Kunden anzeigen.

Schließlich führt dieser Dienst auch Mappings zwischen Datenobjekten durch, die zwar semantisch einen äquivalenten Inhalt haben, technisch jedoch völlig verschieden sind. Zum Beispiel kann ein Kunde in einer Applikation über einen Text mit dem Namen als Inhalt repräsentiert werden (»SAP America«) während eine andere Applikation den Kunden über seine Umsatzsteuernummer identifiziert. Komplexe Datenmappings werden über Nachschlagetabellen und/oder Algorithmen aufgelöst, von denen auch nacheinander mehrere durchlaufen werden (eine Beziehung über mehrere Zwischenentitäten). Einfache Mappings werden über XSLT-Regeln durchgeführt.

Distributed Query Processor

Distributed Query Processors gibt es schon eine ganze Weile. Vereinfacht ausgedrückt, ermöglichen sie das Ausführen eines SQL-Statements (häufig ein `SELECT`-Statement), in dem Tabellen (Entitäten mit Attributen sowie Relationen) aus unterschiedlichen Datenbanken und Subsystemen aufgeführt sind. Der Distributed Query Processor spaltet diese Anfragen intern in mehrere einzelne SQL-Statements auf, führt sie auf den benötigten Datenbanken aus, sammelt die Ergebnisse und verknüpft sie gemäß dem ursprünglichen SQL-Statement. Für den übergeordneten Prozess, in diesem Fall der Correlation-, Relation- und Mapping-Dienst ist dieser Vorgang transparent und er kann sich ganz auf die anschließende Transformation der Ergebnisdatensätze in das Unified Object Model fokussieren.

Unifier und Unification Toolkit

Ein Unifier ist in der Lage, Daten zu allen Objekten und Relationen eines AOM zu liefern. Der Connector übernimmt dabei die Aufgabe des eigentlichen Daten- und Metadatenzugriffs auf die zugrunde liegende Applikation oder Datenbank. SAP liefert mit dem Unification Toolkit ein Java-basiertes Framework im Quelltext aus, das eine ganze Reihe von generischen Hilfsklassen zur Gestaltung von Konnektoren, Datenabfragen und Single-Sign-On anbietet und so die Konformität zu den übrigen Unification-Server-Diensten gewährleistet. Darüber hinaus erleichtert das Toolkit durch zahlreiche mitgelieferte Beispiele die Entwicklung von Unifiern durch Partnerfirmen und Drittanbieter.

SAP selbst arbeitet kontinuierlich an neuen Unifiern und AOMs für Fremdsysteme, jedoch wäre angesichts von 5000 verschiedenen ERP-Systemen allein auf dem europäischen Markt eine vollständige Abdeckung illusorisch. Die folgenden Application Unifier bietet SAP aktuell an:

- **R/3 Unifier**
  Dieser Unifier wird permanent um die notwendigen Informationen und Erweiterungen zum Anschluss auch der neuesten SAP-Applikationen erweitert.

- **Peoplesoft 7.5 (auf Anfrage als Development Kit)**
  Dieses Unifier Development Kit ist vor allem für den amerikanischen Markt wichtig, auf dem Peoplesoft recht stark vertreten ist.
- **Siebel 2000 (auf Anfrage als Development Kit)**
  Das Siebel Development Kit gestattet den Anschluss des CRM-Systems von Siebel an den Unification Server.
- **Baan 5.X Unifier**
  Der Baan Unifier ermöglicht den Zugriff auf das gleichnamige ERP-System vom Unification Server aus.
- **Oracle Applications 11**
  Der Oracle Unifier ermöglicht die Anbindung der Oracle E-Business Suite an den Unification Server.
- **BW Unifier**
  Angesichts der weiten Verbreitung des Business Information Warehouse ist es in vielen Fällen zeitsparend, statt der Entwicklung eines neuen Unifiers für eine spezielle Applikation auf eine vorhandene Anbindung an das BW und die in den Operational Data Store replizierten Daten zurückzugreifen. Die dort vorherrschende stündliche oder tägliche Replizierung ist in vielen Anwendungsfällen ausreichend und ein Echtzeitzugriff auf die Applikation kann vermieden werden. Selbstverständlich können über den BW Unifier auch die bereits homogenisierten Daten aus dem Data Warehouse mit einbezogen werden.
- **DB Unifier**
  Der DB Unifier ermöglicht den Zugriff auf beliebige per JDBC erreichbare Datenquellen.

5.2.4 Business Warehouse Server

Der SAP Business Warehouse Server (BW) ist für die multidimensionale Analyse von strukturierten Daten konzipiert, wie sie in einem Unternehmen durch eine Vielzahl von Applikationen (Legacy, ERP, SCADA, LIMS etc.) erzeugt werden. Weiterhin dient er als Information Hub für eine ganze Reihe weiterer – meist analytischer oder strategischer – Applikationen, die eine übergreifende und einheitliche Sicht auf die strukturierten Daten eines Unternehmens benötigen. Die zu analysierenden Daten werden dazu in einem ersten Schritt in das BW importiert und homogenisiert, worauf sie in einem zweiten Schritt auf verschiedene Art und Weise analysiert werden können oder in einem dritten Schritt als Ausgangsbasis für weitere Applikationen dienen.

Datenschichten im BW

Seit der Version 3.0 unterstützt das Business Information Warehouse drei Datenschichten, in denen importierte Daten abgelegt bzw. verwaltet werden können. Diese Datenschichten sind jeweils auf ein bestimmtes Segment von Analysen ausgerichtet und tragen die Namen *Operational Data Store* für nahezu in Echtzeit durchführbare relationale Analysen auf einem operativen Datenbestand, *Data Warehouse* für die multidimensionale Analyse von feingranularen Daten sowie *Multidimensional Model* für die multidimensionale Analyse von aggregierten Daten.

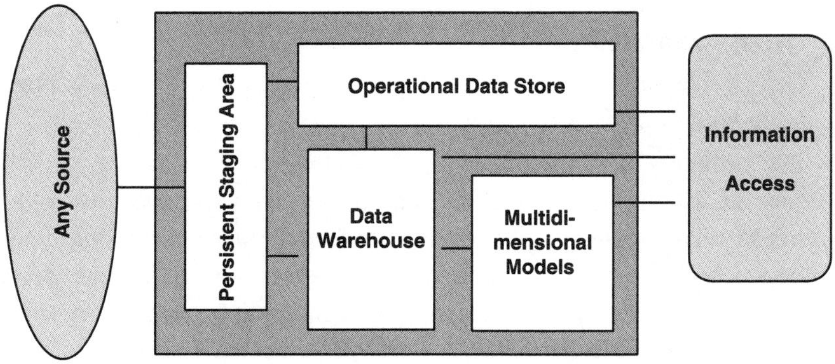

Abbildung 5.17 Datenschichten im Business Information Warehouse

Operational Data Store

Der Operational Data Store (ODS) ermöglicht die direkte Speicherung von Daten, so, wie sie von einer Applikation beim Import über die Transferstrukturen angeliefert wurden. Deshalb besteht der Operational Data Store im Wesentlichen aus Tabellen im Format der Applikationsstruktur und Metadateninformationen, die die einzelnen Transferstrukturen und Tabellen für den Import beschreiben. Zusammengenommen handelt es sich pro Applikation um ein Application Object Model, wie es auch im Unification Server verwendet wird. Ändern sich im Lauf der Zeit eine oder mehrere Transferstrukturen, z.B. weil die angekoppelte Applikation in einer neuen Version vorliegt und die Daten in etwas anderem Format liefert, werden auch neue Versionen der zugehörigen Tabellen im ODS sowie Metadaten erzeugt und das Application Object Model erhält eine neue Versionsnummer, wobei die alte Version unverändert erhalten bleibt.

Ein Reporting ist im ODS auf operationalen Daten möglich und das je nach Anlieferungsart nahezu in Echtzeit. Auch hat es sich als effizient erwiesen, Teilanlieferungen von Daten oder einzelne Datensatzfragmente zunächst dort zu sammeln, bis sie vollständig sind. Schließlich kann der Import in das ODS Formatkonvertierungen von Feldern enthalten (von `CHAR` in ein passendes Zahlenformat, etwa `INT`, `DATE` etc.) sowie applikationsspezifische Konvertierungen (Formatierung von Währungsbeträgen in Abhängigkeit von der Währung).

Fehler während des Fortschreibens von Daten in das Data Warehouse können durch Nachverbuchung aus dem ODS korrigiert werden. Daten können im ODS ganz normal gelöscht, verändert oder hinzugefügt werden, d.h., der Datenbestand ist aus Sicht des Reporting und des Data Warehouse volatil. Allerdings ist das permanente Ablegen von Daten im ODS keine Voraussetzung für die Benutzung des Data Warehouse, denn alternativ lassen sich die Daten auch »on-the-fly« in das Unified Object Model des Data Warehouse umsetzen und dort ablegen.

Data Warehouse

Laut einer SAP-eigenen Erhebung steigt die durchschnittliche Anzahl der an das BW angeschlossenen Datenlieferanten seit Jahren kontinuierlich an und erreicht bei großen Installationen durchaus 30 und mehr operationale Softwaresysteme. Diesen liegen in der Regel unterschiedliche betriebswirtschaftliche Datenmodelle zugrunde, z. B. hinsichtlich der Mandantenfähigkeit, der Struktur von Buchungsbelegen, der Ablage von Einkaufs- und Verkaufsaufträgen, des Aufbaus von Produktionsaufträgen, der Art der Mitarbeiterstammdaten usw. Zur applikationsübergreifenden Analyse ist es erforderlich, dass alle diese Daten homogen und über Fremdschlüssel bzw. Merkmale (siehe auch Anhang A.1) miteinander verbunden im BW vorliegen, und deshalb definiert das BW ein eigenes betriebswirtschaftliches Datenmodell, das Unified Object Model, das durch den Kunden angepasst oder erweitert werden kann. Es kommt in gleicher Form auch im Unification Server zum Einsatz und liegt dort als eine große Ansammlung von Metainformationen und so genannten *InfoCubes* vor – Letzteres sind Anordnungen thematisch zusammengehörender Tabellen nach dem bekannten Data-Warehouse-Star-Schema, bei dem die Datensätze einer Faktentabelle mit ein oder mehren Dimensionstabellen relational über Schlüssel aus der Dimensionstabelle verknüpft sind.

Die Faktentabelle enthält vornehmlich Kennzahlen (also Währungen, Mengen und manchmal mathematische Begriffe wie Wahrscheinlichkeiten), die jeweils mit einer Datums- und/oder Zeitangabe versehen sind und auf Ausprägungen von Dimensionen (also Entitäten wie »Kunde«, »Produkt«, »Ressource« etc.) verweisen. Diese Verweise zeigen auf Datensätze in den Dimensionstabellen, die neben dem Primärschlüssel vorrangig mit beschreibenden Merkmalen gefüllt sind (z. B. neben dem Schlüsselfeld »Kundennummer« auch den Namen, die Anschrift und die Bankverbindung des Kunden enthalten). Natürlich können beschreibende Merkmale wiederum auf Stammdatentabellen verweisen (z. B. das Feld

»Postleitzahlen« auf eine Tabelle mit allen gültigen Postleitzahlen) und auch für manche Kennzahlen werden die möglichen Ausprägungen in Stammdatentabellen definiert (z.B. ein Feld »Packungsgröße« auf eine Tabelle mit allen für ein Produkt möglichen Abpackungsmengen). Schließlich können zusätzliche Hierarchien definiert werden, die eine Untergliederung der Merkmale in bestimmte Teilbereiche möglich machen wie beispielsweise die organisatorischen Vertriebsregionen »Nord«, »Süd«, »West« und »Ost«. Alle Daten müssen aus dem ODS mit den dort definierten Application Object Models in das Unified Object Model des Data Warehouse mit seinen InfoCubes überführt werden, wofür spezielle Transformationsregeln am AOM definiert sind. Erst nach erfolgreicher Transformation werden die Daten gespeichert und liegen fortan in einer über verschiedene Applikationen hinweg integrierten Sichtweise vor. Einmal in einen InfoCube eingestellt, gestattet das Data Warehouse auch den Aufbau von virtuellen InfoCubes, die ihre Datengrundlage aus anderen InfoCubes beziehen. Diese Ketten von InfoCubes können die Performance der Analyse drastisch erhöhen.

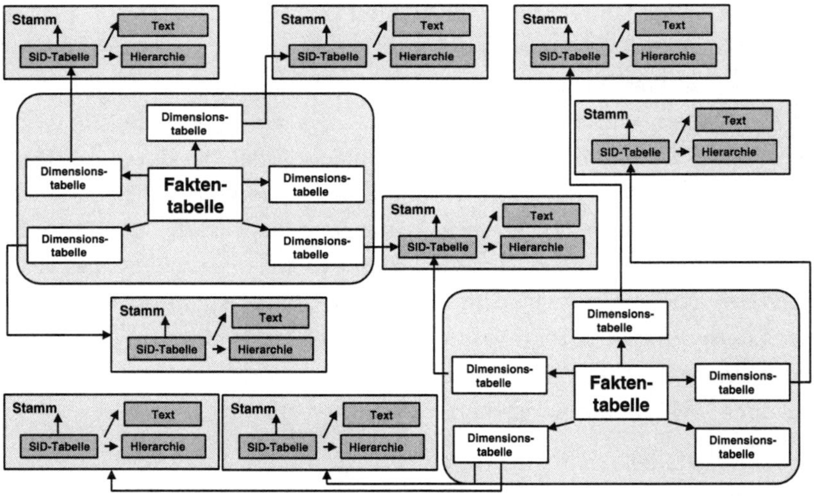

Abbildung 5.18 Beispiel eines InfoCubes im Business Information Warehouse

Im Gegensatz zum ODS sind die Daten des Data Warehouse nicht volatil, d.h., ab einem einstellbaren Zeitpunkt können sie nicht mehr geändert werden und stehen bis zur Archivierung oder Löschung als unveränderliche Historie zur Verfügung. Analysen auf den Daten des Data Warehouse werden mithilfe eines OLAP Processors (*Online Analytical Processing*) durchgeführt, der speziell auf die performante Arbeit mit InfoCubes ausgelegt ist und umfangreiche Mechanismen zur Vorberechnung, Zwischenspeicherung und vor allem Aggregation von Kennzahlen (Summierung, Mittelwertbildung etc.) über verschiedene Merkmalsausprägungen und Hierarchien ausgelegt ist. Weiterhin werden vom OLAP Processor alle Data-Warehouse-typischen Funktionen wie Drill-down, Drill-up, Drill-through etc. sowie Währungsumrechnungen und die Analyse von Daten in unterschiedliche Landessprachen unterstützt. Ein Drill-down während des Reporting bis auf Satzebene einer Tabelle im ODS ist möglich, sofern das Vorsystem die Daten in dieser Granularität angeliefert hat und die Daten im ODS permanent abgelegt wurden. Trotz der ausgewachsenen OLAP-Funktionalität zur multidimensionalen Analyse von Daten arbeitet das Data Warehouse intern auf einer normalen relationalen SQL-Datenbank, wie sie auch für die operationalen Systeme, z.B. mySAP CRM, zum Einsatz kommen. Man bezeichnet diese Technik auch als *Relational OLAP* (ROLAP) und sie ist besonders gut für große Datenvolumina geeignet, bei denen nur ein geringer Teil im Hauptspeicher gepuffert werden kann.

Multidimensional Model

Ab der Version 3.0 unterstützt das BW darüber hinaus Datenbanken, die über einen speziellen Befehlssatz und Ablageort zur Verarbeitung von multidimensionalen Analysen verfügen, wie z.B. die OLAP Services des Microsoft SQL Server. Zur Steigerung der Performance kann hier ein vom Administrator festzulegender Teil der InfoCubes in den multidimensionalen Ablageort der Datenbank repliziert werden. Anfragen zur Datenanalyse werden dann, soweit möglich, vom OLAP Processor über den speziellen Befehlssatz direkt an die Datenbank durchgereicht und nur eventuell fehlende Fähigkeiten ergänzt. Mit ODBO steht ein Befehlssatz und Format zur Verfügung, dem man langfristig das Zeug zum Standard zutraut.

Import und Homogenisierung

Beim Import werden die Datenmodelle der Quellsysteme mittels Transformation auf das Datenmodell des BW abgebildet und dort abgespeichert. Vor diesem Hintergrund lassen sich die Aufgaben der Staging-Komponente, die für den Import von operationalen Daten zuständig ist, folgendermaßen zusammenfassen:

- Realisierung des technischen Anschlusses eines Quellsystems an das BW
- Definition von Regeln zur Abbildung des Datenmodells im Quellsystem auf das Datenmodell im BW
- Transformation von Daten gemäß den definierten Regeln beim Import aus dem Quellsystem
- flexible Verwaltung und Ausführung von Jobs zum Datenimport

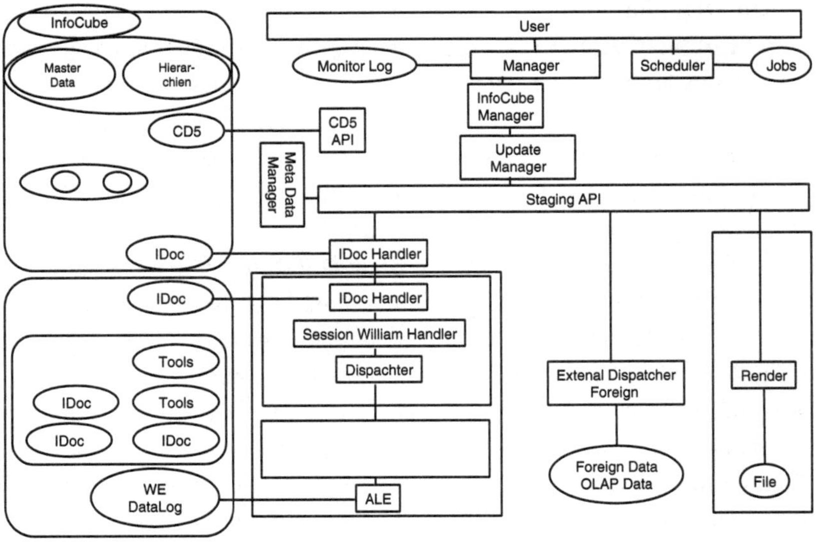

Abbildung 5.19 Die Architektur der Staging Engine

Aus technischer Sicht bietet das BW die Möglichkeit, SAP- und Fremdsysteme als Datenlieferanten anzuschließen, Erstere traditionell über IDocs und Letztere meist über BAPIs und neuerdings auch per Webservice (Daten im XML/A-Format, siehe unten). Daneben gibt es noch die Möglichkeit, Daten aus Dateien in das BW hochzuladen. Im Folgenden werden die Komponenten der Staging Engine im Hinblick auf ihre Funktionalität kurz beschrieben.

- **Staging API**
  Als zentrale Schnittstelle die wichtigste Komponente der Staging Engine. Die Staging API beinhaltet unter anderem den wesentlichen Teil der Funktionalität zur Transformation der Daten.
- **Update Manager**
  Komponente zum Fortschreiben von Stammdaten und Hierarchieinformationen in die entsprechenden Tabellen. Als weitere Funktionalität beinhaltet der Update Manager die Zuordnung von Bewegungsdaten zu den entsprechenden InfoCubes. Der Update Manager wird nach Beendigung der Datentransformation von der Staging API gerufen.
- **ODS API**
  Schnittstelle zum ODS. Während des Datenimports schreibt das ODS API die geladenen Daten im Format der Applikationsstruktur in das ODS.

- **IDoc-Handler**
  IDoc-Schnittstelle der Staging Engine. Darin ist die Funktionalität zum Empfang und zur Zwischenspeicherung von Daten- und Info-IDocs zusammengefasst. Die Information der empfangenen IDocs wird an die zuständigen Komponenten (Staging API, Monitor) weitergeleitet.

Weiterhin werden von der Staging Engine eine Reihe von Diensten genutzt, die übergreifenden Charakter besitzen:

- **Metadata Manager**
  Der Metadata Manager besorgt im Verlauf des Uploads Informationen zu InfoObjekten und anderen Metadaten.
- **InfoCube Manager**
  Der InfoCube Manager realisiert das Fortschreiben von Bewegungsdaten in die entsprechenden InfoCubes.
- **Scheduler**
  Der Scheduler verwaltet die Jobs zum Datenimport. Insbesondere übergibt der Scheduler fällige Jobs zur Ausführung an die Staging API, um zum Beispiel stündlich, täglich oder wöchentlich Daten abzuholen.
- **Monitor**
  Der Monitor führt Protokolle unter anderem von laufenden Datenlade-Jobs. Über den Monitor kann sich der Benutzer den Zustand eines gerade laufenden Jobs anzeigen lassen. Darüber hinaus erlauben die Protokolle eine Leistungsanalyse der Jobs.

Quellsysteme werden je nach Typ auf unterschiedliche Art und Weise an das BW angekoppelt:

- **tRFC und IDoc**
  Mit einem SAP-Quellsystem kommuniziert die Staging API entweder über eine tRFC-Verbindung oder über die IDoc-Schnittstelle. Der Dispatcher ordnet die Ausführung der Jobs den unterschiedlichen anwendungsspezifischen Extraktoren zu. Deltaextraktion (im Job spezifizierbar) wird über den ALE Delta Log implementiert.
- **BAPI**
  Die Verbindung zwischen dem BW und einem Fremdsystem wird durch einen quellsystemspezifischen Extraktor hergestellt, der von einem Drittanbieter gebaut wird. Zur BW-Seite hin unterstützt dieser Extraktor die Staging-BAPIs. Zur Fremdsystemseite hin unterstützt der Extraktor die Schnittstellen des Fremdsystems.

- **File**
  Das Laden vom File erfolgt mithilfe des Funktionsbausteins `WS_UPLOAD` (File liegt auf Workstation) oder `READ FROM DATASET` (File liegt auf einem Applikationsserver).

- **Webservices**
  Die Übertragung von Daten eines beliebigen Systems in das BW per XML und SOAP. Neben modernen, auf XML-Schnittstellen aufbauenden Quellsystemen kommen hier auch EAI-Komponenten in Betracht, wie beispielsweise die Exchange Infrastructure.

Analyse Wie alle anderen Enterprise-Portal-Komponenten besitzt auch das BW eigene iViews zur webbasierten Darstellung von Analysen und Interaktion mit dem Anwender. Alternativ wird ein Add-on für Microsoft Excel geboten, mit dessen Hilfe alle Funktionen direkt aus Excel heraus zur Verfügung stehen. Egal für welche Oberfläche man sich entscheidet, technisch gesehen werkelt auf der Serverseite immer der Business Explorer (BEx), ein mächtiges Werkzeug zur tabellarischen, grafischen und geografischen Analyse von Daten aus dem Business Information Warehouse.

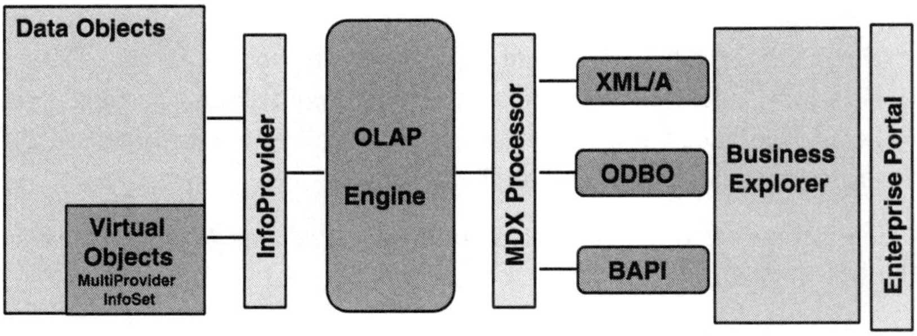

Abbildung 5.20 Zugriffsmöglichkeiten auf Business-Information-Warehouse-Daten

Der BEx greift über die BAPI-Schnittstelle (siehe auch Kapitel 2.2.6) auf das Business Information Warehouse zu. Um außer SAP-Applikationen auch Fremdapplikationen den Zugriff auf das Business Information Warehouse zu erleichtern, sieht SAP insgesamt drei verschiedene Protokolle für die Anfrage und Abholung von Analyseergebnissen sowie die Steuerung des Business Information Warehouses zur Verfügung:

- **XML/A über HTTP oder Webservices**
  Bei *XML for Analysis* (XML/A) handelt es sich um normales XML, für das SAP eine selbst geschriebene Schema-Definition zur Verfügung stellt, die die von der Schnittstelle geforderten Ein- und Ausgabeformate dokumentiert. Entweder über HTTP oder eine Webservice-

Schnittstelle (SOAP) können Analyseanfragen an das Data Warehouse geschickt und Ergebnisse abgefragt werden. Die Verwendung allgemeiner Internetstandards gestattet den Betrieb über Firewalls hinweg.

- **ODBO**
  OLE DB for OLAP (ODBO) basiert auf einer Microsoft-COM-Bibliothek und ist deshalb nur von Client-Programmen unter Windows nutzbar. Letztlich ist es eine Erweiterung des Microsoft-OLE-DB-Protokolls, die auch mit den multidimensionalen Erweiterungen der Abfrageergebnisse zurechtkommt.
- **BAPI**
  Über BAPIs ist im Gegensatz zu allen anderen Protokollen nicht nur die Anfrage und Entgegennahme von Analysen möglich, sondern auch die Steuerung und Konfiguration des Business Information Warehouse. Insofern nimmt das BAPI-Protokoll für Administratoren und Hersteller weiterführender Applikationen eine Sonderrolle ein. Die meisten SAP-Applikationen kommunizieren über diese Schnittstelle mit dem BW. Reine Analyseabfragen, wie sie von Reporting-Tools benötigt werden, sind indes über alle Protokolle möglich.

Information Hub

Die Bedeutung der oben genannten (Export-)Schnittstellen hat über die Jahre zugenommen, denn mit steigender Anzahl der datenliefernden Applikationen ist das BW zu einem der wenigen, wenn nicht sogar zum einzigen Ort im Unternehmen geworden, an dem ein Großteil der Geschäftsdaten in einer zueinander passenden Form vorliegen. Was liegt da näher, als diese Daten als Ausgangsbasis für eine Vielzahl anderer Applikationen zu verwenden? Am interessantesten sind sicherlich die Closed-Loop-Applikationen, die auf Basis der Analysedaten des BW die Erstellung von Strategien, Projektplänen oder sonstigen Aktionslisten übernehmen und auf Knopfdruck die Umsetzung in operationalen Systemen anstoßen.

Aus diesem Grund hat die SAP die Export-Schnittstellen und Services unter dem Begriff *Open Hub Services* zusammengefasst. Diese umfassen die folgenden Funktionalitäten:

- kontrollierte Verteilung von konsistenten Daten
- Export direkt in die Applikation, Dateien oder DB-Tabellen
- zentrales Monitoring über die normalen Administrator-Oberflächen
- Auswahl von Filterkriterien und Spalten
- Scheduling und automatische Steuerung von periodischen Export-Vorgängen

- vollständiger Export oder Deltaexport (nur Datenänderungen im Vergleich zur letzten Übertragung) möglich

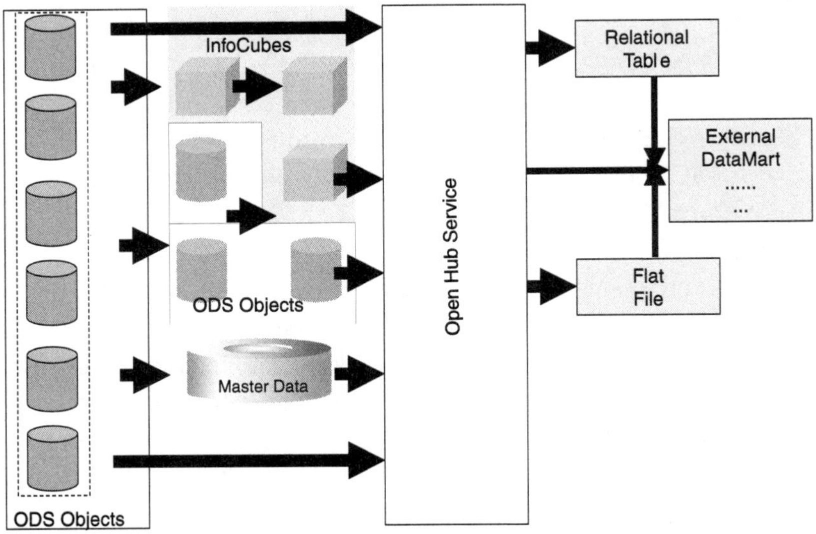

Abbildung 5.21 Open Hub Service des Business Information Warehouse

5.3 Customizing und Administration

Die technische Unabhängigkeit des Enterprise Portal von den übrigen mySAP Technology-Komponenten ist beim Customizing und der Administration deutlich zu spüren. Im Gegensatz zum Web Application Server und der Exchange Infrastructure erfolgt hier ein wesentlicher Teil der Einstellungen, wie unter UNIX oder Windows gewohnt: Über separate Konfigurationsdateien, die per Name-Wert-Zuweisungen ähnlich der bekannten INI-Dateien mit Parametern versorgt werden. Der übrige Teil ist direkt über die Weboberfläche erreichbar, setzt jedoch spezielle Benutzerrechte (sprich Administrator-Berechtigungen) voraus.

Ausgenommen von dieser Art der Verwaltung ist einzig das Business Information Warehouse, das direkt auf dem Web Application Server aufsetzt und auf die in Kapitel 2.3 beschriebene Art und Weise angepasst und administriert wird. Wir werden in diesem Kapitel auf die Vorstellung einiger Verwaltungsbereiche der übrigen Enterprise-Portal-Komponenten des Release 5.0 fokussieren.

Eine der wichtigsten Dateien des Portal-Framework ist die Datei *pcd.properties*, die die Einstellungen zum Portal Content Directory (PCD) enthält. Diese liegt üblicherweise nach der Installation im Pfad *<.....>\irj\WEB-INF\plugins\portal\system\properties\pcd.properties.*

Eine der wichtigsten Customizing-Einstellungen ist der Pfad zum Portal Content Directory, wo die Rollen, Worksets, Ordnerhierarchien, die Metadaten zu externen Diensten, Personalisierungsinformationen sowie die iViews abgelegt und verwaltet werden. Per Default-Einstellung enthält der Eintrag *pcd.home* den Verweis auf ein lokal auf dem Server abgelegtes Portal Content Directory, meist unter *C:/Enterprise Portal/DataFile/data*. Bei größeren Installationen mit mehreren Servern zur Lastverteilung bietet es sich jedoch an, das PCD auf einem gemeinsam genutzten Pfad im Netzwerk abzulegen. Zu beachten ist, dass das in Java geschriebene Portal-Framework die Angaben mit doppelten Backslashs erwartet, beispielsweise *pcd.home=\\\\P12345\\portal\\data.*

Customizing des PCD-Ablageorts

In der Datei *pcd.properties* sind auch Einstellungen zu finden, die nicht vor dem ersten Start des Enterprise Portal explizit festgelegt werden müssen, sondern mit gangbaren Default-Werten belegt sind und während des Betriebs an die aktuellen Anforderungen angepasst werden können. Einige repräsentative Beispiele seien hier vorgestellt.

Administration von PCD-Parameter

- `PCDSynchronizationTime`
  Dieser Parameter definiert die Synchronisationszeit des PCD-Cache in Sekunden, der die Zugriffe auf das Portal durch Pufferung wichtiger Objekte im RAM beschleunigt.
- `PCDSessionAdministrator.SessionMaxAge`
  Dieser Parameterwert definiert die Dauer einer Session und die Zeit, nach der ein benutzerbezogener Cache spätestens neu geladen wird, in Sekunden. Er beeinflusst damit die Effizienz des Caches proportional zur Speicherbelastung.
- `PCDSessionAdministrator.IdleTime`
  Dieser Parameterwert definiert, nach wie vielen Sekunden jede Session auf Inaktivität überprüft wird. Je kürzer die Zeit, desto höher ist die Systemsicherheit in Proportionalität zur Prozessorbelastung.
- `LockServer.Host`
  In einer Load-Balancing-Umgebung mit mehreren Servern muss ein Server für die Sperrverwaltung angegeben warden. Über diesen Server werden dann alle Anfragen bezüglich der exklusiven Nutzung eines Objekts, z.B. für die Durchführung von Änderungen, gerichtet.

Neben diesen Low-Level-Einstellungsmöglichkeiten gibt es eine ganze Reihe von Administrationsaufgaben, die über die Weboberfläche des Enterprise Portal ausgeführt werden können. Als Beispiel sei an dieser Stelle der Rollen-Editor genannt, der für Administratoren unter **Content Admin • Roles** verfügbar ist.

Im Ansichtsbereich werden alle existierenden Rollen, Worksets, iViews und Seiten angezeigt, die den Inhalt des Portal Content Directory widerspiegeln. Diese Objekte lassen sich markieren und über den **Edit**-Button in den Edit-Bereich laden, wo man an sämtlichen Eigenschaften Veränderungen vornehmen kann. Auch das Erzeugen neuer Objekte über den **Create**-Button ist möglich. Nach der Anpassung der Eigenschaften können diese Objekte in den View-Bereich übernommen und im Portal Content Directory gespeichert werden. Sie stehen dann ab sofort für alle Anwender mit entsprechender Rolle zur Verfügung.

5.4 Applikationen

Das Enterprise Portal bietet ein breites Spektrum an Personalisierungs-, Anpassungs- und sogar Erweiterungsfunktionen zur Erzeugung neuer iViews über die eigene Weboberfläche an. Die meisten Funktionen sind indes selbst erklärend und so wollen wir uns auf die Vorstellung einiger ausgewählter Applikationen speziell für die Erweiterung des Portals um neue Inhalte konzentrieren.

iView Editor

Wichtigste Applikation für Nicht-Programmierer ist der iView Editor, mit dessen Hilfe Portal-Inhalte aus einem großen Fundus an vorgefertigten iViews aus den Bereichen Unification, Knowledge Management, Business Information Warehouse und Yahoo! zu rollenspezifischen Worksets, Seiten oder Themengebieten, so genannten *Channels*, zusammengestellt werden können.

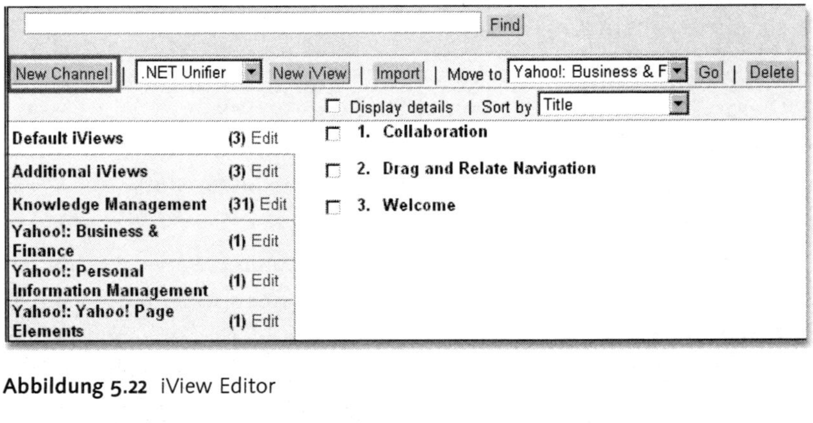

Abbildung 5.22 iView Editor

SAP und ihre Partnerfirmen arbeiten kontinuierlich an der Entwicklung neuer iViews, die sie gemeinsam auf dem SAP-eigenen Portal Content Marketplace unter *http://www.iviewstudio.com* zur Auswahl stellen. Ein Blick auf diese Seite lohnt sich auf jeden Fall, denn es stehen eine

Unmenge an teils allgemein verwendbaren, teils branchen- oder fachspezifisch konzipierten iViews zur Verfügung, angefangen bei Echtzeit-Teamumgebungen über Analyzer für pharmazeutische Unternehmen bis hin zu FedEx-Tracking-Anzeigen für die Verfolgung von Paketsendungen über den gesamten Erdball.

iView Catcher

Mit dem iView Catcher lassen sich Bereiche aus einer beliebigen statischen oder dynamischen Webseite markieren und als iView in das Enterprise Portal übernehmen. Ändert sich die zugrunde liegende Webseite, aktualisiert der iView Catcher automatisch die Informationsdarstellung im iView und der Anwender wird stets mit den neuesten Informationen versorgt. Auf diese Weise lassen sich innerhalb weniger Minuten Dutzende von nützlichen iViews aus bereits vorhandenen Intranets, Extranets oder dem Internet adaptieren.

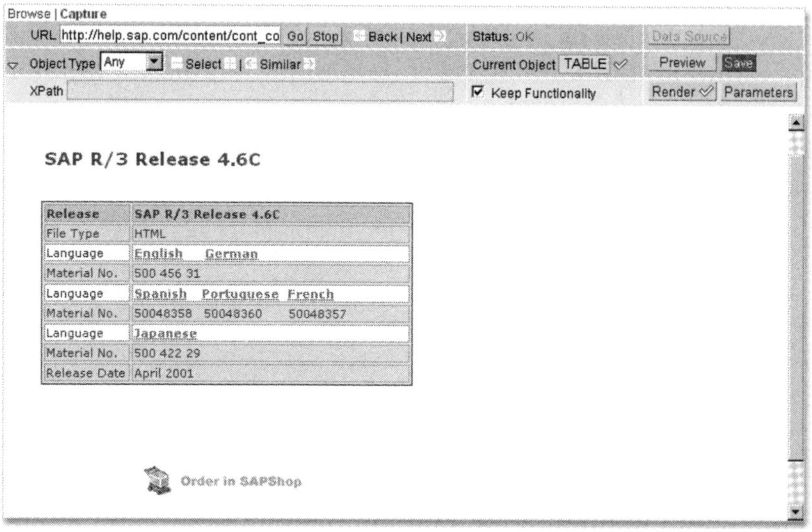

Abbildung 5.23 iView Catcher

Der iView Catcher wird über den iView Editor aufgerufen und startet zunächst im Browse-Mode, eine Art Browser im Browser, in dem Sie eine URL eingeben und über die normalen Links auf der Seite navigieren können, bis Sie zur gewünschten Seite gelangen. Anschließend wechseln Sie in den Capture-Mode und können nun den Bereich der Seite markieren, den Sie als iView im Portal zur Verfügung stellen wollen. Das ist alles. Hinter dem iView Catcher steckt ein Algorithmus, der in einstellbaren Abständen die ausgewählten Webseiten lädt, über die Strukturinformationen der Seite zu den markierten Informationen vorstößt und diese auf Änderungen kontrolliert. Haben sich die Informationen geändert, überstellt er die Änderungen in den internen Cache des Enterprise Portal, von wo sie aus in der Portal-Oberfläche als iView dargestellt werden können.

5.5 Programmierung

Während der iView Editor und iView Catcher vor allem für Administratoren, Poweruser oder Redakteure von Interesse sind, richtet sich das Portal Development Kit an Entwickler und Firmen, die selbst iViews für das SAP Enterprise Portal programmieren und anbieten wollen. Diese iViews können wahlweise die Funktionalitäten anderer SAP-Komponenten wie Unification, Knowledge Management oder Business Information Warehouse nutzen oder den Zugriff auf Fremdsysteme und Daten auf direktem Weg implementieren.

Aufgabe Wir wollen ein einfaches Hello-World-Beispiel als iView realisieren. Wie bereits in Kapitel 5.2 beschrieben, unterstützt das Enterprise Portal die iView-Programmierung in beinahe allen verfügbaren Webentwicklungssprachen. Wir haben uns in diesem Beispiel für Java entschieden. Wir werden uns an dieser Stelle auf die Vorstellung des reinen Quelltextes und den Import in das Enterprise Portal beschränken.

Zuerst der Code ... Wer schon einmal Servlets unter Java programmiert hat, dem wird dieses Programmierbeispiel bekannt vorkommen, denn genau diese Technik wird im Normalfall für die Erstellung von iViews unter Java verwendet:

```
package com.mycompany.basicexample;
import java.io.PrintWriter;
import com.sapportals.portal.prt.component.
 AbstractPortalComponent;
import com.sapportals.portal.prt.component.
 IPortalComponentRequest;
import com.sapportals.portal.prt.component.
 IPortalComponentResponse;
import com.sapportals.portal.prt.component.
 PortalComponentException;
import com.sapportals.portal.prt.component.
 PortalComponentContentType;

public class ExampleOne extends AbstractPortalComponent {
  public void doContent(IPortalComponentRequest
request,
IPortalComponentResponse response) {
    response.setContentType
```

```
    (PortalComponentContentType.HTML);
    PrintWriter out= new PrintWriter(response.
    getWriter());
    out.println("<center><h3>Hello World!</h3>");
    out.println("<a>Is that a nice demo? </a></cen-
ter>");
    out.close();
    }
  }
}
```

Im Gegensatz zu normalen Servlets wird hier jedoch die Klasse `AbstractPortalComponent` verwendet, die die Methoden `doPost` und `doGet` bereits gefüllt hat. Wir können uns deshalb auf die Implementierung der Methode `doContent` beschränken. Als Writer verwenden wir PrintWriter, an den wir unsere zwei Sätze HTML-Quelltext übergeben.

... dann die Installation

Anschließend muss das iView nur noch als PAR-Datei gepackt (z.B. mit einem der zahlreichen Zip-Tools bzw. Ant) und deployed werden.

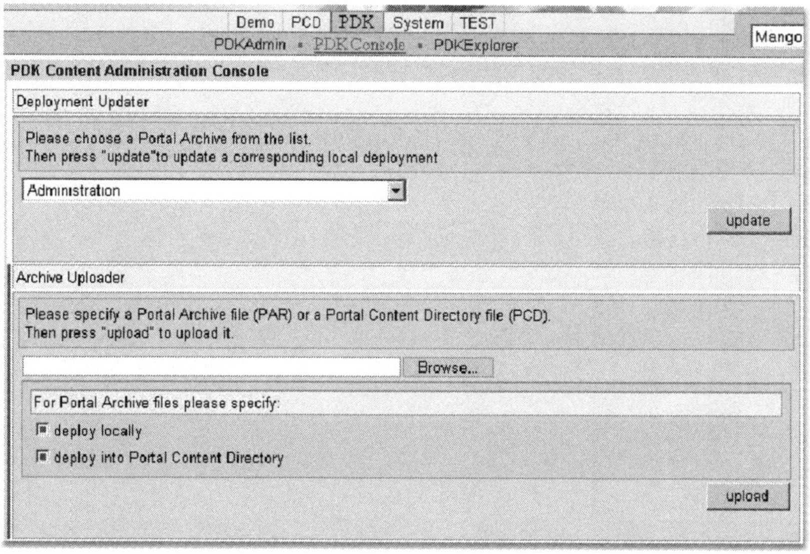

Abbildung 5.24 PDK Console

Dazu wechseln Sie als Administrator in die PDKConsole der Enterprise-Portal-Weboberfläche unter **Portal Admin • PAR Upload**. Dort brauchen Sie nur noch die Datei auszuwählen und anschließend lokal und in das Portal Content Directory hochzuladen. Ab sofort steht das iView für das Einbinden in das Portal zur Verfügung.

A Anhang

Dieser Anhang gibt einen leicht verständlichen und kurzen Überblick über eine Auswahl an Grundlagen und technischen Konzepten, die in den heutigen und zukünftigen E-Business-Applikationen eine wesentliche Rolle spielen. Für weiterführende Informationen stellen wir Ihnen im Literatur- und Quellenverzeichnis eine Reihe von empfehlenswerten Publikationen vor, die das Wissen darüber vertiefen helfen.

A.1 Merkmale und Kennzahlen

Ein zentrales, generisches SAP-Konzept, das mit dem SAP Business Information Warehouse auf breiter Front eingeführt wurde, ist die Kategorisierung betriebswirtschaftlicher Daten in Merkmale und Kennzahlen. Mittlerweile findet sich dieses Konzept in der überwiegenden Anzahl der auf Analyse ausgelegten SAP-Lösungen wieder und wird auch von Fremdapplikationen unterstützt.

Das Konzept der Kennzahlen und Merkmale kommt aus dem Data-Warehouse-Bereich und unterscheidet auf der einen Seite *kalkulatorische Daten* (Kennzahlen), d.h. Werte mit denen Berechnungen ausgeführt werden können, wie Umsatz, Deckungsbeitrag oder Stückzahlen. Auf der anderen Seite stehen die *beschreibenden Daten* (Merkmale), in der Regel Texte, bloße Ziffernfolgen und die Zeitangaben, mit denen keine Berechnungen ausgeführt werden können und anhand derer die kalkulatorischen Daten ausgewertet werden sollen, wie Vertriebsstandort, Produkt oder Chargennummer.

Kennzahlen

Kennzahlen besitzen immer eine Einheit, d.h., sie sind mit einer Währungs- oder Mengeneinheit versehen. Man unterscheidet zwei verschiedene Kennzahltypen, namentlich berechnete Kennzahlen (Kennzahlen, die sich aus anderen Kennzahlen errechnen wie beispielsweise »Gewinn« = »Umsatz« – »Kosten«) und eingeschränkte Kennzahlen (Kennzahlen, die nur über zuvor festgelegte Merkmalswerte berechnet werden dürfen wie beispielsweise »Umsatz im 1. Quartal 2002«). Berechnete Kennzahlen werden oft verwendet um detaillierte Daten zu immer neuen und aggregierteren Kennzahlen zusammenzufassen, während eingeschränkte Kennzahlen in der Praxis oft zur Unterscheidung zwischen Plan- und Ist-Werten verwendet oder wenn zeitliche Vergleiche (aktuelles Quartal mit dem Quartal des Vorjahres) angestellt werden sollen.

Merkmale Merkmale besitzen stattdessen keine Einheit. Ebenso wie Kennzahlen lassen sich auch Merkmale einschränken, beispielsweise das Produkt »Fruchtsaft« als Einschränkung auf die Produkte »Orangensaft« und »Birnensaft«. Das zweifelsohne wichtigste Merkmal ist die Zeit, die in den allermeisten betriebswirtschaftlichen Analysen enthalten ist. Der Vollständigkeit halber weisen wir darauf hin, dass man fein säuberlich zwischen *Zeitäumen* und *Zeitpunkten* unterscheiden muss, denn während Erstere Kennzahlen (3 Tage + 5 Tage = 8 Tage) sind handelt es sich bei Letzteren um Merkmale (9:00 Uhr + 13 Uhr = ?). Schließlich lassen sich Merkmale im Gegensatz zu Kennzahlen hierarchisch beliebig strukturieren, beispielsweise der Monat Januar in 31 Tage, eine Produktgruppe in einzelnen Produkte oder Unternehmen in Regionen oder Geschäftsbereiche.

Hat man eine derartige Kategorisierung vorgenommen, lassen sich Geschäftsdaten performant und vielseitig analysieren.

A.2 XML, XSLT und XPath

XML ist eines der wichtigsten Datenformate und das Datenformat der Wahl, wenn es um den Austausch von Geschäftsinformationen zwischen Applikationen geht. Webservices, Konfigurationsdateien, einige Datenbanken, ja sogar die Microsoft-Office-Programme benutzen XML für die Ablage bzw. Übertragung von Daten. Auch alle mySAP Technology-Komponenten sind durchsetzt mit diesem Datenformat, z.B. zur Übertragung von Daten zwischen Webbrowser und Server im Enterprise Portal, zum Aufruf von Funktionen als Webservice im Web Application Server und als Datenformat für sämtliche Messages innerhalb der Exchange Infrastructure.

XML und XML-Schema XML (eXtensible Markup Language) erlaubt die Auszeichnung, Kenntlichmachung und Beschreibung von Daten in einer für Menschen lesbaren Form. Logisch zusammengehörende Daten im XML-Format werden üblicherweise in einem Dokument, dem sogenannten XML-Dokument zusammengefasst. Ein XML-Dokument folgt dabei einem zuvor festgelegten Aufbau, einer XML-Schema-Definition. In dieser XML-Schema-Definition ist festgelegt, welche Auszeichnungen zur Kenntlichmachung der einzelnen Daten verwendet werden dürfen, welche Struktur oder Verschachtelungen der Auszeichnungen und Daten erlaubt sind und welche Zusatzinformationen, sogenannte Attribute, die einzelnen Auszeichnungen näher beschreiben dürfen. Zu einer Schema-Definition kann es natürlich mehrere Instanzen geben, also XML-Dokumente, die einer XML-Schema-Definition genügen. Ein Ausschnitt aus einem XML-Dokument, das die Daten eines Verkaufsauftrags enthält, soll den Aufbau verdeutlichen:

```
<SalesOrder no="4711">
 <ShipToParty>
  <Name>Mr. Bill Gates</Name>
  <Address type=private>200 Rodeo Drive, Chicago IL
  60606</Address>
 </ShipToParty>
 <Item>Piano iBach 24</Item>
 <BasicCreditLine>confirmed</BasicCreditLine>
</PurchaseOrder>
```

Offensichtlich hat hier ein Mr. Bill Gates ein Piano an seine Privat-Adresse geordert, wobei seine Kreditlinie gegengeprüft wurde.

Eine XML-Schema-Definition, die hier sinngemäß festlegen würde, dass jede Verkaufsbestellung mit einer Nummer, einer Lieferanschrift inkl. Name und Adresse, dem Liefergut und schließlich mit dem Ergebnis der Kreditlinienprüfung ausgestattet sein muss, wird ebenfalls mit einem vordefinierten Satz von Sprachelementen erstellt, die im Standard namens XSDL – *XML Schema Definition Language* – festgelegt sind. Es handelt sich dabei um eine Beschreibungssprache, die neben der Beschreibung, wie die Struktur eines XML-Dokuments aussieht (Tags, Attribute, Hierarchie) auch die Definition von einfachen und komplexen Datentypen ermöglicht. Wichtig dabei ist die folgende Unterscheidung:

- Es gibt die Sprache XSDL, die eine Reihe von Sprachelementen zur Verfügung stellt, um eine XML-Schema-Definition zu erstellen.
- Es gibt die XML-Schema-Definition, die festlegt, wie ein bestimmter Typ von XML-Dokumenten ausgezeichnet und strukturiert zu sein hat.

XSLT

Aber was passiert, wenn Applikation A XML-Dokumente nach einer bestimmten XML-Schema-Definition verwendet, die anders aussieht als diejenige, die von Applikation B vorausgesetzt wird, und nun beispielsweise Verkaufsaufträge als XML-Dokumente von A nach B übertragen werden sollen? Genau für diesen Fall gibt es XSLT, die *Extensible Stylesheet Language for Transformations*. Mit XSLT ist es sehr einfach möglich, XML-Dokumente zwischen verschiedenen strukturellen Modellen zu konvertieren. XSLT ist eine Programmiersprache, die speziell für die Transformation von XML-Dokumenten geschaffen wurde, und stellt aus diesem Grund in vielen Fällen der XML-Verarbeitung ein besseres Tool dar als allgemeine Sprachen wie Java oder ABAP. Heutzutage gibt es für alle wichtigen Plattformen und Betriebssysteme performante XSLT-Parser, d.h. Programme bzw. Komponenten, die die Überführung eines XML-

Dokuments auf Anfrage von einem Format in ein anderes anhand eines XSLT-Programms erledigen. Im SAP Web Application Server stehen gleich zwei solcher Parser zur Verfügung, der eine stammt aus dem standardisierten *Java XML Pack* und bietet sich für die Java Personality an, der andere wurde von SAP eigens für die ABAP Personality programmiert und wird im Kernel der ABAP Virtual Machine ausgeführt.

Die Sprache XPath dient zur Adressierung von Teilen eines XML-Dokuments. Sie wurde ursprünglich für die Verwendung in XSLT entworfen, wird aber inzwischen auch in weiteren Standards genutzt (z. B. XPointer, XQuery etc.). XPath ist eine Art Hilfssprache, die erforderlich ist, damit XSLT und andere Standards ihre Aufgaben wahrnehmen können. Xpath hat dabei drei wichtige Aufgaben:

- Adressierung von Daten
- Definition logischer Ausdrücke
- zusätzliche Funktionen

XPath benutzt eine kompakte Nicht-XML-Syntax, um die Verwendung von XPath-Ausdrücken innerhalb von URIs und XML-Attributen zu erleichtern. Seinen Namen erhält XPath durch die Verwendung einer auch in URLs genutzten Pfad-Notation (*Path*), mit der sich durch die hierarchische Struktur eines XML-Dokuments navigieren lässt. Neben der Verwendung für die Adressierung wurde XPath so gestaltet, dass eine natürliche Teilmenge davon zum Matching (Testen, ob ein Knoten auf ein Muster passt) genutzt werden kann. Genau diese Eigenschaft wird in der SAP Exchange Infrastructure eingesetzt, um in Abhängigkeit vom Inhalt eines XML-Dokuments die Empfänger-Applikation und -Schnittstelle zu bestimmen. Für unser oben genanntes XML-Dokument könnte man beispielsweise durch Prüfung auf das Wort `SalesOrder` bestimmen, ob es sich tatsächlich um einen Verkaufsautrag handelt oder durch Prüfung auf `confirmed`, ob diese Meldung zum Versandtsystem oder zur Einzelprüfung in ein Controllingsystem geleitet wird.

A.3 SOAP, WSDL und UDDI (Webservices)

Der Begriff »Webservices« ist derzeit in aller Munde und steht als synonym für eine Reihe von Standards, die sich mit dem plattformunabhängigen Anbieten und Nutzen von Funktionen über das Internet beschäftigen. Doch was ist mit all den anderen Standards, die das gleiche schon zuvor erledigt haben? Nun es gibt sie, aber Webservices werden in der Summe der Eigenschaften schon jetzt als besser angesehen, denn sie sind einfach und somit leicht verständlich, sie sind vom Menschen lesbar und somit – wie auch HTML – auf Anhieb viel sympatischer und schließlich besitzen sie die Unterstützung aller großen Softwarehersteller. Mittlerweile unterstützten mehrere hundert Softwareunternehmen diesen Standard bzw. haben eine Unterstützung angekündigt. Mit dabei sind die großen der Branche wie Microsoft, Sun, SAP, IBM, etc. Bei diesen Argumenten fallen angenehme Nebeneffekte wie die Nutzung durch Firewalls hindurch, die Unterstützung durch viele Programmiersprachen oder die Flexibilität in Bezug auf synchrone und asynchrone Verarbeitung kaum noch ins Gewicht.

Webservice-Definition

Webservices sind gekennzeichnet durch einen dreistufigen Webservice Stack, der die offenen Standards SOAP (*Simple Object Access Protocol*) für den Zugriff auf Webservices, WSDL (*Web Services Description Language*) für die Beschreibung von Webservices und UDDI (*Universal Discovery, Description and Integration*) für die Veröffentlichung von Webservices beinhaltet.

Durch folgende Schritte werden Webservices generiert und veröffentlicht:

1. Ein Anbieter erstellt eine Funktion (wie zum Beispiel die Abfrage von Aktienkursen, die Umrechnung von Beträgen anhand der aktuellen Währungskurse oder die Abgabe einer Lottowette) auf Basis seiner bevorzugten Programmiersprache, Infrastruktur und Plattform.
2. Der Anbieter beschreibt die Funktion mit ihren Übergabeparametern und Hintergrundinformationen in der hierfür relevanten Sprache WSDL.
3. Der Anbieter registriert seine Funktion zusammen mit der URL, unter der die Funktion erreichbar ist und der WSDL-Beschreibung in sogenannten *UDDI-Registries*. Dies sind öffentliche Verzeichnisse, ähnlich den »Gelben Seiten«. Globale UDDI-Registries werden meist von großen IT-Firmen betrieben, darunter SAP.
4. Der Anbieter ermöglicht es dem Konsumenten, auf den relevanten Webservice zuzugreifen und die Funktionen des Webservice unter Verwendung von SOAP aufzurufen.

mySAP Technology ist »durchsetzt« mit Webservice-Technologie. So gestattet der SAP Web Application Server den Zugriff auf und die Implementierung von Webservices, das SAP Enterprise Portal kann Webservices aufrufen und deren Ergebnisse für den Benutzer zur Ansicht aufbereiten und die SAP Exchange Infrastructure kann auf der Basis von Webservices integrierte Geschäftsszenarien zwischen beliebigen Applikationen betreiben.

B Glossar

Adapter Ein Baustein, der die Verknüpfung bestehender Anwendungen mit anderen Anwendungen oder einer anderen Infrastruktur vereinfacht. Ein Adapter liefert sowohl die technische Anbindung als auch die erforderliche Geschäftslogik.

Advanced Business Application Programming (ABAP) ABAP ist neben Java die objektorientierte Programmiersprache und Umgebung für die Entwicklung, Anwendung und den Einsatz von mySAP.com-Anwendungskomponenten.

Anwendung Besteht aus mehreren Funktionen oder Webservices, die in der Regel als eine Komponente bereitgestellt werden.

Applikation Eine Applikation ist ein logisch weitläufig zusammenhängender Satz von Funktionen oder Webservices (z. B. zur Finanzbuchhaltung), die zusammen ausgeliefert werden und oftmals über eine Benutzeroberfläche vom Anwender benutzt werden können.

Application Programming Interface (API) Ein API ist ein logisch eng zusammenhängender Satz von Funktionen oder Webservices (z. B. zur Preisberechnung), der für die Nutzung durch Programmierer vorgesehen ist.

Channel Ein Channel ist eine Ansammlung von iViews zu einem bestimmten Thema.

Business Application Programming Interface (BAPI) BAPI ist ein von SAP offen gelegter Schnittstellenstandard, über den alle SAP-Lösungen ihre Funktionalität untereinander und für Applikationen anderer Hersteller zur Verfügung stellen. Alle BAPIs können auch als Webservice angesprochen werden.

Business Process/Geschäftsprozess Ein Geschäftsprozess ist die logisch zusammenhängende Ausführung einer oder mehrerer Funktionen aus einer oder mehreren Applikationen und unterstützt dadurch die in einem oder zwischen Unternehmen ablaufenden Tätigkeiten.

Business Process Modeling Language (BPML) BPML ist eine Spezifikation auf Basis des XML-Standards, mit deren Hilfe Geschäftsprozesse menschen- und maschinenlesbar beschrieben werden können. Weitere Informationen finden Sie unter *http://www.bpmi.org*.

Business Scenario/Geschäftsszenario Ein Geschäftsszenario besteht aus einem oder mehreren thematisch zusammenhängenden Geschäftsprozessen und unterstützt als Software somit die Tätigkeiten in oder zwischen ganzen Geschäftsbereichen.

Cascading Style Sheets (CSS) Eine standardisierte Definition, um Webseiten mit Stil- und Layoutinformationen zu versehen, beispielsweise bezüglich der Schriftarten, Farben, Anordnung etc.

Collaboration/Zusammenarbeit Zusammenarbeit im weitesten Sinne zwischen Menschen (z. B. unterschiedlichen Firmen), die durch Software unterstützt wird.

Collaboration Knowledge/Zusammenarbeitswissen Beschreibt die Art und Weise, wie Menschen – unterstützt durch Software – zusammenarbeiten können, und umfasst neben Sicherheitsaspekten die für die jeweiligen Geschäftsprozesse notwendigen Informationen, Transformationsregeln für die Daten etc.

Common Information Model (CIM) Ein Modell zur Beschreibung von Netzwerk- und IT-Landschaften. Weitere Informationen zu CIM finden Sie unter *http://www.dmtf.org/standards/standard_cim.php*.

Common Object Request Broker Architecture (CORBA) CORBA ist ein offenes Protokoll zur Kommunikation zwischen verteilten Applikationen, Komponenten und APIs.

Common Object Model+ (COM+) COM+ ist wie CORBA ein Protokoll zur Kommunikation zwischen verteilten Applikationen, Komponenten und APIs.

Component Komponenten sind ähnlich Applikationen die Zusammenfassung von thematisch verwandten Funktionen und Webservices. Komponenten können meist unabhängig ausgeliefert werden und haben ihren eigenen Entwicklungszyklus.

Digital Certificate Dabei handelt es sich um digitale Dokumente, die sich wie eine Identifikationskarte eines Anwenders im Internet verhalten. Sie erlauben die Authentifizierung von Anwendern gegenüber Applikationen und die Überprüfung von digitalen Signaturen.

Digital Signature Dabei handelt es sich um einen Sicherheitsmechanismus für die Bescheinigung der Echtheit von digitalen Daten und Dokumenten, genauso wie die Unterschrift Dokumente aus Papier als echt kennzeichnet. Digitale Signaturen basieren auf Public-Key-Kryptographie.

Directory/Verzeichnis Ein Verzeichnis wird zur Ablage und Auffindung von gemeinsam genutzten digitalen Informationen genutzt.

Drag-and-Relate Urheberrechtlich geschützter Name für einen Benutzervorgang, der die Vorteile der Unification-Technologie nutzt. Drag-and-Relate ist die benutzerseitige Ausführung einer Drag-and-Drop-Aktion.

Eventing Die automatische Weiterleitung von Parametern von einem iView zum anderen oder zu ähnlichen iViews.

Electronic Business XML (ebXML) Framework für eine offene, XML-basierte Infrastruktur, die den globalen Austausch von Geschäftsinformationen auf eine sichere und konsistente Weise ermöglicht. Weitere Informationen finden Sie unter *http://www.ebxml.org*.

Electronic Data Interchange (EDI) EDI beschreibt eine Reihe von Standards, die sich mit dem elektronischen Austausch von Informationen zwischen Firmen beschäftigen.

Engine Mit Engine beschreibt man häufig den Kern einer Software, genauso, wie der Motor den Kern eines jeden Autos darstellt.

Enterprise Portal Ein Enterprise Portal ermöglicht den einheitlichen Zugang zu einer Vielzahl von – idealerweise allen – Unternehmensinformationen, Applikationen und Diensten, die Mitarbeiter, Lieferanten oder Geschäftspartner für die optimale Bewältigung ihrer Aufgaben benötigen.

Extensible Business Reporting Language (XBRL) Eine offene, XML-basierte Spezifikation zur Veröffentlichung von Finanzdaten. Weitere Informationen finden Sie unter *http://www.xbrl.org*.

Extensible Markup Language (XML) Universelles Format für strukturierte Dokumente und Daten im Internet, das sich zunehmend als allgemeines Standard-Dokumentenformat für strukturierte Daten durchsetzt. Weitere Informationen finden Sie unter *http://www.w3c.org/XML*.

Extensible Stylesheet Language for

Transformations (XSLT) Sprache zur Umwandlung von XML-Dokumenten in andere Formate, z. B. anders strukturierte XML-Dokumente, HTML, WML etc. Weitere Informationen finden Sie unter *http://www.w3.org/Style/XSL*.

File Transfer Protocol (FTP) FTP ist ein standardisiertes Protokoll für den Austausch von Dateien.

Generic Security Services Application Programming Interface (GSS API) API zur einheitlichen Anbindung verschiedenster Software-Sicherheitsmechanismen (Signaturen, Verschlüsselung etc.) externer Anbieter an SAP-Systeme.

Geschäftsprozess Die kontrollierte und von einer oder mehreren Personen bzw. von einem oder mehreren Ereignissen angestoßene Abwicklung einer oder mehrerer Funktionen bzw. Webservices. → Business Process.

GUI Graphical User Interface, bezeichnet die grafische Benutzeroberfläche einer Applikation.

Hyperrelational Navigation Protocol (HRNP) Ein Benennungsprotokoll, das durch HTTP getunnelt wird. HRNP erscheint als Link hinter Daten, die Benutzern dargestellt werden. Der HRNP-Link enthält Metadaten über die Quelle, aus der er gezogen wird, und über den Bezug, der zu dem Ziel besteht.

Hyperrelational-Technologie Bezeichnet die Technologie, die mit Hilfe von Unification und auf Grundlage des HyperRelational Navigation Protocol (HRNP) Daten und Kontext ins Portal stellt.

Hypertext Markup Language (HTML) Standardformat für die Darstellung von Dokumenten in Webbrowsern.

Hypertext Transfer Protocol (HTTP) Das offene Standard-Internetprotokoll, das für den Austausch von Dokumenten verwendet wird.

Hypertext Transfer Protocol on Secure Sockets Layer (HTTPS) HTTPS ist eine sichere und verschlüsselte Variante von HTTP, die auf dem Standard Secure Sockets Layer (SSL) aufsetzt.

Interface Interfaces sind abstrakte Definitionen von Funktionen und Webservices.

Intermediate Document (IDoc) Standard der SAP für den elektronischen Austausch von Dokumenten.

Internetstandards Allgemeine, offene Standards, die für die Kommunikation und Integration über das Internet verwendet werden. Beispiele für Internetstandards sind u.a. HTTP, XML und WSDL.

iView Ein in sich geschlossenes, auf XML basierendes Darstellungselement. Ausgewählte Schnittstellen sind verantwortlich für die Darstellung der iView-Inhalte. Die Personalisierung der inhaltlichen Elemente wird als Teil einer Portalseite dargestellt.

iView-Konnektor Kann sich mit fast jeder strukturierten und unstrukturierten Datenquelle verbinden. iView-Konnektoren leiten Befehle vom iView-Server an Datenquellen weiter sowie Informationen aus der Datenquelle an den iView-Server in einem Layout zurück, das in einem iView-Format dargestellt werden kann.

Java 2 Enterprise Edition (J2EE) Definiert den Standard für die Entwicklung mehrstufiger, auf Java basierender Unternehmensanwendungen. Dieser Standard wurde von einer offenen Initiative (mit Beteiligung von SAP) definiert und von Sun Microsystems entwickelt. Weitere Informationen finden Sie unter *http://java.sun.com*.

Java Message Service (JMS) JMS ist ein API zum Thema Nachrichtenaustausch und ermöglicht den Benutzern einen einheitlichen Zugriff auf verschiedene E-Mail-, Groupware- und Workflow-Systeme.

Java Management Extensions (JMX) JMX ist eine Technologie, die die Anbindung an und das Management von Applikationen und sogar Hardware auf einheitliche Weise ermöglicht.

Java Server Pages (JSP) JSP ist eine Technologie, die die Entwicklung von Webapplikationen erleichtert, indem sie Befehle und Mechanismen für den komfortablen Aufbau von Webseiten bereitstellt. JSP sehen darüber hinaus eine Trennung zwischen Inhalt und Layout vor.

Komponente Software, die Anwendungsdienste bereitstellen. Komponenten können unabhängig voneinander ausgeliefert und eingesetzt werden und sie verfügen über eigene Release-Zyklen. → Component.

Lightweight Directory Access Protocol (LDAP) Standardprotokoll für den Zugriff auf Verzeichnisse. Es wird in der Regel zur Bereitstellung von Organisations- und Benutzerdaten und anderer Ressourcen eingesetzt, beispielsweise Dateien und Geräte im Internet oder in unternehmensinternen Netzwerken.

Microsoft .NET Von Microsoft entwickelte Plattform für XML-Webservices. Sie umfasst Funktionen für die Entwicklung und Verwendung von internetgestützten Anwendungen. Weitere Informationen finden Sie unter *http://www.microsoft.com/net*.

Online Analytical Processing (OLAP) Für die einfache und selektive Suche und Anzeige von Daten aus verschiedenen Blickwinkeln. Um solche Analysen zu ermöglichen, werden die OLAP-Daten in einer mehrdimensionalen Datenbank gespeichert.

Personal Digital Assistant (PDA) Ein Handheld-Informationsgerät, das vielfältige Kommunikationswege bereitstellt und u.a. als Adressbuch, Personal Information Manager, Handy und Kalender dient sowie mit Netzwerkfunktionen ausgestattet sein kann. PDAs unterstützen die verschiedensten Eingabetechnologien – Stift, Stimme, Tastatur usw.

Release SAP nennt die Versionen seiner Software Releases. Wichtige Releases ihrer Software mit großen Erweiterungen waren zum Beispiel Release 4.0, Release 4.6 sowie Release 6.20.

Remote Function Call (RFC) RFC ist ein SAP-eigenes Protokoll, über das Funktionen und BAPIs von Applikationen auf anderen Rechnern aus aufgerufen werden können. SAP stellt das Protokoll in Form von APIs für viele Betriebssysteme und Programmiersprachen zur Verfügung.

Repository Metadaten und Informationen werden in Repositories gespeichert und zugänglich gemacht. In diesem Zusammenhang wird das Repository hauptsächlich für Informationen während der Konfigurationszeit verwendet.

Rolle Bezieht sich auf den Inhalt, auf den ein Benutzer zugreifen muss, um seine Aufgaben erfüllen zu können. Rollen sind speziell auf einzelne Gruppen interner oder externer Benutzer und deren spezielle Aufgaben sowie Informations- oder Serviceanforderungen abgestimmt.

Schnittstelle Abstrakte Definitionen von Funktionen und Webservices. Sie ermöglichen den Zugriff auf mit diesen Schnittstellen kompatible Webservices. Die Schnittstelle legt fest, welche Informationen und Daten für die Verwendung von Funktionen und Webservices bereitgestellt werden müssen.

Secure Sockets Layer (SSL) SSL ist ein standardisiertes Protokoll für den sicheren Austausch von Daten über das Internet. Es benutzt intern sowohl Public- als auch Private-Key-Verschlüsselung.

Simple Mail Transfer Protocol (SMTP) SMTP ist ein standardisiertes Protokoll für den Austausch von E-Mails.

Simple Object Access Protocol (SOAP) Einfaches Protokoll für den Informationsaustausch in einer dezentralen, verteilten Umgebung. Dieses XML-basierte Protokoll wird in der Regel mittels HTTP übertragen. Beinhaltet Darstellungsregeln für Methodenaufrufe von Objekten oder Funktionsaufrufe und die entsprechenden Antworten sowie Darstellungsregeln für standardisierte Datentypen. Weitere Informationen finden Sie unter *http://www.w3.org/TR/SOAP*.

Single Sign-On (SSO) Mechanismus, durch den der Benutzer nicht mehr für jedes System, an dem er sich anmeldet, ein Kennwort eingeben muss. Mit Single Sign-On weist sich der Benutzer nur einmal aus und kann sich danach an allen Systemen anmelden, die Teil der Single-Sign-On-Umgebung sind.

Unification Ermöglicht die benutzerorientierte Integration von Datenquellen. Über die Drag-and-Relate-Funktion können Benutzer verstehen, wie Informationen aus einer der im iView zusammengeführten Quellen mit den Informationen aus einer anderen eingebundenen Quelle in Zusammenhang stehen.

Unifier Arbeiten mit Anwendungsarchitektur, Benutzerschnittstellen, Sicherheit und allen einer Anwendung zugehörigen Einstellungen, während sie die Anwendungsoberfläche mit Hilfe der HyperRelational-Technologie in vereinheitlichter Weise darstellen.

Universal Discovery, Description and Integration (UDDI) Initiative führender Unternehmen zur Entwicklung einer plattformunabhängigen offenen Umgebung zur Beschreibung von Webservices, Publikation von Dienstleistungen und den zugehörigen Unternehmen und zur Integration von internetgestützten Unternehmensservices. Darüber hinaus dient die Plattform bereits als Firmenverzeichnis. Weitere Informationen finden Sie unter *http://www.uddi.org*.

Unternehmensportal Ein Unternehmensportal stellt einen zentralen Einstiegspunkt zu allen Informationen, Anwendungen und Services bereit, die Mitarbeiter laut ihrer Rollenzuordnung für die Erfüllung ihrer Aufgaben benötigen. Es bietet Lieferanten, Kunden, Partnern und Mitarbeitern einen Weg, um auf alle wichtigen Inhalte einfach und sicher zugreifen und an den verschiedensten Geschäftsprozessen teilnehmen zu können.

Verzeichnis Gemeinsame Informationen werden in Verzeichnissen gespeichert und zugänglich gemacht. In der Regel sind Verzeichnisse für den Lesezugriff vorgesehen. In diesem Zusammenhang wird das Verzeichnis hauptsächlich für Informationen während der Konfigurationszeit verwendet.

Web-Based Enterprise Management (WBEM) WBEM ist ein standardisierter Satz von Verwaltungs- und Internettechnologien, um die Administration von Software und Hardware über den Webbrowser zu vereinheitlichen. Weitere Informationen finden Sie unter *http://www.dmtf.org/standards/standard_wbem.php*.

Web-Based Distributed Authoring and Versioning (WebDAV) Erweiterung des HTTP-Protokolls, die den gemeinsamen Zugriff auf Dokumente über das Internet ermöglicht. WebDAV bietet Funktionen für Sperrung,

Berechtigungsverwaltung und Remote-Funktionen für Dateiverwaltung. So erscheinen die Quellen aus dem Internet wie gewöhnliche, lokal gespeicherte und zur Verfügung gestellte Dateien.

Webservice Eigenständige, modulare Funktionen, die über ein Netzwerk mithilfe offener Standards veröffentlicht, gesucht und zugänglich gemacht werden können. Sie stellen die Implementierung einer Schnittstelle von einer Komponente dar. Ein Webservice ist eine ablauffähige Einheit. Für die aufrufende und sendende Einheit stellt ein Service eine Art »Black Box« dar, die eine Eingabe erfordert und ein Ergebnis liefert. Webservices stellen Dienste für die Integration innerhalb eines Unternehmens sowie unternehmensübergreifend bereit, unabhängig von den verschiedenen Kommunikationstechnologien – ob synchron oder asynchron – und unabhängig vom Format.

Web Services Description Language (WSDL) Spezifikation zur Beschreibung der Schnittstellen von Webservices. Nachrichtenstrom-Formate werden definiert. Weitere Informationen finden Sie unter *http://www.w3.org/TR/wsdl*.

Wireless Application Protocol (WAP) Vom WAP-Forum definierter Standard. Zu den Mitgliedern dieses Industriekonsortiums zählen u.a. Openwave, Ericsson, Nokia, Motorola und Siemens. Mit diesem Standard soll der drahtlose Zugriff auf das Internet und erweiterte Telefon-Services ermöglicht werden. Weitere Informationen finden Sie unter *http://www.wapforum.org*.

Wireless Markup Language (WML) WML ist Teil der WAP-Anwendungsentwicklungsumgebung. HTML-Variante für drahtlose Geräte wie beispielsweise Mobiltelefone.

Workset Eine Sammlung von Anwendungsbildern und iViews auf einer Seite oder auf mehreren Seiten, mit deren Hilfe Benutzer eine zu ihrer Rolle gehörende Aufgabe besser erledigen können.

XML Schema Definition Language (XSDL) XSDL ist eine Sprache, mit deren Hilfe der Aufbau von XML-Dokumenten festgelegt werden kann.

C Quellen und weiterführende Literatur

SAP-Quellen

Da die meisten der im Buch besprochenen Software-Releases sich immer noch im Entwicklungsstadium befinden, gibt es zum überwiegenden Teil der Produkte noch keine offizielle Dokumentation. Bei der Informationssuche waren wir daher auf Interviews mit an der Entwicklung beteiligten SAP-Mitarbeitern und auf SAP Whitepapers angewiesen.

Öffentlich zugängliche Informationen findet man auf den Internetseiten der SAP:

- *www.sap.com*
  Diese Seite enthält generelle Informationen über alle SAP-Produkte und -Lösungen sowie Whitepapers und Feature-Listen.
- *help.sap.com*
  Diese Seite enthält aktuelle und umfangreiche Online-Dokumentationen über alle SAP-Produkte und -Lösungen.
- *service.sap.com*
  Diese Seite enthält vor allem Installations-, Konfigurations- und Problemlösungsinformationen rund um alle SAP-Produkte und -Lösungen.

Bücher

Keller, Horst; Krüger, Sascha: *ABAP Objects. Einführung in die SAP-Programmierung*. SAP PRESS, Bonn 2001.

McFarland Metzger, Sue; Röhrs, Susanne: *SAP R/3 Änderungs- und Transportmanagement. R/3-Systemlandschaft implementieren und warten.* SAP PRESS, Bonn 2000.

PricewaterhouseCoopers; SAP: *Der E-Business-Workplace. Das Potenzial von Unternehmensportalen*. SAP PRESS, Bonn 2001.

Rickayzen, Dart, Brennecke, Schneider: *Workflow-Management mit SAP. Effektive Geschäftsprozesse mit SAPs WebFlow Engine*. SAP PRESS, Bonn 2002.

Schneider, Guido; Zwerger, Florian: *Sichere Unternehmensportale mit SAP.* SAP PRESS, Bonn 2002.

Schneider, Thomas: *SAP-Performanceoptimierung. Analyse und Tuning von SAP-Systemen.* SAP PRESS, Bonn 2001.

Stefani, Helmut: *Datenarchivierung mit SAP. Praktisches Handbuch für Archivierungsprojekte*. SAP PRESS, Bonn 2002.

Internet

www.w3c.org: Das World Wide Web Consortium entwickelt Standards, die die Interoperabilität von Internet-Technologien fördern soll. Zu den bekanntesten Spezifikationen gehören HTML, XML und Webservices.

www.oasis-open.org: OASIS ist ein internationales Konsortium von Firmen, die sich der Entwicklung einheitlicher Internetstandards auf Basis von XML verschrieben haben. Zu den bekanntesten Spezifikationen gehört ebXML.

www.wapforum.org: Die Open Mobile Alliance ist eine Gruppe von Firmen und Organisationen, die die Entwicklung offener Standards für den mobilen Datenverkehr fördert. Einer der wichtigsten Spezifikationen ist WAP.

www.dmtf.org: Die Distributed Management Taskforce ist eine industrielle Organisation, die sich der Entwicklung weltweit einheitlicher Standards zur Verwaltung von IT-Systemlandschaften verschrieben hat. Zu den bekanntesten Spezifikationen gehört CIM und WBEM.

java.sun.org: Der Java Community Process ist eine Vereinigung von Unternehmen und Institutionen, die gemeinsam an der Erarbeitung von standardisierten Java-Umgebungen und Java-APIs für unterschiedlichste Zwecke arbeiten. Zu den bekanntesten Spezifikationen gehören J2EE, JNDI und das Java Web Services Developer Pack.

www.bpmi.org: Die Business Process Management Initiative ist ein Konsortium aus IT-Unternehmen und beschäftigt sich mit der Standardisierung von innerbetrieblichen und unternehmensübergreifenden Geschäftsprozessen und Datenformaten. Zu den bekanntesten Spezifikationen gehört BPML.

D Die Autoren

Günther Färber ist Gesellschafter der NEXONTIS IT GmbH, Düsseldorf. Er verantwortet dort die Bereiche Entwicklung und Beratung.

Sein Renommee als erfolgreicher EDV-Autor verhalf ihm während und nach seinem Studium der Informatik als IT-Berater und Entwickler zu zahlreichen großen Projekten bei namhaften Unternehmen aus den Bereichen Industrie und Dienstleistung, bevor er 1997 als Führungskraft in ein Startup-Unternehmen wechselte. 2001 gründete er zusammen mit Julia Kirchner die NEXONTIS IT GmbH. Aktuell unterstützt Herr Färber die SAP beim Design eines neuen Produkts im Bankensektor und beschäftigt sich mit der Weiterentwicklung der unternehmenseigenen Komponentenbibliothek.

Julia Kirchner ist geschäftsführende Gesellschafterin der NEXONTIS IT GmbH, Düsseldorf. Sie verantwortet dort die Bereiche Forschung, Schulung und Organisation.

Während und nach Ihrem Studium der Informatik arbeitete Frau Kirchner als Entwicklerin in mehreren Projekten bei namhaften Banken und Dienstleistern, bevor auch sie 1999 als Führungskraft in einem Startup-Unternehmen zu arbeiten begann. 2001 gründete sie zusammen mit Günther Färber die NEXONTIS IT GmbH. Aktuell arbeitet Julia Kirchner an einem e-Learning-Projekt zur Vermittlung von SAP-Wissen.

Die NEXONTIS IT GmbH ist ein hoch qualifizierter Management- und Technologiedienstleister, der sich auf die Beratung im Bereich strategisch bedeutsamer, neuer Softwaretechnologien und betriebswirtschaftlicher Anwendungen im Internet und SAP-Umfeld spezialisiert hat. Unter dem Namen NEXONTIS.net entwickelt und vertreibt NEXONTIS darüber hinaus einen Anwendungsbaukasten, mit dem hoch integrierte, bereichsübergreifende Spezialanwendungen schnell und mit minimalem Programmieraufwand rein auf der Basis von mySAP Technology erstellt werden können. In Großunternehmen ergänzen die damit erstellten Anwendungen die vorhandenen mySAP.com-Lösungen und für Kleinunternehmen, Tochterfirmen und Spin-offs wird ein moderner, investitionssicherer und gleichzeitig kostengünstiger Einstieg in die offene und zuverlässige Welt der SAP-Software geboten.

Index

M. Pérez, S. Karch

WebBusiness mit mySAP.com

Technologien, Anwendungen, Erfolgsfaktoren

SAP PRESS

ca. 312 S., 2002, geb.
ca. 49,90 €
ISBN 3-89842-235-6

Mit dem neuen E-Business-Framework von mySAP.com eröffnet sich dem Nutzer eine Vielzahl an Internet-Technologien und webbasierten Geschäftsanwendungen. Diese Technologien und Lösungen müssen richtig ausgewählt, kombiniert, umgesetzt und mit den Erfolgskonzepten bewährter E-Business-Ansätze verbunden werden. Hierbei will Sie dieses Buch beraten. Es informiert Sie nicht nur umfassend über die neue Web-Infrastruktur von SAP, sondern auch darüber, welche davon für Ihre Anwendung die richtige ist.
Darüber hinaus gewinnen Sie einen zuverlässigen Überblick über die wichtigsten Web-Anwendungen von mySAP.com und deren Einsatzmöglichkeiten. Viele Beispiele und Praxistipps verhelfen Ihnen zu einer erfolgreichen Realisierung von WebBusiness-Projekten mit mySAP.com.

Galileo Press

Dies ist nicht die letzte Seite ...

www.galileo-press.de

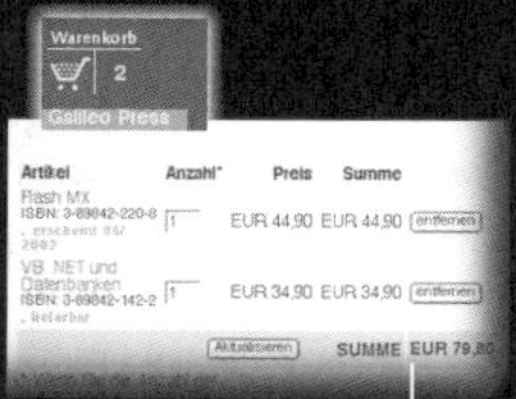

Katalog und Webshop

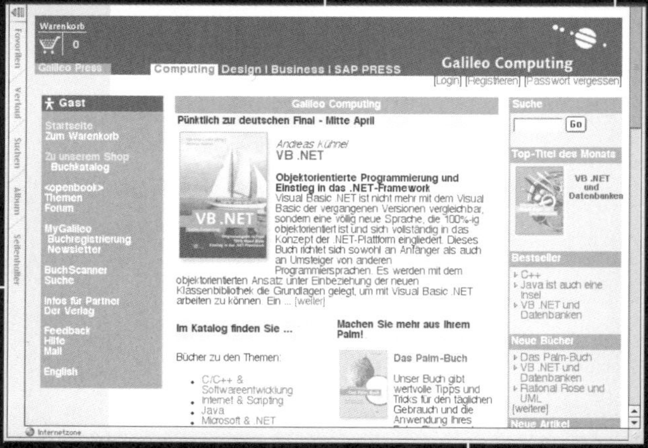

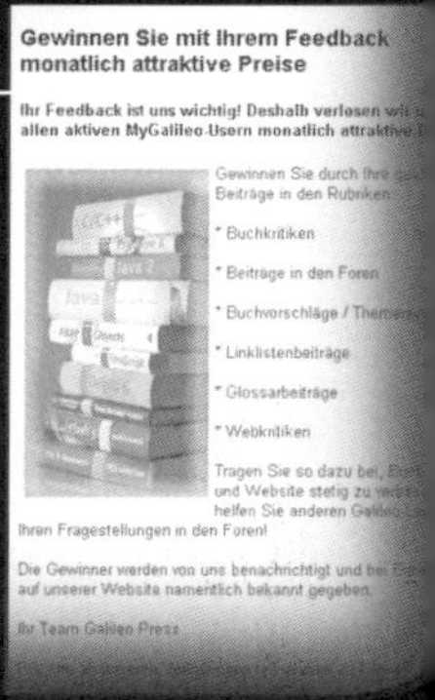

Gewinnen Sie attraktive Preise mit Ihrem Feedback

Nutzen Sie auch ...

- Inhaltsverzeichnisse, Leseproben, Leser- und Pressekritiken
- Artikel, Interviews und Linklisten rund um die Buchthemen
- Neuheiten-Newsletter
- BuchScanner
- Diskussionsforen
- Glossare zu Fachbegriffen

u.v.m.

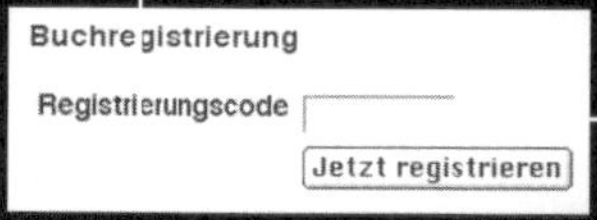

Die Buchregistrierung

Für registrierte Nutzer halten wir zusätzliche Informationsangebote bereit.

Ihr persönlicher Registrierungscode

02GP26610710